警察系列

警察組織基層人力招募遴選培訓與適任研究

Research on Recruitment, Training and Competency of Junior Officers in Police Organizationn

深化實作 ★★★ 接軌實務

馬心韻　著

五南圖書出版公司 印行

自　序

　　警察人員在我國公部門的人力中佔了相當大的比例，培訓出一位適格、適任的警察人員，其完整的流程，可包括：招募遴選、培訓，特別是核心職能的養成與發展等各階段。

　　外勤第一線（基層）實務工作人員，佔了整個警察組織約93%的人力。渠等於完成培訓並取得任用資格後，第一時間即至基層派出所報到，立刻投入第一線勤務工作行列，成為代表國家、與民眾直接接觸、合法配戴器械、執行公權力；必要時，亦得動用強制力，以管制人民或為民服務的基層公務人員。

　　前揭畢業或結業，完成與「基層警察工作」有關之各項專業教育訓練的新進人員，能不能成為適格、適任的基層警察人員，長久以來一直是各界所關注的議題！如何適時建構警察組織基層人力政策的發展模式，並探詢未來人力進用的取向，是為各階段警政計畫的重要議題。

　　1984年，作者於政治大學取得碩士學位，即進入時之臺灣警察學校兼任教職；1986年，經由甄試程序成為警察專科學校的專任講師；1988年著作送審，取得副教授資格迄今。回顧職涯，投入警察培訓工作36年，無一日不兢兢業業致力於我國警察組織基層人力的養成，期望教出的學生、學員，能成為適格、適任的警察組織新進人員。

　　隨著環境的變遷、社會對警察的期許，以及警察應扮演角色的改變，衍生太多太多與警察組織基層人力招募遴選、培訓、適任等相關議題的探討，遂萌生撰寫本書的構想。

　　本書的分析架構，除了第一章「緒論」、第十二章「結論」外，並按撰寫主題「警察組織基層人力招募遴選培訓與適任研究」（Research on Recruitment, Training and Competency of Junior Officers in Police Organization），區分為三篇：

第一篇　招募遴選之探討，共三章。

第二篇　培訓之探討，共五章。

第三篇　適任之探討，共兩章。

　　撰寫過程中，作者參考了 2016 年自文化大學獲得博士學位所提交的論文，並彙整近年來主持的各個研究案的研究結果與發現、研究心得與建議，以及多篇先後發表於各學報、各研討會，有關警察組織基層人力招募遴選、培訓，特別是核心職能養成的相關論文。

　　隨著警察教育職業生涯即將邁向終端，期望本書各議題的探討具參考價值，並能進一步轉換為政府政策，為我國警察組織基層人力的進用帶來一定程度的貢獻。

　　感謝臺灣警察專科學校，提供那麼多研究議題與研究機會；感謝本領域的各位前輩，提供那麼多的意見與建議。此外，作者接受器官移植 13 年了，感謝臺北醫學大學附設萬芳醫院的醫療團隊－一個重生的機運；以及 8 年前在海外因公執行職務把生命獻給了國家的超哥－留下一個永遠信念，作者將戮力完成！

馬 心 韻

2021 年 1 月 21 日于興隆崗

警察組織基層人力招募遴選培訓與適任研究

目　錄

圖目錄

表目錄

第一章　緒論

　　警察人員在我國公部門的人力中佔了相當大的比例；外勤第一線（基層）實務工作人員，又佔了整個警察組織約 93%的人力。

　　培訓出一位適格、適任的警察人員，完整的流程，可包括：招募遴選、培訓，特別是核心職能的養成與發展等各階段。

　　本書的撰寫，以相關學理為基礎，從實務面切入；除了第一章「緒論」、第十二章「結論」外，並按撰寫的主題，區分為：「招募遴選之探討」、「培訓之探討」、「適任之探討」等三篇，再按不同的議題，於各篇中細分各章，企圖尋求警察組織基層人力招募遴選的最適選項，以及經過專業培訓的新進人員，究竟能不能成為適格、適任的「基層警察人員」？渠等「專業能力」是否足以適任這份工作，以使最終的研究結果與建議更具參考價值，並能進一步轉換為政府政策，為我國警察組織基層人力的進用帶來一定程度的貢獻。

　　本章為「緒論」，共分為三節，分別是：
第一節　問題的背景與現況
第二節　相關理論與名詞的概念意涵
第三節　分析架構與思維邏輯演繹

第一節　問題的背景與現況

　　現代組織所面臨的最大挑戰，是必須一方面維持組織自身功能的運作，以適應環境的變遷；一方面又必須在符合組織目標的大前提之下，提供組織內成員自我實現的機會，警察組織亦不例外。

　　值此變動不居的年代，我國的警察組織，必須一方面擔負起保護社

會安全等《警察法》第 2 條所規範的組織目標[1]而全力以赴，另一方面又必須顧慮到全體警察人員的工作意願與工作技巧，才能激勵士氣提昇為民服務的品質。

本節為「問題的背景與現況」，先論「問題的背景」，再論「問題的現況」。

壹、問題的背景

依相關法制規定，我國警察人員的培訓自成體系，與一般大專院校顯著區隔：內政部設中央警察大學（以下簡稱警察大學），除了新進管理幹部的培訓外，並適時辦理警察組織內部升遷之接軌培訓（無論是否為學歷教育）；內政部警政署設臺灣警察專科學校（以下簡稱警察專科學校），在辦理警察組織外勤第一線（基層）實務工作人員的培訓（無論是否為學歷教育），以及各類在職訓練，教育目標在培養基層專業實務人才，造就優秀的基層司法警察人員。

前已述及，警察人員在我國公部門的人力中佔了相當大的比例，於警察專科學校培訓的外勤第一線（基層）實務工作人員，又佔了整個警察組織約 93% 的人力，渠等於完成培訓並取得任用資格後，第一時間即至基層派出所報到，立刻投入第一線勤務工作行列，成為代表國家、與民眾直接接觸、合法配戴器械、執行公權力；必要時，亦得動用強制力，以管制人民或為民服務的國家基層公務人員。

本書蒐集資料暨撰寫期間，先有司法院大法官會議釋字第 718 號解釋，對緊急性及偶發性集會遊行應經過許可的部份，做出了違憲的判定，

---

[1] 《警察法》第 2 條規定「警察任務為依法維持公共秩序，保護社會安全，防止一切危害，促進人民福利。」

使得臨時性的群眾聚集愈來愈普遍，影響所及，除了民眾動輒藉由社群平台糾眾；甚至愈來愈多的青少年，深夜於全臺各大城市呼朋引伴，常常 4、50 人打成一團，轄區警察機關必須立即出動「快速反應打擊部隊」（"Rapid Reaction Police Unit"，簡稱快打部隊）[2]，即刻壓制。類此種種，造成各警察機關，特別是第一線的基層人員執法上的困擾，並再再考驗《警察法》第二條，警察四大任務：「依法維持公共秩序、保護社會安全、防止一切危害、促進人民福利」的達成。

貳、問題的現況

近十幾年來，報考警察專科學校，或參加各種與警察工作有關的國家考試者，可謂與日俱增；這些於警察專科學校培訓的外勤第一線（基層）實務工作人員的招募，依我國相關法制，概略地化分為兩個途徑：

一、由警察專科學校自行辦理入學考試，招募高中（職）畢業生或具同
　　等學力者，經 1-2 年的基層警察專業核心職能養成後，由內政部警
　　政署依法分發任用。

二、經由考試院辦理的各種「警察人員特種考試」錄取，至警察專科學
　　校接受 9-18 個月的基層警察人員專業知識技能訓練後，由內政部警
　　政署依法分發任用。

一位青年，無論是經由新生入學考試，成為授予學位的警察專科學校二年制專科警員班學生；或是經由各種類別之警察人員考試錄取，進入警察專科學校接受「公務人員特種考試錄取人員訓練」的學員，可以

2　迄至本書定稿，我國警察機關並未對「快速反應打擊部隊」作英文翻譯；"Rapid Reaction Police Unit"是作者於 2015 年間，進行一項相關議題研究時，請當時的新北市政府警察局國際課提供的英譯。

百分之百地確定，渠等將來必定成為「基層警察人員」；亦即，當初的學校選擇或國家考試選擇，自始即為從事「基層警察工作」的「職業選擇」。

　　警察組織新進的第一線基層人員，究竟在完成與「基層警察工作」有關的專業培訓後，能不能成為適格、適任的「基層警察人員」？渠等「專業能力」是否足以適任這份工作？是各界所關注的議題！

　　2011 年，我國警察人員的進用，於考選與培訓制度部分發生重大變革。為因應此一可預見的變革，警察專科學校自 2009 年起即組成專案小組，就相關議題進行一系列的研究，作者即為此一系列研究的計畫主持人與研究執行人員。這一系列的研究案，概分為「招募遴選」、「核心職能」、「課程設計」、「情境模擬教學」、「適任性分析」等各大主題，迄今（2021 年）仍持續進行，不斷地充實並加強研究項目與研究內容，俾對我國警察組織基層人力的招募、遴選、培訓與適任進行政策倡導，以挹注適格、適任的基層警察人員。本書的各篇、各章，實係政策變革研議過程中，一系列研究案的研究設計與結論的彙整。

　　如何適時建構警察組織基層人力政策的發展模式，並探詢未來人力進用的取向，是為各階段警政計畫的重要議題；佔臺灣地區公部門人力相當大比例的警察組織基層人力的招募遴選、培訓，特別是核心職能的養成與發展等各階段，尤為重要。

　　本書各篇、各章的撰寫，企圖經由「文獻探討法」釐清各相關概念；再經由「研究調查法」，了解經過專業培訓的警察組織新進基層人員，究竟能不能成為適格、適任的「基層警察人員」？渠等「專業能力」是否足以適任這份工作，以使最終的研究結果與建議更具參考價值，並能進一步轉換為政府政策，為我國警察組織基層人力的進用帶來一定程度的貢獻。

第二節　相關理論與名詞的概念意涵

本書係以相關學理為基礎，從實務面切入，就關注的議題進行探討，故本書的撰寫，於理論的引用並不太多，惟於研究設計上，仍經由「文獻探討法」釐清各相關概念；再經由「研究調查法」，尋求警察組織基層人力招募遴選的最適選項，以及經過專業培訓的新進人員，究竟能不能成為適格、適任的「基層警察人員」？渠等「專業能力」是否足以適任這份工作，以使最終的研究結果與建議更具參考價值。

本書蒐集各有關組織新進人力的招募遴選、培訓與適任性的著作、論文、期刊雜誌的報導，或研究報告等資料，參考歸納，建立各篇、各章的分析架構，並提供作為研究調查的重要依據。

本節先分別就：「政策制定」、「人力資源發展」、「核心職能」等相關理論與名詞的概念作一說明；至於一些較深入、較專業的議題，例如「雙軌制」、「基層警察人員的核心職能」、「情境教學」等，則於各相關議題的專章中再行探討。

壹、政策制定

本書的研究，在建構警察組織基層人力政策的發展模式，探詢未來人力進用的取向，期望最終的研究結果與建議更具參考價值，並能進一步轉換為政府政策，為我國警察組織基層人力的進用帶來一定程度的貢獻。故本單元先就「政策制定」的相關理論與名詞概念作一說明，包括：「政策問題的診斷」、「政策方案規劃」、「政策倡導」三方面。

一、政策問題的診斷

　　「『政策問題的診斷』為政策分析過程的第一步，政策方案的規劃者寧願將三分之二的精力花在問題的分析上，如果不能澄清問題的性質，所提出的解決方案是沒有任何價值的」。（朱志宏等，1995:196）

　　「診斷」（diagnosis）一詞源自於醫學用語，係指根據症狀鑑定病情及原因，以便深入瞭解問題之癥結，作為處理問題或選擇計畫之依據。由於政策問題具有：1.相依性（interdependence）、2.主觀性（subjectivity）、3.人為性（artificiality）、4.動態性（dynamics）等四大特性（William N. Dunn, 1994:140-141），且公共政策處理的問題又多是建構不良的問題（ill-structured policy problems）—有許多的政策制定者、無限的政策方案、貫穿全書，未必直接引用，卻構成研究設計思維邏輯演繹的三大概念利害關係人對目標不具共識甚至相互衝突、政策方案的後果無法預估、各種後果的發生率無法計算（William N. Dunn, 1994:145-146），故「政策問題的診斷」，便成為政策分析過程的第一個步驟。

　　因此，在政策問題診斷的階段，為了使政策問題的性質能夠正確認定，必須建構一套分析問題的方法，通常稱之為「政策問題認定方法」（problem identifying method）（朱志宏等，1995:182）。學者但恩（William N. Dunn）提供了一套問題建構的思維模式（phases of problem structuring）（William N. Dunn, 1994:148-150），其各階段的發展順序如圖 1-1 所示。

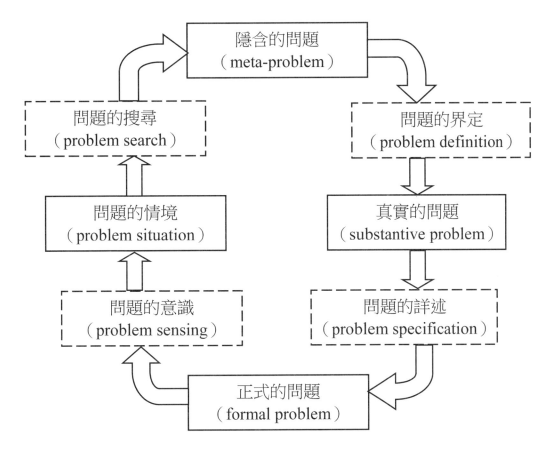

資料來源：William N. Dunn, *Public Policy Analysis: An Introduction*, 2nd., ed.（Englewood Cliffs, N. J.: Prentice-Hall, Inc., 1994）, pp. 148.

圖 1-1　政策問題建構階段圖

二、政策方案規劃

　　決策者或政策分析人員為了解決「我國警察人員進用不經公務人員考試」此一特定的公共議題，必須採取科學方法，廣泛蒐集資訊、設計一套以目標取向、變革取向、選擇取向、理性取向之未來行動替選方案，此即政策規劃的動態過程（policy formulation）。（吳定等，2016:90）

（一）政策方案決策途徑

　　機關組織為了達成某項特定的目標，以有限的時間、資源來採取行動，解決問題；簡單的說就是做決定（design），因事涉公共議題，即成為決策（decision making）。政策方案決策途徑如果從「理性」（rationality）的程度來分析，自低至高排列，大致上可分為 6 種（參圖 1-2）（吳定等，2016:93-96）：

資料來源：吳定等，《行政學（下）》（臺北：國立空中大學，2016 年 10 月修訂再版 10 刷），頁 93。

圖 1-2　政策方案決策途徑圖

1、政治決策途徑（political decision-making approach）

　　提倡者為一般的政治人物（politician），不依理性、客觀.科學的計算來作決策，而依自身的政治目的作決策（此種途徑幾乎完全依據政治目的或政治力量的狀況運作）。

2、漸進決策途徑（incremental decision-making approach）

提倡者為美國行政學者林布隆（Lindblom），意指決策者在做決策時，著重從現在已有的政策或現狀去找尋漸進的替代性政策，而不做大幅度的政策變動。（Charles E. Linblom & Edward J. Woodhouse, 1993）亦即，新的政策只是對過去的政策做某些漸進式的修正而已。

3、垃圾桶決策途徑（garbage-can decision-making approach）

機關組織的決策結構係由下列四項支流所匯聚而成的垃圾桶：(1) 問題、(2) 解決問題的替選方案、(3) 參與者、(4) 選擇機會。亦即，決策通常不是經由理性思考後的結果，而是決策者在決策過程中不經意碰到的產出結果。

4、混合掃描決策途徑（mixed-scanning decision-making approach）

提倡者為美國社會學家艾賽尼（Etzioni），此途徑是由「理性廣博決策途徑」與「漸進決策途徑」綜合而成，意指決策者面臨決策情勢時，首先以高層次（high-order）或基本的政策制定程序先立下基本的決策方向，再以漸進方法制訂詳細的執行辦法。

5、滿意決策途徑（satisfying decision-making approach）

提倡者為美國行政與經濟學者賽蒙（Simon），基於人類理性為「有限理性」（bounded），追求「滿意」或「足夠好」的決策即可。

6、理性廣博決策途徑（rational-comprehensive decision-making approach）

提倡者為古典經濟學者，他們假設人為「經濟人」（economic man），都是追求最大經濟利得者，所以決策者都能依據充分完整的資訊，對問題解決方案作周詳理性的考慮，而制訂最佳的決策。

（二）漸進決策途徑

　　前已述及，「漸進決策途徑」（incremental decision-making approach），意指決策者在做決策時，著重從現在已有的政策或現狀去找尋漸進的替代性政策，而不做大幅度的政策變動。亦即，新的政策只是對過去的政策做某些漸進式的修正而已。

　　漸進決策途徑的基本特性有 5 項：

1、決策者不做全面性的政策評估，只需就有問題的部分作的評估。

2、只能對有限的幾個政策作考量。

3、只能考量有限方案的有限結果。

4、很多公共議題的解決都只是政策不斷修正的循環結果。

5、此方式只是一種急救的補救性決策，不正式長遠性的決策。

　　作者認為，以漸進決策途徑來解決公共議題，會衍生下列 3 項競爭劣勢：

1、對於社會的重大變革、決策解釋力薄弱，只強調解決短時間的問題。

2、反映了組織的惰性，強調現存利益的保護。

3、解決公共議題的方案，保守、小幅度，所獲得的成效有可能被新的問題取代。

　　我國警察組織基層人力政策發展，舊的問題不見得完全解決，新的問題又不斷地孳生，迄今仍有不少尚待解決的公共議題。此即政策分析研究者所謂：「當公共問題發生，政府機關予以接納，並轉變成政策問題，制定及執行政策以解決問題後，經過評估的結果，發現有時問題不但未獲解決，反而變得更為嚴重；或是原來的問題未獲解決外，更產生了許多新的問題，需要政府機關另行研擬政策設法解決。」

（三）可行性分析

政策分析人員在從事方案規劃時，必須從事可行性研究（feasibility study）。政策方案的可行性分析，一般包括了下列七個面向：政治可行性、經濟可行性、行政可行性、法律可行性、技術可行性、時間可行性、環境可行性。（吳定等，2016:96-98）

本書探討的議題，有關警察組織基層人力政策方案規劃的可行性分析，作者即認為，關鍵在於「法律可行性」（legal feasibility）：意指政策方案在制訂及執行時，能否克服法規方面的障礙。此一部分，於第四章中再行詳述。

三、政策倡導

鑑於我國警察組織基層人力的招募遴選與培訓制度均持續地在檢討中，期能藉由本研究所獲得的資訊，進行「政策倡導」（policy advocacy），提供作為未來制度變革政策辯論的重要參考依據，以使決策者都能依據充分完整的資訊，對問題解決方案作周詳理性的考慮，而制訂最佳的決策：「理性決策途徑」；或至少追求「滿意」或「足夠好」的決策：「滿意決策途徑」。

貳、人力資源發展

經濟學家認為，促成一個國家經濟發展的基本因素有三項，分別是（趙其文，1995: 5）：資本資源（capital resource）、自然資源（natural resource）、人力資源（human resource）。現代工業社會的成長與發展，端視其資源條件能否有效的配合與運用。其中，優良的人力資源，將可以彌補資本資源的短缺，以及自然資源的不足。

一、人力資源的內容

「人力資源」（human resource）的基本概念，是指一國國民的「智識、技藝與性向」的綜合（彭台臨，1989: 21）；是組織發展（organization development）的內在因素—組織內部決策、規劃、處理業務的能力—組織各階層「人力」的外在表現（趙其文，1995: 5）。

「人力資源」從廣義上看，乃是一個社會所擁有的智力勞動和體力勞動能力之總稱，它包括數量和質量兩方面（吳復新等，2015: 4）。狹義的人力資源，主要指組織內具有各種不同知識、技能，以及能力的個人，從事各種活動，以達成組織的目標（吳復新等，2015: 4）。

從此一定義引申，則警察組織人力資源的內容，應包括全體警察人員的體質、智力、教育程度與知識水準，以及思想觀念等，茲分述如下：

（一）警察人員的體質

指警察人員在身體方面所具有的特性，包括：身體素質、營養狀況、忍耐力、對疾病的抵抗力，以及對自然環境、社會環境的適應力。

（二）警察人員的智力

指警察人員在心智上所具有的能力，包括：記憶力、理解力、思考力、應變能力、接受能力、感知能力、幽默感，以及條理等。

（三）警察人員的教育程度與知識水準

較具體的衡量標準包括最高學歷、知識文化總量、再學習能力、創造力、洞察力、組織與管理能力、社交能力，以及語言與文字的管理能力等。

（四）警察人員的思想觀念

　　指警察人員對國家社會，以及所處的組織及工作的想法與態度，例如，認同感、奉獻心、忠誠感、工作意願，以及對工作的看法等。

二、組織發展與人力資源發展

　　「人力資源發展」（human resource development, 簡稱 HRD）便是指培植一個社會中所有人民的知識、技巧、工作能力和發掘天賦才能的過程，並使社會、文化與經濟各方面有質與量的演變。

　　人力資源發展的第一個步驟，應該是對「人」的認識，也就是對人的「價值觀」的瞭解。進一步地說，人力資源發展應該由「個人」（內）而「組織」（外）；亦即，組織的成長必須配合個人能力的發展，因為人有人的價值—個人技術、能力等的成長與演變，只有最佳的組合與應用，才能發揮人的最高價值（洪榮昭，2002: 1-3）。

　　各研究者均認為，組織發展（organization development）是組織的一種複雜的再教育過程，其目的在於改變組織的信仰、態度、價值觀念和結構，使組織既能適應外在環境的技術與挑戰，又能適應內在環境的變革（Wendell L. French & Cecil H. Bell, Jr., 1978: 68-84）。特別是在面對未來可預見的環境變遷而預擬因應之道時，若組織內的成員無法有效地配合，則組織的自我成長與發展將窒礙難行。只有組織能意識到「本身」存在的特質，而接受新的價值觀，或將不合時宜的價值觀再教育，才能賦予組織新的生命。

　　本書雖未將「組織發展」（organization development，簡稱 OD）作為研究的重點，但是人力資源發展的各項功能活動，原本就必須配合組織本身的需求；相對地，組織的發展亦必須配合個人能力的發展，才能人

適其所而盡其才，物暢其流而盡其用。復以晚近社會的快速變遷，不但使組織內成員的價值觀發生改變，亦造成了組織本身的變革，故組織必須以最快的速度，尋求最有效的方式，對內外環境的變化予以因應，此即組織的發展過程。

在組織發展的過程中，若組織內的成員出現工作進度緩慢、得過且過……等，負面的現象，甚至發生離職、轉業等情況，那麼必定是組織內成員的需求無法滿足；而需求的滿足，通常與該成員是否能在工作上得到回饋的期待有密不可分的關係（賴維堯等，1995: 171）。因此，現代組織所面臨的最大挑戰，就是必須一方面維持組織自身功能的運作，以適應環境的變遷；另一方面又要在符合組織目標的大前提之下，提供組織內成員自我實現的機會，此即組織目標與個人目標的相互調和。

以警察組織為例，值此變動不居的年代，各警察機關驟然面臨政治開放、街頭聚眾活動風起雲湧以及暴力化傾向之際，一方面必須擔負起大部分的國境安全與社會治安維護工作；另一方面又必須顧慮到實際的執行者—站在第一線上的基層警察人員的適應問題，使其個人目標不致與組織目標差距過大，否則離職、轉業等情況動輒發生，勢必造成警察組織人力資源的浪費！

三、組織學習與人力資源發展

本書的撰寫，於「組織學習」的相關理論，並未直接引用，而是研究設計思維邏輯的演繹，用以觀察我國警察組織基層人力的「招募遴選」（第一篇），俾探討基層人力「核心職能的養成」（第二篇：培訓），最後檢討警察組織新進基層人力的「適任性」（第三篇）。

（一）組織學習

組織的學習（organizational learning）必須透過個人的學習，但組織的學習不等於組織成員個人的學習，必須提昇至組織的層面上。組織學習是組織發展的重要內容。學習是適應型（adaptive）組織必備的特質。

組織學習理論自 1960 年代興起，強調組織透過持續性且有效的個人學習、團隊學習及整體組織的學習，進而有效解決組織所面臨的問題，並提升組織創新與應變的能力。學習型組織（Learning Organization）是組織學習理論的一種。

Cyert & March（1963）、March & Olsen（1976）和 Levitt & March（1988）等人視組織學習為組織適應外在環境的過程，源於「刺激—反應」的行為適應模式。然而，當中牽涉的包括社會認知、心理轉變，以及建立複雜程序的回應方式。

Weick & Bougon（1986）和 Argyris（1990）等人提出，他們視組織學習為追求學習效果與解決組織問題，這些學者雖然認同 March 等人從社會認知角度看組織學習的觀點，但卻不認同個人學習引申到組織學習的推論。這些學者嘗試從組織文化入手，將組織文化理解為組織成員共同建構的意義系統。

（二）組織學習與個人學習

組織學習的概念實際上是從「個人學習」（personal learning）借鑒引申而來的。因此，大多數關於組織學習的論述都是基於這種類推。

組織是由個人所構成的，也只有"人"才能學習。因此，個人學習是組織學習重要的前提和基礎。但另一方面，組織不是個體的簡單

加總，組織學習也不是個體學習的簡單累加。組織沒有"大腦"，但它確實有記憶和認知系統，通過這些功能，組織可以形成並保持特定的行為模式、思維準則、文化以及價值觀等。

組織不只是被動地受個人學習過程影響，而且可以主動地影響其成員的學習。因此，必須把個人視為一個有機系統的一部分，個體學習與組織學習之間存在相互影響、相互制約的互動作用。

參、核心職能

近幾年來，核心能力（或核心職能）的確認與發展，已經成為人力資源發展的熱門研究主題。本書的撰寫，於「核心職能」的相關理論部分，應該是一個貫穿各篇、各章的極重要的概念。

要培訓警察組織新進的基層人員，必須先確認，從事「基層警察工作」這項職業，應具備之核心能力究竟為何？才能進一步規劃如何招募？如何遴選？最後才是如何培訓的相關課程設計；以確保經由警察專科學校培訓的新進基層警察人員，在完成與「基層警察工作」有關之專業教育訓練畢業或結業後，能成為適格、適任的基層警察人員。

自 McClelland（1973）提出核心能力此一觀念後，後續許多學者亦從不同的角度切入，針對「能力（competency）」一詞提出其不同的看法和論點。早期關於核心能力的探討多與強化競爭力及提升績效有關。例如，Hayes（1979）認為核心能力是「整合知識、特質、動機、社會角色與人際溝通技巧，從而產生優越工作表現的能力。」McLagan（1980）在其 "Model for Excellence" 的研究中，將核心能力定義為「足以完成主要工作結果的一連串知識、技術與能力」。Boyatzis（1982）認為核心能力是一個人所具備的某些基本特質，而這些特質是影響個人在工作領域

上，表現出更好、更有效率的工作績效與成果的基本關鍵特性；是一種
能區別出高績效和低績效的行為表現（王俊元等，2016:10）。謹將各研
究者的解釋舉數例如表 1-1 所示。

表 1-1　「核心能力」、「核心職能」各種定義一覽表

定義	文獻來源
核心能力是整合知識、特質、動機、社會角色與人際溝通技巧，從而產生優越工作表現的能力。	Hayes, J. L. (1979). A new look at managerial competence: the AMA model of worthy *performance, Management Review*, 68(11), 2-3.
核心能力是足以完成主要工作結果的一連串知識、技術與能力	McLagan, P.A. (1980). Competency Models. *Training & Development Journal*, 34(12), 22-16.
核心能力是一個人所具備的某些基本特質，而這些特質是影響個人在工作領域上，表現出更好、更有效率的工作績效與成果的基本關鍵特性；是一種能區別出高績效和低績效的行為表現。	Boyatzis, R. E. (1982). *The competence manager: A model for effective performance.* (New York: John Wiley & Sons.)
組織成員個別技能與組織所使用技術的整合，可提供顧客特定的效用與價值，亦指一組知識（knowledge）、技能（skill）與能力（ability）（簡稱 KSAs）的整合。	Prahalad C. K & Hamel G. (1990). The Core Competencies of The Corporation. *Harvard Business Review*, 68(3), 79-91.
核心職能的概念應用在個人層面部分，包括了動機、特質、自我概念、知識和技能。	Spencer, L. M., & Spencer, S. M. (1993). *Competence at work: Model for superior performance.* (New York: John Wily & Sons Inc.)

（下頁續）

（續上頁）

定義	文獻來源
用以執行某項特定工作時所需具備的關鍵能力，藉由核心能力的掌握，協助組織降低成本或提昇價值，進而形成組織的競爭優勢。	李聲吼，1997，《人力資源發展》，臺北：五南圖書出版股份有限公司。
為了達成公司的成功關鍵因素，每位員工無論部門，皆須展現的職能。	鄭秀姿，2001。《企業建立職能體系與推動360度回饋評量之個案研究：以中租迪和公司為例》，臺北：國立臺灣大學商學研究所碩士論文。
核心職能是組織內多種知識、技術、能力及態度的整合，此一執行業務的關鍵能力，係由組織過去到現在所累積的知識學習效果，可為組織提升競爭優勢，並可經由訓練發展而得到改善。	孫本初，2002。「公務人員核心能力建構之探討」，《公訓報導》，100期，臺北：臺北市政府公務人員訓練處，頁55-57。
核心職能就是一個人的個人特質，這種特質會在特定職務上產生更好更有效率的績效與成果，而這種特質的產生包含了過去所學習的知識與技巧，加上因為個人成長環境所培養出來的價值觀，這種價值觀會影響個人的情緒反應與各項選擇。	張甲賢，2004。「直營連鎖服務業店經理核心職能模式發展之研究─以某上市直營連鎖KTV為例」，臺北：國立政治大學商學院經營管理碩士學程企管組商學碩士論文。
核心職能是用以執行某項特定工作時所須具備的關鍵性能力；藉由核心能力的掌握，可協助組織降低成本或是提昇價值。	許淑玉，2005。「中央與地方機關人事人員對核心職能認知差異之研究」，桃園：銘傳大學公共事務學系研究所碩士論文。

（下頁續）

（續上頁）

定義	文獻來源
核心職能是組織內多種知識、技術、能力及態度的整合，此一執行業務的關鍵能力，係由組織過去到現在所累積的知識學習效果，可為組織提升競爭優勢，並可經由訓練發展而得到改善。	許淑玉，2005。「中央與地方機關人事人員對核心職能認知差異之研究」，桃園：銘傳大學公共事務學系研究所碩士論文。
普遍存在於組織當中、為導致組織成功且組織內之個人成功之關鍵要素，包括：知識（knowledge）、技巧（skill）、能力（abilities）及個人特質（traits）等。	張義霞，2006。「臺灣國軍醫院護理長核心職能之探討」，臺中：朝陽科技大學企業管理研究所碩士論文。
核心職能是執行某種特定的工作時所應具備的關鍵能力，這些能力項目大多能透過學習與訓練來增加或改變。	胡珍珍，2007。「我國委任公務人員晉升薦任官等訓練之研究－核心能力的觀點」，臺北：世新大學行政管理研究所碩士論。
核心能力外顯於工作績效，唯有對「成功的工作績效」有影響者，才能列為該職務的核心能力。	趙璟瑄，2007。「中高階公務人員管理發展核心能力之初探」，《訓練佳文選粹》，臺北：公務人力發展中心。

資料來源：作者自行繪製

　　表 1-1 有關「核心能力」或「核心職能」的各種定義，有些是針對「管理幹部」或「中高階主管人才」的研究結論或論述，與本書的研究對象：「基層」警察人員，不甚相符；經由審慎篩選，作者認為，以下幾個定義或可參考：

一、核心能力是組織成員個別技能與組織所使用技術的整合，可提供顧客特定的效用與價值，亦指一組知識（knowledge）、技能（skill）與

能力（ability）（簡稱 KSAs）的整合。（Prahalad C.K & Hamel G., 1990, 79-91）

二、核心職能是組織內多種知識、技術、能力及態度的整合，此一執行業務的關鍵能力，係由組織過去到現在所累積的知識學習效果，可為組織提升競爭優勢，並可經由訓練發展得到改善。（孫本初，2002, 55-57）

三、核心能力概念應用在個人層面部分，包括知識（knowledge）、態度（attitudes）、技能（skills）和價值（values）。（趙璟瑄，2007）

四、能力是一組會影響個人工作主要部分的相關知識、態度及技能，與工作上的績效表現相關，可用來作為衡量績效的標準，也可以透過訓練和發展加以提升。（S.B. Parry, 1998, 58-64）

　　至於坊間對何謂「核心職能」？何謂「核心能力」？有許多不同見解之析辯，定義相當分歧。本書於此部分不作區隔；作者認為，若「核心能力」與職務執行息息相關，則此一「能力」即是職務上之核心能力，亦即「核心職能」

第三節　分析架構與思維邏輯演繹

　　前曾述及，警察專科學校自 2009 年起即組成專案小組，就相關議題進行一系列的研究。這一系列的研究案，概分為「招募遴選」、「核心職能」、「課程設計」、「情境模擬教學」、「適任性分析」等各大主題。本書的各篇、各章，實係政策變革研議過程中，一系列研究案的研究設計與結論的彙整。

　　本書蒐集各有關組織新進人力的招募遴選、培訓與適任性的著作、論文、期刊雜誌的報導，或研究報告等資料，參考歸納，建立各篇、各

章的分析架構，並提供作為研究調查的重要依據。

　　本書各章的撰寫，參考了作者的博士論文、各研究案的成果報告，以及多篇發表於各學報、各研討會的論文；惟隨著時間的遞移，相關資料已更新、撰寫的內容已增修調整。

壹、分析架構

　　本書的分析架構，除了第一章「緒論」、第十二章「結論」外，並按撰寫主題「警察組織基層人力招募遴選培訓與適任研究」（Research on Recruitment, Training and Competency of Junior Officers in Police Organization），區分為三個部分：招募遴選之探討（第一篇）、培訓之探討（第二篇）、適任之探討（第三篇）。

一、招募遴選之探討

　　本書第一篇為「招募遴選之探討」，內含三個議題，分別為：
（一）我國警察人員進用模式研析（第二章）
（二）公務人員特種考試一般警察人員考試錄取人員職業選擇研究（第三章）
（三）我國警察人員進用不經公務人員考試方案規劃暨可行性分析（第四章）

二、培訓之探討

　　本書第二篇為「培訓之探討」，內含五個議題，分別為：
（一）警察組織基層人力核心職能研究（第五章）
（二）培訓課程設計機制建構（第六章）

（三）精進實習教育芻議（第七章）

（四）精進警察勤務課程情境教學之研究（第八章）

（五）結合警察應用技能實作演練建構實務化「警察勤務」教學之研究（第九章）

三、適任之探討

本書第三篇為「適任之探討」，內含兩個議題，分別為：

（一）警察組織新進基層人力適任性研究（第十章）

（二）警察執行勤務遇暴力攻擊之研究－兼論執勤安全（第十一章）

貳、思維邏輯演繹

謹建構本書各章分析架構圖如圖 1-3（a）、（b），俾顯示各章各研究主題的思維邏輯演繹。

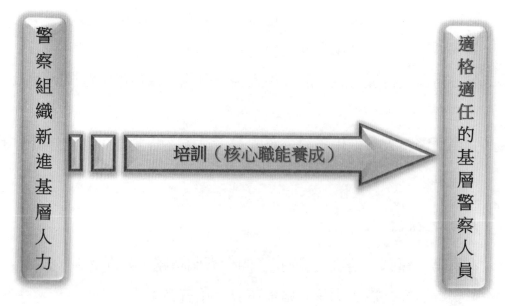

資料來源：作者自繪

圖 1-3　本書各章研究分析架構圖（a）

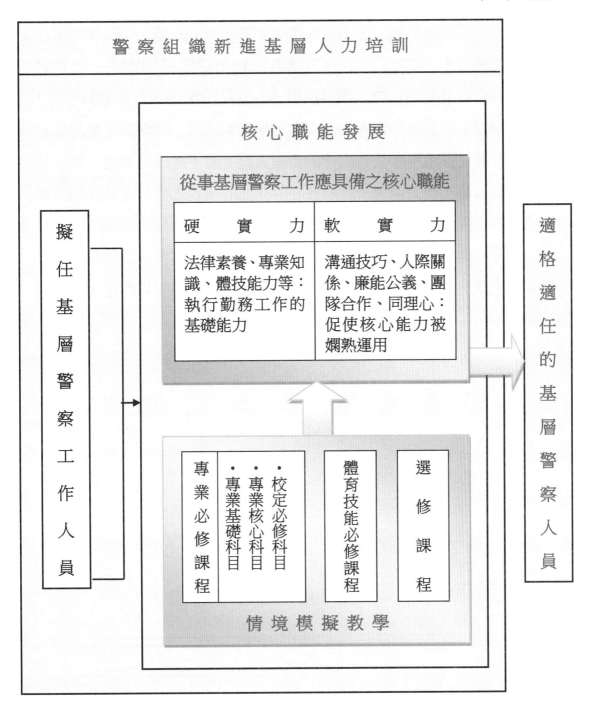

資料來源：作者自繪

圖1-3 本書各章研究分析架構圖（b）

　　綜上，警政建設為一個國家或地區整體建設的一環，在持續追求經濟發展的過程中，安全而有秩序的環境為不可或缺的基礎條件，如何適時建構警察組織基層人力政策發展模式，並探詢未來人力進用的取向，是為各階段警政計畫的重要議題；前揭畢業或結業，完成與「基層警察工作」有關之各項專業教育訓練的新進人員，能不能成為適格、適任的基層警察人員，長久以來一直是各界所關注的議題！如何適時建構警察組織基層人力政策的發展模式，並探詢未來的取向，是為各階段警政計畫的重要議題；佔臺灣地區公部門人力相當大比例的警察組織基層人力的招募遴選、培訓，特別是核心職能的養成、發展與妥切的應用，尤為重要。

第一篇

招募遴選之探討

第二章　我國警察人員進用模式研析

第三章　公務人員特種考試一般警察人員考
　　　　試錄取人員職業選擇研究

第四章　我國警察人員進用不經公務人員考
　　　　試方案規劃暨可行性分析

第二章　我國警察人員進用模式研析

〈摘　要〉

　　「警察人員」被類歸為我國政府的公務人員,「公務人員」依法必須經由國家考試及格後任用。

　　我國警察人員的進用,目前主要有兩大模式:「教、考、用」與「考、訓、用」。無論是模式的本身,還是專業核心職能的養成,或是養成後畢、結業人員的適任性,這兩大模式,各有其競爭優勢與劣勢。

　　如何整合現行公務人員必須考試後任用,以及警察核心職能養成等相關法規與制度,建立一套有效模式,俾招募優質人力加入執法行列,以因應社會之期待,實為刻不容緩之議題。

關鍵詞:「教、考、用」、「考、訓、用」、雙軌制

第一節　前言

　　警察人員為我國政府公務人員,有關警察人員之人事制度雖訂有特別法,但公務人員應經國家考試及格後任用,為我國憲法精神,警察人員自不能例外。

　　本書探討的重點雖然在警察組織的基層人力,惟為求論述之完整性,於「我國警察人員進用模式」部分,「基層人員」與「管理幹部」必須一併探討。

　　我國警察人員的進用,目前主要有兩大模式:

一、教、考、用:警察大學、警察專科學校畢業,經由公務人員特種考試警察人員考試及格後任用。

二、考、訓、用:公務人員特種考試警察人員考試錄取,經由警察專業核心職能培訓後任用。

　　究竟應該採用「教、考、用」？還是「考、訓、用」？這兩大警察人員的進用模式，無論是模式的本身，還是專業核心職能的養成，或是養成後的畢、結業人員的適任性[1]，各有其競爭之優勢與劣勢；但現行之雙軌並行制，卻是累積了數十年的實施經驗所演變而成的，自應有其歷史的定位與價值。

　　近年來，屢有恢復早期「單軌」的進用模式[2]，或建立單一「考、訓、用」進用模式度之爭議。類此爭議，「最近期」的肇因[3]，係坊間對「108年公務人員特種考試警察人員、一般警察人員考試類別比例」產生疑義，此一疑義與對應之業務報告，經提 2019 年 2 月 14 日考試院第 12 屆第 225 次全院審查會審議，決議：全案責由考選部依 2016 年 4 月 7 日考試院第 12 屆第 81 次會議對「審查考選部函陳警察人員考試雙軌分流制度檢討報告一案報告」之決議，並參酌監察院調查報告進行研議，提出方案規劃建議。

　　考選部於 2019 年 5 月間擬具檢討報告[4]，提報考試院院會審議；經考試院數次全院會議審查或交付小組審查，最後於 2019 年 11 月 28 日第 12 屆第 263 次會議照案通過。這份專案報告的結語為：「警察人員初任考試制度涉及國家警力培育政策、警校任務及定位、用人需求，涉及之層面甚廣，惟基於考試公平性、考用配合並回應各界意見，建議未來

---

[1] 本書作者曾就此一議題進行專案研究。請參考：馬心韻，「臺灣警察專科學校畢（結）業生適任性－服務機關滿意度分析」，108 年內政部所屬機關自行研究案：臺灣警察專科學校。

[2] 一般認知上是指 2011 年之前的警察人員進用制度，實則整個警察人員進用制度的發展與演變並非如此簡單，本章就此一部份進行詳實分析。

[3] 警察人員的進用模式，自 2011 年實施「雙軌」制之後，類此爭議、疑義不斷；事實上，對「警察人員進用模式」之爭議、疑義，於更早之前即已存在，從未歇息。有人認為，類此爭議、疑義，係補教業者所引發。

[4] 參見：考選部，「警察人員初任考試制度檢討報告（初稿）」，2019.05。

警察人員初任考試回歸單一化與專業取向化，並逐步由「雙軌制」過渡到單一制，以減緩制度變革之衝擊。如此一擬議方向原則可行，本部將積極進行後續法制研議作業。」[5]（考選部，2019.05:14）

　　我國警察人員之進用，事涉警察教育、人事制度之整合規劃暨相關法制變革。如何整合現行公務人員考試任用、警察核心職能養成之相關法規與制度，建立一套有效模式，招募優質人力加入執法行列，以因應社會之期待，實為刻不容緩之議題。

　　本章之撰寫，共分為四節，分別是：

第一節　前言

第二節　我國警察人員進用模式爭議

第三節　我國警察人員進用模式的發展與演變

第四節　本章小結－我國警察人員進用方案建議

第二節　我國警察人員進用模式爭議

　　現行制度的設計，「警察人員」被類歸為我國政府部門的公務人員，依現行各公務人員相關法制的規定，「公務人員」必須經由各類公務人員考試及格後任用。

　　同樣是依相關法制的規定，我國警察人員的教育訓練自成一體系，與一般大專院校顯著區隔：內政部設警察大學，辦理警察組織新進管理幹部的養成；內政部警政署設警察專科學校，辦理警察組織新進外勤第一線（基層）實務工作人員的的養成。各種「警察特考」[6]機制的建構，

---

[5] 類此探討、論辯，於考試院、考選部主政之下，一直持續至今（2021 年）。

[6] 依照我國警察人員進用機制建構的時間序列，分別是：「公務人員特種考試警察人員考試」、「公務人員特種考試基層警察人員考試」、「公務人員特種考試一般警察人員考試」；後詳。

原本係植基於警察教育需求而設置，使完成警察專業核心職能養成的警察專科學校、警察大學畢業生，能藉由參加與警察職務有關的國家考試取得任用資格，俾能進入各警察實務機關為民服務。

是以，警察大學、警察專科學校畢業生，雖然在校期間所接受的是完整的警察專業教育訓練，也是獨一無二的、並與實務接軌的專業教育訓練；然若兩校學生畢業後，未能經由各對應類科「警察特考」及格，則不得進用為我國政府部門的警察人員。復以因環境的變遷，不斷地引發各類的公共議題，造成我國警察人員進用相關制度一再變革。每一次的變革，雖然都經過一定程度的政策辯論，惟實施之後，爭議仍然不斷；更甚者，又衍發新的爭議。

前已述及，近年來屢有恢復早期「單軌」的進用模式，或建立單一「考、訓、用」進用模式之爭議。本章「註3」中亦已陳明，警察人員的進用模式，自2011年實施「雙軌」制之後，類此爭議、疑義不斷；各界對「雙軌」制的主要意見可歸納為兩點：

一、相同工作（按：即指警察工作）以不同應試科目取才，恐難符用人機關（按：即指警察機關）工作需求。

二、兩項考試四等考試（按：即指「公務人員特種考試警察人員考試」與「公務人員特種考試一般警察人員考試」）錄取率相差懸殊。

事實上，對「警察人員進用模式」之爭議、疑義，於更早之前即已存在，從未歇息。「最近期」的肇因，係坊間對「108年公務人員特種考試警察人員、一般警察人員考試類別比例」所產生的疑義；在此一疑義的辯證過程中，主要有三方面意見，分別是：考選部「警察人員考試雙軌分流制度檢討報告」、監察院的調查報告、用人機關的意見，茲分述如

下。[7]本節的最後，並對我國警察人員進用模式的爭議作一綜合整理作為結語。

壹、考選部「警察人員考試雙軌分流制度檢討報告」

考選部自 2014 年 5 月起，就警察人員考試雙軌分流制度進行檢討，先後邀集用人機關及學者專家召開數次會議，研擬檢討報告。案經考試院 2015 年 10 月 29 日、2016 年 3 月 10 日兩次審查會，有關警察人員的進用模式，究宜維持「雙軌」制或改採其他制度，與會委員看法不一：（考選部，2019.05:2）

一、支持維持「雙軌制」者認為，警察人員須經長期養成教育始能培養忠貞、服從、高抗壓性及使命必達信念等內隱特質，考量甫自高中畢業者之可塑性較高，以及為維持警察人力精壯及穩定，警察人力來源仍宜以警校生為主，一般生為輔。惟須使一般生實際錄取人數比率與原定需用名額比例相符，且須建構基層警員合理陞遷機制。

二、部分委員則認警察人員考試是否僅有維持「雙軌制」一途，容有討論空間，並提出可能之變革方向如下：

（一）視職務性質及專業需求，重新檢討考試類別

如職務非經嚴謹警察專業養成教育不得勝任，則相應類別即以警校生為主要人力來源；反之，則開放一般生公平競爭。

（二）仿雙元師資統一檢定方式

仿效現行國內高級中等以下學校教師資格檢定考試，採行併軌制，不分應考資格，以警察職能為據，重新設計妥適之考試方式及應試科

---

[7] 本節考選部報告、監察委員報告、用人機關意見等三個單元，均引自：考選部，「考試院第 12 屆第 103 次會議考選部重要業務報告」，2016.09.22。該報告後附所有相關報告、意見。

目，例如訂定適當之心理測驗、體能測驗項目與及格標準，並齊一錄取標準。

（三）採行以專業為導向之單軌制

考試方式及應試科目均依警察專業需求設計。又警察特考三等考試開放現職警員報考，以致四等考試錄取者專注準備考試無心工作，宜併同檢討此一等級考試究宜定位為任用考試或升官等考試。

（四）參考韓國警察大學及日本海上保安大學校制度

警察大學及警察專科學校入學考試即國家考試，在學期間施以嚴格淘汰機制，畢業後直接分派任職。

（五）比照軍校生制度

修正警察人員人事條例及相關公務人員任用法規，警校生畢業即授予官階職務擔任警察工作，不再舉辦警察人員考試。

（六）將一般警察特考併入公務人員高等考試暨普通考試

於受訓時再依專長細分類別，並配合修正職組暨職系名稱一覽表調任相關規定，解決特種考試與公務人員高等考試暨普通考試限制轉調年限不同之問題。

前揭檢討報告經 2016 年 4 月 7 日考試院第 12 屆第 81 次會議決議：照審查會意見通過。考選部依考試院前揭決議，研議警察人員初任考試制度改革之具體建議，規劃警察人員初任考試制度單一化與專業取向化，並將此一政策建議方案於 2016 年 9 月 22 日考試院第 12 屆第 103 次會議提報；這份報告的結語，與 2019 年所提「警察人員初任考試制度檢討報告」之結語相同：「警察人員初任考試制度涉及國家警力培育政策、警校任務及定位、用人需求，涉及之層面甚廣，惟基於考試公平性、考用配合並回應監察院及各界意見，建議未來警察人員初任考試回歸專業化

之單一考試制度，並分二階段由雙軌制過渡到單一制，以減緩制度變革之衝擊。惟此一擬議方向原則可行，本部將積極進行後續法制研議作業。」（考選部，2016:10）

貳、監察委員調查報告

時任監察委員的包宗和、王美玉曾於 2016 年 9 月 8 日就警察人員進用模式改採「雙軌分流」制度提列了八項調查意見，謹摘要略述如下：（考選部，2016:5-6）

一、內、外軌錄取比率差異過於懸殊

自 2011 年施行雙軌制迄至 2016 年，「內軌」、「外軌」考試錄取率之差異極為懸殊，四等尤然。此等特殊的雙軌考試制度除有因人設事之不公疑慮，後續警力缺額舒緩後，勢將引起雙軌員額分配爭論，衍生重大公平性爭議。

二、「外軌」一般警察特考考試科目專業度明顯不足

「外軌」一般警察特考三、四等考試均未納入警察專業相關科目，另以一般性科目為應試設計，除與警察專業知能取才未有直接關連外，恐不利「外軌」生實務銜接，後續相關執勤人員之專業知能及人身安全均引發重大疑慮，區別考科之理據亦有不足。

三、「內軌」考生未通過警察特考門檻風險遠較一般「外軌」考生為高

「內軌」考生因有三次未通過國家考試即須賠償公費津貼之風險，應試風險與門檻遠較一般「外軌」考生為高，且恐有浪費政府教育資源之疑慮。

四、「外軌」訓練強度顯較「內軌」不足，恐無法妥適勝任警察工作

內、外軌錄取人員分發工作並無區別，惟「外軌」錄取後之訓練強

度顯較「內軌」不足，恐無法妥適勝任警察工作。為盡可能降低雙軌人員之能力差異，應強化訓練品質，且應就訓練內容為檢討改善。

五、應避免「內軌」三等考試成為不適任人員之回任跳板

　　「內軌」三等考試混合升職人員及初任警察官遴用考試，除可能破壞警察機關之內陞機制外，尚成為不適任人員之回任跳板。警察特考三等考試因有較高錄取率，成為部分四等「外軌」考試及格人員升遷捷徑，致「外軌」四等考試淪暫時性跳板；另「內軌」四等考試高錄取率，已成為部分因不適應因素自願離退警職人員之回鍋巧門，恐延伸影響長期警力培育之穩定性及整體警務向心力，亦引發社會觀感不佳。

六、警察大學、警察專科學校之機關組織定位不明

　　警察大學、警察專科學校定位不明，組織經費受限，近年受訓人數大幅增加，資源匱乏將嚴重影響教學及訓練品質。

七、「外軌」錄取人員適應性及穩定性不足

　　「內軌」錄取人員因專業訓練期間較長，無論適應性及穩定性皆較「外軌」錄取人員為佳。

八、鑑於警察職務之特殊性，應以青壯化為宜

　　「外軌」錄取人員年齡平均較「內軌」錄取人員為高，惟鑑於警察職務之特殊性，應以青壯化為宜，可考慮降低四等考試報考年齡上限。

參、用人機關意見

　　有關考選部函陳「警察人員初任考試制度檢討報告」一案，為期審慎周妥，曾邀請與用人有關之各相關機關表示意見，渠等意見經彙整後，主要有下列三個重點方向：（考選部，2019.11:23）

一、用人機關、警察大學及警察專科學校表示意見略以，「雙軌」制係經

考試院及行政院兩院協商決定，自 2011 年施行以來，國內治安穩定，民眾對治安滿意度及對警察信任度，均持高度肯定，行政院及內政部亦表支持態度，咸認應繼續維持。

二、海洋委員會海巡署並表示，該署負責海上警察勤務，工作性質特殊，需具相關航海或輪機人員證照方可執行勤務，於現行「雙軌」制下運作順遂，倘修正為「單軌」制，因應考人來源背景不同，屆時恐未能於應考資格規定航海證照之限制，難以滿足用人實需。

三、內政部警政署及消防署認為，以「內軌為主、外軌為輔」之「雙軌」制，可維持新進基層警力青壯化，減緩未來警力老化之衝擊，倘修正為「單軌」制，一般教育體系畢業生初任警職之平均年齡較大，多以取得工作為前提，對於警察職務之服從性、使命感及相關體能及技能訓練等方面，均較警察大學、警察專科學校畢業生不足，離退率亦較高；又「單軌」制無法預測內「外軌」錄取比例，不僅可能造成未來人力評估困擾，影響警力素質之穩定性，亦有再度發生警校教育補習化及流浪警察現象之虞，爰建議維持「雙軌」制。

參酌「警察人員初任考試制度檢討報告」初稿，各用人機關的意見始終堅持既有立場，謹摘要繪製如表 2-1 所示。

表 2-1　用人機關意見一覽表

一、檢討初任警察人員雙軌分流制度相關議題部分		
議題	內政部意見	海洋委員會海巡署意見
1一般警察特考應試科目增加警察核心職能科目之可行性及建議修正方案。	1.基於初任警察人員考試雙軌分流制度架構係以應考人所學背景差異而分別定位,其中「公務人員特種考試一般警察人員考試」(以下簡稱一般警察特考「外軌」)為「門檻測驗」,藉此管道向高等教育體系多元取才,故應試科目設計原則聚焦於警察工作相關之學術專業,及各大學普遍開設之基礎課程,使應考人在就學期間有充分學習機會,俟錄取後再接受警察專業訓練。據此,若外軌增加過多警察專業相關科目,將難謂符合門檻測驗之精神,爰在秉持不考過多警察核心職能科目原則下,宜微調之。 2.消防警察人員應考「消防與災害防救法規概要」科目,水上警察應考「海巡法規概要」科目,均屬各用人機關人員所需之核心職能,如受訓前先行研讀,有助學員提早熟悉專業法規概念,亦可提升日後接受教育訓練學習成效,爰建議四等考試行政警察人員比照消防與水上警察人員類科,增列專業科目「警察法規概要」,並將中華民國憲法概要與法學緒論合併為「法學知識」。	1.本署為應用人實需,前函請貴部提請考試院辦理「公務人員特種考試海岸巡防人員考試(以下簡稱海巡特考)規則」修正,並經考試院103年8月29日發布修正令有案,其中即針對海巡人員之核心職能強化,於各考試等別、類科、組別均列考專業科目「海巡勤務」。 2.審究海巡特考與一般警察特考之海上勤務人力取才來源均係以一般海事學校學生為主,各該考試及格人員未來所從事之工作內容亦相同。本署建議一般警察特考各等別水上警察人員輪機組及航海組之考試專業科目,允宜與海巡特考各等別海洋巡護類科輪機組及航海組之專業考科相同,俾利本署在相同的取才來源下,透過考試機制獲致齊一水平且符合實需的人才。

（下頁續）

（續上頁）

| 2.放寬警察特考應考資格，使一般警察特考三等錄取具中央警察大學結業資格，而未能取得考試及格證書者，得報考警察特考四等考試；或具警專結業資格，尚未取得考試及格證書而具大學學歷 | 1.警大外軌三等特考班結業未取得考試及格證書而報考內軌四等考試者，僅屬少數個案；另警專外軌四等特考班結業而尚未取得考試及格證書者，是否准予報考內軌三等考試，因涉及內軌三等考試兼具陞職考試功能，本部警政署規劃基層員警陞遷途徑，以具有相當工作歷練者始具陞職考試資格，故不宜放寬應試資格，以免打擊現職基層員警士氣，降低雙軌分流制度效能。
2.如開放警專結業而尚未取得考試及格證書，具大學學歷資格者，得報考內軌三等考試，恐導致未完成考試程序者眾；外軌四等特考班學員不以接受精實警察訓練為重，純以通過考試為目標，恐弱化正常警察教育功能，影響訓練品質，且於實務訓練6個月期間為準備考試，無心學習接觸警察實務工作，恐難期待實務訓練完成後，可立即全心投入警察工作，克盡職責，並造成離職率增高及國家培訓資源重複浪費等情事。
3.國家設有警大、警專辦理警察專業養成教育，以接受過4年或2年完整警察專業教育者即適格擔任基層警察幹部或基層警員，透過警校畢業生學科與術科兼修，人格及紀律要求，培養出 | 1.按現行警察人員（以下簡稱內軌）考試資格相關規定，原則係需自中央警察大學或警察專科學校「畢業」者，另例外採認非經警校畢業，惟業經相當等級之特種考試警察人員考試及格者，亦可報考內軌考試，實已放寬應考資格。亦間接產生部分取得四等警察人員考試資格者，將內軌三等考試視為陞官等之捷徑，對於戮力從公之基層同仁確實有所打擊。
2.審究警察人員考試雙軌分流，係為廣拓人力來源及多元取才需求，應運而生之考試制度，內外軌考試之取才對象本即有別，過度放寬應考資格，而使雙軌有別，過度放寬應考資格，而使雙軌考試取才對象互相流通，恐將失去分軌取才之功能，亦可能使考試制度更顯不公。爰此，本署不贊成再予放寬內軌考試應考資格。 |

（下頁續）

（續上頁）

| 資格者，得報考警察特考三等考試。 | 團隊性、服從性、耐勞性，與一般大專院校之不同專業領域教育內容相差甚多。至於一般生通過外軌考試錄取者，是否成為一位適格警察人員，尚需接受專業的教育訓練及實務訓練等紮實培訓課程。訓練係考試程序之一環，應以完成全部考試錄取人員訓練程序，取得考試及格證書後，方具警察官之專業性與適格性。練及實務訓練等紮實培訓課程。訓練係考試程序之一環，應以完成全部考試錄取人員訓練程序，取得考試及格證書後，方具警察官之專業性與適格性。
4.綜上，警察特考應試資格不宜放寬，建議修正內軌四等考試應試資格，刪除警專結業資格，增列具備相關高等、普通考試或特種考試之（一般）警察人員考試及格者，得報考內軌四等考試，亦即非經警大、警專二校畢業或警察人員考試及格者，均一律報考外軌考試，始為長遠之計。 | |
| 3 其他外界質疑兩項警 | 1.有關未來工作相同，應試科目卻不同與考試錄取率相差懸殊部分：
(1) 警察人員考試制度之改革，主要考量應考人族群的差異，有接受警察教育養成的「警察教育體系」應考人，和具培育潛力的「一般教育體系」應考人 | 1.鑑於警察人員考試雙軌分流之取才對象，分別為警校畢業生及相當學歷資格之社會青年，審究考試機制即針對取才對象與用人實需之不同，而採以不同之考試方法或科目，甚而分別設定特殊之應考資格條件（如本署海上勤務人力相關考試 |

（下頁續）

（續上頁）

察人員考試錄取人員未來工作相同，應試科目卻不同、四等考試錄取率相差懸殊、離職員警藉高錄	力的「一般教育體系」應考人，兩者本質不同，卻又合併考試，以致於考用落差日益嚴重。研議新制雙軌分流制度時，充分認知到評量方法是實踐分流效果的重要工具；故外軌應試科目設計「普通化」、內軌應試科目「專業化」是共識，如應試科目未有差異，將影響考試取才效果。 (2) 從雙軌分流制度基本面分析，由於應考人背景不同，區分不同考試，爰雙軌應試科科目不同、考試錄取率相差懸殊等問題，必然存在而難以改變。例如，二者考試差異不僅在應試學科不同，術科亦不同；外軌設有第二試體能測驗之門檻篩選，內軌警校生經過養成教育畢業者，其體能已達高標且具柔道等術科專長，如對其再施以體能測驗，並無實益。 2.有關離職員警藉高錄取率之警察特考回任部分： (1) 本部警政署自84年7月26日起停止「警察機關辦理警（隊）員復用案件處理要點」規定之適用，已不再辦理警員回任。警員辭職後再錄取警察特考，分配至本部警政署實務訓練，係依新取得之考試資格辦理，本部尚無法拒絕是類人員依考試成績分配訓練，渠等與依	，即須具備航海人員證照），進而達成各用人機關考用結合之目標。故警察內外軌考試，考量取才對象之差異性，設定不同之應考科目或考試方法，以獲致符合實需之取才結果，尚能符合考用結合之精神。 2.現下警察人員雙軌分流考試所產生之比較及差異現象，或有改善空間，惟回歸請辦考試之本意即在於「如數、如期、如質」的獲得符合實需之人才。本署建議雙軌制度之改善方向，允宜朝向「警力是否如期提升」、「人才是否符合實需」等用人需求面向檢討精進，另針對內外軌之應考資格允宜在法令規定容許的範圍下酌增限制，以減少諸如「任用考試變相成為陞官等考試」、「藉由再次錄取考試重新分發、回任」等現象發生。

（下頁續）

（續上頁）

| 取率之警察特考回任等問題之改善建議。 | 既有考試資格辦理之任用（即回任）性質不同。
(2) 警察人員考試雙軌分流制實施迄今，原任警職辭職後再參加100年至104年警察四等考試錄取之分配（發）人數分別為100年12人、101年23人、102年23人、103年37人、104年46人，合計141人。其中103年及104年於當年度辭職再錄取警察特考者分別為15人及22人。經查渠等因不符遷調資格，加上無服務年限義務及辭職後無須賠償問題，故為達遷調目的，即藉由辭職再參加考試及重新分配警察機關實務訓練。
(3) 少數人員一再參加國家考試經錄取後，遊走調任各公務機關，時有所見，卻無法可約束。國家挹注大量資源培訓外軌考試錄取人員，卻未對其課以任何義務或賠償責任，縱其辭職再參加考試，造成用人機關困擾，更嚴重浪費國家資源。為解決上開離職再考問題及符合用人需求，建議修法對於外軌考試錄取人員課以適當服務年限及賠償責任，例如，衡量各種考試錄取人員權益衡平性，就錄取人數、發給津貼、投入訓練成本多寡，律定接受公務人員考試錄取人員訓練一定期間（8或10個月 | |

（下頁續）

（續上頁）

	）後，課以適當服務年限，如中途離訓或辭職者應賠償訓練期間所受領之公費。 (4) 考量離開警職過久（如逾3年以上）而重新考試欲回任者，可能有法令變遷與實務脫節、體能不堪負荷繁重警察工作及警技生疏難以確保執勤安全等因素，建議應重新接受教育訓練，將可適度降低回流情事。	

二、檢討警察人員初任考試制度議題部分

議題	內政部意見	海洋委員會海巡署意見
修正草案一般警察特考四等應試科目表	外軌應試科目在秉持門檻測驗精神下，不宜考過多警察核心職能科目，宜微調之。本部業於 105 年 8 月 26 日內授警字第 1050872209 號函建議考選部修正四等考試行政警察人員應試科目，比照消防與水上人員類科，增列基礎專業科目「警察法規概要」，並將中民國憲法概要與法學緒論合併為「法學知識」。	貴部採以微幅修正考試科目之作法，與本署原齊一修正之建議，僅差別在於海巡勤務的列考與否，考量考試方法及應試科目之設計與修正，係屬貴部權責，爰尊重貴部之專業意見。
警察人員初任考試制度改革方向	1.雙軌制度設計依考生本質不同分兩類考試，外軌考科設計「普通化」、內軌考科設計「專業化」，符合憲法「等則等之，不等則不等之」實質平等精神。目前雙軌制已解決 99 年以前舊制警察特考筆試科目不能聚焦於警察專業篩選，造成「警察教育補習化」及「合格未必合用，合	1.貴部建議未來警察人員初任考試制度以專業取向「單一考試」制度為改革方向。未來有志從事警察工作並符合應考資格者，均得報考。並依錄取人員是否曾接受警察教育分別規劃訓練期程與內容。 2.審究初任警察人員「單一考試」取才，或可解決現行「雙軌取

（下頁續）

（續上頁）

用未必合格」等考用落差問題。內軌為主、外軌為輔之雙軌制其旨在促使警校教育回歸正常化，並無因人設事、保障特殊身分之現象。如依考選部目前初步規劃以專業取向單一考試制度及訂定內軌錄取率上限為改革方向，將使99年以前問題再現，可能帶來更大衝擊，引發更多爭議與難測之後遺症，爰本部認為應堅持雙軌分流，並以內軌為主，外軌為輔之比例原則。 2.內外軌教育訓練屬性不同，訓練時間長短亦不同，已檢討力求訓練標準一致，研議提高外軌考試第二試體能測驗標準，並透過常年訓練持續強化。 3.建議限縮應試資格增訂內軌三等應試資格，四等考試及格後3年始得再報考、課予外軌人員服務年限與賠償責任及離職過久人員重予教育訓練。 4.維護警大、警專培育優質警力制度及調降應考年齡上限，俾遂行治安任務，維持警察人力青壯。建議考選部修正四等應考年齡上限為28歲，以應實需；另調降應考年齡亦可適度解決自願離退警職人員回鍋巧門之問題。	才」之諸多爭議問題，惟官警兩校教育訓練資源不足及錄取後之訓練成果水平不一之問題恐仍存在。爰此，本署建議在官警兩校教育訓練資源準備充足後，再予實踐「單一考試」取才，以避免再衍生其他爭議問題。

資料來源：考選部，「警察人員初任考試制度檢討報告」初稿，2019.05，p. 4-9。

肆、結語

2019 年 10 月 17 日考試院第 12 屆第 257 次會議，考選部函陳「警察人員初任考試制度檢討報告」一案，經決議：「1.交全院審查會審查，由李副院長逸洋擔任召集人。2.會議紀錄同時確定。」同年同月 24 日、31 日考試院舉行了兩次全院審查會，審查竣事。

有關考選部研撰之「警察人員初任考試制度檢討報告」，於 2019 年 11 月 28 日經考試院第 12 屆第 263 次會議照案通過。這份專案報告的結語為：「警察人員初任考試制度涉及國家警力培育政策、警校任務及定位、用人需求，涉及之層面甚廣，惟基於考試公平性、考用配合並回應各界意見，建議未來警察人員初任考試回歸單一化與專業取向化，並逐步由「雙軌制」過渡到單一制，以減緩制度變革之衝擊。如此一擬議方向原則可行，本部將積極進行後續法制研議作業。」（考選部，2019.05:14）

前揭檢討報告函陳考試院，專案小組召集人副院長李逸洋具名，擬議「審查報告」，有關「制度變革方向」略如下：（考選部，2019.11:24-26）

有關單一化及專業化之政策規畫，僅為初步構想，尚未研議具體細節。專業化係朝向警察各類別核心職能需求設計，惟倘應試科目過度偏向專業化，可能助長補習風氣；反之，偏向一般化，又可能產生流浪警察問題。……綜之，有關單一化及專業化實質內容與考試方式，俟政策方向確定後，將再進一步與專家學者及用人機關研究討論，提出新制具體規劃內容。

……與會委員咸認，現行整體警察教、考、訓、用制度所產生之諸多問題，如：警察體系定位、警力供需失調、內外軌需用名額

比例爭議、外軌考試應試科目設計未符警察核心職能、體能測驗項目及標準效度不足等，恐難僅以警察初任考選制度之變革而獲解決，然考選部建議單一化及專業化改革方向，於上開相關爭議與疑義尚無待解方案情況下，仍不失為可行方向，期考選部儘速研議，提出其體方案報院審議；另並請銓敘部協助調查一般生升遷及任職相關統計情形；公務人員保障暨培訓委員會通盤檢討警察整體訓練課程及內容，是否切合及落實未來警察職涯發展需求；行政院人事行政總處應提早協商用人機關，依 99 年 9 月 9 日本院第 11 屆第 102 次會議決議，三等考試內軌與外軌比例為 86% 與 14%；四等考試內軌與外軌比例為 70% 與 30%，且以考試年度缺額分配計算內外軌需用名額比例，規劃 109 年警察人員雙軌考試需用名額，報院核定。

綜上，有關我國警察人員進用模式之爭議或疑義，相關的檢討或回應，主要發動者為考試院；近年來多偏向「單軌」制或「雙軌」制之檢討。類此探討、論辯，於考試院、考選部主政之下，至今（2021 年）仍一直持續進行中；相較之下，用人機關當時所提之各項意見或改革建議，確已在逐步調整變革實施中，例如：擬經由警察特考回任警職者，如離職超過 3 年，必須重訓、一般警察人員考試四等考試應試科目增列「警察法規概要」等，均是。

本章於伊始即陳明：對「警察人員進用模式」之爭議、疑義，並非肇因於 2011 年「雙軌」制之實施，於更早之前即已存在，且從未歇息。於此一變革過程中，因環境的變遷，不斷地引發各類的公共議題，造成我國警察人員進用相關制度一再變革；每一次的變革，雖然都經過一定程度的政策辯論，惟實施之後，爭議仍然不斷。

我國警人員進用之「考、訓、用」模式，於基層人員部分，自 1997

年起即已建構；於管理幹部部分，自 2011 年起才建構。故我國警察人員的進用，在 2011 年之前，現今所稱之「雙軌」制，從未實施於「管理幹部」；但是於「基層人員」，卻已行之經年，甚至有一段時間還是「三軌」制。因此，有關我國警察人員進用制度的變革與衍生的議題，主要在基層人員。

　　本節雖引用了數篇考選部的檢討報告，但目的不在於檢討「警察人員考試雙軌分流制度」，而是要凸顯各界對我國「警察人員進用模式」超乎常理的關心，並嘗試提出可行性的方案規劃。

　　我國警察人員進用模式的變革、涉及難以估量的人力成本，如何整合現行公務人員考試任用、警察核心職能養成之相關法規與制度，建立一套有效模式，此係本章的研究的研究動機與目的。於本節的結尾，還是要特別強調，我國警察人員的進用，究竟應該採用「教、考、用」？還是「考、訓、用」？這兩大模式，無論是模式的本身，還是專業核心職能的養成，或是養成後的畢、結業人員的適任性，各有其競爭之優勢與劣勢；但現行之雙軌並行制，卻是累積了數十年的實施經驗所演變而成的，自應有其歷史的定位與價值。

第三節　我國警察人員進用模式的發展與演變

　　我國警察人員任官資格之取得，依《警察人員人事條例》第 11 條第 1 項規定，有下列三種：

　　1、警察人員考試及格者。

　　2、曾任警察官，經依法升官等任用者。

　　3、本條例施行前曾任警察官，依法銓敘合格者。

　　但是與警察人員進用有關者，其實只有一種，即「依法考試及格」；

且「依法考試及格」包括下列三個步驟，缺一不可：[8]

　　1、應各種警察人員考試錄取。

　　2、完成警察人員專業核心職能培訓，成績及格。

　　3、分發至各工作崗位，完成實務訓練，成績及格。

　　我國警察人員的進用，明顯區隔成「第一線（基層）實務工作人員」與「管理幹部」。《警察人員人事條例》第 11 條第 2 項規定：「警察官之任用，除具備前項各款資格之一外，職務等階最高列警正三階以上，應經警察大學或警官學校畢業或訓練合格；職務等階最高列警正四階以下，應經警察大學、警官學校、警察專科學校或警察學校畢業或訓練合格。」

　　本書探討的重點雖然在警察組織的基層人力，惟為求論述之完整性，於「我國警察人員進用模式」部分，「基層人員」與「管理幹部」必須一併探討。

　　依前揭法制，「第一線（基層）實務工作人員」與「管理幹部」兩者招募方式不同、遴選方式不同、培訓方式不同、取得任用資格的公務人員考試等級也不同，需分成兩個部分作說明，最後再作一總整理。本節之撰寫，先就我國警察人員進用制度的「法制面」，分為「基層人員」與「管理幹部」作一概述[9]；再分析進用制度的變革與衍生的議題。

壹、基層人員進用制度「法制面」概述

　　基層警察人員進用制度，概略地化分為兩個途徑：

---

[8] 《警察人員人事條例》第 11 條第 1 項第 1 款規定：「警察官之任官資格如左：一、警察人員考試及格者。」

[9] 本書作者曾對此一議題進行專案研究。請參考：馬心韻，「我國警察人員進用不經公務人員考試 SWOT 分析」，《105 年精進校務發展研究計畫發表論文集》（臺北：臺灣警察專科學校，2016.12），p. 1-18。

一、由警察專科學校自行辦理入學考試,招募高中(職)畢業生或同等
學力者,經 1-2 年的基層警察人員專業核心職能培訓,並通過考選
部辦理的「警察人員特種考試」後,由內政部警政署依法分發任用。

二、經由考選部辦理的各種「警察人員特種考試」錄取,至警察專科學
校或委託的訓練機構接受 9-18 個月的基層警察人員專業知識技能
訓練後,由內政部警政署依法分發任用。

謹將這兩個進用途徑的各對應班別概略敘述如下:

一、警察專科學校自行辦理入學考試

警察專科學校自 1945 年創校迄今,無論校名為何?學制如何變革?
一直都自行辦理入學考試,謹將 2020 年專科警員班第 39 期招生簡章內
容略述如下:[10]

(一)報考資格

凡具有中華民國國籍之男女青年,年齡在 25 歲以下,品行端正,
體格健全,無不良嗜好及簡章所列報考限制各項情事,具高中(職)
畢業資格或同等學力者。

(二)考試科目

分為初試、身家調查及複試 3 種階段。初試採筆試,命題範圍依
據現行教育部公布之高級中學課程標準所列之主要概念為原則;家調
查由本校於初試放榜後、複試前,另洽請相關單位辦理;複試分為體
格檢查、體能測驗及口試 3 項。

---

[10] 參見:「臺灣警察專科學校專科警員班第 39 期正期學生組招生簡章」
(https://exam.tpa.edu.tw/p/405-1022-6081,c638.php?Lang=zh-tw, Accessed: 2020.09.24)。

（三）教育年限

2 學年，分 4 學期實施。修業期滿成績及格者，由本校授予副學士學位，並發給副學士學位證書。

（四）畢業後分發任職

各警察類科畢業後參加考試院舉辦之公務人員特種考試警察人員考試四等相關類科及格後，由內政部警政署統一分發至各警察機關任職。

（五）工作性質與內涵

警察類科畢業男女學生，經警察特考錄取人員，一律分發外勤勤務機構，擔任第一線、24 小時輪值之基層警察人員工作（包括勤區查察、巡邏、臨檢、守望、值班、備勤等勤務），主要從事警勤區經營、犯罪預防、交通執法、聚眾活動處理及執行人犯押送、戒護等工作，未來依各人專長訓練及志願，甄選刑事、交通、科技偵查等專業警察工作。

二、經由考選部辦理的各種「警察人員特種考試」錄取人員

（一）公務人員考特種考試警察人員考試錄取人員訓練班

此種「警察特考」錄取人員訓練班，依其應考資格，其實還可以再分成兩個不同的階段：

1、第一階段

第一階段的期間約為 1951 年之後，2003 年之前。於基層警察人員部分，「警察特考」的應考資格，僅對外開放極少數的科系，故應考人員仍以警察專科學校的畢、結業生為主，此一制度實施了 52

年。（黃富源，2011:2）若有少數未具警務培訓資格者，於 1997 年之前均編入當時的「甲種警員班」接受基層警察人員培訓；自 1997 年起，未受過警務培訓的「警察特考」錄取人員，改由公務人員保障暨培訓委員會委託警察專科學校代訓，此即常年來坊間所稱「年特班」的伊始。

2、第二階段

第二階段的期間為 2006 年至 2011 年之間。為落實憲法所保障之應考試、服公職基本人權，「警察特考」的應考資格完全開放，只要是「公立或立案之私立專科以上學校或教育部承認之國外專科以上學校各所科畢業得有證書者」[11]均得報考，以致原已完成基層警察人員專業核心職能培訓之警察專科學校畢業生，未能依限通過分發任職，造成人力資源的浪費。

（二）公務人員考特種考試基層警察人員考試錄取人員訓練班

2004 年間，基於基層人力嚴重不足，亟需快速補足預算員額，並為擴大取才，提昇人力素質，遂於前揭「年特班」之外，專案申請舉辦「公務人員考特種考試基層警察人員考試」，且僅設四等考試，其應考資格擴大為[12]：

1、公立或立案之私立高級中等以上學校畢業得有證書者。

2、經初等考試或相當初等考試之特種考試及格滿三年者。

3、經高等或普通檢定考試及格者。

「公務人員考特種考試基層警察人員考試錄取人員訓練班」即坊間所稱之「基特班」；自 2004 年招募第 1 期，至 2011 年停止辦理。

---

[11] 參見當時之「公務人員考特種考試警察人員考試考試規則」之附表一「應考資格表」。

[12] 參見當時之「公務人員考特種考試基層警察人員考試考試規則」之附表一「應考資格表」。

（三）公務人員考特種考試一般警察人員考試錄取人員訓練班

　　2011 年起，臺灣地區警察人員的進用，改採「雙軌分流」制，亦即在原有的「公務人員特種考試警察人員考試」之外，增設「公務人員特種考試一般警察人員考試」。前者的應考資格是「受過警察教育訓練」者（在基層警察人員部分，即警察專科學校畢業生），被視為是完成警察人員專業核心職能培訓後之「專業成就測驗」，後者的應考資格則是「未受過警察教育訓練」者（即一般生），被視為是取得警察人員專業核心職能培訓資格的「基礎測驗」；坊間將前者稱為「內軌」，後者稱為「外軌」，此即「雙軌分流」的意旨。

貳、管理幹部進用制度「法制面」概述

　　我國警察人員的進用，在 2011 年之前，現今所稱之「雙軌」制，從未實施於「管理幹部」；但是於「基層人員」，卻已行之經年，甚至有一段時間還是「三軌」制，此將於下一單元詳述。

一、「雙軌」制實施之前

　　有關我國警察人員的進用，在管理幹部部分，於 2011 年之前，主要係由警察大學辦理招生，招募高中（職）畢業生或具同等學力者，經 4 年的警察人員管理幹部專業核心職能培訓，並通過考選部辦理的公務人員特種考試警察人員三等考試後，由各相關行政部門依法分發任用。

　　此一進用方式，按時間序列，或有早期所謂的「專修科」[13]，以及後來的學士班「二年制技術學系」（即坊間所稱之「插大」），以及各類「警

---

[13] 參見：2002 年 6 月 5 日《警察教育條例》修正公布前第 5 條原條文：「警官學校得設專修科，修業年限二年，成績及格者，依法取得專科畢業資格。其應考資格須經警察學校警員班畢業。」

佐班」[14]等，但仍以學士班四年制學歷教育為常軌；而且在 2011 年之前，也只有四年制畢業生才是真正的新進人員。

謹將 2021 年警察大學「學士班四年制第 90 期入學考試招生簡章」內容略述如下：[15]

（一）報考資格

1、身分：中華民國國籍之男女青年，品行端正，體格健全，無不良嗜好者。

2、年齡：25 歲以下。

3、學歷：國內外公立或已立案之私立高級中學、高級職業學校以上畢業，或符合簡章所訂應考學歷資格及「入學大學同等學力認定標準」規定者。

4、已參加財團法人大學入學考試中心 110 學年度學科能力測驗者。

（二）考試程序

第一階段考試（初試）採用「財團法人大學入學考試中心 110 學年度學科能力測驗」成績；第二階段考試（複試）包括：體格檢查、口試、體能測驗、身家調查。

（三）修業年限

各學系均為四年，得延長二年，修業期滿成績及格者，依法授予學士學位。

---

[14] 「警佐班」是我國警察人員晉升巡官或同職級的訓練班，必須是現職人員具法定資格才能報考。

[15] 參見：「中央警察大學 110 學年度學士班四年制 90 期入學考試招生簡章」（https://www.cpu.edu.tw/var/file/0/1000/img/259/110-U901.pdf, Accessed: 2021.01.24）。

（四）畢業後之任用

各警察學系畢業生經警察特考及格後，依各有關法規分發任用。

二、「雙軌」制實施之後

2011 年起，我國警察人員的進用，改採「雙軌分流」制，即在原有的「公務人員特種考試警察人員考試」之外，增設「公務人員特種考試一般警察人員考試」。前者的應考資格是「受過警察教育訓練」者（在管理幹部部分，含括了警察專科學校以及警察大學的畢、結業生），被視為是完成警察人員專業核心職能培訓後之「專業成就測驗」（內軌），後者的應考資格則是「未受過警察教育訓練」者（即一般生），被視為是取得警察人員專業核心職能培訓資格的「基礎測驗」（外軌）。

於警察大學部分，除了設有「公務人員特種考試一般警察人員考試錄取人員訓練班」（按：外軌，二等及三等），進行警察人員管理幹部專業核心職能培訓之外，因「公務人員特種考試警察人員考試應考資格表」中，三等考試的應考資格規定：

1、中央警察大學各院、系、組、所、學位學程畢業得有學士以上學位證書者。

2、公立或立案之私立獨立學院以上學校或符合教育部採認規定之國外獨立學院以上學校各院、系、組、所、學位學程畢業得有學士以上學位證書，並經警察人員考試及格者。

3、經高等考試警察人員考試或相當高等考試之特種考試警察人員考試及格者。

4、經普通考試警察人員考試或相當普通考試之特種考試警察人員考試及格滿三年者。

故每一年度，我國警察組織均有一定比例之基層人員，經由此一管道完成警察人員管理幹部專業核心職能培訓而進用。

參、我國警察人員進用制度的變革與衍生的議題

對「警察人員進用模式」之爭議、疑義，並非肇因於 2011 年「雙軌」制之實施（按，公務人員任用制度的「考、訓、用」，與警察大學、警察專科學校學制的「教、考、用」雙軌並行），於更早之前即已存在，且從未歇息。於此一變革過程中，因環境的變遷，不斷地引發各類的公共議題，造成我國警察人員進用相關制度一再變革；每一次的變革，雖然都經過一定程度的政策辯論，惟實施之後，爭議仍然不斷。

前已述及，我國警察人員的進用，在 2011 年之前，現今所稱之「雙軌」制，從未實施於「管理幹部」；但是於「基層人員」，卻已行之經年，甚至有一段時間還是「三軌」制。我國警人員進用之「考、訓、用」模式，於基層人員部分，自 1997 年起即已建構；於管理幹部部分，自 2011 年起才建構。因此，有關我國警察人員進用制度的變革與衍生的議題，主要在基層人員。

自 1945 年起至今，我國警察人員的進用，歷經了 6 個較為重大的變革階段，這些變革，在各階段有時會有重疊的情形（如表 2-2 所示）：

一、任用保障制度

　　態樣：（教）訓、用、考；考選、培訓均單軌。

　　期間：1945 年－2002 年。

二、培訓制度創立

　　態樣：教、考、用／考、訓、用；考選單軌、培訓雙軌。

　　期間：1997 年迄今。

三、考試及格後分發任用制度確立

　　態樣：教、考、用／考、訓、用；考選單軌、培訓雙軌。

　　期間：2003 年迄今。

四、「警察特考」應考資格全面開放

　　態樣：教、考、用／考、訓、用；考選單軌、培訓雙軌。

　　期間：2006 年－2011 年。

五、增設「基層警察人員特種考試」制度

　　態樣：教、考、用／考、訓、用；考選雙軌、培訓三軌。

　　期間：2004 年－2010 年。

六、建構「雙軌分流」制度

　　態樣：教、考、用／考、訓、用；考選、培訓均雙軌。

　　期間：2011 年迄今。

表 2-2 我國警察人員進用制度變革與衍生議題一覽表

制　　度　　變　　革	特　色　或　問　題
1. 任用保障制度 （教）訓、用、考 1945 年－2002 年 （考選、培訓均單軌）	一、警察大學、警察專科學校自行辦理入學考試，招募高中（職）畢業生或具同等學力者，經法定的養成教育期限後，由警政署、消防署或其他用人機關分發任用。 二、任用的保障，是吸引優秀社會青年踴躍就讀之主因。
2. 培訓制度創立 教、考、用／考、訓、用 1997 年迄今 （考選單軌、培訓雙軌）	一、1997 年起，未受過警察教育訓練的「警察特考」錄取人員由公務人員保障暨培訓委員會委託警察專科學校代訓，即坊間所稱之「年特班」；應考資格有科系限制，衝擊不大。 二、成員年齡普遍較長，訓練期程較短，於基層人員專業核心職能之養成，確有再加強之必要。
3. 考試及格後分發任用制度確立 教、考、用／考、訓、用 2003 年迄今 （考選單軌、培訓雙軌）	一、1998 年 12 月 21 日，監察院糾正內政部警政署違法進用未經國家考試及格之「警察黑官」。 二、2002 年 12 月 11 日修正公布《警察人員管理條例》第 40-1 條，確立考試及格後方得分發任用的制度。

（下頁續）

（續上頁）

4.「警察特考」應考資格全面開放 教、考、用／考、訓、用 2006 年－2011 年 （考選單軌、培訓雙軌）	一、警察專科學校、警察大學部分畢業生，未能依限通過國家考試分發任職，為國家資源之浪費。 二、未能依限通過國家考試分發任職者，必須面臨賠償公費待遇、回役等問題，並衍生諸多行政爭訟。 三、學生於受教育期間，擔心畢業後的考試任用問題，對落實專業核心職能之養成，影響甚鉅。
5. 增設「基層警察人員特種考試」制度 教、考、用／考、訓、用 2004 年－2010 年 （考選雙軌、培訓三軌）	一、2004 年間，內政部基於基層警察、消防人力嚴重不足，亟需快速補足預算員額，遂於前揭「年特班」之外，專案申請舉辦「基層警察人員特種考試」，即坊間所稱之「基特班」。 二、係「快速增補警力」的臨時性措施，警察組織的人力招募，需要常態與恆久的穩定制度。
6. 建構「雙軌分流」制度 教、考、用＼考、訓、用 2011 年迄今 （考選、培訓均雙軌）	一、在原有「公務人員考特種考試警察人員考試」（內軌）外，增設「公務人員考特種考試一般警察人員考試」（外軌）。 二、內軌是「受過警察教育訓練」者的「專業成就測驗」，外軌是「未受過警察教育訓練」者的「基礎測驗」。 三、仍衍生不少尚待解決的公共議題。

資料來源：作者蒐集資料後自行繪製

第四節　本章小結－我國警察人員進用方案建議

　　經由我國警察人員進用制度變革的探討可以得知，各種公務人員特種考試警察人員考試機制的建構，原本係植基於警察教育需求而設置，

使完成警察專業核心職能養成教育之警察專科學校、警察大學畢業生，能藉由參加與警察職務有關的國家考試取得任用資格，以進入各實務機關為民服務。然，因環境的變遷，不斷地引發各類的公共議題，造成我國警察人員進用的相關制度一再變革；目前警察人員的進用，係採「（教）訓、考、用」與「考、訓、用」雙軌並行，惟，舊的議題不見得完全解決，新的議題又不斷地孳生。

《中華民國憲法》第 85 條規定：「公務人員之選拔，應實行公開競爭之考試制度⋯⋯。非經考試及格者，不得任用。」以及第 86 條：「左列資格，應經考試院依法考選銓定之：一、公務人員任用資格。二、專門職業及技術人員執業資格。」

於此一本於憲法條文規定的大前提之下，本節謹提出幾個應予深思的問題：

1、「警察人員」究竟應不應該是「公務人員」？

2、「公開競爭之考試制度」僅限於考試院舉辦之考試？

3、警察人員可否列為「專門職業技術人員」？

4、警察人員的進用「不經公務人員考試」的可能影響（法律上的權利、義務、責任）？

壹、「警察人員」究竟應不應該是「公務人員」

我國警察人員係依據專屬特別法：《警察人員人事條例》授予警察官的任用資格並設職擢用；時論均將警察人員視為「文官」（civil services）體系的一環；惟，警察人員工作性質與一般文職公務人員大相逕庭，肩負《警察法》第 2 條「維持公共秩序、保護社會安全、防止一切危害、促進人民福利」的重責大任。

　　我國警察人員雖被類歸為「文官」，依法應經國家考試及格後任用；然，警察勤務制度的設計，以及警察工作的實質內涵，使警察人員們常自稱自己為「帶槍的公務人員」，此一特殊名詞，各社會賢達或學者專家們也多認為確實形容的頗為貼切！更何況，我國警察人事制度各相關項目的設計，多以特別法規範，獨立於一般公務人員法制之外。

　　目前我國國防部所屬各軍事院校的畢業生，以及非授予學位的各班隊的結業學員，於完成各類專業教育訓練後，即進入國防部所屬各單位服務，成為我國公部門人力的一部分；作者認為，警察人員的進用，應該也可以比照辦理，本部分將於本書第四章中深入探討分析。

貳、「公開競爭之考試制度」是否僅限於考試院舉辦之考試

　　《中華民國憲法》第 85 條規定：「公務人員之選拔，應實行公開競爭之考試制度……。」所稱之「公開競爭之考試制度」，警察大學的招募，係經由大學入學考試中心；警察專科學校的招募，係經由獨立的招生考試，此二項考試，其公信力應無庸置疑；尤以警察專科學校的入學考試，多項公正、公平、公開的試務措施，甚至成為考選部辦理國家考試的學習對象，應該完全符合「公開競爭考試制度」的標準與要求。

　　據此，多年前即有以兩校入學考試為任公職之「第一試」（「未受過警察教育訓練」者的「基礎測驗」）、畢業考試為「第二試」（「受過警察教育訓練」者的「專業成就測驗」）之倡議與研議，惟隨著政黨輪替而不了了之。[16]

---

[16] 本書作者曾先後參與內政部警政署「提昇警政執行能力」專案小組、「警察人力招募」專案小組，並負責撰寫結論報告。請參考：內政部警政署，「『警察人力招募』專案小組總結報告」，2007.05.07、「『提昇警政執行能力』專案小組總結報告」，2003.12.22。

參、警察人員可否列為「專門職業技術人員」

《中華民國憲法》第 86 條規定:「左列資格,應經考試院依法考選銓定之:一、公務人員任用資格。二、專門職業及技術人員執業資格。」「專門職業技術人員」資格的取得,亦屬於考試院舉辦的國家考試,完全符合《中華民國憲法》第 85 條:「公務人員之選拔,應實行公開競爭之考試制度……。」

《專門職業及技術人員考試法》第 1 條規定:「專門職業及技術人員之執業,依本法以考試定其資格。」第 2 條第 1 項規定:「本法所稱專門職業及技術人員,係指具備經由現代教育或訓練之培養過程獲得特殊學識或技能,且其所從事之業務,與公共利益或人民之生命、身心健康、財產等權利有密切關係,並依法律應經考試及格領有證書之人員;其考試種類,由考選部報請考試院定之。」

依我國現行制度,律師、會計師、醫師、建築師、社會工作師、護理師、專利師、各類技師……等,數十種職業之執業人員,均類歸為專門職業技術人員。參酌《專門職業及技術人員考試法》第 2 條第 1 項:「具備經由現代教育或訓練之培養過程獲得特殊學識或技能,且其所從事之業務,與公共利益或人民之生命、身心健康、財產等權利有密切關係」,警察人員肩負《警察法》第 2 條「維持公共秩序、保護社會安全、防止一切危害、促進人民福利」的重責大任,較諸於前揭人員,依法、依理,更應列為專門職業技術人員。

復以同法第 8 條第 1 項、第 9 條第 1 項規定:「公立或立案之私立專科以上學校或符合教育部採認規定之國外專科以上學校相當院、系、所、科、組、學位學程畢業者,得應專門職業及技術人員高等考試。」、

「公立或立案之私立職業學校、高級中學以上學校或國外相當學制以上學校相當院、系、所、科、組、學位學程畢業者，得應專門職業及技術人員普通考試。」則警察大學、警察專科學校畢業生，依前揭規定，分別得應專門職業及技術人員高等考試、普通考試；考試及格領有證書，即可執業－從事警察工作。

我國警察機關的設置遍布於全國各地，是國家最常見的公權力執人員，而工作所司，多涉及案件查緝、交通舉發等屬干涉行政範疇，與人民生活息息相關，故應有一套更嚴謹的考選進用標準；並為符合工作任務需求，其養成及訓練更應獨樹一格。作者認為，改採「專門職業技術人員」的證照制，不啻為另一個解決問題的政策規劃思考方向。

肆、警察人員的進用「不經公務人員考試」的可能影響

於我國現行法制，「公務人員」或「公務員」的概念根本無法釐清。《中華民國刑法》第 10 條第 2 項規定，凡「由法令賦與職權者」皆為刑法上的公務員，那是於我國公部門服務的人員擔負有刑事責任的依據；那麼，若警察人員的進用「不經公務人員考試」，可能的影響有哪些？亦即，原規定於各公務人員法制之中，「公務人員」應享之權利、應盡之義務、應負之責任方面，有何差異？

一、權利

我國警察人員的進用若「不經公務人員考試」，則於應享權利的部分，是一個較複雜的問題；亦即，若「不經公務人員考試」，則以「公務人員」為法規名稱之各法均不適用，諸如：身分保障權、俸給權、參加考績權、保險權、休假權、退休資遣撫卹權……等，必須另訂專法予以規範。

二、義務

公務人員法律上的義務，所依據者主要是《公務員服務法》。該法第24 條規定：「本法於受有俸給之文武職公務員，及其他公營事業機關服務人員，均適用之」。關鍵在「文武職公務員」，若武職的「軍人」都適用，則無論警察人員的身分如何取得，都應該適用。事實上，目前於公立學院校服務之未兼行政的教師，都被列入《公務員服務法》的規範對象，其範圍幾已擴至刑法第 10 條第 2 項的範疇。

三、責任

公務人員的法律責任，包括行政責任、刑事責任、民事責任。目前警察人員的法律責任如下：

（一）行政責任：依《公務員懲戒法》、《公務人員考績法》，以及《警察人員人事條例》。

（二）刑事責任：依《中華民國刑法》及其關係法規。

（三）民事責任：依《國家賠償法》。

我國警察人員的進用若「不經公務人員考試」，則於應負責任部分，幾乎沒有任何影響。除了《公務人員考績法》可能不適用之外，《公務員懲戒法》、《警察人員人事條例》（以上行政責任）、《中華民國刑法》及其關係法規（以上刑事責任）、《國家賠償法》（以上民事責任）均一體適用。

伍、結語

本章的研究為一「政策分析研究」－針對「我國警察人員的進用」此一特定的政策問題，進行「政策問題的診斷」；綜觀我國警察人員進用制度的變革，嚐試對未來的發展提出建議。

　　我國警察人員的進用，事涉警察教育、人事制度之統整規劃暨相關法制變革。如何整合現行公務人員考試任用、警察核心職能養成之相關法規與制度，建立一套有效模式，招募優質人力加入執法行列，以因應社會之期待，為刻不容緩之議題。鑑於我國警察人員的進用制度正在通盤檢討中，期能藉由本章的研究所獲得的資訊，進行「政策倡導」，提供作為未來制度變革政策辯論的重要參考依據。

　　現行「教、考、用」、「考、訓、用」雙軌並行模式，是歷經數十年的經驗發展變革而成的；有其汰蕪存菁的特色！若僅於此範圍內再行檢討變革，實無意義！若要追本溯源，則要認真探究，警察人員是否列為「專門職業技術人員」？或根本不經公務人員考試進用？

　　我國警察人員－特別是基層警察人員，是全國唯一穿著制服、合法配戴器械、站在第一線上，與人民直接接觸，代表國家執行公權力，必要時尚得使用武力，強制執行國家意識，以維持社會秩序的一群人。所以警察人員兼具文官、武官性質，部分論者稱之為「帶槍的文官」，且其占公務體系的人數眾多。所以作者認為，將警察人員列在文官體系是錯誤的，無論警察人員要如何進用，於包括權利、福利在內的人事制度部分，均應全面另訂專法加以規範，而非適用一般的公務人員法制；於此，國防體系可以做到，警政體系為何不能！

＊本章主要參考作者 2019 年主持的「臺灣警察專科學校精進校務發展研究案」：我國警察人員進用模式研析，該研究案於當年 12 月 18 日為研究成果發表並辦理結案。本章之撰寫，資料已更新、內容已增修調整。

第三章　公務人員特種考試一般警察人員考試錄取人員職業選擇研究

〈摘　要〉

　　自 2011 年起，我國警員人員的進用劃分為二軌，於基層人員部分，凡非屬臺灣警察專科學校畢業者，參加考選部舉辦之「公務人員特種考試一般警察人員考試四等考試」，錄取人員至警察專科學校或受委託的訓練機構接受專業基礎訓練結業，分發實務機關完成實務訓練後，成為合格實授的警察人員；是類人員與日俱增，有多個年度，結業人數超過警察專科學校應屆畢業生的人數。

　　鑑於我國警察人員的進用制度正在通盤檢討中，期能藉由本章研究所獲得的資訊，進行「政策倡導」，提供作為未來制度變革政策辯論的重要參考依據。

關鍵詞：特考班、職業選擇、工作認知

第一節　前言

　　一位青年，若經由「公務人員特種考試一般警察人員考試四等考試」錄取，至警察專科學校或受委託的訓練機構培訓，則可以百分之百地確定，渠等將來必定成為「基層警察人員」；亦即，當初的國家考試選擇，自始即為「職業選擇」。

　　現行制度之「公務人員特種考試一般警察人員考試四等考試錄取人員訓練班」（以下簡稱特考班）學員，理論上應該對「基層警察工作」的認知非常清楚，否則為何要做這樣的職業選擇？且此一警察組織基層人力進用的管道，依法不擔負公費待遇返還責任，則將來進入職場工作，

一旦感覺不如當初預期，隨時轉業，將造成人力資源與國家財政資源極嚴重的浪費。

　　依 2021 年 1 月 21 日統計資料[1]，培訓中（或接受養成教育中）警察組織「未來的」新進基層人員，警察專科學校行政警察科學生（員），於專科警員班正期學生組（以下簡稱專科班）38 期（二年級）是 345 人、39 期（一年級）是 389 人、109 年「特考班」是 294 人，總人數為 1,028 人，「特考班」佔了約 1/3 弱。由於培訓期程的設計，109 年「特考班」將於 2022 年 1 月分發，當年 7 月實務訓練期滿，成績及格後任用；對應的是「專科班」39 期，該期應屆畢業生若能於 2022 年 8 月通過警察特考，則 10 月分發，當年 12 月實務訓練期滿，成績及格後任用，足見 2022 年警察組織新進基層人員，「特考班」與「專科班」人數差距不大。（參圖 3-1）

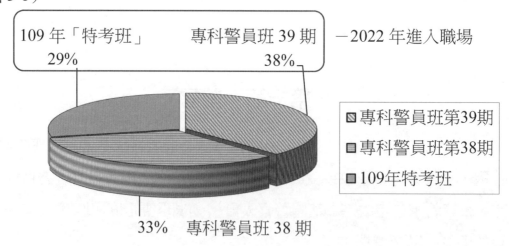

資料來源：作者根據臺灣警察專科學校提供之統計資料自行繪製

圖 3-1　（2021 年）警察組織新進基層人員培訓各班期人數統計圖

---

[1] 依據臺灣警察專科學校歷次「行政會議」提供之數據隨時更新；最近一次獲取資料時間為 2021 年 1 月 21 日。

　　本章以「特考班」學員的「職業選擇」為探討的主題，除了個人基本資料外，主要為渠等職業選擇的影響因素，以及對基層警察工作的認知狀況等，各相關問題的問卷調查；並為彌補問卷調查的不足，另加入了對「特考班」隊職幹部的深度訪談，期能就所涉議題作有效的政策問題認定，提供作為未來制度變革政策辯論的重要參考依據。

　　鑑於臺灣地區警察人員的進用制度正在通盤檢討中，本章的研究，係一「政策分析研究」－針對「公務人員特種考試一般警察人員考試錄取人員」的「職業選擇」此一特定的政策問題，進行「政策問題的診斷」；並期望藉由所獲得的資訊，進行「政策倡導」。

　　本章之撰寫，共分為六節，分別是：

第一節　前言
第二節　問題的背景與現況
第三節　研究設計
第四節　職業選擇影響因素分析
第五節　基層警察工作認知分析
第六節　本章小結－職業選擇態度綜論

第二節　問題的背景與現況

　　警政建設為一個國家或地區整體建設的一環，在持續追求經濟發展的過程中，安全而有秩序的環境為不可或缺的基礎條件，如何適時建構警察組織基層人力政策發展模式，並探詢未來人力進用的取向，是為各階段警政計畫的重要議題。

　　本節為「問題的背景與現況」，先論「問題的背景」，再論「問題的現況」。

壹、問題的背景

　　警察人員在我國公部門的人力中佔了相當大的比例，警察專科學校職司警察組織基層人員的培訓，也是臺灣地區唯一的基層警察人員教育訓練機構；於警察專科學校培訓的外勤第一線（基層）實務工作人員，又佔了整個警察組織約 93%的人力，渠等完成培訓並取得任用資格後，第一時間即至基層派出所報到，立刻投入外勤第一線勤務工作行列；即若有部分學生、學員分發至專業警察機關，亦毫無例外，被派往第一線，成為代表國家、與民眾直接接觸、合法配戴器械、執行公權力；必要時，亦得動用強制力，以管制人民或為民服務的基層公務人員。

　　本書第二章論及，於警察專科學校培訓（或接受養成教育）的外勤第一線（基層）實務工作人員的進用，依我國相關法制，概略地化分為兩個途徑：

一、由警察專科學校自行辦理入學考試，招募高中（職）畢業生或同等學力者，經 1-2 年的基層警察人員專業核心職能培訓，並通過考選部辦理的「警察人員特種考試」後，由內政部警政署依法分發任用。

二、經由考選部辦理的各種「警察人員特種考試」錄取，至警察專科學校或受委託的訓練機構接受 9-18 個月的基層警察人員專業知識技能訓練後，由內政部警政署依法分發任用。

　　近十幾年來，報考警察專科學校，或參加各種與警察工作有關的國家考試者，可謂與日俱增；一位青年，無論是經由新生入學考試，成為授予學位的警察專科學校二年制「專科班」學生；或是經由各種類別的警察人員特種考試錄取，進入警察專科學校或受委託的訓練機構接受「公務人員考試錄取人員訓練」的學員，可以百分之百地確定，渠等將

來必定成為「基層警察人員」；亦即，當初的學校選擇，或國家考試選擇，自始即為從事「基層警察工作」的「職業選擇」。也就是說，一般青年人「騎著馬找馬」，隨時轉換職業跑道的心態，在警察組織之中，依據現行相關法令規定，雖非完全不被允許，但絕對是人力資源與國家財政資源極嚴重的浪費。

　　為擔負「公務人員特種考試一般警察人員考試四等考試錄取人員訓練」而編組的「特考班」，自 2012 年起辦理；礙於當時警察專科學校的容訓量已達飽和狀態，分別委由保安警察第一、四、五總隊代訓，迄至 2020 年第 108 年「特考班」，方由警察專科學校收回自行辦理。是類人員與日俱增，甚至有 5 年期間，每一期結業學員的人數，約是當年度警察專科學校畢業學生人數的 1.2 倍。[2]

　　「特考班」的預算由警察專科學校編列、結業證書由警察專科學校發給，無論課程設計、教材編撰、授課內容等都由警察專科學校統一律定；學員結業後，與警察專科學校畢業生相同，「一律分發外勤勤務機構，擔任第一線、24 小時輪值之基層警察人員工作（包括勤區查察、巡邏、臨檢、守望、值班、備勤等勤務），主要從事警勤區經營、犯罪偵防、交通執法、聚眾活動處理與執行人犯押送、戒護及為民服務等工作。」[3]。鑑於該班期結業學員分發後，各界檢討渠等適任性時，多責由警察專科學校承擔，則渠等職業選擇態度，自然是應予探究的重要議題。

　　今日，培訓中（或接受養成教育）之警察組織「未來的」新進基層

---

[2] 以 2017 年本章研究施測當年度為例，「105 年公務人員特種考試一般警察人員考試四等考試」錄取人員訓練班即將結業接受分發學員為 2,330 人，臺灣警察專科學校 35 期應屆畢業生經由國家考試錄取接受分發者為 1,702 人，達 1.37 倍。

[3] 參見：「109 年公務人員特種考試一般警察人員考試工作說明」，頁 10。
（https://wwwc.moex.gov.tw/main/exam/wFrmPropertyDetail.aspx?m=4735&c=109070, Accessed: 2020.07.23）

人員，「特考班」佔了近 1/3，鑑於臺灣地區警察人員的進用制度正在通盤檢討中，本章以「特考班」學員的「職業選擇」為探討的主題，除了個人基本資料外，主要為渠等職業選擇的影響因素，以及對基層警察工作的認知狀況等，各相關問題的問卷調查；並為彌補問卷調查的不足，也加入了對「特考班」隊職幹部的深度訪談，期能就所涉議題作有效的政策問題認定，提供作為未來制度變革政策辯論的重要參考依據。

貳、問題的現況

基層警察工作具高度危險性、不確定性、辛勞性，如何能夠進用年輕、體力佳及可塑性高之適任人員，實為警察組織人力招募遴選的主要課題。

我國警察組織第一線基層人員的進用，一直是由警察專科學校負責，警察專科學校校也是我國唯一的基層警察人員培訓基地[4]，自 1945 年創校以來，歷經了多次的改制，在校名上，隨著歷史的變遷、法制的修訂、組織的變革，從創校時之臺灣省警察訓練所（1945~1948），到臺灣省警察學校（1948~1986）、臺灣警察學校（1986~1988），到今日的臺灣警察專科學校（1988 迄今）[5]；每一次的改制，代表的是不同階段的警察教育訓練體制的改變，也反應了不同時期，社會環境對警察教育訓練的期許。

警察專科學校的培訓（或接受養成教育）班期，在新進基層警察人員部分，自創校以來，原一直採單軌進用，從初期的「甲種警員班」（9

---

[4] 本部分可參閱：陳宜安，2011，「臺灣基層警察教育發展沿革（1945 年～2011 年）－以臺灣警察專科學校為範圍」，《警專學報》，5 卷 2 期，（臺北：臺灣警察專科學校），pp. 1-42。該篇論文對我國基層警察人員的培訓歷史有精闢完整之敘述與見解。

[5] 摘錄自：「本校概況 / 本校沿革」，臺灣警察專科學校（http://www.tpa.edu.tw, Accessed: 2019.07.13）。

個月；非學歷教育），到「專科警員班」（2 年；學歷教育），以及曾經為了因應解除戒嚴大量增補警力須要而招募的「限期服役警隊員班」（3 個月，非學歷教育）。同一發展演變歷程中，針對部分未受過警察專業培訓的人員，應考選部舉辦的「警察特考」錄取，設置了「警察特考錄取人員訓練班」，衍生出臺灣地區基層警察人員進用的另一管道。隨著法制的修訂、組織的變革，在「警察特考」的種類上，先後設有「警察人員考試」、「基層警察人員考試」、「一般警察人員考試」等；至於應各種「警察特考」錄取人員的訓練班，則隨著時間序列的先後，從早年的 9 個月培訓，變更為 12 個月，2010 年起再變更為 18 個月迄今[6]。各相關制度的變革歷程，已於第二章中深入分析探討。

　　自 2011 年起，我國警員人員的進用劃分為二軌，於基層人員部分，凡非屬警察專科學校畢業者，可參加考選部舉辦之公務人員特種考試一般警察人員考試四等考試，錄取人員至警察專科學校或受委託的訓練機構，接受二個階段共 12 個月的專業基礎訓練結業，分發實務機關完成 6 個月的實務訓練，成績及格，成為合格實授的警察人員，此即本章的研究主體：「特考班」。是類人員與日俱增，甚至 2013 年至 2019 年之間，有七個年度的「特考班」，結業人數超過警察專科學校應屆畢業生的人數。

　　綜上，本章的研究假設：「特考班」的學員，理論上應該對「基層警察工作」的認知非常清楚，否則為何要做這樣的職業選擇？

　　這是一個「政策分析研究」－針對「公務人員特種考試一般警察人員考試錄取人員」的「職業選擇」此一特定的政策問題，進行「政策問題的診斷」。鑑於我國警察人員的進用制度正在通盤檢討中，期能藉由本

---

[6] 自 2015 年起，將訓練基地「基礎訓練」與實務機關「實務訓練」的期程，自 16 個月（基礎訓練）+2 個月（實務訓練）調整為 12 個月（基礎訓練）+6 個月（實務訓練）。

章的研究所獲得的資訊,進行「政策倡導」,提供作為未來制度變革政策
辯論的重要參考依據。

第三節　研究設計

本節為「研究設計」,共有五個單元,分別是:研究假設、研究法的
運用、分析架構、問卷設計、研究步驟。

壹、研究假設

前曾述及,一位青年,若經由「公務人員特種考試一般警察人員考
試四等考試」錄取,至警察專科學校或受委託的機構培訓,可以百分之
百地確定,渠等將來必定成為「基層警察人員」;亦即,當初的國家考試
選擇,自始即為「職業選擇」。理論上,「特考班」的學員應該對「基層
警察工作」的認知非常清楚,否則為何要做這樣的職業選擇?且此一警
察組織基層人力進用的管道,依法不擔負公費待遇返還責任,則將來進
入職場工作,一旦感覺不如當初預期,隨時轉業,將造成人力資源與國
家財政資源極嚴重的浪費。

綜上,本章的研究假設:「特考班」的學員,理論上應該對「基層警
察工作」的認知非常清楚,否則為何要做這樣的職業選擇?

經由上列研究假設,引申出一連串值得探究的子問題,例如:

1、此一職業選擇的影響因素為何?亦即,渠等做此種選擇的動機
　　為何?

2、作此種職業選擇時,對於基層警察工作的看法如何?觀感如何?
　　認為最需要改進的警察工作項目為何?

3、成為基層警察人員之後,在未來的生涯發展歷程之中,所欲達

成的個人目標為何？亦即，個人目標與組織目標是否能夠相結合？

以上每一項子問題，又可據以提出多項相關聯的研究假設，分別構成本章第四節、第五節，以及第六節「結論」的探討的主題。

貳、研究法的運用

本章的研究，為一「政策分析研究」（policy analysis study）－針對「公務人員特種考試一般警察人員考試錄取人員」的「職業選擇」此一特定的政策問題，進行「政策問題的診斷」（policy problem diagnosis）。此一理論建構，已於第一章「緒論」中陳明，本章不再贅述。

本章的研究，主要採用下列兩種研究法：

一、文獻探討法

蒐集國內外有關基層警察人員各項相關論題研究的著作、論文、期刊雜誌的報導，或研究報告等資料，予以參考歸納，建立本章研究的分析架構，並提供作為問卷設計的重要依據。

二、研究調查法

經由各種抽樣方法，對所抽出的樣本進行調查或訪問，以根據這些樣本偏好的主觀判斷和對事實的表示，瞭解政策問題的可能原因和結果。本章的研究，綜合了下列兩種研究調查法：

（一）問卷調查法

以訓練階段的「特考班」學員：「未來的」基層警察人員，渠等對基層警察工作的「職業選擇」所衍生的各項相關問題進行實證研究，

設計問卷，實施調查，以提供充分的資訊，對政策問題作有效的認定。

（二）面訪調查法

對「特考班」的隊職幹部進行訪談，以彌補問卷調查的不足。

參、分析架構

本章的研究，是一個含蓋範圍較大的研究，是以「特考班」學員「職業選擇」為研究主題。除了學員的個人基本資料外，主要包括了渠等「職業選擇」各相關問題的問卷調查，以及對「特考班」隊職幹部的訪談。

晚近許多公共政策研究者，站在應用知識的立場（knowledge utilization），認為「知識」與「政策」之間的關係，可藉「實證主義模式」（THE POSITIVISM MODEL）、「工程模式」（THE ENGINEERING MODEL）、「啟蒙模式」（THE ENLIGHTENMENT MODEL）等三種模式作一說明。（賴維堯等，1995:281-287）

2A　實證主義模式與工程模式結合圖

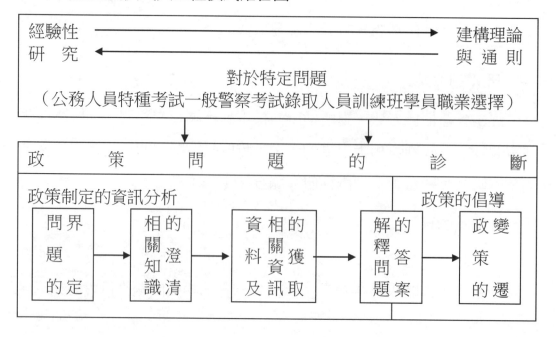

2B　政策制定的資訊分析工作流程圖

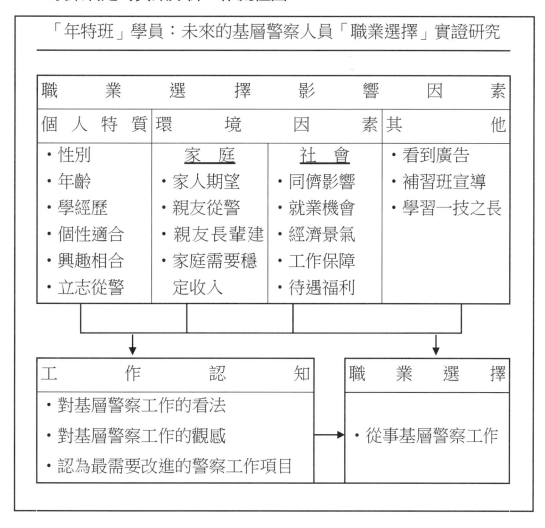

資料來源：作者參閱相關資料後自行繪製

圖 3-2　本章研究分析架構圖

本章研究的分析架構，即參考前兩種模式後繪製而成如圖 3-2A、3-2B 所示。

肆、問卷設計

　　本章的問卷設計，係以「特考班」學員：未來的基層警察人員，其「職業態度」的各相關問題，作為實證研究資料蒐集的主要論題。經由初測後修正定稿的問卷，分成三大部分，共五個單元：（請參本章附錄）

一、職業選擇（vocational decision）

　　問卷設計的第一部分（第一單元）為「職業選擇」，企圖瞭解「特考班」的學員，為什麼要參加一般警察特考（即選擇從事基層警察工作）。總共列舉了 14 項可能的理由，並將之區分為從「非常不同意」到「非常同意」五個等級，請受訪者逐項勾選最適當答案。

二、工作認知（vocational cognition）

　　問卷設計的第二部分為「工作認知」，旨在探討「特考班」的學員：未來的基層警察人員，對於基層警察工作的認知。本部分包括了下列三個單元的相關子題：

（一）對基層警察工作的看法：總共列舉了 7 個問題，請受訪者逐項勾選最適當答案。

（二）對基層警察工作的觀感：列舉了 14 項可能的觀感，並將之區分為從「非常不同意」到「非常同意」五個等級，請受訪者逐項勾選最適當答案。

（三）最需要改進的基層警察工作項目：列舉了 8 項可能需要改進的基層警察工作項目，請受訪者勾選 1 至 3 項，並將勾選出的項目按迫切性標上 "1.2.3." 順序。

三、個人基本資料

問卷設計的第三部分（第五單元）為「個人基本資料」，旨在初步瞭解「特考班」的學員：未來的基層警察人員，其個人特質，以及成長的環境（包括家庭與社會）。

<h2 align="center">伍、研究步驟</h2>

一、實施問卷調查

本論文係以「公務人員特種考試一般警察人員考試錄取人員」的職業選擇為研究主題，故實施問卷調查的對象，是考選部辦理 105 年度「公務人員特種考試一般警察人員考試四等考試」錄取人員訓練班的在訓學員，渠等自 2017 年 1 月至 12 月，由內政部警署保安警察第一、四、五總隊協助警察專科學校實施教育訓練，為期 12 個月；教育訓練結業後，分發各警察實務機關實施實務訓練，為期 6 個月，合計 18 個月。[7]

問卷調查施測的時間，是 105 年「特考班」於 2017 年 11 月間，第二階段教育訓練即將告一段落，準備接受分發，進入為期 6 個月的實務訓練，真正面對基層警察工作的時間點。

105 年「特考班」於保安警察第一、四、五總隊訓練基地在訓的學員共 2,330 人，本研究即於該三個訓練基地任意抽取 2 個教授班實施問卷調查。[8]收回的問卷，經由篩選整理，排除可信度較差的部分（例如：未答或漏答項目過多、勾選呈特殊規則狀態等），實得有效問卷 259 份。

---

[7] 參見：「公務人員特種考試一般警察人員考試錄取人員訓練計畫」，頁 2，公務人員保障暨培訓委員會（http://www.csptc.gov.tw/pages/detail.aspx?Node=48&Page=10646&Index=-1, Accessed: 2017.03.13）。

[8] 「特考班」學員於確定錄取後，自行填選、依志願分發至保安警察第一、四、五總隊接受訓練；於訓練機構報到後，依亂數表編班，故本即為隨機之組合。

二、統計分析方法的運用

本研究所採用的統計分析方法有下列四種：

1、次數分配（frequency）

2、相關分析（Pearson correlation analysis）

3、T 檢定（T-test）或是單因子變異數分析（F-test）

4、因素分析（fact analysis）

第四節　職業選擇影響因素分析

本節為「職業選擇影響因素分析」，共有兩個單元，先就受訪者的個人基本資料作一分析，再探討問卷設計第一部分：「職業選擇」的研究結果與發現。

本節及下一節，受訪者：2017 年入訓的 105 年「特考班」學員所參加的「公務人員特種考試一般警察人員考試四等考試」，一概簡稱為「一般警察特考」，以便於分析說明。

壹、個人基本資料分析

本研究問卷設計的第三部分（第五單元）為「個人基本資料」，旨在初步瞭解「特考班」的學員：未來的基層警察人員，其個人特質，以及成長的環境（包括家庭與社會）。

問卷的內容，分別就下列 10 個問題，請受訪者勾選或填寫最適當的答案：

1、性別

2、年齡

3、最高學歷

4、最高學歷的主修領域

5、參加其他公務人員考試的經驗

6、親友對從事基層警察工作的支持度

7、一般警察特考的準備方式

8、在補習班補習的經驗

9、以前的工作經驗

10、對以前工作的待遇福利的滿意度

　　雖然是個人基本資料，但可從中驗證，各種統計資料的呈現，與渠等職業選擇具相當關聯性。收回的問卷，經由篩選整理，排除可信度較差的部分（例如：未答或漏答項目過多、勾選呈特殊規則狀態等），實得有效問卷 259 份。所獲致的結果，經彙整歸納後，如表 3-1 所示：

表 3-1　受訪者個人資料分析

全體樣本	性	別	年		齡		學				歷	主	修
	男	女	25歲以下	26—30歲	31歲以上	漏答	高中（職）	大專肄業	大專畢業	研究所肄業	碩士	漏答	略分為文法商、理工農醫、技職三大類*
N=259	173	86	58	121	79	1	0	6	231	7	13	2	259
有效=100	66.79	33.21	22.48	46.90	30.62	／	0.0	2.33	89.89	2.72	5.06	／	100

全體樣本	公務考試經驗			親友對參加一般警察特考的反應					一般警察特考的準備方式					
	未參加過	參加過但未錄取	**曾經錄取	非常不贊成	不贊成	無意見	贊成	非常贊成	非相關科系自修	非補習班補習相關科系	相關科系自修	補習班補習相關科系	未刻意準備	漏答
N=259	122	133	4	7	33	83	110	26	52	81	20	88	16	2
有效=100	47.10	51.35	1.55	2.70	12.74	32.05	42.47	10.04	20.23	31.52	7.78	34.25	6.22	／

（下頁續）

（續上頁）

全體樣本	在 補 習 班 補 習 的 經 驗						以前的工作經驗			工 作 經 驗 項 目
	1個月以下	1—3個月	3—6個月	6—12個月	12個月以上	未參加	無	找過工作但未找到	有工作經驗	包括老師、志願役軍人、工程師、律師助理、工程師助理、助教、郵差…等。
N=259	2	9	29	74	68	77	48	0	211	211/259
有效=100	0.77	3.47	11.20	28.58	26.25	29.33	18.53	0.00	81.47	／

全體樣本	對以前工作的待遇福利的滿意度					
	非常不滿意	不滿意	普通	滿意	非常滿意	漏答者（無工作經驗及未回答（包括
N=259	20	78	92	22	4	43
有效=100	9.26	36.11	42.59	10.19	1.85	／

* 　社會類 80 人（34.78%）、理工類 132 人（57.39%）、技職類 18 人（7.83%）、漏答或無法辨識 29 人（／）

** 包括：軍官班、士官班、地方前臺中縣政府正式教師甄試、台灣土地銀行、臺灣警察專科學校等。

資料來源：作者自製

　　表 3-1 的統計資料，顯現出幾個值得深思的研究結果與發現，後續的分析中，將列入重要的參考指標：

一、於「性別」方面：男性受訪者佔了 66.79%、女性受訪者則佔了 33.21%，男女比例約為 2：1；相較於警察專科學校「專科班」10：1 的男女比例，差異甚大。

二、於「年齡」方面：以 26 歲到 30 歲的受訪者為最多，佔了 46.90%；其次是 31 歲以上，佔了 30.62%，兩者相加，已達全體受訪者的七成八，顯然「特考班」學員的年齡較長。

三、於「一般警察特考的準備方式」方面：無論為「相關科系補習班補習」（佔 31.52%），還是「非相關科系補習班補習」（佔 34.25%），「在補習班補習」的受訪者高達 65.77%；於具有「在補習班補習經驗」的受訪者中，6~12 個月者占了 28.58%、12 個月以上者占了 26.25%。

四、於「最高學歷主修科系」方面：絕大部分受訪者的主修科系，均非屬基層警察工作的相關科系；且以如此高學歷者，願意尋求一份僅需高中畢業生即可從事的基層警察工作，值得探討的！

五、於「參加其他公務人員考試的經驗」方面：以「參加過但未錄取」的受訪者為居多，佔了 51.35%、「未參加過」的則佔了 47.10%，兩者相加，幾乎已達全體受訪者的 100%。

六、於「以前的工作經驗」方面：「有工作經驗」的受訪者佔了 81.47%；且有工作經驗的受訪者在「對以前工作的待遇福利的滿意度」方面，認為「普通」者佔了 42.59%、認為「不滿意」者佔了 36.11%、另尚有 9.26%認為「非常不滿意」，反而是認為「滿意」（佔 10.19%）與「非常滿意」（佔 1.85%）的受訪者，僅有 12.04%。

貳、職業選擇影響因素分析

　　本章的研究，問卷設計的第一部分（第一單元）為「職業選擇」，企圖瞭解「特考班」的學員，為什麼要參加一般警察特考（即選擇從事基層警察工作）。總共列舉了 14 項可能的理由，並將之區分為從「非常不

同意」到「非常同意」五個等級，請受訪者逐項勾選最適當答案。所獲致的結果，經彙整歸納後，如表 3-2 所示。

表 3-2　受訪者職業選擇影響因素分析

您為什麼要參加一般警察特考 (n = 259)

題目	頻率(百分比)					平均(標準差)
	1 非常 不同意	2 不同意	3 沒感覺	4 同意	5 非常同意	
1.家人對我的期望	14(5.41)	30(11.58)	63(24.32)	113(43.63)	39(15.06)	3.51(1.05)
2.親友中有人從事警察工作	52(20.08)	51(19.69)	34(13.13)	73(28.19)	49(18.92)	3.06(1.43)
3.同學朋友對我的建議	43(16.60)	69(26.64)	95(36.68)	50(19.31)	2(0.77)	2.61(1.00)
4.親友長輩對我的建議	35(13.51)	57(22.01)	66(25.48)	77(29.73)	24(9.27)	2.99(1.20)
5.看到廣告來試試	62(23.94)	64(24.71)	78(30.12)	47(18.15)	8(3.09)	2.52(1.13)
6.補習班的宣導	61(23.55)	58(22.39)	83(32.05)	50(19.31)	7(2.70)	2.55(1.13)
7.我的家庭需要一份穩定的收入	6(2.32)	14(5.41)	54(20.85)	108(41.70)	77(29.73)	3.91(0.96)
8.當警察的待遇不錯	1(0.39)	9(3.47)	19(7.34)	146(56.37)	84(32.43)	4.17(0.74)
9.當警察在工作上比較有保障	6(2.32)	12(4.63)	29(11.20)	139(53.67)	73(28.19)	4.01(0.89)
10.我期望學得一技之長	12(4.63)	11(4.25)	98(37.84)	103(39.77)	35(13.51)	3.53(0.94)
11.找工作不容易而通過一般警察特考即保證就業	18(6.95)	20(7.72)	63(24.32)	112(43.24)	46(17.76)	3.57(1.08)
12.我的個性適合當警察	4(1.54)	11(4.25)	104(40.15)	111(42.86)	29(11.20)	3.58(0.80)
13.警察工作與我的興趣相合	3(1.16)	16(6.18)	88(33.98)	116(44.79)	36(13.90)	3.64(0.84)
14.我立志從事警察工作	17(6.56)	32(12.36)	118(45.56)	60(23.17)	32(12.36)	3.22(1.03)

資料來源：作者自製

一、職業選擇影響因素態度傾向

經由上列資料，可以瞭解受訪者對預擬的 14 項職業選擇影響因素（選擇從事基層警察工作）所抱持的態度傾向。

表 3-3　受訪者職業選擇影響因素態度傾向一覽表

平均數	職　業　選　擇　影　響　因　素	態度傾向
2.55	看到廣告來試試看	較不同意
2.52	補習班的宣導	
2.61	同學朋友對我的建議	
2.99	親友長輩對我的建議	
3.06	親友中有人從事警察工作	
3.22	我立志從事警察工作	
3.51	家人對我的期望	
3.53	我期望學得一技之長	
3.57	找工作不容易而通過一般警察特考即保證就業	
3.58	我的個性適合當警察	
3.64	警察工作與我的興趣相合	
3.91	我的家庭需要一份穩定的收入	
4.01	當警察在工作上比較有保障	
4.17	當警察的待遇還不錯	較同意

資料來源：作者自製

由於本研究所設計的五等量表，是從「非常不同意」（1 分）到「非常同意」（5 分），因此，經由統計分析所求取的平均數愈小，表示受訪者對於該變項所代表的職業選擇影響因素較不同意（愈傾向於反對）；反之，愈大，表示受訪者對於該變項所代表的職業選擇影響因素較同意（愈

傾向於贊成）。

　　所列舉的 14 項職業選擇可能的影響因素，按受訪者「較不同意」到「較同意」作一態度傾向順序排列，如表 3-3「受訪者職業選擇影響因素態度傾向一覽表」所示。

二、職業選擇重要影響因素

　　研究結果顯示，針對問卷所列舉的 14 項可能的影響因素，受訪者認為，該因素確實是在作職業選擇（從事基層警察工作）時的重要影響因素；亦即，受訪者的態度較傾向於「同意」的前五項職業選擇影響因素及其平均數依序為：

　　　　1、當警察的待遇還不錯（M=4.17）

　　　　2、當警察在工作上比較有保障（M=4.01）

　　　　3、我的家庭需要一份穩定的收入（M=3.91）

　　　　4、警察工作與我的興趣相合（M=3.64）

　　　　5、我的個性適合當警察（M=3.58）

　　至於受訪者認為，該因素並非是在作職業選擇時（從事基層警察工作）的重要影響因素；亦即，受訪者的態度較傾向於「不同意」的前五項職業選擇影響因素其平均數依序為：

　　　　1、看到廣告來試試看（M=2.55）

　　　　2、補習班的宣導（M=2.52）

　　　　3、同學朋友對我的建議（M=2.61）

　　　　4、親友長輩對我的建議（M=2.99）

　　　　5、親友中有人從事警察工作（M=3.06）

三、職業選擇因素群組

有關「從事基層警察工作」這個職業選擇，受訪者的態度較傾向於「同意」的前五項職業選擇影響因素，呈現出了兩大類因素群組：「經濟需求」與「個人志趣」。

（一）經濟需求

最重要的前三項影響因素都在「經濟需求」層面，直接涉及經濟問題。分別是：

1、當警察的待遇還不錯

2、當警察在工作上比較有保障

3、我的家庭需要一份穩定的收入

（二）個人志趣

至於第四及第五順位，則屬於「個人志趣」層面：

1、警察工作與我的興趣相合

2、我的個性適合當警察

四、受訪者較不同意的職業選擇影響因素

有關「從事基層警察工作」這個職業選擇，受訪者認為影響性不是那麼大的因素，凸顯出三個應予深思的研究結果與發現：

（一）「看到廣告來試試看」，被受訪者列為倒數第一的影響因素。此一現象，是否代表未來警察組織基層人力的招募，即使不打廣告，依舊可以吸引大量有志青年的參與。

（二）「補習班的宣導」，被受訪者列為倒數第二的影響因素，但是「特考班」學員在準備「一般警察特考」時，卻有 65.77% 的受訪者參

加過補習；或許這意味著受訪者早已決定要從事基層警察工作，去補習班，單純地只是為了補習而已。

（三）有關「周邊親友、同儕等的影響」，受訪者似乎認為對「基層警察工作」這一份職業選擇的影響性不是那麼的大，因為「同學朋友對我的建議」、「親友長輩對我的建議」、「親友中有人從事警察工作」等三項職業選擇的影響因素，分列「較不同意」的第三到第五名。

第五節　基層警察工作認知分析

本節為「基層警察工作認知分析」，共有兩個單元，先探討受訪者「對基層警察工作的認知狀況」，再依據統計分析所獲得的資料，探討「幾個應深入探討的議題」。

壹、對基層警察工作的認知狀況

本章的研究假設：「特考班」的學員，理論上應該對「基層警察工作」的認知非常清楚－否則為何要做這樣的職業選擇？問卷設計的第二部分即為「工作認知」，旨在探討「特考班」的學員：未來的基層警察人員，對於基層警察工作的認知。本研究分別詢問受訪者：「您目前對基層警察工作的認知狀況」，以及：「就您目前的了解，您認為基層警察工作最需要改進的是什麼」。

於認知狀況部分，共列舉了 7 個子問題，並將之區分為從「非常不同意」到「非常同意」五個等級，請受訪者逐項勾選最適當答案。這 7 個子問題分別是：

1、您瞭解各類警察工作的性質嗎？

2、您瞭解各種警察工作的勤務狀況嗎？

3、您認為當警察是理想的職業嗎？

4、您將來考慮轉業嗎？

5、就您初步了解，基層警察工作的工作量如何？

6、就您初步了解，培訓中修習的科目與內容合乎基層警察養成的需求嗎？

7、就您初步了解，基層警察工作未來的升遷機會如何？

所獲致的結果，經彙整歸納後，如表 3-4 所示。

表 3-4　受訪者對基層警察工作的認知狀況一覽表

對基層警察工作的認知狀況（n = 259）

問題	頻率(百分比)					平均 (標準差)
	1 非常 不同意	2 不同意	3 沒感覺	4 同意	5 非常同意	
1.您了解各類警察工作性質嗎	2(0.77)	8(3.09)	132(50.97)	104(40.15)	13(5.02)	3.46(0.68)
2.您了解各種警察工作的勤務狀況嗎	2(0.77)	9(3.47)	115(44.40)	121(46.72)	12(4.63)	3.51(0.68)
3.您認為當警察是理想的職業嗎	7(2.70)	35(13.51)	125(48.26)	81(31.27)	11(4.25)	3.21(0.83)
4.就您初步了解，基層警察未來的升遷機會如何	21(8.11)	88(33.98)	99(38.22)	49(18.92)	2(0.77)	2.70(0.89)
5.就您初步了解，基層警察的工作量如何	1(0.39)	0(0.00)	6(2.32)	93(35.91)	159(61.39)	4.58(0.58)
6.就您初步了解，培訓中修習的科目與內容合乎基層警察養成的需求嗎	25(9.65)	69(26.64)	106(40.93)	55(21.24)	4(1.54)	2.78(0.93)
7.您將來考慮轉業嗎	76(29.34)	146(56.37)	37(14.29)			1.85(0.64)

資料來源：作者自製

一、對基層警察工作的認知狀況

　　經由上列資料，可以瞭解受訪者對預擬的 7 項對基層警察工作的認知狀況所抱持的態度傾向。

　　由於本研究所設計的五等量表，是從「非常不同意」（1 分）到「非常同意」（5 分），因此，經由統計分析所求取的平均數愈小，表示受訪者對於該變項所代表的對基層警察工作的認知狀況較不同意（愈傾向於反對）；反之，愈大，表示受訪者對於該變項所代表的對基層警察工作的認知狀況較同意（愈傾向於贊成）。

　　謹將所預擬的 7 項對基層警察工作的認知狀況，按受訪者「較不同意」到「較同意」作一態度傾向順序排列，並繪製成表 3-5「受訪者對基層警察工作的認知狀況態度傾向一覽表」。

表 3-5　受訪者對基層警察工作的認知狀況態度傾向一覽表

平均數	對基層警察工作的認知狀況	態度傾向
1.85	將來考慮轉業	較不同意
2.70	基層警察未來的升遷機會	
2.78	培訓中修習的科目與內容合乎基層警察養成的需求	
3.21	當警察是理想的職業	
3.46	了解各類警察工作性質	
3.51	了解各種警察工作的勤務狀況	
4.58	基層警察的工作量	較同意

資料來源：作者自製

二、基層警察工作最需要改進的項目

本章的研究，在問卷設計的第四部分，請受訪者將心目中認為基層警察工作最需要改進的項目，就問卷上所列的 8 項，勾選 1 至 3 項，並將勾選出的項目按迫切性標上 "1. 2. 3." 順序，經由統計分析的結果，如表 3-6 所示。

表 3-6　受訪者認為層警察工作最需要改進的項目排名一覽表

基層警察工作最需要改進的項目（n = 259）

問題	頻率（百分比）		排名
	不同意	同意	
1.公平合理的升遷制度	179(69.11)	80(30.89)	
2.革新勤務制度	**105(40.54)**	**154(59.46)**	**2**
3.增加基層警察人員的人數	181(69.88)	78(30.12)	
4.擁有與一般公務人員類似的工作時間與休閒	**94(36.29)**	**165(63.71)**	**1**
5.提高待遇報酬	194(74.90)	65(25.10)	
6.重視每一位警察人員的人性尊嚴	**119(45.95)**	**140(54.05)**	**3**
7.改善裝備	181(69.88)	78(30.12)	
8.加強教育訓練	236(91.12)	23(8.88)	

資料來源：作者自製

依據表 3-6，在受訪者心目中，基層警察工作最需要改進的項目，依序分別是：

1、與一般公務人員類似的工作時間與休閒

2、勤務制度

3、每一位警察人員的人性尊嚴

貳、幾個應深入探討的議題

　　針對問卷所列舉的 7 項對基層警察工作的認知狀況，以及受訪者心目中認為基層警察工作最需要改進的項目，經由統計分析的結果，凸顯出下列幾個應深入探討的議題：

（一）將來考慮轉業（M=1.85）

　　統計分析的結果顯示，雖然將來的升遷機會可能較不理想（M=2.70）、雖然將來的工作量可能很繁重（M=4.58），受訪者似乎普遍表達了將來較不考慮轉業的心態。此一結果，似乎與坊間其他的研究，認為經由各種「公務人員特種考試警察人員考試」進用的警察組織基層人力離職率較高，有些相矛盾；或許，渠等真正進入職場後，可能會有不同的想法。

（二）基層警察未來的升遷機會（M=2.70）

　　統計分析的結果顯示，受訪者對「基層警察未來的升遷機會」似乎都不甚看好。本章研究進行時，我國警察組織基層人力將來的升遷機會確實是個盲點，這恐怕與經由法制規範的特殊的警察人事制度設計有關。

（三）培訓中修習的科目與內容合乎基層警察養成的需求（M=2.78）

　　統計分析的結果顯示，受訪者似乎對「培訓中修習的科目與內容合乎基層警察養成的需求」表達了較不同意的看法。此一結果，與警察專科學校於 2016 年完成的「專科班」34 期校友回饋問卷課程滿意度調查的結果，似乎有些不盡相同。

（四）當警察是理想的職業（M=3.21）

統計分析的結果顯示，針對此一問題，受訪者同意的程度並不算高，而且有高達 48.26%的受訪者竟然表示「無感覺」；若「無感覺」，那麼當初怎麼會參加「一般警察人員特種」，選擇從事基層警察工作？

（五）了解各類警察工作性質（M=3.46）

統計分析的結果顯示，針對此一問題，表示「同意」與「非常同意」的受訪者合在一起，佔了 45.17%（同意佔 40.15%、非常同意佔5.02%）；表示「無感覺」的卻佔了 50.97%。所以，受訪的「特考班」學員，對各類警察工作性質的了解程度，超過一半是「沒感覺」，傾向於「了解」的不到一半，還有 3.86%認為「不了解」。

（六）了解各種警察工作的勤務狀況（M=3.51）

統計分析的結果顯示，受訪者對此一問題的態度，與「了解各類警察工作性質」有曲同工之妙。表示「同意」與「非常同意」的受訪者合在一起，佔了 51.35%（同意佔 46.72%，非常同意 4.63%）；表示「無感覺」的佔了 44.40%。所以，受訪的「特考班」學員，對各類警察工作勤務狀況的了解程度，傾向於「了解」的只有一半多一點點，還有 4.24%認為「不了解」。

（七）基層警察的工作量（M=4.58）

統計分析的結果顯示，受訪者基本上都對「基層警察的工作量」有一定程度的了解。表示「同意」的受訪者佔了 61.39%、表示「非常同意」的受訪者則佔了 35.91%，兩者相加，傾向於「了解」者，幾乎已達受訪者的 97.30%。

第六節　本章小結－職業選擇綜論

　　自 2011 年起，我國警員人員的進用劃分為二軌，於基層人員部分，凡未受過警察教育訓練者，可參加考選部舉辦之「公務人員特種考試一般警察人員考試四等考試」，錄取人員至警察專科學校或受委託的訓練機構接受二個階段共 12 個月的專業基礎訓練結業，分發實務機關完成 6 個月的實務訓練，成績及格，成為合格實授的警察人員。是類人員與日俱增，甚至 2013 年至 2019 年之間，有七個年度的「特考班」，結業人數可達警察專科學校應屆畢業學生人數的 1.2 倍。

　　本章的研究，係以「公務人員特種考試一般警察人員考試錄取人員」的職業選擇為研究主題，問卷調查實施的對象，是考選部辦理 105 年度「公務人員特種考試一般警察人員考試四等考試」錄取人員訓練班的在訓學員，共 2,330 人。渠等自 2017 年 1 月至 12 月，由內政部警署保安警察第一、四、五總隊協助警察專科學校實施教育訓練，本研究即於該三個訓練基地任意抽取 2 個教授班實施問卷調查。施測的時間，是 105 年「特考班」於 2017 年 11 月間，第二階段教育訓練即將告一段落，準備接受分發，進入為期 6 個月的實務訓練，真正面對基層警察工作的時間點。收回的問卷，經由篩選整理，排除可信度較差的部分（例如：未答或漏答項目過多、勾選呈特殊規則狀態等），實得有效問卷 259 份。

　　本節為本章的結論，謹分別將「個人基本資料」、「職業選擇影響因素」、「對基層警察工作的認知」三部分的研究結果與發現，作一綜合整理、分析歸納，並提出個人的看法與意見。

壹、於「個人基本資料」部分

　　雖然是個人基本資料，卻可以從中驗證，各種統計資料的呈現，與受訪者職業選擇具有相當關聯性。

一、性別。男性受訪者佔了 66.79%、女性受訪者則佔了 33.21%，此一 2（男）：1（女）的比例，於各類警察勤務執行時，究竟有無影響？

二、年齡。以 26 歲到 30 歲的受訪者為最多，佔了 46.90%；其次是 31 歲以上，佔了 30.62%，兩者相加，已達全體受訪者的七成八，顯然「特考班」學員的年齡較長；年齡較長者至少大專畢（肄）業，較具社會經驗，則渠等的學習能力、可塑性等，都是警察組織基層人力培訓的重要參考指標。

三、一般警察特考的準備方式。無論為「相關科系補習班補習」（佔 31.52%），還是「非相關科系補習班補習」（佔 34.25%），「在補習班補習」的受訪者高達 65.77%；且具有「在補習班補習經驗」的受訪者中，6~12 個月者占了 28.58%、12 個月以上者占了 26.25%，顯現受訪者期望通過「一般警察特考」的意志非常堅強；「因為要考上，所以去補習」。惟，此一國家考試的選擇，等於職業選擇，渠等報名加考試時、於補習班衝刺的過程中，對「基層警察工作」的認知真的非常清楚嗎？

四、最高學歷主修科系。受訪者的主修科系五花八門、無所不包；然而，絕大部分的科系，均非屬基層警察工作的相關科系，這也是警察組織基層人力培訓的重要參考指標。於「最高學歷主修科系」方面，尚隱含了另外一個必須深思的問：「一般警察特考」的應考資格為

「高中（含）以上畢業暨同等學力」[9]，以如此高學歷者，願意尋求一份僅需高中畢業生即可從事的基層警察工作，無論是渠等職業選擇的影響因素，還是對基層警察工作的認知，都是值得探討的！

五、參加其他公務人員考試的經驗。以「參加過但未錄取」的受訪者為居多，佔了 51.35%、「未參加過」的則佔了 47.10%，兩者相加，幾乎已達全體受訪者的 100%；此一結果，代表這些學員因此決定選擇參加「一般警察特考」嗎？

六、以前的工作經驗。「有工作經驗」的受訪者佔了 81.47%；且有工作經驗的受訪者在「對以前工作的待遇福利的滿意度」方面，認為「普通」者佔了 42.59%、認為「不滿意」者佔了 36.11%、另尚有 9.26% 認為「非常不滿意」，反而是認為「滿意」（佔 10.19%）與「非常滿意」（佔 1.85%）的受訪者，僅有 12.04%。此一結果，代表這些學員決定選擇「基層警察工作」，而且意志非常堅定嗎？

貳、於「職業選擇影響因素」部分

研究結果顯示，針對問卷所列舉的 14 項可能的影響因素，被受訪者認為，最重要的前三項影響因素都在「經濟需求」層面，直接涉及了經濟問題。三項影響因素的排序分別是：

1、當警察的待遇還不錯（第一順位）

2、當警察在工作上比較有保障（第二順位）

---

[9] 「公務人員特種考試一般警察人員考試規則」第 3 條附表一：「四等考試／應考資格：一、中央警察大學、臺灣警察專科學校以外之公立或立案之私立職業學校、高級中學以上學校或國外相當學制以上學校各院、系、科、組、所、學位學程畢業得有證書者。」（https://wwwc.moex.gov.tw/main/controls/wHandEditorExtend_File.ashx?Fun=Laws&menu_id=319&item_id=142&file_id=227, Accessed: 2020.07.23）

　　3、我的家庭需要一份穩定的收入（第三順位）

　　至於第四及第五順位，則屬於「個人志趣」層面。影響因素的排序分別是：

　　1、警察工作與我的興趣相合（第四順位）

　　2、我的個性適合當警察（第五順位）

　　有關「從事基層警察工作」這個職業選擇，受訪者認為影響性不是那麼大的因素，凸顯出三個應予深思的研究結果與發現：

一、「看到廣告來試試看」，被受訪者列為倒數第一的影響因素。此一現象，或許代表警察組織基層人力的招募，即使不打廣告，依舊可以吸引大量符合資格者的參與。

二、「補習班的宣導」，雖然被列為倒數第二的影響因素，卻有 65.77% 的受訪者參加過補習；或許是因為要參加「一般警察特考」，才去補習班。

三、至於「同學朋友對我的建議」、「親友長輩對我的建議」、「親友中有人從事警察工作」等，被分列「較不同意」的第三到第五名，證明受訪者周邊親友、同儕等的影響，似乎對「基層警察工作」這一份職業選擇的影響性不是那麼的大。

參、於「對基層警察工作的認知」部分

　　針對問卷所列舉的 7 項對基層警察工作的認知狀況，以及受訪者心目中認為基層警察工作最需要改進的項目，再參酌受訪者個人基本資料，綜合歸納整理，提列七項應深入探討的議題，作為結論中的結論，並提出作者的看法與意見：

一、將來考慮轉業

受訪者似乎普遍表達了將來較不考慮轉業的心態。此一結果，似乎與坊間其他的研究，認為經由各種「公務人員特種考試警察人員考試」進用的警察組織基層人力離職率較高，有些相矛盾；或許，渠等真正進入職場後，是不是會有不同的想法。

二、基層警察未來的升遷機會

受訪者對「基層警察未來的升遷機會」似乎都不甚看好。本章研究進行時，我國警察組織基層人力將來的升遷機會確實是個盲點，這恐怕與我國係經由法制規範建構特殊的警察人事制度設計有關。

惟，內政部警政署 2020 年年底函頒「有關中央警察大學各班期畢（結）業候缺人員派補第九序列巡官等同序列職務原則」，溯自 2019 年 1 月 1 日起，警察大學各班期畢（結）業之現職基層人員，唯有各類「警察特考」三等考試榜示錄取者，方予分發任用。[10]雖然這是為因應第九序列巡官等同序列職務缺額不足的暫時性措施，然或許是個轉機；且據了解，此一處理原則若要再行修訂，至少要五年以後。

三、培訓中修習的科目與內容合乎基層警察養成的需求

統計分析的結果顯示，受訪者似乎對「培訓中修習的科目與內容合乎基層警察養成的需求」表達了較不同意的看法。此一結果，與警察專科學校於 2016 年完成的「專科班」34 期校友回饋問卷課程滿意度調查

---

[10] 內政部警政署 109 年 12 月 11 日警署人字第 1090166459 號函：「有關中央警察大學各班期畢（結）業候缺人員派補第九序列巡官等同序列職務原則」。除警察大學四年制畢業，或取得碩士學位為學歷的獲取，不予分發外，現職人員於警察大學研究所、二年制技術學系畢業，或警佐班第一、二、三、四類結業者，亦暫不予分發，列冊候派。

的結果，似乎有些不盡相同。

前已述及，「特考班」無論課程設計、教材編撰、授課內容等都由警察專科學校統一律定；學員結業後，與警察專科學校畢業生相同，「一律分發外勤勤務機構，擔任第一線、24 小時輪值之基層警察人員工作」。故雙方認知的差距，可能是本章研究進行時，「特考班」於保安警察第一、四、五總隊代訓，該三基地的師資、設備都有落差所造成的吧！畢竟於警察專科學校校本部，各種警察專業課程的施教，都聘有第一線基層實務工作人員協同教學、有各項應勤裝備可供模擬操作，例如：受理報案 E 化資訊系統、M-police、酒精測試器、酒精檢知儀…等；將教材的文字敘述經由操作實務化，例如：路檢、場所臨檢、攔檢盤查、交通事故處理……等。

唯有受教的學生（員）－未來警察組織的基層人員，於學習階段，以實務操作演練的方式，將勤務執行的各項法令、標準作業程序融會貫通，才能深刻體驗「基層警察工作」是一份什麼樣的工作。本部分是本書第二篇「培訓之探討」的探討主題，於該篇各章中均有詳細論述。

四、當警察是理想的職業

統計分析的結果顯示，針對此一問題，受訪者同意的程度並不算高，而且有高達 48.26%的受訪者竟然表示「無感覺」；若「無感覺」，那麼當初怎麼會參加「公務人員特種考試一般警察人員考試四等考試」，選擇從事基層警察工作？事實上，本研究在「職業選擇影響因素分析」中，有關「為什麼要參加一般警察特考？」（從事基層警察工作），受訪者傾向於「同意」的前三項職業選擇影響因素依序為：

1、當警察的待遇還不錯

2、當警察在工作上比較有保障

3、我的家庭需要一份穩定的收入

這三項「職業選擇影響因素」都被類歸為「經濟因素」；或許，受訪者選擇基層警察工作，並不是因為「當警察是理想的職業」，而是「待遇還不錯」、「工作比較有保障」、「需要一份穩定的收入」。

五、了解各類警察工作性質

統計分析的結果顯示，針對此一問題，表示「同意」與「非常同意」的受訪者合在一起，佔了 45.17%（同意佔 40.15%、非常同意佔 5.02%）；表示「無感覺」的卻佔了 50.97%。所以，受訪的「特考班」學員，對各類警察工作性質的了解程度，超過一半是「沒感覺」，傾向於「了解」的不到一半，還有 3.86% 認為「不了解」。

本章研究，是於 2017 年 11 月間，「特考班」第二階段教育訓練即將告一段落，準備接受分發進入實務訓練，真正面對基層警察工作的時間點進行；為期一年的培訓，在這一方面似乎有些失敗！再則，受訪者即將結業分發，卻仍不了解各類警察工作的性質，未來面對經緯萬端的基層警察工作，實令人堪憂！

六、了解各種警察工作的勤務狀況

統計分析的結果顯示，受訪者對此一問題的態度，與「了解各類警察工作性質」有曲同工之妙。表示「同意」與「非常同意」的受訪者合在一起，佔了 51.35%（同意佔 46.72%，非常同意 4.63%）；表示「無感覺」的佔了 44.40%。所以，受訪的「特考班」學員，對各類警察工作勤

務狀況的了解程度，傾向於「了解」的只有一半多一點點，還有 4.24% 認為「不了解」。同理，為期一年的培訓，在這一方面似乎有些失敗！再則，受訪者即將結業分發，卻仍不了解各種警察工作的勤務狀況，未來面對瞬息萬變的基層警察勤務執行，實令人堪憂！

七、基層警察的工作量

　　統計分析的結果顯示，受訪者基本上都對「基層警察的工作量」有一定程度的了解。表示「同意」的受訪者佔了 61.39%、表示「非常同意」的受訪者則佔了 35.91%，兩者相加，傾向於「了解」者，幾乎已達受訪者的 97.30%；顯見「特考班」的學員，還真的知道基層警察工作的負荷量極大；不過，這應該不需要培訓就能了解！故渠等還是選擇這份吃力不討好的工作，或許「經濟需求」的影響性真的非常大。

＊本章主要參考作者 2018 年主持的「內政部所屬機關（臺灣警察專科學校）自行研究案」：一般警察特考錄取人員訓練班學員職業選擇態度之研究，該研究案於當年 12 月 31 日提交研究成果報告辦理結案，並摘錄一部分發表於《警察行政管理學報》第 15 期，2019.05。本章之撰寫，資料已更新、內容已增修調整。

附　錄

問　卷

這份研究問卷共 3 頁，您仔細地回答，對我們的研究將有莫大助益。不用具名，謝謝！

壹・您為什麼要參加一般警察特考？（從事基層警察工作）

說明：本單元列舉了 14 項可能的理由，並將之區分為從「非常不同意」到「非常同意」
五個等級，請您**逐項**在**最適合**的 □ 中打" √"。

非常不同意	不同意	沒感覺	同意	非常同意	
□	□	□	□	□	1. 家人對我的期望。
□	□	□	□	□	2. 親友中有人從事警察工作。
□	□	□	□	□	3. 同學朋友對我的建議。
□	□	□	□	□	4. 親友長輩對我的建議。
□	□	□	□	□	5. 看到廣告來試試看。
□	□	□	□	□	6. 補習班的宣導。
□	□	□	□	□	7. 我的家庭需要一份穩定的收入。
□	□	□	□	□	8. 當警察的待遇還不錯。
□	□	□	□	□	9. 當警察在工作上比較有保障（鐵飯碗）。
□	□	□	□	□	10. 我期望學得一技之長。
□	□	□	□	□	11. 找工作不容易而通過一般警察特考即保證就業。
□	□	□	□	□	12. 我的個性適合當警察。
□	□	□	□	□	13. 警察工作與我的興趣相合。
□	□	□	□	□	14. 我立志從事警察工作。

其他（請述明）＿＿＿＿＿＿＿＿＿＿＿＿＿＿＿＿＿。

貳・您目前對基層警察工作的認知狀況：

說明：本單元列舉了 7 個問題，請您**逐題**在**最適合**的 □ 中打" √"。

• 您瞭解各類警察工作的性質嗎？

□1. 非常不瞭解　　　□2. 不瞭解　　　□3. 普通
□4. 瞭解　　　　　　□5. 非常瞭解

• 您瞭解各種警察工作的勤務狀況嗎？

□1. 非常不瞭解　　　□2. 不瞭解　　　□3. 普通
□4. 瞭解　　　　　　□5. 非常瞭解

• 您認為當警察是理想的職業嗎？

□1. 非常不理想　　　□2. 不理想　　　□3. 普通
□4. 理想　　　　　　□5. 非常理想

續下頁 ☞

- 就您初步了解，基層警察工作未來的升遷機會如何？
  - □1. 非常不佳
  - □2. 不佳
  - □3. 普通
  - □4. 佳
  - □5. 非常佳
  - □6. 不清楚

- 就您初步了解，基層警察工作的工作量如何？
  - □1. 非常輕鬆
  - □2. 輕鬆
  - □3. 普通
  - □4. 繁重
  - □5. 非常繁重
  - □6. 不清楚

- 就您初步了解，培訓中修習的科目與內容合乎基層警察養成的需求嗎？
  - □1. 非常不合乎
  - □2. 不合乎
  - □3. 普通
  - □4. 合乎
  - □5. 非常合乎
  - □6. 不瞭解

- 您將來考慮轉業嗎？
  - □1. 不考慮
  - □2. 看情形
  - □3. 考慮

參‧就您初步的瞭解，警察工作是一份怎樣的工作？

說明：本單元列舉了 14 項可能的觀感，並將之區分為從「非常不同意」到「非常同意」五個等級，請您**逐項**在**最適合**的 □ 中打" √"。

非常不同意	不同意	沒感覺	同意	非常同意	
□	□	□	□	□	1. 社會評價高。
□	□	□	□	□	2. 能夠發揮所長。
□	□	□	□	□	3. 具自主性。
□	□	□	□	□	4. 可以獲得成就感。
□	□	□	□	□	5. 具挑戰性。
□	□	□	□	□	6. 能夠學以致用。
□	□	□	□	□	7. 自己的能力可以勝任愉快。
□	□	□	□	□	8. 待遇福利好。
□	□	□	□	□	9. 升遷機會佳。
□	□	□	□	□	10. 工作環境佳。
□	□	□	□	□	11. 工作時間有彈性。
□	□	□	□	□	12. 可以兼顧家庭。
□	□	□	□	□	13. 可以兼營副業。
□	□	□	□	□	14. 有時間與家人共同從事休閒活動。

其他（請述明）＿＿＿＿＿＿＿＿＿＿＿＿＿＿＿＿＿＿。

續下頁 ☞

肆・就您目前的了解，您認為基層警察工作最需要改進的是什麼？

說明：<u>請勾選1至3項</u>，並將勾選出的項目<u>按迫切性標上 ″ 1.2.3.″</u> 順序。

_____1.公平合理的升遷制度。

_____2.革新勤務制度。

_____3.增加基層警察人員的人數。

_____4.擁有與一般公務人員類似的工作時間與休閒。

_____5.提高待遇報酬。

_____6.重視每一位警察人員的人性尊嚴。

_____7.改善裝備。

_____8.加強教育訓練。

_____9.其他（請述明）_____。

伍・個人資料：

・性別：□男　□女

・年齡：□25歲以下　　□26-30歲　　□31歲以上

・最高學歷：□高中（職）　□大專肄業　□大專畢業　□研究所肄業　□碩士

・您最高學歷的主修領域：_____

・您曾經參加過其他公務人員考試嗎？

　□1.未參加過

　□2.參加過但未錄取

　□3.曾經錄取 _____。

・您的親友對於您參加一般警察特考普遍的反應如何？

　□1.非常不贊成　　　　□2.不贊成　　　　　□3.無意見

　□4.贊成　　　　　　　□5.非常贊成

・您如何準備一般警察特考？

　□1.非相關科系自修　　　□2.非相關科補習班補習　　　□3.相關科系自修

　□4.相關科補習班補習　　□5.未刻意準備

・如果您曾在補習班補習，您補了多久？（未補習者不用回答）

　□1.1個月以下　□2.1-3個月　□3.3-6個月　□4.6-12個月　□5.一年以上

・您在通過一般警察特考前有其他工作經驗嗎？

　□1.無　　□2.找過工作但未找到　　□3.有工作經驗 _____。

・如果有工作經驗，您對當時的待遇福利滿意嗎(無工作經驗者不用填)？

　□1.非常不滿意　　□2.不滿意　　□3.普通　　□4.滿意　　□5.非常滿意

— 謝謝您！ —

第四章　我國警察人員進用不經公務人員考試方案規劃暨可行性分析

〈摘　要〉

　　各種公務人員特種考試警察人員考試機制的建構，原本係植基於警察教育需求而設置，使完成警察專業核心職能養成的警察專科學校、警察大學畢業生，能藉由參加與警察職務有關的國家考試取得任用資格，俾能進入各警察實務機關為民服務。

　　因環境的變遷，不斷地引發各類的公共議題，造成我國警察人力進用相關制度一再變革；面對不斷孳生的公共議題，或許應有不同的政策方案解決途徑－例如，本研究關注的焦點：「我國警察人員進用不經公務人員考試」，以畢其功於一役。

關鍵詞：警察特考、公務人員、警察人員

第一節　前言

　　我國文官制度的設計，依現行法制，擬任公務人員者，於考、於訓，缺一不可。各種公務人員特種考試警察人員考試（以下簡稱「警察特考」）機制的建構，原本係植基於警察教育需求而設置，使完成警察專業核心職能養成教育之警察專科學校、警察大學畢業生，藉由參加與警察職務有關的國家考試取得任用資格，進入各實務機關為民服務。然，因環境的變遷，不斷地引發各類的公共議題，造成我國警察組織人力進用相關制度一再變革，本部分已於本書第二章中深入分析探討。

　　本書探討的重點雖然在警察組織的基層人力，惟為求論述之完整性，於我國警察人員進用「不經公務人員考試」部分，「基層人員」與「管理幹部」必須一併探討。

在公共政策的研究中，有所謂的「漸進決策途徑」（incremental decision-making approach），意指決策者在做決策時，著重從現在已有的政策或現狀去找尋漸進的替代性政策，而不做大幅度的政策變動。（Charles E. Linblom & Edward j. Woodhouse, 1993）亦即，新的政策只是對過去的政策做某些漸進式的修正而已。作者以為，我國警察人員的進用制度似乎亦是如此。時至今日，舊的問題不見得完全解決，新的問題又不斷地孳生，迄今仍有不少尚待解決的公共議題。此即政策分析研究者所謂：「當公共問題發生，政府機關予以接納，並轉變成政策問題，制定及執行政策以解決問題後，經過評估的結果，發現有時問題不但未獲解決，反而變得更為嚴重；或是原來的問題未獲解決外，更產生了許多新的問題，需要政府機關另行研擬政策設法解決。」（David L. Weimer, & Aidan R. Vining, 1998:207-210）

我國警察人員雖被類歸為「文官」（civil services），依法應經國家考試及格後任用；然，警察勤務制度的設計，以及警察工作的實質內涵，使警察人員們常被稱為「帶槍的公務人員」。此一特殊名詞，各社會賢達或學者專家們也多認為確實形容的頗為貼切！更何況，我國警察人事制度各相關項目的設計，多以特別法規範，獨立於一般公務人員法制之外。

目前我國國防部所屬各軍事院校的畢業生，以及非授予學位的各班隊的結業學員，於完成各類專業教育訓練後，即進入國防部所屬各機關服務，成為我國公部門人力的一部分；警察人員的進用可以比照辦理嗎？

本章的研究旨在綜觀我國警察人員進用制度的變革，嘗試對未來的發展提出建議；面對不斷孳生的公共議題，或許應有不同的政策方案解決途徑－例如，本章研究所關注的焦點：「我國警察人員進用不經公務人員考試」，以畢其功於一役，而不只是穿著衣服改衣服。

　　我國警察人員究竟應如何進用？牽涉範圍相當廣泛，任何變革，對未來警察組織人力進用政策的發展將有重大影響。本研究為一「政策分析研究」（policy analysis study）－針對「我國警察人員進用不經公務人員考試」此一特定的政策問題，進行「政策問題的診斷」（policy problem diagnosis）。

　　鑑於臺灣地區警察人員的進用制度持續地在檢討中，期能藉由本研究所獲得的資訊，進行「政策倡導」（policy advocacy），提供作為未來制度變革政策辯論的重要參考依據。

　　本章之撰寫，共分為五節，分別是：

第一節　前言
第二節　公務人員特種考試警察人員考試機制建構
第三節　我國警察人員進用制度的變革與衍生議題
第四節　我國警察人員進用不經公務人員考試可行性分析
第五節　本章小節－我國警察人員進用政策倡導

第二節　公務人員特種考試警察人員考試機制建構

　　現行制度的設計，「警察人員」被類歸為我國政府部門的公務人員，依現行各公務人員相關法制的規定，「公務人員」必須經由各類公務人員考試及格後任用。

　　同樣是依相關法制的規定，我國警察人員的教育訓練自成一體系，與一般大專院校顯著區隔：內政部設警察大學，辦理警察組織新進管理幹部的養成；內政部警政署設警察專科學校，辦理警察組織新進外勤第一線（基層）實務工作人員的的養成。各種「警察特考」機制的建構，原本係植基於警察教育需求而設置，使完成警察專業核心職能養成的警

察專科學校、警察大學畢業生，能藉由參加與警察職務有關的國家考試取得任用資格，俾能進入各警察實務機關為民服務。

是以，警察大學、警察專科學校畢業生，雖然在校期間所接受的是完整的警察專業教育訓練，也是獨一無二的、並與實務接軌的專業教育訓練；然若兩校學生畢業後，未能經由各對應類科「警察特考」及格，則不得進用為我國政府部門的警察人員。復以因環境的變遷，不斷地引發各類的公共議題，造成我國警察人力進用相關制度一再變革。每一次的變革，雖然都經過一定程度的政策辯論，惟實施之後，爭議仍然不斷；更甚者，又衍發新的爭議。

目前警察人員的進用，係採「（教）訓、考、用」與「考、訓、用」雙軌並行。惟，舊的問題不見得完全解決，新的問題又不斷地孳生，迄今仍有不少尚待解決的公共議題。

本節的撰寫，旨在說明「公務人員特種考試警察人員考試機制建構」，分成兩個單元來探討，分別是：

壹、我國警察人員應經「警察特考」進用的緣由

貳、「警察特考」制度發生重大變革的兩大議題

壹、我國警察人員應經「警察特考」進用的緣由

何以我國警察人員必須經由各種「警察特考」的機制進用？

現行制度的設計，「警察人員」被類歸為我國政府部門的公務人員，「公務人員」必須經由各類公務人員考試及格後任用是現行法制的規定，故我國警察人員的進用，一直是依《公務人員考試法》，以及《警察人員人事條例》、《警察人員教育條例》等特別法及其相關法規辦理。

警察人員應經「警察特考」進用的機制，是源自於《中華民國憲法》

之規定：

1、第 85 條：「公務人員之選拔，應實行公開競爭之考試制度…。非經考試及格者，不得任用。」

2、第 86 條：「左列資格，應經考試院依法考選銓定之：一、公務人員任用資格。二、專門職業及技術人員執業資格。」

我國警察人員的進用，早年係參酌軍事院校的「先教後用」模式。1952 年 10 月 18 日，考試院制定發布「公務人員特種考試警察人員考試規則」。1955 年，為解決在臺復校之中央警官學校（即今之警察大學）22 期 203 位學生畢業後的任用問題，考選部舉辦了第一屆的「公務人員特種考試警察人員考試」，分為初試、再試；初試與入學考試合併、再試與畢業考試合併。顯見當時的「警察特考」，是為完成警察教育者就業接軌而舉辦，是對警察養成教育的認可。（蘇志強等，2011:67）

之後，「警察特考」制度發生了多次的重大變革，惟「為完成警察教育者就業接軌而舉辦，是對警察養成教育的認可」的基調從未改變：警察人員是公務人員，所以警察人員一定要經由公務人員考試進用；包括了早期的「（教）訓、用、考」，到中期的「（教）訓、考、用」，再到近期的「（教）訓、考、用」與「考、訓、用」雙軌併行。

貳、「警察特考」制度發生重大變革的兩大議題

有關「我國警察人員進用模式的發展與演變」，已於本書第二章第三節深入分析探討，本單元，謹就促使「警察特考」制度發生重大變革的兩大議題作一探討；因為這兩大議題，不但使當時的「警察特考」制度發生重大變革，更造成了相關法規的修訂。

一、警察「黑官」事件

前一單元已敘明，我國警察人員的進用，早年係參酌軍事院校的「先教後用」模式，之後才演化成最早期的「教（訓）、用，考」模式。1955年至 2002 年期間，考試院舉辦「公務人員特種考試警察人員考試」，其應考資格限於須具有警察教育學歷，少有對外開放。此一先接受專業培訓，畢（結）業後分發實務機關從事警察工作，於工作中再參加「警察特考」取得法定任用資格的模式，一直沿用了四十餘年。

該時期，我國警察人員的進用：

（一）於基層人員部分，歷年來係由警察專科學校（1988 年改制）[1]入學考試，招募高中（職）畢業或同等學力學生，經 1 至 2 年的警察基層人員執行職務專業核心職能養成，畢（結）業後即任用；

（二）於管理幹部部分，除少數由基層人員內陞外，多係由警察大學（1995 年改制）入學考試，招募高中（職）畢業或同等學力學生，經四年的警察人員執行職務專業核心職能養成，畢業後即任用。

未能通過警察特考之警察大學、警察專科學校畢（結）業生，則由內政部「技術性」為其量身訂作，制定「警察機關暫支領警佐待遇人員管理辦法」，讓這群俗稱「黑官」[2]的警察，作為過渡時期的任用依據。

1998 年，監察院行文糾正內政部警政署，指示：「自民國 65 年起違法任用未經考試及格，卻支領委任待遇之警察人員 6,693 人，並有配槍

---

[1] 我國警察組織第一線基層人員的進用，一直是由警察專科學校負責，警察專科學校校也是我國唯一的基層警察人員培訓基地 ，自 1945 年創校以來，歷經了多次的改制，在校名上，隨著歷史的變遷、法制的修訂、組織的變革，從創校時之臺灣省警察訓練所（1945~1948），到臺灣省警察學校（1948~1986）、臺灣警察學校（1986~1988），到今日的臺灣警察專科學校（1988 迄今） ；每一次的改制，代表的是不同階段的警察教育訓練體制的改變，也反應了不同時期，社會環境對警察教育訓練的期許。

[2] 即未具警察官任官資格的警察。

執行逮捕拘禁之公權力情事。」內政部警政署為回應監察院糾正案，遂有 2002 年 12 月 11 日時之《警察人員管理條例》[3]第 40-1 條的制定公布，確立考試及格後方得分發任用的制度。並自 2003 年起，警察專科學校及警察大學應屆畢業生，必須俟渠等「警察特考」錄取後，再行辦理分發作業；至於法律修訂前，尚未具任用資格者，則依修訂後之《警察人員人事條例》第 40-1 條規定，成為「支警佐待遇人員」。[4]

二、「警察特考」應考資格全面開放

自 2003 年起，警察專科學校及警察大學應屆畢業生，必須俟渠等「警察特考」榜示錄取後，再行辦理分發作業，於是兩校學生「有特考才有一切，沒有特考就沒有一切」的心態喧囂塵上。2006 年，「警察特考」應考資格全面開放，無異雪上加霜：

（一）未能通過國家考試者必須面臨賠償公費待遇、回役等問題，並衍生諸多行政爭訟。

（二）國家考試的錄取名額按當年度用人需求訂定，與當屆畢業生人數未必相合，導致人力資源培訓的浪費。

（三）部分學生於受教期間，潛心準備國家考試應試科目，以致學習態度偏差，對於警察人員執行職務專業核心職能的養成，確有影響。

回顧我國警察人員進用制度的發展史，可簡略地劃分成三階段：

（一）1952 年 10 月 18 日，考試院制定發布「公務人員特種考試警察人員考試規則」，經由立法確認我國警察人員是「公務人員」，應經

---

[3] 2007 年 7 月 11 日修正公布法規名稱為《警察人員人事條例》。

[4] 「支警佐待遇人員」係指：1998 年以前入學之警察大學、警官學校學生，或 1999 年以前入學之警察專科學校、警察學校學生，畢業後未取得任官資格者，得暫支領警佐待遇，於警察官監督下，協助執行勤務。

國家考試及格後任用；

（二）1955 年，為解決在臺復校之中央警官學校（即今之警察大學）22
期 203 位學生畢業後的任用問題，考選部舉辦了第一屆的「公務
人員特種考試警察人員考試」；

（三）2011 年，現今「（教）訓、考、用」與「考、訓、用」雙軌並行－
即坊間所稱之「雙軌制」實施。

於此期間，由警察專科學校負責教育訓練的「基層人員」，常年來一
直都在實施「雙軌」進用制，甚至 2004 年至 2010 年，有七年的時間是
「三軌制」[5]；於警察大學負責教育訓練的「管理幹部」，則基本上一職
都是較為單純的「（教）訓、考、用」制。

第三節　我國警察人員進用制度的變革與衍生議題

我國警察人員的進用制度不斷變革，時至今日，舊的問題不見得完
全解決，新的問題又不斷地孳生，迄今仍有不少尚待解決的公共議題。
本節將引錄並說明 2003 年、2007 年完成的兩個與警察人員進用方式有
關的專案小組所提出的研究結論與建議；以證明，有關我國警察人員進
用制度的政策制定，其實在「方案規劃」部分，已論辯多年。[6]

本節之撰寫，依當年專案研究的主題，分為兩個單元，分別是：

壹、「提昇警政執行能力」專案小組研究結論與建議

貳、「警察人力招募」專案小組研究結論與建議

---

[5] 警察專科學校畢（結）業生參加「公務人員特種考試警察人員考試」、未經警察教育訓練者
參加「公務人員特種考試警察人員考試」錄取後辦理訓練、「公務人員特種考試基層警察人
員考試」。

[6] 該兩個研究案，本書作者為秘書業務人員，也是兩份結案報告的撰寫人。

壹、「提昇警政執行能力」專案小組研究結論與建議

本章第一節已述及，有關我國警察人員的進用制度，於 2011 年之前，由警察專科學校負責教育訓練的「基層人員」部分，常年來一直均實施「雙軌」進用制；於警察大學負責教育訓練的「管理幹部」部分，基本上是較為單純的「（教）訓、考、用」制。

即便如此，於警察組織基層人員的進用，因環境的變遷，不斷地引發各類的公共議題，常年紛擾不休，鑑此，內政部警政署於 2003 年成立「提昇警政執行能力」專案小組，研議相關議題，並規劃解決方案。

謹將「『提昇警政執行能力』專案小組總結報告」引錄並說明。[7]

一、專案小組緣起

2003 年 9 月 25 日，內政部警政署教育組簽奉署長核定，為提升警政執行能力，落實務實工作理念，應成立專案小組，研究規劃各項警察人事、教育制度整合建構相關事宜。

時任警察專科學校校長劉勤先生章承署長之令擔任召集人，延攬學界及實務界人士組成專案小組，研議四項議題：

（一）基層警察人員的進用方式。

（二）現職基層人員回流教育機制建構。

（三）警察人員常年訓練規劃。

（四）中央警察大學與臺灣警察專科學校未來組織定位。

工作期程為 2 個月（原則上至當〈2003〉年 12 月中旬止）。

---

[7] 參見：內政部警政署，「『提昇警政執行能力』專案小組總結報告」，2003.12.22，頁 1-12。

二、專案小組成立

經多方徵詢意見，當（2003）年10月2日簽奉署長核定，遴聘委員共11名；由署長具名發給聘書，專案小組正式成立。除警察專科學校校長外，其他成員如下：前警政署副署長陳立中先生、臺灣大學教授林明鏘先生、前政治大學教授孫本初先生（以上為學者專家代表）、時任考試院首席參事（後曾任考選部部長）邱華君先生、時任考選部特考司司長林麗明先生、時任內政部參事劉文仕先生（以上為各議題關係機關業務主管人員）、時任內政部警政署教育組組長林世當先生、時任內政部警政署人事室主任何正成先生（以上為警政署相關業務主管人員），以及警察大學校長指派代表李宗勳先生（現為該校教授）、警察專科學校代表時任副校長劉松本先生。

三、專案小組會議

（一）第一次委員會議

專案小組第一次委員會議，於當（2003）年10月8日召開，與會委員就四項議題廣泛交換意見。經彙整各方意見，擬列後續各次會議討論主題如下：

1、於「基層警察人員的進用方式」方面，除當時的進用方式外，另預擬方案為：經國家考試錄取，接受12個月警察專業訓練及格後，分發各警察實務機關任用。

2、於「現職基層人員回流教育機制建構」方面，預擬方案為：推薦甄試入學制度的建構，並設計激勵基層人員回流接受教育或訓練的誘因。

3、於「警察人員常年訓練規劃」方面，預擬方案為：全國警察人

員常年訓練統籌規劃。

4、於「中央警察大學與臺灣警察專科學校未來組織定位」方面，俟前三議題規劃完畢，自然即呈現極具可行性之發展方向。

（二）第二次委員會議

第一次委員會議結束後，專案小組召集人及秘書業務人員以非正式方式，多次向各委員徵詢意見，以擬列第二次委員會議各議題相關子題。專案小組第二次委員會議，於當（2003）年 10 月 28 日召開，與會委員對前二項議題：「基層警察人員的進用方式」、「現職基層人員回流教育機制建構」經過廣泛討論後，獲得初步共識並擬具具體可行建議。

於此期間（11 月 12 日），時任考試院院長姚嘉文先生率考試委員暨考選部、銓敘部、公務人員保障暨培訓委員會等各業務主管部政務副首長以上人員蒞警察專科學校訪問；除參觀教學設施及教學實況導覽外，對專案小組研議：「基層警察人員的進用，賡續召募二年制專科生之外，另闢以國家考試取才之考、訓、用合一方案」進行評估，認為確實有其可行性，亦符合國家政策發展趨勢，惟應進一步研議各配套措施，尤其用人機關內政部警政署應全面檢討警察人員進用方式，依實際任用需求擬訂執行計畫後再由內政部與考試院研商辦理。

（三）第三次委員會議

因各委員日常公務極為繁忙，全體聚集開會不易；專案小組召集人及秘書業務人員仍持續以非正式方式向各委員徵詢意見，並於當（2003）年 12 月 3 日召開最後一次會議。

第三次委員會議中，與會委員對四項議題所涉各相關子題充分溝

通,除重行檢視已完成規劃的部分,並充分表達作者意見;原本具有歧見的觀點亦完全取得共識,專案小組可謂圓滿順利達成交付任務。

四、結論報告

謹撰寫內政部警政署「提升警政執行能力」專案小組結論報告,就長久以來存在的議題提出建議方案,期望對提升警政執行能力有所助益,更期望各相關業務單位能確實配合落實執行,以達專案小組廣納各方意見全心規劃之效。

於「基層警察人員的進用方式」部分的結論與建議略如下:

(一)問題背景

1、隨著法制的增、修,自 2001 年起,警察專科學校畢業學生依法必須通過國家考試(按:公務人員特種考試警察人員考試)後方可任警察官(教、考、用):

(1)未能通過國家考試者必須面臨賠償公費待遇、回役等問題,並多衍生行政爭訟。

(2)國家考試的錄取名額按當年度用人需求訂定,與當屆畢業生人數未必相合,導致人力資源培訓的浪費。

(3)部分學生於受教期間,潛心準備國家考試應試科目,以致學習態度偏差,對基層警察人員執行職務專業核心職能的養成,確有影響。

2、1996 年至 2000 年間,警察專科學校奉政策指示二年制專科生停止招收一般警察類科,新進基層警察人員均係經國家考試錄取,訓練合格後分發任用;考、訓、用合一制度,於基層警察人員部分,已行之多年。

3、警察專科學校為全國唯一基層警察人員培訓基地，自有其歷史背景與貢獻；今全國已普設大學，故除賡續辦理二年制專科教育，擬再行規劃另一基層警察人員的進用方式。

4、我國文官制度的設計，任公務人員，考、訓、用合一，係時勢所趨，故於基層警察人員進用方面，除繼續招募二年制專科學生外，擬另闢以國家考試取才之進用方案，雙軌併行。

（二）方案規劃

當時規劃的基層警察人員進用方案，如圖 4-1 所示。

增設的第二軌，即 2004 至 2010 年間實施的「公務人員特種考試基層警察人員考試」；亦即坊間所稱的「基特班」。

過渡時期擬採雙軌併行，惟為徹底解決現行制度新進基層警察人員教、考、用各自分立的問題，宜逐年增加國家考試取才之人數，以達考、訓、用合一，使用人機關於人才招募、考選、培訓、任用等各階段完全接軌。

預擬方案與當時的制度在「考選」與「培訓」部分，有其變革之規劃。

1、考選部分

包括考試名稱、考試等級、應考年齡、分試、應試科目（專業科目、體能測驗項目）等。

（1）考試名稱

因係基層警察人員的進用，故考試名稱擬定為「公務人員特種考試基層警察人員考試」；考試等級為四等。

（2）應考年齡

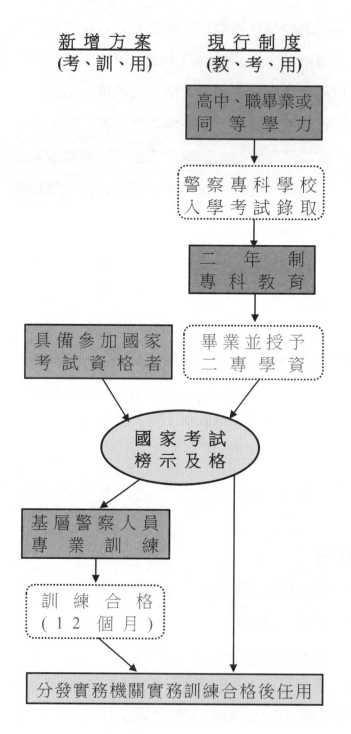

資料來源：作者自繪

圖 4-1　基層警察人員進用方案規劃示意圖

層警察工作，需要體力、耐力；培訓期間，柔道、擒拿、綜合逮捕術、警察勤務戰鬥訓練、游泳救生、射擊……等，各項應用體技能課程亦為必訓課程，故應考年齡擬定為 25 歲以下，其可塑性比較高，對團隊亦較能認同。

（3）應考資格

鑑於當時我國行政機構公務人員的教育程度，具大專（含）以上學歷者達 66% 之多，且基層警察工作，需要相當法學素養；故擬依現行制度四等考試應考資格第一款規定，招募大專相關科系畢業生。

（4）應試科目

基層警察工作，需要相當法學素養，擬將與基層警察人員執行職務有關之各基礎法學科目，例如：刑法概要、刑事訴訟法概要，以及社會秩序維護法、行政執行法、行政程序法、警察職權行使法等行政法規，列為專業科目。

（5）實地測驗

基層警察工作，需要較高標準之體能、耐力，故擬予分試；第二試除口試外，擬加考實地測驗；實地測驗之體能測驗項目，擬參考當時警察專科學校新生入學考試複試體能測驗項目。

2、培訓部分

包括訓練期程與課程設計、訓練期間待遇、福利發給、兵役選訓規定等。

（1）訓練期程與課程設計

擬依基層警察執行職務專業核心職能訂定，強調職場倫理、法律、實務操作、體（警）技、體能訓練等。

擬採「三明治教學」方式，合計共 12 個月：

A、第一階段：學校專業訓練 5 個月（不分組）－實務機關實務訓練 1 個月；

B、第二階段：學校專業訓練 5 個月（依專業分組）－實務機關實務訓練 1 個月。

（2）訓練期間待遇、福利

因係「未佔實缺人員」，故訓練期間津貼、福利發給，擬比照警察專科學校受養成教育的學生，則 12 個月的訓練期程，每人約需新臺幣 26 萬至 29 萬元；相較於施以二年制專科養成教育，將儉省一半費用。

（3）兵役選訓規定

錄取人員尚未服兵役者，除依法辦理緩徵外，另依「預備軍官士官選訓服役實施辦法」訂定選訓規定，於畢業後服 4 個月預備士官役。

3、方案執行配套措施

應由用人機關內政部警政署全面檢討警察人員進用方式後，依實際任用需求規劃辦理。

當時並試擬「公務人員特種考試基層警察人員考試規則」草案，列為結論報告的附件。

（三）預期成效

1、解決當時受養成教育學生未能通過國家考試所衍生的問題。

2、錄取人員經訓練合格後立即投入職場，無任用資格問題。

3、錄取人員均具大專以上程度，符合公務人力素質要求（當時我

國行政機構公務人員的教育程度，具大專（含）以上學歷者達66%）。

4、所有訓練課程均依基層警察人員工作實際需要而設計，訓練合格即可與實務接軌。

5、符合成本效益原則（每一人次節省成本約新臺幣 27 萬元）。

6、用人機關實際任用需求可於當年度立即配合調整。

貳、「警察人力招募」專案小組研究結論與建議

2004 至 2010 年間，考試院總共辦理了 7 次「公務人員特種考試基層警察人員考試」，無論「考選」、亦或「培訓」，大致上均以內政部警政署 2003 年「『提昇警政執行能力』專案小組總結報告」為藍本。

即便如此，我國警察組織基層人員的進用，因環境的變遷，仍不斷地引發各類的公共議題，紛擾並未終止。鑑此，內政部警政署於 2007 年再成立「警察人力招募」專案小組，研議相關議題，並規劃解決方案。

謹將「『警察人力招募』專案小組總結報告」引錄並說明於下。[8]

一、專案小組緣起

鑑於 2006 年起，「警察特考」應試資格全面放寬為不限科系，以至未受警察專業養成教育之一般大專畢業生報考人數激增；為此，立法院多位委員舉辦了多次公聽會，認為內政部警政署應針對警察人力招募問題成立專案小組，通盤檢討規劃相關事宜。

內政部警政署有鑑於 2003 年底至 2004 年初，由警察專科學校校長任召集人之「提昇警政執行能力專案小組」規劃成效卓著（按：開創我

---

[8]　參見：內政部警政署，「『警察人力招募』專案小組總結報告」，2007.05.07，頁 1-14。

國警察組織基層人員第二進用方式—基層警察人員考試），故建議仍由同一專案小組針對警察人力招募及相關問題進行研議規劃。

二、專案小組成立

2006 年 12 月 14 日奉內政部警政署警署教字第 0950150766 號函核定，成立「警察人力招募專案小組」，仍由時任警察專科學校校長劉勤章先生任召集人，其他委員為：陳立中（前內政部警政署副署長）、林明鏘（臺灣大學教授）、孫本初（前政治大學教授）、邱華君（時任公務人員保障暨培訓委員會專任委員，後曾任考選部部長）、林麗明（時任考選部特考司司長）、劉文仕（時任內政部法規委員會參事）、林世當（時任保安警察第四總隊總隊長）、何正成（時任內政部警政署人事室主任）、李宗勳（中央警察大學教授），以上為原「提昇警政執行能力」專案小組委員；另增聘陳金貴（時任臺北大學教授）、余致力（時任世新大學教授）、張錦麗（時任現代婦女基金會執行長）、謝芬芬（時任內政部警政署教育組組長），以及警察專科學校代表洪春木（時任副校長）、施慶瑞（時任主任秘書）。

專案小組工作期程約為 2 個月，預定召開 3 次委員會議，研議四項議題：

（一）基層警察人員的招募方式。

（二）基層警察人員的訓練規劃。

（三）現職基層警察人員回流教育機制。

（四）警察人力招募機構的定位。

三、專案小組會議

(一)第一次委員會議

　　專案小組第一次委員會議，於 2006 年 12 月 28 日召開，與會委員就四項議題廣泛交換意見。經彙整各方意見，擬列後續各次會議討論主題如下：

　　1、於「基層警察人員的招募方式」方面

　　　　預擬方案為：「考→訓（教）→用」制。

　　2、於「基層警察人員的訓練規劃」方面

　　　　預擬方案為：公務人員錄取人員訓練與警察專業養成教育合一。

　　3、於「現職基層警察人員回流教育機制」方面

　　　　預擬方案為：

　　（1）設計基層人員接受回流教育或訓練的誘因；

　　（2）賡續辦理現職基層人員專科進修班。

　　4、於「警察人力招募機構的定位」方面

　　　　預擬方案為：考：考試院；訓（教）、用：用人機關。

(二)第二次委員會議

　　專案小組第一次委員會議，於 2007 年 1 月 18 日召開，與會委員對第一議題：「基層警察人員的招募方式」，經過廣泛討論後，獲得初步共識並研擬具體可行方案；即：「考、訓（教）、用」制。

　　警察專科學校二年制專科警員班入學考試，採計「公務人員特種考試基層警察人員考試」錄取成績，招募高中（含）以上畢業暨同等學力者，於臺灣警察專科學校基礎訓練 21 個月，發給結業證書並依教育法規授予副學士學位，分發警察、消防實務機關實務訓練後任用。

（三）第三次委員會議

專案小組第三次委員會議，於 2007 年 4 月 6 日召開，討論總結報告初稿。與會委員對各項議題所涉及的各相關子題充分溝通，除重行檢視第一議題已完成規劃的部分，並對第二、三、四議題充分表達作者意見。專案小組可謂圓滿順利達成交付任務。

四、結論報告

謹撰寫內政部警政署「警察人力招募」專案小組結論報告，就長久以來存在的議題提出建議方案，期望對提升警政執行能力有所助益，更期望各相關業務單位能確實配合落實執行，以達專案小組廣納各方意見全心規劃之效。

於「基層警察人員的招募方式」部分的結論與建議略如下：

（一）問題背景

我國警察組織基層人力的招募，早期係由用人機關內政部警政署統籌規劃辦理相關事宜。自國家考試制度落實，警察機關的基層人力招募，產生了一些問題。經由國家考試及格的大專院校畢業生，並不一定能適任基層警察、消防工作；反之，依內政部警政署、消防署指導，精心設計相關課程教育訓練後畢業的學生，不一定能通過國家考試的任用門檻。

當時我國警察組織基層人力招募有二人途徑：

1、授予學位之二年制專科學制（〈教〉訓、考、用）：警察專科學校專科警員班；

2、公務人員考試錄取人員訓練（考、訓、用）：警察特考錄取人員訓練班、基層警察特考錄取人員訓練班。

這三種班期各有其競爭優勢與劣勢：

1、二年制專科警員班

（1）優勢

18 歲至 25 歲，年紀輕、體能佳、可塑性強、服從性高、從警意志
堅定。

（2）劣勢

在校 2 年期間，必須修習任警察組織基層人員的各種專業知識與技
能，以及警察人格培訓、內化、認同、歸屬等特質，並非僅
專一研讀國家考試應考科目，故畢業後面臨國家考試的衝擊。

2、警察特考錄取人員訓練班

（1）優勢

當時的應考學歷規定為大專院校畢業，於各主修科系的領域
內為專才（例如，法制、資訊、外文等）。

（2）劣勢

應考年齡規定為 37 歲以下，較長，經多年社會歷練，人格特
質已成熟，當時的培訓期程為 11 個月，難再重行塑型，訓練成本
高（月領 3 萬 8,000 元至 4 萬 5,000 元），到任後離職率亦高，且
不須賠償公費待遇；部分人員的職業態度及對基層工作的認知差
異，為警察組織帶來相當衝擊。

3、基層警察特考錄取人員訓練班

（1）優勢

應考年齡規定為 18-28 歲，結合了二年制專科警員班與警察
特考錄取人員訓練班的競爭優勢。

（2）劣勢

當時培訓期程為 11 個月，稍嫌短暫，服從性、認同感未若二年制專科警員班，離職人數較多；復因短期大量連續招募，未能考量報考人員素質及供需狀況，易造成素質滑落。

（二）研議結論

綜觀各國警察組織基層人力的招募方式，其共同趨勢為：

1、各國警察考試多由警察用人機關主導，或由警察機關與行政機關合作辦理。

2、提供多項資料（動態說明或靜態自我評估問卷等），供應考人自我評估是否符合資格要求、是否適任警職。

3、各國普遍採用應考資格規定（年齡、體格、犯罪紀錄、教育程度……等）。

4、各機關彈性且多元的使用各種測驗方式（筆試、口試、體格檢查、心理測驗、體適能測驗……等）。

5、考試內容的規劃以「機關需求」、「工作相關」為主要依據。

參酌各國警察組織基層人力招募的共同趨勢，檢討我國警察組織基層人力招募各班期的競爭優勢與劣勢，研擬具體可行方案。

1、方案規劃

警察人員為我國政府公務人員，有關警察人員之管理雖訂有特別法，但公務人員應經國家考試及格後任用，為我國憲法精神，警察人員自不能例外。

新進基層人員的招募，應能結合專科警員班（養成教育）、基層警察特考錄取人員訓練班（公務人員考試錄取人員訓練）競爭優勢。

《專科學校法》第 25 條規定，專科學校之招生，以公開方式辦理之；得採申請、推薦甄選、登記分發或其他經核准之入學方式辦理；其公開招生之名額、方式、考試資格、辦理時程、招生委員會組成方式、錄取原則及其他有關考生權益維護事項之辦法，由招生委員會擬訂，報請教育部核定後實施。

研議規劃之可行方案，係將警察專科學校二年制專科警員班入學考試，採計「公務人員特種考試基層警察人員考試」錄取成績，招募高中（含）以上畢業暨同等學力者，於臺灣警察專科學校基礎訓練 21 個月，發給結業證書並依教育法規授予副學士學位，分發警察、消防實務機關實務訓練後任用。

2、方案執行配套措施

當時並試擬「公務人員特種考試基層警察人員考試規則」修正草案，以及各應行制定或修訂的各法規草案，列為結論報告的各附錄。

（1）修訂「公務人員特種考試基層警察人員考試規則」

（2）修定「臺灣警察專科學校專科警員班招生辦法」

（3）修定「公務人員特種考試基層警察人員考試錄取人員訓練計畫」

（4）依《警察人員管理條例》第 6 條第 1 項規定，制定「擬任警察官身家調查辦法」

（三）預期成效

1、解決當時受養成教育學生未能通過國家考試所衍生的兵役、賠償教育費用、訴訟等問題。

2、結合警察專業養成教育（專科警員班）與公務人員考試錄取人員訓練（基層行政警察特考錄取人員訓練班）之競爭優勢。

3、配合用人機關實際任用需求調整錄取暨培訓名額。

4、錄取人員經訓練合格後立即投入職場，無任用資格問題。

5、所有訓練課程均依基層警察工作實際需要而設計，訓練合格即可與實務接軌。

6、完成 21 個月基礎訓練後，既取得結業證書，又獲頒副學士學位，創造雙贏。

第四節　我國警察人員進用不經公務人員考試可行性分析

　　我國的警察人員被界定為政府部門的公務人員，所以警察人員的進用，一直是經由《公務人員考試法》及其相關法規，以及《警察人員人事條例》、《警察人員教育條例》等特別法及其相關法規之規定辦理。

　　那麼，「公務人員」此一名詞，到底包括哪些身分的人員？以及「警察人員」身分的取得，一定要經由公務人員考試嗎？

　　依《中華民國憲法》第 85 條：「公務人員之選拔，應實行公開競爭之考試制度……。非經考試及格者，不得任用。」以及第 86 條：「左列資格，應經考試院依法考選銓定之：一、公務人員任用資格。二、專門職業及技術人員執業資格。」之規定，其實有兩個層面可以探討：

　　其一，「公開競爭之考試制度」僅限於考試院舉辦之考試嗎？

　　其二，「警察人員」一定要是「公務人員」嗎，是可不可以列為「專門職業技術人員」？

　　本節的撰寫，共分為兩個單元，分別是：

壹、「公務人員」概念的混淆

貳、「我國警察人員進用不經公務人員考試」的可能影響

壹、「公務人員」概念的混淆

我國目前並無單一的公務人員法典，有關公務人員的概念，至少散見於 10 種以上不同的法規之中，且其意義各不相同。

現今被列入「公務人員法制」之中的各法，對「公務人員」或「公務員」的界定，頗為紛雜。有於法規名稱及其條文中稱「公務員」者，例如：《公務員懲戒法》、《公務員服務法》、《國家賠償法》、《中華民國刑法》等；有於法規名稱及其條文中稱「公務人員」者，例如：《公務人員考試法》、《公務人員任用法》、《公務人員俸給法》、《公務人員考績法》、《公務人員陞遷法》、《公務人員保障法》、《公務人員協會法》、《公務人員行政中立法》，以及 2018 年 7 月 1 日施行的《公務人員退休資遣撫卹法》等。究其原因，坊間也無定論，或謂稱「公務員」者，為較早期制定之法規，稱「公務人員」者，為晚近制定的法規；或謂稱「公務員」者，其「公務員」的意涵較寬廣，稱「公務人員」者，其「公務人員」意涵較狹隘。

謹列舉部分法規對「公務員」或「公務人員」之定義。

一、中華民國憲法

《中華民國憲法》於不同條款之中，對公務人員的概念有不同的規定，謹就有關條文加以探討。

（一）官吏：第 28 條、41 條、75 條、140 條、108 條等。

（二）公務員：第 77 條。

（三）公務人員：第 85 條、86 條、97 條等。

（四）公職：第 18 條、103 條。

所謂「公職」，其含義最廣，除包括了「公務員」、「公務人員」及「官吏」之外，亦包含各級民意代表在內。

所謂「官吏」，則最為狹義，專指事務官而言，亦即常任文官，不包括政務官；惟我國現今實務上將「官吏」視為包括事務官與政務官在內。

「公務人員」的概念，依第 85 條及 86 條旨意，應與「官吏」相同，係指事務官而言；第 97 條則不僅政務官、民選縣、市長、即連事務官都應是監察院可以彈劾的對象，故第 97 條的公務人員概念，應已超出官吏的範圍之外。

二、中華民國刑法

《中華民國刑法》第 10 條第 2 項規定：「稱公務員者，謂下列人員：(1)依法令服務於國家、地方自治團體所屬機關而具有法定職務權限，以及其他依法令從事於公共事務，而具有法定職務權限者；(2)受國家、地方自治團體所屬機關依法委託，從事與委託機關權限有關之公共事務者。」此一定義，係將所有由法令賦與職權者皆包括在內，而不問該職權及法令與公權力有否關連，若私人受公權力主體之委託，依法行使公權力時，亦符合刑法公務人員之概念要件[9]。

再如公私合營，而公股超過 50% 以上的公營事業之職[10]及各級民意代表，亦包括於刑法意義之公務人員內。

---

[9] 司法院大法官會議解釋第 369 號。

[10] 司法院大法官會議解釋第 8 號、第 73 號。

三、公務員服務法

《公務員服務法》第 24 條規定：「本法於受有俸給之文武職公務員，及其他公營事業機關服務人員，均適用之」，此條文是將「公務人員」及「公營事業機關人員」的定義分開，惟兩者皆適用服務法之規定。

四、公務人員任用法

《公務人員任用法》中所稱之「公務人員」，依該法施行細則第 2 條規定，為：「各機關組織法規中，除政務人員及民選人員外，定有職稱及官等、職等之人員；且所稱「各機關」，係指中央政府及其所屬各機關、地方政府及其所屬各機關、各級民意機關、各級公立學校、公營事業機構、交通事業機構，以及其他依法組織之機關。

五、公務人員退休資遣撫卹法

2017 年 08 月 09 日總統令公布，2018 年 07 月 01 日施行之《公務人員退休資遣撫卹法》第 2 條規定：「本法適用於依公務人員任用法及其相關法律任用，並經銓敘審定之人員」；依該條意旨觀之，所稱之「公務人員」，應指《公務人員任用法》所界定之公務人員。

六、公務人員陞遷法

依《公務人員陞遷法》第 3 條意旨觀之，該法以各級政府機關及公立學校組織法規中，除政務人員及機要人員外，定有職稱及依法律任用、派用之人員為適用對象。

七、公務人員保障法

《公務人員保障法》第 3 條規定，將「公務人員」界定為：「本法所

稱公務人員，係指法定機關（構）及公立學校依公務人員任用法律任用之有給專任人員。」

八、公務人員協會法

《公務人員協會法》第 2 條規定：「本法所稱公務人員，指於各級政府機關、公立學校、公營事業機構（以下簡稱機關）擔任組織法規所定編制內職務支領俸（薪）給之人員」、「前項規定不包括政務人員、機關首長、副首長、軍職人員、公立學校教師及各級政府所經營之各類事業機構中，對經營政策負有主要決策責任以外之人員」。此可謂相關法制中，對「公務人員」最詳盡的界定，也代表公務人員法制的立法新趨勢。

九、公務人員行政中立法

《公務人員行政中立法》為 2009 年 06 月 10 日制定公布的法制（該法最近一次修正公布是 2014 年 11 月 26 日），係規範公務人員的最新法制；其第 2 條規定：「本法所稱公務人員，指法定機關依法任用、派用之有給專任人員及公立學校依法任用之職員。」此一對公務人員的界定，與《公務人員保障法》的界定極為類似。

十‧國家賠償法

《國家賠償法》所適用的範圍最廣，其第 2 條第 1 項規定：「本法所稱公務員者，謂依法令從事於公務之人員」，第 4 條第 1 項規定：「受託行使公權力之團體，其執行職務之人於行使公權力時，視同委託機關之公務員。受委託行使公權力之個人，於執行職務行使公權力時亦同」。是以，該法所稱之「公務員」，除依法令從事於公務之人員外，尚包括「視同公務員」。

十一、其他

論者對我國各行政法規中公務人員概念之混淆迭有批評[11]，曾有研究者將「公務人員」作最廣義之解釋，以含蓋所有的法制：舉凡依現行法令從事於公務者，無論為選舉而來，為任用、派用、聘用、僱用，亦或有無俸給，為文職或武官，為政務官或事務官均包括之；「視同公務員」亦包含在內。（李春紅，1990:39）

除此之外，《公務人員基準法》草案，將「公務人員」界定為：政務人員（包括民選首長）、常務人員（事務官）、教育人員、司法審檢人員、公營事業機構人員等五大類；軍人及民意代表不包含在內（草案第2條、第3條）。

由是，「公務人員」的概念根本無法釐清。那「警察人員」呢？本章將於第五節「結論與建議」中，提出作者的看法。

貳、「我國警察人員進用不經公務人員考試」的可能影響

經由前揭分析得知，於我國現行法制，「公務人員」的概念根本無法釐清；若依《中華民國刑法》第10條第2項規定，凡「由法令賦與職權者」皆為刑法上的公務員，均負有刑事責任。那麼，若警察人員的進用「不經公務人員考試」，可能的影響有哪些？

一般探討到公務人員法制，除了努力去解釋何謂「公務人員」外，主要在陳述公務人員法律上的權利、義務與責任。[12]

---

[11] 如學者吳庚，陳新民、黃異等人均有所批評。

[12] 本書作者曾就公務人員法律上的權利、義務與責任作過歸納整理。請參考：馬心韻，《行政法》，修訂20版，2020.08，臺灣警察專科學校，pp. 87-117。

一、權利

我國警察人員的進用若「不經公務人員考試」，則於應享權利的部分，是一個較複雜的問題，也是本研究主題：「我國警察人員進用不經公務人員考試方案規劃暨可行性分析」中，屬於較為「劣勢」的一個區塊。於權利意識極為高漲的今日，就政策的可行性分析，或許對較為短視的政策規劃者而言，缺了這一塊，有可能將之列為「不可行」。

事實上，有關公務人員的權利，依一般看法，大致上有八項，分別是：

1、身分保障權
2、俸給權
3、參加保險權
4、退休資遣撫卹給與權
5、參加考績權
6、休假權
7、結社權
8、費用請求權

前揭八大權利，於俸給權、休假權，警察人員另有為因應警察工作特殊性而訂定之特別規定；尚有諸如：《有警察人員人事條例》、「警察人員陞遷辦法」、「警察人員因公傷殘死亡殉職慰問金發給辦法」等，基於特別法優於普通法原則，迥異於一般公務人員的特殊規定。

（一）身分保障權

謂公務人員非有法定原因，並經法定程序，不受撤職、免職或其他處分之權利。

《公務員懲戒法》第 1 條規定：「公務員非依本法，不受懲戒，但法律另有規定者，從其規定」，即屬明示公務人員應受身分保障，無法律規定即不受懲戒。

《公務人員任用法》第 11 條復規定：「各機關辦理機要職務之人員，得不受第 9 條任用資格之限制」，以及「前項人員，機關長官得隨時免職。機關長官離職時應同時離職」。從反面解釋，非機要人員即有資格之限制，且不與機關首長共同進退，亦不得隨時免職，乃屬當然。

又《公務員俸給法》亦有保障之條文，該法第 23 條規定：「經銓敘部銓敘審定之等級，非依本法、公務員懲戒法及其他法律之規定，不得降敘」。

《警察人員人事條例》第 4 條：「警察官職分立，官受保障，職得調任，非依法不得免官或免職」，是為警察人員之保障。

除此而外，《公務人員保障法》的制定公布，是對公務人員身分保障權的最大突破，該法於 2003 年重行修正公布（最近一次修正公布為民國 2017 年 06 月 16 日）。

二、俸給權

公務人員為國家服務，政府理當給予報酬，是為「俸給」（salary）。俸給也有稱為「薪給」，或「薪俸」者，其意義並無太大區別，本單元係配合「公務人員俸給法」的名稱，而以「俸給」稱之。

「俸給」，原包括了一般俸給－公務人員所支領的薪俸，以及其他一般俸給之外所支領的生活補助費、子女教育補助費、服裝費等特別津貼或補助。（雲五社會科學大辭典，1987:158）惟，我國現行的公務人員俸給制度係採單一薪俸制，其他諸如子女教育補助費、交通費等，均被視

作為公務人員的福利，而非俸給。

我國現行的公務人員俸給制度，是以《公務人員俸給法》為法制基礎。《公務人員俸給法》是將原有的各種俸給法律予以合併之後，於 1986年 07 月 16 日由總統令修正公布（該法最近一次修正公布為 2008 年 01月 16 日）。茲將此一俸給制度的特點摘要略述如下：

（一）俸給的種類及俸級

公務人員之俸給，分本俸（年功俸）及加給，均以月計之（公務人員俸給法第 3 條）。

「本俸」係指各職等人員依法應領取之基本給與；「年功俸」係指各職等高於本俸最高俸級之給與。我國目前公務人員的俸級區分如下（同法第 2 條、第 4 條第 1 項）：

1、委任分五個職等，第一職等本俸分七級，年功俸分六級，第二至第五職等本俸各分五級，第二職等年功俸分六級，第三職等、第四職等年功俸各分八級，第五職等年功俸分十級。

2、薦任分四個職等，第六至第八職等本俸各分五級，年功俸各分六級，第九職等本俸分五級，年功俸分七級。

3、簡任分五個職等，第十至第十二職等本俸各分五級，第十職等、第十一職等年功俸各分五級，第十二職等年功俸分四級，第十三職等本俸及年功俸均分三級，第十四職等本俸為一級。

本俸與年功俸均以「俸點」來表示（同法第 4 條第 2 項）。

「加給」係指本俸、年功俸以外，因所任職務的種類、性質與服務地區之不同而另加之給與，目前的加給有三種，即職務加給、技術或專業加給、地域加給（同法第 5 條）。

（二）提敘俸級認定

公務人員曾任下列工作之年資，如與現任職務職等相當、性質相近且服務成績優良者，得按年核計加級至其所銓敘審定職等之本俸最高級；如尚有積餘年資，且其年終（度）考績（成、核）合於或比照合於《公務人員考績法》第 7 條晉敘俸級之規定，得按年核計加級至其所銓敘審定職等之年功俸最高級為止（同法第 17 條第 1 項）。

1、經銓敘部銓敘審定有案之年資。

2、公營事業機構具公務員身分之年資。

3、依法令任官有案之軍職年資。

4、公立學校之教育人員年資。

5、公立訓練機構職業訓練師年資。

曾任政務人員、民選首長、公立專科以上學校教師、公立社會教育機構專業人員及公立學術研究機構研究人員年資，如繳有成績優良證明文件，得比照前項規定，按年核計加級至其所銓敘審定職等之年功俸最高級為止。

依《公務人員任用法》任用之人員，其曾任前二項以外之公務年資，如與現任職務職等相當、性質相近且服務成績優良者，得按年核計加級至其所銓敘審定職等之本俸最高級為止。

（三）警察人員的俸給制度

至於警察人員的俸給制度，基本上亦按上列有關原則辦理之，惟，本俸及年功俸之俸級與俸額，依《警察人員人事條例》第 22 條第 2 項附表一之規定，警監本俸分為五階十級、警正本俸分為四階十二級、警佐本俸分為四階十五級。

　　警察人員的加給，除了按《公務人員俸給法》的俸給項目有（主管）職務加給、技術或專業加給、（離島地區）地域加給之外，另按《警察人員人事條例》第 27 條之規定，有（警察）勤務加給。

　　另則《公務人員俸給法》與《警察人員人事條例》所訂之俸表，僅為核敘本俸及晉敘年功俸的薪額而已，至於各種加給之給與條件、類別、適用對象、支給數額及其他事項，依「公務人員加給給與辦法」規定辦理（公務人員俸給法第 18 條第 1 項），並由行政院訂各種加給表（公務人員加給給與辦法第 13 條）；各種加給之支給數額，由行政院人事行政總處會商銓敘部擬訂方案，送軍公教員工待遇審議委員會審議後，報請行政院核定實施（公務人員加給給與辦法第 14 條）。

（三）參加保險權

　　公務人員保險的要旨在於：1.保障公務人員生活；2.增進公務人員福利；3.安定公務人員心理；4.保全工作能力；5.鼓勵工作精神；6.提高行政效率；7.加強人事制度的推行；8.促進社會安全制度的確立。（雲五社會科學大辭典，1987:114）

　　我國現行的公務人員保險制度，原係以 1974 年 1 月 29 日總統令修正公布的《公教人員保險法》為法制基礎（該法最近一次修正公布為 2005 年 12 月 02 日）。

　　隨著全民健康保險制度於 1993 年 03 日 01 日起施行（《全民健康保險法》最近一次修正公布為 2020 年 01 月 15 日），原公務人員保險制度的保險對象，亦均為全民健康保險制度的被保險人（公教人員保險法第 2 條、全民健康保險法第 8 條第 1 項第 1 款）。

　　本單元係按《公教人員保險法》及其施行細則的有關規定，將現行公務人員保險制度的特點，分為保險對象、保險事項、主管、承保

與要保機關、保險費率等四個部分，摘要略述如下：

1、保險對象

我國現行公務人員的保險制度，就保險對象而言，係對「公務人員」一詞作廣義的解釋（參照公教人員保險法第 2 條）。

2、保險事項

我國現行公務人員保險制度的保險事項，主要是指《公教人員保險法》第 3 條所規定的保險範圍，包括失能、養老、死亡、眷屬喪葬、生育及育嬰留職停薪六項。

3、主管、承保與要保機關

我國現行公務人員保險制度的主管機關為考試院的銓敘部（同法第 4 條）；承保機關則由考試院會同行政院指定之機關（構）辦理承保、現金給付、財務收支及本保險準備金管理運用等保險業務。（同法第 5 條）；要保機關則為各被保險人之所屬機關（參照同法施行細則第 11 條第 1 項）。

4、保險費率

我國現行公務人員保險制度的保險費率為被保險人每月保險俸（薪）給 7% 至 15%，其中被保險人自付 35%，政府補助 65%。但私立學校教職員由政府及學校各補助 32.5%。（同法第 8 條第 1 項、第 9 條第 1 項）

5、警察人員的保險制度

至於警察人員的保險事宜，為了發揚互助共濟精神，2020 年 01 月 09 日內政部台內警字第 10908700173 號令修正發布「警察人員互助共濟辦法」全文 21 條；並自發布日施行。「警察人員互助共濟

辦法」係將原「臺灣地區警察人員互助共濟辦法」重行修訂而成。
警察人員互助共濟範圍，為各級警察機關、學校編制內之員工。（第
3 條）

　　該辦法規定警察人員的互助共濟事項為：(1)員工死亡公賻轉、
(2)員工終身失能退休公濟、(3)員工眷屬喪葬補助、(4)員工因公受傷
或災害受傷慰藉、(5)員工退休（職）資遣補助、(6)員工眷屬重病補
助，以及(7)員工遭受重大災害補助（同法第 5 條）。其他則悉按《公
教人員保險法》、《全民健康保險法》及其施行細則的有關規定辦理，
並未再訂他法作其他的規定。

（四）退休資遣撫卹給與權

　　「退休金」係公務人員年老或其他原因不堪任職，而自現職中退
休時，得向國家或地方自治團體請求之金錢給付。「撫卹金」係公務人
員在職病故、意外或因公死亡時，給與其遺族之金錢給付；撫卹金之
權利乃基於公務人員關係而發生，但權利之行使者為公務員之遺族。

　　我國原有行之經年的《公務人員退休法》與《公務人員撫卹法》，
已於 2008 年 11 月 21 日同步廢止的。坊間所稱「公務人員年金改革
制度」的《公務人員退休資遣撫卹法》，於 2007 年 08 月 09 日制定公
布，並於 2008 年 07 月 01 日施行；此一公務人員退休撫卹制度的重
大變革，於尚未施行前，即在社會造成了劇烈的動盪與不安，整個制
度，也對公務人員的未來，充滿了不確定性。

　　本單元將就：《公務人員退休資遣撫卹法》相關用詞定義、退撫給
與之提存準備與管理、退撫年資之採計及其相關事宜、退休與資遣制
度、撫卹制度、警察人員的退休資遣撫卹制度等，六個部分做一說明。

1、《公務人員退休資遣撫卹法》相關用詞定義

《公務人員退休資遣撫卹法》相關用詞定義如下：（參同法第 4 條）

（1）退撫新制

退撫新制，指 1995 年 07 月 01 日起實施之公務人員退休撫卹制度；該制度係由政府與公務人員共同提撥費用建立公務人員退休撫卹基金（以下簡稱退撫基金）之「共同儲金制」。

（2）本（年功）俸（薪）額

本（年功）俸（薪）額，指公務人員依銓敘審定之俸（薪）點，按公務人員俸給法規定所折算之俸（薪）額。但機關（構）所適用之待遇規定與公務人員俸給法規定不同者，其所屬公務人員銓敘審定之俸（薪）點，應比照公務人員俸給法規定，折算俸（薪）額。

（3）俸給總額慰助金

俸給總額慰助金，指公務人員退休或資遣當月所支領下列給與項目之合計數額：

A、本（年功）俸（薪）額。

B、技術或專業加給。

C、主管職務加給。

（4）退休所得替代率

退休所得替代率（以下簡稱替代率），指公務人員退休後所領每月退休所得占最後在職同等級人員每月所領本（年功）俸（薪）額加計一倍金額之比率。但兼領月退休金者，其替代率上限應按兼領月退休金之比率調整之。

（5）每月退休所得

每月退休所得，依公務人員支領退休金種類，定義如下：

A、於支領月退休金人員，指每月所領月退休金（含月補償金）加計公務人員保險（以下簡稱公保）一次養老給付優惠存款利息（以下簡稱優存利息），或於政府機關、公立學校、公營事業機構參加各項社會保險所支領保險年金（以下簡稱社會保險年金）之合計金額。

B、於兼領月退休金人員，指每月按審定比率所領月退休金（含月補償金），加計一次退休金及公保一次養老給付優存利息或社會保險年金之合計金額。

C、於支領一次退休金人員，指每月所領一次退休金優存利息，加計公保一次養老給付優存利息或社會保險年金之合計金額。

（6）最低保障金額

最低保障金額，指公務人員委任第一職等本俸最高級之本俸額與該職等一般公務人員專業加給合計數額。

（7）退離給與

退離給與，指按公營事業機構移轉民營條例或其他退休(職、伍)、資遣規定，辦理退休（職、伍）、資遣或年資結算並領取相當退休（職、伍）金、年資結算金、資遣給與或離職給與等給付。

（8）退撫給與

公務人員或其遺族依本法請領之給與，分為退休金、資遣給與、退撫基金費用本息、撫卹金、遺屬一次金或遺屬年金（參同法第5條）。

2、退撫給與之提存準備與管理

退撫給與，屬於退撫新制實施前年資計得者，應由各級政府編列預算支給；屬於退撫新制實施後年資計得者，應由退撫基金支給。（參同法第 6 條第 1 項）。

退撫基金，由公務人員與政府共同按月撥繳退撫基金費用設立之，並由政府負最後支付保證責任。（參同法第 7 條第 1 項）

退撫基金費用按公務人員本（年功）俸（薪）額加一倍 12%至 18%之提撥費率，按月由政府撥繳 65%；公務人員繳付 35%。（參同法第 7 條第 2 項）

退撫基金費用之實際提撥費率，由考試院會同行政院，依據退撫基金定期財務精算結果，共同釐訂並公告之。（參同法第 8 條第 1 項）

退撫基金之運用及委託經營，應由專責單位進行專業投資，並按季公告收支及運用情形。《公務人員退休資遣撫卹法》所定退撫基金之收支、管理、運用事項及前項專責單位型態，除本法另有規定外，另以法律定之。（參同法第 10 條）

3、退撫年資之採計及其相關事宜

（1）退撫新制實施前之未曾領取退離給與之年資採計

公務人員依《公務人員退休資遣撫卹法》辦理退休、資遣或撫卹時，其所具下列退撫新制實施前之未曾領取退離給與之年資，得予採計：（參同法第 11 條第 1 項）

A、曾任編制內有給專任且符合第三條第一項規定之公務人員年資。

B、曾任編制內有給專任之軍用文職人員年資，經銓敘部登記有

　　　案，或經國防部或其他權責機關覈實出具證明者。

C、曾任志願役軍職年資，經國防部或其他權責機關覈實出具證明者。

D、曾任編制內雇員、同委任及委任或比照警佐待遇警察人員年資，經原服務機關覈實出具證明者。

E、曾任公立學校編制內有給專任且符合教育人員任用條例規定之教職員，經原服務學校覈實出具證明者。

F、曾任公營事業具公務員身分之編制內有給專任職員，經原服務機構覈實出具證明者。

G、其他曾經銓敘部核定得予併計之年資。

（2）退撫新制實施後之任職年資採計

　　公務人員依《公務人員退休資遣撫卹法》辦理退休、資遣或撫卹時，其所具退撫新制實施後之任職年資採計，依下列規定辦理：（參同法第 12 條）

A、應以依法繳付退撫基金費用之實際繳付日數計算。

B、曾經申請發還退撫基金費用本息、曾由政府編列預算或退撫基金支付退離給與之年資，均不得採計。

C、退撫新制實施後，曾任政務人員、公立學校教育人員或軍職人員且已撥繳退撫基金費用之年資，於轉任公務人員時，應由退撫基金管理機關將其與政府共同撥繳而未曾領取之退撫基金費用本息，移撥公務人員退撫基金帳戶，以併計年資。

D、具有退撫新制實施後之義務役年資，未併計核給退離給與者，應於初任到職支薪或復職復薪之日起 10 年內，依銓敘審定等級，由服務機關與公務人員比照本法第 7 條第 2 項規定之

撥繳比率，共同負擔並一次補繳退撫基金費用本息後，始得併計年資。

E、由公立學校教育人員轉任公務人員者，其所具退撫新制實施後之義務役年資，應依轉任公務人員前適用之退休法令規定，補繳退撫基金費用本息，並依前第 3 款規定辦理移撥後，始得併計年資。

F、公務人員所具下列未曾領取退離給與之退撫新制實施後任職年資，除本法另有規定外，得於轉任公務人員到職支薪或復職復薪之日起 10 年內，依其任職年資及等級，對照同期間相同俸級公務人員之繳費標準，換算複利終值總和，由申請補繳人一次全額補繳退撫基金費用本息後，始得併計年資。

G、依法停職而奉准復職者，其依公務人員俸給法規定補發停職期間未發之本（年功）俸（薪）額時，應由服務機關與公務人員比照本法第 7 條第 2 項所定之撥繳比率，共同負擔並一次補繳停職期間之退撫基金費用本息，以併計年資。

（3）年資之合併計算

《公務人員退休資遣撫卹法》公布施行前，退休生效之公務人員，於退撫新制實施前、後均有任職年資者，應前後合併計算。其中屬於退撫新制實施前之任職年資，最高採計 35 年；退撫新制實施後之任職年資，可連同併計，最高採計 35 年。（參同法第 14 條第 1 項）

本法公布施行後退休生效公務人員，其退撫新制實施前之任職年資最高仍採計 30 年。退撫新制實施前、後之任職年資可連同併計；擇領月退休金者，最高採計 40 年；擇領一次退休金者，最

高採計 42 年。任職年資併計後逾本項所定年資採計上限者，其退撫新制實施前、後年資之採計，由當事人自行取捨。（參同法第 14 條第 2 項）

4、退休與資遣制度

茲將 2018 年 07 月 01 日施行之退休、資遣新制，分為退休人員、退休種類、資遣制度、退休給付等四個部分，摘要略述如下：

（1）退休人員

我國新退休制度所指的退休人員，係指依《公務人員任用法》及其相關法律任用，並經銓敘審定之人員；渠等退休之辦理，除《公務人員退休資遣撫卹法》另有規定外，以現職人員為限（參同法第 2 條）。

（2）退休種類

在退休種類方面，新退休制度規定，公務人員之退休，分自願退休、屆齡退休及命令退休。（參同法第 16 條第 1 項）

A、自願退休

I、公務人員有下列情形之一者，應准其自願退休：（參同法第 17 條第 1 項）

a、任職滿 5 年，年滿 60 歲。

b、任職滿 25 年。

II、公務人員任職滿 15 年，有下列情形之一者，應准其自願退休：（參同法第 17 條第 2 項）

a、出具經中央衛生主管機關評鑑合格醫院（以下簡稱合格醫院）開立已達公教人員保險失能給付標準（以下簡稱公保失能給付標準）所訂半失能以上之證明或經

鑑定符合中央衛生主管機關所定身心障礙等級為重度以上等級。

b、罹患末期之惡性腫瘤或為安寧緩和醫療條例第三條第二款所稱之末期病人，且繳有合格醫院出具之證明。

c、領有權責機關核發之全民健康保險永久重大傷病證明，並經服務機關認定不能從事本職工作，亦無法擔任其他相當工作。

d、符合法定身心障礙資格，且經依《勞工保險條例》第54條之1所定個別化專業評估機制，出具為終生無工作能力之證明。

III、公務人員配合機關裁撤、組織變更或業務緊縮，經其服務機關依法令辦理精簡並符合下列情形之一者，應准其自願退休：（參同法第18條）

a、任職滿20年。

b、任職滿10年而未滿20年，且年滿55歲。

c、任本職務最高職等年功俸最高級滿3年，且年滿55歲。

B、屆齡退休

公務人員任職滿5年，且年滿65歲者，應辦理屆齡退休。（參同法第19條第1項）

年滿65歲之屆齡退休年齡，於擔任危勞職務者，應由其權責主管機關就所屬相關機關相同職務之屬性，及其人力運用需要與現有人力狀況，統一檢討擬議酌減方案後，送銓敘部核備。但調降後之屆齡退休年齡不得低於55歲。（參同法第19條第2項）

C、命令退休

公務人員任職滿 5 年且有下列情事之一者，由其服務機關主動申辦命令退休：（參同法第 20 條第 1 項）

I、未符合法定自願退休條件，並受監護或輔助宣告尚未撤銷。

II、有下列身心傷病或障礙情事之一，經服務機關出具其不能從事本職工作，亦無法擔任其他相當工作之證明：

a、繳有合格醫院出具已達公保失能給付標準之半失能以上之證明，且已依法領取失能給付，或經鑑定符合中央衛生主管機關所定身心障礙等級為重度以上等級之證明。

b、罹患第三期以上之惡性腫瘤，且繳有合格醫院出具之證明。

（3）資遣制度

公務人員有下列各款情事之一者，應予資遣：（參同法第 22 條第 1 項）

A、機關裁撤、組織變更或業務緊縮時，不符法定退休條件而須裁減之人員。

B、現職工作不適任，經調整其他相當工作後，仍未能達到要求標準，或本機關已無其他工作可予調任。

C、依其他法規規定，應予資遣。

（4）退休給付

A、退休金的支領方式

退休人員之退休金支領方式分下列三種：（參同法第 26 條第 1 項）

I、一次退休金。

II、月退休金。

III、兼領 1/2 之一次退休金與 1/2 之月退休金。

B、退撫新制實施前任職年資應給與之退休金

　　公務人員所具退撫新制實施前任職年資應給與之退休金，按下列標準計算給與：（參同法第 28 條）

I、一次退休金

　　任職滿 5 年者，給與 9 個基數；以後每增 1 年，加給 2 個基數；滿 15 年後，另行一次加發 2 個基數；最高總數以 61 個基數為限。其退休年資未滿 1 年之畸零月數，按畸零月數比率計給；未滿 1 個月者，以 1 個月計。

II、月退休金

　　每任職 1 年，照基數內涵 5% 給與；未滿 1 年者，每 1 個月給與 5/1200；滿 15 年後，每增年給與 1%；最高以 90% 為限。其退休年資未滿 1 年之畸零月數，按畸零月數比率計給；未滿 1 個月者，以 1 個月計。

C、退撫新制實施後任職年資應給與之退休金

　　公務人員所具退撫新制實施後任職年資應給與之退休金，按下列標準計給：（參同法第 29 條）

I、一次退休金

　　按照任職年資，每任職 1 年，給與 1 又 1/2 個基數，最高 35 年，給與 53 個基數；退休審定總年資超過 35 年者，自第 36 年起，每增加 1 年，增給 1 個基數，最高給與 60 個基數。其退休年資未滿 1 年之畸零月數，按畸零月數比率計給；

未滿 1 個月者，以個月計。

II、月退休金

按照任職年資，每任職 1 年，照基數內涵 2% 給與，最高 35 年，給與 70%；退休審定總年資超過 35 年者，自第 36 年起，每增 1 年，照基數內涵 1% 給與，最高給與 75%。其退休年資未滿 1 年之畸零月數，按畸零月數比率計給；未滿 1 個月者，以 1 個月計。

D、擇領全額月退休金之條件

公務人員任職滿 15 年，依《公務人員退休資遣撫卹法》第 17 條第 1 項規定辦理退休者，符合下列月退休金起支年齡規定，得擇領全額月退休金：（參同法第 31 條第 1 項）

I、2020 年 12 月 31 日以前退休且符合下列規定之一者：

a、年滿 60 歲。

b、任職年資滿 30 年且年滿 55 歲。

II、2020 年退休者，應年滿 60 歲，其後每 1 年提高 1 歲，至 2026 年 1 月 1 日以後為 65 歲。

公務人員任職滿 15 年，依《公務人員退休資遣撫卹法》第 17 條第 2 項規定辦理退休者，年滿 55 歲，得擇領全額月退休金。（參同法第 31 條第 2 項）

E、優存利率

退休公務人員支領月退休金者，其公保一次養老給付之優惠存款利率（以下簡稱優存利率），依下列規定辦理：（參同法第 36 條第 1 項）

1、自 2018 年 7 月 1 日至 109 年 12 月 31 日止，年息 9%。

II、自 2021 年 1 月 1 日起，年息為零。

5、撫卹制度

所謂的「撫卹」，包括了「傷殘撫卹」(disability pension)，以及「死亡撫卹」（death benefit）兩大類。前者係指公務人員罹致傷疾（包括因公傷疾與普通傷疾），而由政府給與金錢以為慰卹；後者則指公務人員死亡時（包括因公死亡與疾病死亡、在職死亡與退休後死亡），由政府給與金錢以慰藉死亡者家屬。（雲五社會科學大辭典，1987:171, 173）

茲將 2018 年 07 月 01 日施行之撫卹新制，分為撫卹資格、撫卹給與、撫卹金受領人等三個部分，摘要略述如下：

（1）撫卹資格

A、在職死亡之撫卹原因

公務人員在職死亡之撫卹原因如下：（參同法第 52 條）

I、病故或意外死亡。

II、因執行公務以致死亡（以下簡稱因公死亡）。

自殺死亡比照病故或意外死亡認定。但因犯罪經判刑確定後，於免職處分送達前自殺者，不予撫卹。

B、辦理因公撫卹

公務人員在職因公死亡者，應辦理因公撫卹。（參同法第 53 條第 1 項）

所稱因公死亡，指現職公務人員係因下列情事之一死亡，且其死亡與該情事具有相當因果關係者：（參同法第 53 條第 1 項）

I、執行搶救災害（難）或逮捕罪犯等艱困任務，或執行與戰

　　　　爭有關任務時，面對存有高度死亡可能性之危害事故，仍
　　　　然不顧生死，奮勇執行任務，以致死亡。

II、於辦公場所，或奉派公差（出）執行前款以外之任務時，
　　　　發生意外或危險事故，或遭受暴力事件，或罹患疾病，以
　　　　致死亡。

III、於辦公場所，或奉派公差（出）執行前二款任務時，猝發
　　　　疾病，以致死亡。

IV、因有下列情形之一，以致死亡：

　　　　a、執行第一款任務之往返途中，發生意外或危險事故。

　　　　b、執行第一款或第二款任務之往返途中，猝發疾病，或
　　　　　　執行第二款任務之往返途中，發生意外或危險事故。

　　　　c、為執行任務而為必要之事前準備或事後之整理期間，
　　　　　　發生意外或危險事故，或猝發疾病。

V、戮力職務，積勞過度，以致死亡。

（2）撫卹給與

A、撫卹金給與之種類

　　　公務人員在職病故或意外死亡者，其撫卹金給與之種類如
下：（參同法第 54 條第 1 項）

I 一次撫卹金。

II 一次撫卹金及月撫卹金。

B、撫卹金給與之計算標準

　　　撫卹金之給與，依下列標準計算：（參同法第 54 條第 2 項）

I、任職未滿 15 年者，依下列規定，發給一次撫卹金：

　　　　a、任職滿 10 年而未滿 15 年者，每任職 1 年，給與 1 又

1/2 個基數；未滿 1 年者，每 1 個月給與 1/8 個基數；其未滿 1 個月者，以 1 個月計。

b、任職未滿 10 年者，除依前目規定給卹外，每少 1 個月，加給 1/12 個基數，加至滿 9 又 11/12 個基數後，不再加給。但曾依法令領取由政府編列預算或退撫基金支付之退離給與或發還退撫基金費用本息者，其年資應合併計算；逾 10 年者，不再加給。

II、任職滿 15 年者，依下列規定發給一次撫卹金及月撫卹金：

a、每月給與 1/2 個基數之月撫卹金。

b、前 15 年給與 15 個基數一次撫卹金。超過 15 年部分，每增一年，加給 1/2 個基數，最高給與 27 又 1/2 個基數；未滿 1 年之月數，每 1 個月給與 1/24 個基數；未滿 1 個月者，以 1 個月計。

（3）撫卹金領受人

公務人員之遺族撫卹金，由未再婚配偶領受 1/2；其餘由下列順序之遺族，依序平均領受之：（參同法第 62 條第 1 項）

A、子女。

B、父母。

C、祖父母。

D、兄弟姊妹。

6、警察人員的退休資遣撫卹制度

至於警察人員的退休資遣撫卹事宜，基本上悉按上列有關原則辦理之，並在未逾越母法所許可的範疇之內，另有法令加以補充。

（1）有關「危勞職務」的認定

警察人員係屬「危勞職務」，有關認定標準，悉依 2008 年 05 月 11 日發布施行之「公務人員危勞職務認定標準」之規定辦理。

（2）有關撫卹金給與的特別規定

《警察人員人事條例》第 36 條第 1 項另規定：

A、在執行勤務中殉職者，其撫卹金基數內涵依其所任職務最高等階年功俸最高俸級計算，並比照戰地殉職人員加發撫卹金。

B、領有勳章、獎章者，得加發撫卹金。

警察人員在 2003 年 8 月 19 日管理條例修正條文施行前，有前項第一款情形，其遺族現仍支領年撫卹金者，其年撫卹金之給與，自修正條文施行之日起準用本條例之規定。（同法第 36 條第 2 項）

除死亡撫卹外，《警察人員人事條例》於 2004 年 9 月 I 日修正公布第 35-1 條、第 36-1 條。新增條文規定：

A、警察人員在執行勤務中遭受暴力或意外危害，致全殘廢或半殘廢者，應給與醫療照護及安置就養，並由主管機關編列預算，給與終身照護。在 2004 年 8 月 19 日管理條例修正條文施行前，警察人員有此一情形者，自修正施行之日趄，給與照護。（同法第 35-1 條第 1、2 項）

B、警察人員因公受傷、殘廢、死亡或殉職者，應從優發給慰問金；全殘廢者，比照殉職之標準。其在執行勤務中遭受暴力或意外危害致全殘廢、死亡或殉職者之慰問金不得低於公務人員因公傷殘死亡發給慰問金之 2 倍。（同法第 36-1 條第 I 項）

C、警察人員在執行勤務中，遭受暴力或意外危害，致全殘廢、

半殘廢或在執行勤務中殉職者，其子女應給與教養至成年。如已成年仍在學者，繼續教養至大學畢業為止。在 2004 年 8 月 19 日人事條例修正條文施行前，警察人員有此一情形者，其子女自修正施行之日起，給與教養。（同法第 36-1 條第 3、4 項）

為因應《警察人員人事條例》2004 年的修正條文施行，行政院分別訂定「警察人員執行勤務遭受暴力或意外危害致全殘廢或半殘廢及殉職人員子女教養辦法」、「警察人員執行勤務遭受暴力或意外危害致全殘廢或半殘廢照護辦法」、「警察人員因公傷殘死亡殉職慰問金發給辦法」，並於 2005 年 02 月 22 日發布施行。

（六）參加考績權

所謂的「考績」（performance rating），就是對於公務人員於一定期間之內的服務成績予以考核，以作為獎懲的依據，亦稱為「效率評算」（efficient rating），或「工作評算」（service rating）（雲五社會科學大辭典，1987:161）。我國現行的公務人員考績制度，是以《公務人員考績法》為法制基礎。《公務人員考績法》是將原有的各種考績法律予以合併之後，於 1996 年 07 月 11 日由總統令修正公布（該法最近一次修正公布為 2007 年 03 月 21 日）。

警察人員的參加考績權，與一般公務人員完全相同。茲將此一考績制度的特點，分為考績的種類、考績的項目與條件、考績的等級與獎懲等三個方面，摘要略述如下：

1、考績的種類

公務人員考績區分為：年終考績、另予考績及專案考績三種（公務人員考績法第 3 條）：

（1）年終考績

所謂的「年終考績」，係指各官等人員，於每年年終考核其當年 1 至 12 月任職期間之成績。

（2）另予考績

所謂的「另予考績」，係指各官等人員，於同一考績年度內，任職不滿 1 年，而連續任職已達 6 個月者辦理之考績。

（3）專案考績

所謂的「專案考績」，則是指各官等人員，平時有重大功過時，隨時辦理之考績。

2、考績的項目與條件

年終考績應以平時考核為依據。公務人員年終考績，按其工作、操行、學識、才能四項分別評分。其中工作占考績分數 65%；操行占考績分數 15%；學識及才能各占考績分數 10%。（同法第 5 條第 1 項、施行細則第 3 條第 1 項）

由於年終考績列丁等者將予以免職，故考列丁等的條件明定於《公務人員考績法》之中，除該法另有規定者外，受考人在考績年度內，非有下列情形之一者，不得考列丁等（同法第 5 條第 2 項）：

（1）挑撥離間或誣控濫告，情節重大，經疏導無效，有確實證據者。

（2）不聽指揮，破壞紀律，情節重大，經疏導無效，有確實證據者。

（3）怠忽職守，稽延公務，造成重大不良後果，有確實證據者。

（4）品行不端，或違反有關法令禁止事項，嚴重損害公務人員聲
　　　譽，有確實證據者。

　　至於考績列甲等的條件，則明定於施行細則之中，使之有較為
公平客觀的認定標準（同法第 6 條 3 項）。

3、考績的等級與獎懲

　　年終考績分為甲、乙、丙、丁四個等次，以 100 分為滿分。

（1）甲等

　　　80 分以上者為甲等。考績列甲等者，晉本俸一級，並給與 1
個月俸給總額之一次獎金；已達所敘職等本俸最高俸級或已敘年
功俸級者，晉年功俸一級，並給與 1 個月俸給總額之一次獎金；
已敘年功俸最高俸級者，給與 2 個月俸給總額之一次獎金。（同法
第 6 條第 1 項、第 7 條第 1 項）

　　　連續 2 年考績列甲等者，取得同官等高一職等之任用資格；
連續 3 年考績，1 年列甲等，2 年列乙等者，亦取得同官等高一職
等之任用資格（同法第 11 條第 1 項）。

（2）乙等

　　　70 分以上不滿 80 分者為乙等。考績列乙等者，晉本俸一級，
並給與 1/2 個月俸給總額之一次獎金；已達所敘職等本俸最高俸
級或已敘年功俸級者，晉年功俸一級，並給與半個月俸給總額之
一次獎金；已敘年功俸最高俸級者，給與 1 又 1/2 個月俸給總額
之一次獎金。（同法第 6 條第 1 項、第 7 條第 1 項）

（3）丙等

　　　60 分以上不滿 70 分者為丙等。考績列丙等者留原俸級。（同

法第 6 條第 1 項、第 7 條第 1 項）

（4）丁等

不滿 60 分者為丁等。考績列丁等者免職。（同法第 6 條第 1
項、第 7 條第 1 項）

（七）休假權

休假係指公務人員連續服務相當期間之後，於每年之中得享有休
閒渡假之日數。休假具有娛樂及保養功用，為維持工作效率、提高生
活品質所必需。故先進國家之法律，類多規定服務滿 6 個月或 1 年後，
每位公務員均享有相同之休假日數（例如：30 日），為促使其真正休
假，法律並規定其假期應完整使用（例如：一次至少使用半數休假日），
且發給休假獎金。

我國現行「公務人員請假規則」（該法規命令最近一次修正發布為
民 2015 年 01 月 22 日）對公務人員的休假亦有規定，警察人員一體
適用。公務人員至年終連續服務滿 1 年者，第 2 年起，每年應給休假
7 日；服務滿 3 年者，第 4 年起，每年應給休假 14 日；滿 6 年者，第
7 年起，每年應給休假 21 日；滿 9 年者，第 10 年起，每年應給休假
28 日；滿 14 年者，第 15 年起，每年應給休假 30 日（同法第 7 條第
1 項）。

（八）結社權

結社權謂公務人員得組成及參與代表其利益之團體的權利。公務
人員有為國家忠實服務之職責，故歐洲多數國家仍不許公務人員有罷
工或締結團體協約之權利，但為保障公務人員之共同利益，則承認公
務人員之結社權，得分別組成全國性或地區性之公務人員利益代表團

體，依民主原則產生各類職員。法律並保障公務人員不因參與其利益代表團體之活動或擔任職員時，受不利之對待。

　　2003 年 07 月 10 日總統令制定公布《公務人員協會法》（該法最近一次修正公布為 2006 年 05 月 17 日），賦予我國公務人員結社之權利，其首條規定：「公務人員為加強為民服務、提昇工作效率、維護其權益、改善工作條件並促進聯誼合作，得組織公務人員協會」。惟該法所稱「公務人員」，限定為：「於各級政府機關、公立學校、公營事業機構擔任組織法規所定編制內職務支領俸（薪）給之人員」，不包括「政務人員、機關首長、副首長、軍職人員、公立學校教師及各級政府所經營之各類事業機構中，對經營政策負有主要決策責任以外之人員」（同法第 2 條）。

　　警察人員屬我國公務人員之一環，此一法制，原應一體適用；惟，因政策考量，我國警察人員迄今未曾依據該法設立任何「協會」。

（九）費用請求權

　　公務人員因執行職務，支出之必要費用，有請求服務機關支付之權利，乃法理之當然。此項支付預先提出或事後要求返還，均無不可。例如：公務人員出差得支領差旅費，外交官奉派出國得支領服裝費或交際費等，均屬此類。《公務人員保障法》第 24 條即規定：「公務人員執行職務墊支之必要費用，得請求服務機關償還之」。

　　綜上，我國警察人員進用「不經公務人員考試」此一政策方案規劃的可行性，主要在法律的可行性：故最終的決定，在於決策者心中的天秤，究竟「完成警察專業核心職能養成教育即可即刻進入職場」需求的

強度，與「全面訂定相關特別法以保障應享權利」應付出的心力，何者為重！

二、義務

公務人員的義務，主要係依據《公務員服務法》。該法第 24 條規定：「本法於受有俸給之文武職公務員，及其他公營事業機關服務人員，均適用之」。關鍵在「文武職公務員」，若武職的「軍人」都適用，則無論警察人員的身分如何取得，都應該適用。事實上，目前於公立學院校服務之未兼行政的教師，都被列入《公務員服務法》的規範對象，則其範圍幾已擴至刑法第 10 條第 2 項的範疇。

《公務人員行政中立法》制定公布施行後，一般咸認為，應該再加上「行政中立」；惟該法對「公務人員」的定義，指「法定機關依法任用、派用之有給專任人員及公立學校依法任用之職員。」則我國警察人員進用若「不經公務人員考試」，依現行法制，恐就非屬《公務人員行政中立法》的適用對象了，故或而修法，或而必須另訂新法。

本單元仍就《公務員服務法》進行分析，有關公務人員的義務，依一般看法，大致上有八項，分別是：

1、忠實之義務
2、服從之義務
3、保密之義務
4、保持品位之義務
5、執行職務之義務
6、迴避之義務
7、善良保管之義務

8、不為一定行為之義務

（一）忠實之義務

「公務員應遵守誓言，忠心努力，依法律命令所定，執行其職務」，為服務法第 1 條所明定。所謂誓言，如解釋為出任公務員時所明示或默示之信心與決意，並非不可，若解釋為公開宣誓之誓詞，則有窒礙之處，蓋現行宣誓條例規定應行宣誓者，僅限於少數公務人員及公職人員，而不及於一般公務人員，自亦無所謂誓言或誓詞之可言。

（二）服從之義務

服務法第 2 條規定，「長官就其監督範圍以內所發命令，屬官有服從之義務，但屬官對於長官所發命令，如有意見，得隨時陳述」；第 3 條復規定，「公務員對於兩級長官同時所發命令，以上級長官之命令為準，主管長官與兼管長官同時所發命令，以主管長官之命令為準」，是為公務人員服從義務之規定。

《公務人員保障法》對公務人員服從之義務作更詳盡之規定：「公務人員對於長官監督範圍內所發之命令有服從義務，如認為該命令違法，應負報告之義務；該管長官如認其命令並未違法，而以書面下達時，公務人員即應服從；其因此所生之責任，由該長官負之。但其命令有違反刑事法律者，公務人員無服從之義務」（同法第 17 條第 1 項）；惟，「該管長官非以書面下達命令者，公務人員得請求其以書面為之，該管長官拒絕時，視為撤回其命令」（同法第 17 條第 2 項）

（三）保密之義務

此項義務規定於服務法第 4 條，謂：「公務員有絕對保守政府機關機密之義務，對於機密事件，無論是否主管事務，均不得洩漏，退職後亦

同」、「公務員未得長官許可，不得以私人或代表機關名義，任意發表有關職務之談話」。

（四）保持品位之義務

此項義務規定於服務法第 5 條：「公務員應誠實清廉，謹慎勤勉，不得有驕恣貪惰，奢侈放蕩，及冶遊賭博，吸食菸毒等，足以損失名譽之行為」。該條文之立意甚佳，旨在使公務人員皆能品行端正，以維觀瞻，惟其用語皆為修身之德目，而非法律上之辭句或概念，或可以下列較精確之法律用語加以總括：「公務員應注意品行，不得有不良行為，致損害公眾對其執行職務之信任」為已足。

（五）執行職務之義務

服務法之中有關執行職務之義務包括：「公務員執行職務，應力求切實，不得畏難規避，互相推諉，或無故稽延」（第 7 條）、「公務員接奉任狀後，除程期外，應於 1 個月內就職」（第 8 條）、「公務員奉派出差，至遲應於 1 星期內出發，不得藉故遲延，或私自回籍，或往其他地方逗留」（第 9 條）、「公務員未奉長官核准，不得擅離職守，其出差者亦同」（第 10 條）、「公務員辦公，應依法定時間，不得遲到早退」（第 11 條）、以及「公務員除因婚喪疾病分娩或其他正當事由外，不得請假」（第 12 條），均屬執行職務義務之範圍。

（六）迴避之義務

此項義務規定於服務法第 17 條，謂：「公務員執行職務時，遇有涉及本身或其家族之利害事件，應行迴避」。

（七）善良保管義務

此項義務規定於服務法第 20 條，謂「公務員職務上所保管之文書財物，應盡善良保管之責，不得毀損變換私用或借給他人使用」。

（八）不為一定行為之義務

服務法之中，有關不為一定行為義務之規定頗多，包括：

1、公務員不得假借權力，以圖本身或他人之利益，並不得利用職務上之機會，加損害於人（第 6 條）；

2、公務員不得經營商業或投機事業（第 13 條）。

3、公務員除法令所規定外，不得兼任他項公職或業務（第 14 條）。

4、公務員於離職後 3 年內，不得擔任與其離職前 5 年內之職務直接相關之營利事業董事、監察人、經理、執行業務之股東或顧問（第 14-1 條）。

5、公務員兼任非以營利為目的之事業或團體之職務，受有報酬者，應經服務機關許可（第 14-2 條）。

6、公務員兼任教學或研究工作或非以營利為目的之事業或團體之職務，應經服務機關許可（第 14-3 條）。

7、公務員對於屬官不得推薦人員，並不得就其主管事件，有所關說或請託（第 15 條）。

8、公務員有隸屬關係者，無論涉及職務與否，不得贈送財物。於所辦事件，不得收受任何饋贈（第 16 條）。

9、公務員不得利用視察調查等機會，接受地方官民之招待或饋贈（第 18 條）。

10、公務員非因職務之需要，不得動用公物或支用公款（第 19 條）。

１１、公務員對於各與其職務有關係者，不得私相借貸，訂立互利契約，或享受其他不正利益（第21條）。

三、責任

《中華民國憲法》第24條規定，「凡公務員違法侵害人民之自由或權利者，除依法律受懲戒外，應負刑事及民事責任。被害人民就其所受損害，並得依法律向國家請求賠償」，明白揭示公務人員的（法律）責任，分為懲戒責任、刑事責任及民事責任等三種；惟，有研究者認為，「懲戒責任」與「懲處責任」應並列為行政責任，且均為明定於法律條文中之責任；本人亦從此一主張，故公務人員的責任，都是法律責任，主要有三大類：

１、行政責任。

２、刑事責任。

３、民事責任。

茲依次說明如下：

（一）行政責任

行政責任係指公務人員違反法規所定之義務時，由行政機關本身，或司法機關依法予以處罰之謂。行政責任又可分為「懲戒責任」及「懲處責任」兩種，前者依《公務員懲戒法》規定辦理，後者依《公務人員考績法》及其他相關法規規定辦理。

其中，《公務員懲戒法》已於2015年5月20日重行制定公布共80條條文，2016年5月2日施行（該法最近一次修正公布是2020年06月10日），為我國學理上最廣義公務員的行政責任（懲戒制度）帶來極重大的變革。

依現行法制，兩者的主要區別如下：

1、法規依據

（1）懲戒責任：規定於《公務員懲戒法》。

（2）懲處責任：規定於《公務人員考績法》及其他相關法規（例如：警察人員依《警察人員人事條例》）。

2、處分機關

（1）懲戒責任：於《公務員懲戒法》中，就「處分機關」並無特定條文明文規定，惟自許多條文規定中可得知，係「公務員懲戒委員會」，且係以「懲戒訴訟」方式為之。

（2）懲處責任：由該公務人員的服務機關為之（公務人員考績法第 14 條）。

3、處分事由

（1）懲戒責任：處分事由為公務人員違法執行職務、怠於執行職務或其他失職行為；以及非執行職務之違法行為，致嚴重損害政府之信譽。（公務員懲戒法第 2 條）

（2）懲處責任：處分事由法律未明文規定，實際則包括一切違法或失職之行為，與懲戒責任之事由並無實質差異。

4、處分種類

（1）懲戒責任：公務（人）員之懲戒處分如下：（公務員懲戒法第 9 條、第 11 條至第 19 條）

　A、免除職務　免其現職，並不得再任用為公務員。

　B、撤職　撤其現職，並於一定期間停止任用；其期間為 1 年以上、5 年以下。

C、剝奪、減少退休（職、伍）金　剝奪受懲戒人離職前所有任職年資所計給之退休（職、伍）或其他離職給與；其已支領者，並應追回之。

D、休職　休其現職，停發俸（薪）給，並不得申請退休、退伍或在其他機關任職；其期間為 6 個月以上、3 年以下。

E、降級　依受懲戒人現職之俸（薪）級降一級或二級改敘；自改敘之日起，2 年內不得晉敘、陞任或遷調主管職務。無級可降者，按每級差額，減其月俸（薪）；其期間為 2 年。

F、減俸　依受懲戒人現職之月俸（薪）減 10%至 20%支給；其期間為 6 個月以上、3 年以下。自減俸之日起，1 年內不得晉敘、陞任或遷調主管職務。

G、罰款　其金額為新臺幣 1 萬元以上、100 萬元以下。

H、記過　自記過之日起 1 年內，不得晉敘、陞任或遷調主管職務。1 年內記過 3 次者，依其現職之俸（薪）級降一級改敘；無級可降者，按每級差額，減其月俸（薪）；其期間為 2 年。

I、申誡　以書面為之。

以上處分中，「休職」、「降級」、「記過」三種，於政務人員不適用（同法第 9 條第 2 項）。

（2）懲處責任：懲處分申誡、記過、記大過；平時考核獎懲得互相抵銷，無獎懲抵銷而累積達 2 大過者，年終考績應列丁等；列丁等者，免職。專案考績一次記 2 大過者，免職。（公務人員考績法第 8 條、第 12 條）

政務官無考績，故懲處責任對其不適用。

5、處分程序

（1）懲戒責任：審判程序（公務員懲戒法第三章）。

（2）懲處責任：於年終考績時，併計成績增減總分；專案考績，於有重大功過時行之（公務人員考績法第 12 條）。各機關對於公務人員之考績，應遞送考績委員會初核，機關長官覆核，經由主管機關或授權之所屬機關核定，送銓敘部銓敘審定（同法第 14 條第 1 項）。考績委員會對於擬予考績列丁等及一次記 2 大過人員，處分前應給予當事人陳述及申辯之機會（同法第 14 條第 3 項）。

6、先行停職

（1）懲戒責任：《公務員懲戒法》「先行停職」有下列三種規定：

A、職務當然停止：（第 4 條）

　I、依刑事訴訟程序被通緝或羈押。

　II、依刑事確定判決，受褫奪公權之宣告。

　III、依刑事確定判決，受徒刑之宣告，在監所執行中。

B、公務員懲戒委員會合議庭對於移送之懲戒案件，認為情節重大，有先行停止職務之必要者，得通知被付懲戒人之主管機關，先行停止其職務。（第 5 條第 1 項）

C、主管機關對於所屬公務員，依《公務員懲戒法》第 24 條規定，送請監察院審查或公務員懲戒委員會審理而認為有免除職務、撤職或休職等情節重大之虞者，得依職權先行停止其職務。（第 5 條第 2 項）

（2）懲處責任：《公務人員考績法》並無先行停職規定；惟，若為警察人員，則《警察人員人事條例》第 29 條為警察人員停職

之法律依據。

7、功過相抵

（1）懲戒責任：無功過相抵之規定。

（2）懲處責任：同一考績年度內，平時考核獎懲得互相抵銷，專案考績不得與平時考核功過相抵銷(公務人員考績法第 12 條第 1 項第 1 款、第 2 項)。

8、救濟程序

（1）懲戒責任：懲戒案件之判決，如有《公務員懲戒法》第 64 條第 1 項各款情形之一者，原移送機關或受判決人，得提起再審之訴。

（2）懲處責任：懲處之免職處分（包括專案考績或年終考績列丁等），依《公務人員保障法》相關條文之規定，得向考試院公務人員保障暨培訓委員會提起復審，不服復審決定者，並得向高等行政法院提起行政訴訟；至於其他懲處責任，則悉依《公務人員保障法》有關申訴、再申訴程序規定提起救濟。

（二）刑事責任

刑事責任係指公務人員之行為，違反刑事法律而應受刑罰制裁之責任而言。公務人員的刑事責任與一般人民原則上並無不同，至於法律所設之例外情形有三種：

1、阻卻違法

公務人員依所屬上級公務人員之命令而為職務上之行為，不負刑事責任，但明知命令違法者，不在此限。

2、職務犯

因公務人員之身分而成立之犯罪行為，例如：貪污罪、瀆職罪等，故有學者將類此情形稱為「身分犯」。

3、準職務犯

犯罪之成立與公務人員身分無關，一般人民均可能觸犯之罪名，而公務人員為之者，特加重其刑罰（例如：我國刑法第 134 條）。

（三）民事責任

民事責任係指公務人員執行職務，因故意或過失不法侵害他人權利，所發生之損害賠償責任而言。公務人員的民事責任原本規範於《民法》第 186 條第 1 項：「公務員因故意違背對於第三人因執行之職務，致第三人之權利受損害者，負賠償責任」，惟，隨著《國家賠賞法》的公布施行，原條文規定已不再適用。

至於公務人員與執行職務無關之行為，其賠償責任回歸《民法》之規定。

目前警察人員的行政責任，係依《公務員懲戒法》、《公務人員考績法》，以及《警察人員人事條例》；刑事責任，係依《中華民國刑法》及其關係法規；民事責任，係依《國家賠償法》。

我國警察人員的進用，若「不經公務人員考試」，則於應負的法律責任部分，除了《公務人員考績法》可能不適用之外，幾乎沒有任何影響。行政責任：《公務員懲戒法》、《警察人員人事條例》、刑事責任：《中華民國刑法》及其關係法規、民事責任：《國家賠償法》均一體適用。

第五節　本章小結－我國警察人員進用政策倡導

　　我國警察人員雖被類歸為「文官」，依法應經國家考試及格後任用；然，警察勤務制度的設計，以及警察工作的實質內涵，使警察人員們常被稱為「帶槍的公務人員」。此一特殊名詞，各社會賢達或學者專家們也多認為確實形容的頗為貼切！更何況，我國警察人事制度各相關項目的設計，多以特別法規範，獨立於一般公務人員法制之外。

　　臺灣地區警察人員的進用制度持續地在檢討中，藉由本章研究所獲得的資訊，進行「政策倡導」，提供作為未來制度變革政策辯論的重要參考依據。本節是本章的結論，對「我國警察人員進用」進行政策倡導；先回顧「政策問題」，再彙整「不經公務人員考試」的「方案規劃與可行性」相關資訊。

壹、政策問題

　　我國的警察人員被界定為政府部門的公務人員，所以警察人員的進用，一直是經由《公務人員考試法》及其相關法規，以及《警察人員人事條例》、《警察人員教育條例》等特別法及其相關法規之規定辦理。

　　自 2011 年起，我國警察人員的進用，改採「雙軌分流」制，即在原有的「公務人員特種考試警察人員考試」之外，增設「公務人員特種考試一般警察人員考試」。前者的應考資格是「受過警察教育訓練」者（即警察大學、警察專科學校的畢、結業生），被視為是完成警察人員專業核心職能培訓後之「專業成就測驗」（內軌）；後者的應考資格則是「未受過警察教育訓練」者（即一般生），被視為是取得警察人員專業核心職能培訓資格的「基礎測驗」（外軌）。惟，實施至今，仍衍生不少尚待解決

的公共議題。諸如：

一、「未受過警察教育訓練」者（即一般生）到處陳情，謂：四等部分「外軌錄取率太低，內軌錄取率是100%」；以及「外軌考試科目與警察無關」等。

二、警察專科學校的畢、結業生亦具三等「內軌」應考資格，對警察大學應屆畢業生產生排擠效應；相對的，警察大學非應屆之畢業生可降考「內軌」四等，對警察專科學校應屆畢業生亦產生排擠效應。

　　前揭第一個議題，有一定程度是補習班業者在興風作浪。持平而論，「內軌」既是「專業成就測驗」，則具四等應考資格者，必須先在極低錄取率之下考進警察專科學校（近年來該校新生入學考試錄取率約14%）；之後，必須於兩年的「警察人員專業核心職能培訓」過程中不被淘汰。故整體觀之，「內軌」的錄取率相對較低！再者「外軌」是取得警察人員專業核心職能培訓資格的「基礎測驗」，考試科目理應與警察無關。

　　至於第二個議題，確實逐年有惡化的趨勢，長此下去，「雙軌分流」制度實施前的公共議題，勢必再次發生。例如：未能通過國家考試者必須面臨賠償公費待遇、回役等問題，並衍生諸多行政爭訟；部分學生於受教期間，潛心準備國家考試應試科目，以致學習態度偏差，對於警察人員執行職務專業核心職能的養成，確有影響等。

　　「公務人員」此一名詞，到底包括哪些身分的人員？以及「警察人員」身分的取得，一定要經由公務人員考試嗎？面對不斷孳生的公共議題，或許應有不同的政策方案解決途徑－例如，本章研究所關注的焦點：「我國警察人員進用不經公務人員考試」，以畢其功於一役，而不只是穿著衣服改衣服。

貳、方案規劃與可行性

　　本章第二節引錄並說明 2003 年、2007 年完成的兩個與警察人員進用方式有關的專案小組所提出的研究結論與建議，足資證明，我國警察人員進用制度的政策制定，於「方案規劃」，早已論辯多年。

　　目前我國國防部所屬各軍事院校的畢業生，以及非授予學位的各班隊的結業學員，於完成各類專業教育訓練後，即進入國防部所屬各機關服務，成為我國公部門人力的一部分；警察人員的進用可以比照辦理嗎？是以，我國警察人員進用不經公務人員考試的可行性遂被提出來探討。

　　於我國現行法制，「公務人員」的概念根本無法釐清；若依《中華民國刑法》第 10 條第 2 項規定，凡「由法令賦與職權者」皆為刑法上的公務員，均負有刑事責任。那麼，若警察人員的進用「不經公務人員考試」，可能的影響有哪些？

　　一般探討到公務人員法制，除了努力去解釋何謂「公務人員」外，主要在陳述公務人員法律上的權利、義務與責任。

一、權利

　　我國警察人員的進用若「不經公務人員考試」，則於應享權利的部分，是一個較複雜的問題，也是本研究主題：「我國警察人員進用不經公務人員考試方案規劃暨可行性分析」中，屬於較為「劣勢」的一個區塊。於權利意識極為高漲的今日，就政策的可行性分析，或許對較為短視的政策規劃者而言，缺了這一塊，有可能將之列為「不可行」。

　　有關公務人員的權利，依一般看法，大致上有八項，分別是：身分保障權、俸給權、參加保險權、退休資遣撫卹給與權、參加考績權、休

假權、結社權、費用請求權。此八大權利，於俸給權、休假權，警察人員另有為因應警察工作特殊性而訂定之特別規定；尚有諸如：《有警察人員人事條例》、「警察人員陞遷辦法」、「警察人員因公傷殘死亡殉職慰問金發給辦法」等，基於特別法優於普通法原則，迴異於一般公務人員的特殊規定。

　　我國警察人員進用「不經公務人員考試」此一政策方案規劃的可行性，主要在法律的可行性：故最終的決定，在於決策者心中的天秤，究竟「完成警察專業核心職能養成教育即可即刻進入職場」需求的強度，與「全面訂定相關特別法以保障應享權利」應付出的心力，何者為重！

二、義務

　　公務人員的義務，主要係依據《公務員服務法》。該法第 24 條規定：「本法於受有俸給之文武職公務員，及其他公營事業機關服務人員，均適用之」。依一般看法，公務人員的義務大致上有八項，分別是：忠實之義務、服從之義務、保密之義務、保持品位之義務、執行職務之義務、迴避之義務、善良保管之義務、不為一定行為之義務。

　　依《公務員服務法》對「公務員」的定義，包括「文武職公務員」，若武職的「軍人」都適用，則無論警察人員的身分如何取得，都應該適用。事實上，目前於公立學院校服務之未兼行政的教師，都被列入《公務員服務法》的規範對象，則其範圍幾已擴至刑法第 10 條第 2 項的範疇。

　　《公務人員行政中立法》制定公布施行後，一般咸認為，應該再加上「行政中立」；惟該法對「公務人員」的定義，指「法定機關依法任用、派用之有給專任人員及公立學校依法任用之職員。」則我國警察人員進

用若「不經公務人員考試」，依現行法制，恐就非屬《公務人員行政中立法》的適用對象了，故或而修法，或而必須另訂新法。

三、責任

《中華民國憲法》第 24 條規定，「凡公務員違法侵害人民之自由或權利者，除依法律受懲戒外，應負刑事及民事責任。被害人民就其所受損害，並得依法律向國家請求賠償」，明白揭示公務人員的（法律）責任，分為懲戒責任、刑事責任及民事責任等三種；惟，有研究者認為，「懲戒責任」與「懲處責任」應並列為行政責任，且均為明定於法律條文中之責任；本人亦從此一主張，故公務人員的責任，都是法律責任，主要有三大類：行政責任、刑事責任、民事責任。

目前警察人員的行政責任，係依《公務員懲戒法》、《公務人員考績法》，以及《警察人員人事條例》；刑事責任，係依《中華民國刑法》及其關係法規；民事責任，係依《國家賠償法》。

我國警察人員的進用，若「不經公務人員考試」，則於應負的法律責任部分，除了《公務人員考績法》可能不適用之外，幾乎沒有任何影響。行政責任：《公務員懲戒法》、《警察人員人事條例》、刑事責任：《中華民國刑法》及其關係法規、民事責任：《國家賠償法》均一體適用。

＊本章主要參考作者 2017 年主持的「內政部所屬機關（臺灣警察專科學校）自行研究案」:「我國警察人員進用不經公務人員考試」方案規劃暨可行性分析，該研究案於當年 12 月 31 日提交研究成果報告辦理結案，未正式發表。本章之撰寫，資料已更新、內容已增修調整。

第二篇

培訓之探討

第五章　警察組織基層人力核心職能研究

第六章　培訓課程設計機制建構

第七章　精進實習教育芻議

第八章　精進警察勤務課程情境教學之研究

第九章　結合警察應用技能實作演練建構實
　　　　務化「警察勤務」教學之研究

第五章　警察組織基層人力核心職能研究

〈摘　要〉

　　警察專科學校畢業的學生或培訓結業的學員，一律分發外勤勤務機構；且一經分發，第一時間即至基層分駐（派出）所報到，立刻投入第一線外勤實務工作的行列。

　　基層（分駐）派出所重在實作。就整體人力資源發展的觀點觀之，要培訓警察組織新進的基層人員，必須先確認，從事「基層警察工作」這項職業，應具備之核心職能究竟為何？才能進一步規劃培訓的相關課程設計；以確保在完成與「基層警察工作」有關之專業培訓後，能成為適格、適任的警察組織基層人員。

關鍵詞：基層警察人員、基層警察工作、核心職能

第一節　前言

　　警察專科學校職司基層警察人員培訓，經由警察專科學校培訓的警察組織新進基層人員，究竟在完成與「基層警察工作」有關之各項專業教育訓練後，能不能成為適格、適任的基層警察人員？

　　就整體人力資源規劃的觀點而言，要培訓警察組織新進的基層人員，必須先確認，從事「基層警察工作」這項職業，應具備之核心職能究竟為何？才能進一步規劃如何招募？如何遴選？最後才是如何培訓的相關課程設計；以確保經由警察專科學校培訓的新進人員，在完成與「基層警察工作」有關之專業教育訓練畢業或結業後，能成為適格、適任的警察組織基層人員。

　　第一章第二節「相關理論與名詞的概念意涵」，有關「核心職能」的部分曾論及，何謂「核心職能」？何謂「核心能力」？坊間的定義相當

分歧，有許多不同見解之析辯。本章於此部分不作區隔；作者認為，若「核心能力」與職務執行息息相關，則此一「能力」即是職務上之核心能力，亦即「核心職能」。

前已多次提及，2011 年，我國警察人員的進用，於考選與培訓制度部分發生重大變革。為因應此一可預見的變革，警察專科學校自 2009 年起即組成專案小組，就相關議題進行一系列的研究，作者即為此一系列研究的計畫主持人與研究執行人員。這一系列的研究案，概分為「招募遴選」、「核心職能」、「課程設計」、「情境模擬教學」、「適任性分析」等各大主題，迄今（2021 年）仍持續進行，不斷地充實並加強研究項目與研究內容，俾對我國警察組織基層人力的招募、遴選、培訓與適任進行政策倡導，以挹注適格、適任的基層警察人員。本書的各篇、各章，實係政策變革研議過程中，一系列研究案的研究設計與結論的彙整。

本章探討分析的重點：「警察組織基層人力核心職能研究」，即係前揭「核心職能研究」的研究設計與研究結論的彙整。本章針對該「核心職能」研究所獲至的研究結果與發現，作一詳盡論述，並提出各項建議。為與時俱進，除必須保留的原始統計資料外，相關參考資料與數據均已更新至本書定稿。

本章之撰寫，共分為六節，分別是：

第一節　緒論
第二節　基層警察工作的特性與內涵
第三節　警察機關分駐（派出）所的核心工作
第四節　執行職務應具備核心職能例證
第五節　「核心職能研究」的研究結果與發現
第六節　本章小結－警察組織基層人力核心職能之養成

第二節　基層警察工作的特性與內涵

　　什麼是「核心職能」（或核心能力）？本書第一章第二節已摘引國內外多位研究者的詮釋，若依 2005 年 1 月 11 日時之行政院人事行政局（今人事行政總處）的說法，應是指「成功扮演某一職位或工作角色所需具備的才能、知識、技術、判斷、態度、價值觀和人格」[1]，而基於組織層級及分工特性，一般又區分為「管理核心能力」及「專業核心能力」，前者係專指「擔任管理職務者，為有效達成管理目標所需具備的能力」；後者係指「擔任某特定專業職務或從事特定工作所必須具備的專業知能或技術，用以勝任工作，產生績效。」[2]因之，要探討警察組織基層人員應具備之核心職能，首要釐清基層警察工作的特性與內涵。

　　本節之撰寫，分為兩個單元，分別是：

壹、警察專科學校畢業學生、結業學員未來工作內容

貳、基層警察人員的核心職能

壹、警察專科學校畢業學生、結業學員未來工作內容

　　依警察學科學校招生簡章規定：[3]「臺灣警察學科學校警察類科（含

---

[1] 參見：「行政院所屬機關專業核心能力項目選定作業方式」，頁 2-3。（https://ws.e-land.gov.tw/Download.ashx?u=LzAwMS8yMDE1eWlsYW44vMTkyL1JlbEZpbGGUvOTI1Ni85Mzc0NS8yMDA4MDEyNDExNTcwNjEyMDExNDcwMjYxNDcuZG9j&n=6KGM5pS%2F6Zmi5omA5bGs5qmf6Zec5bCI5qWt5qC45b%2BD5Yqb6aCF55uu6YG45a6a5L2c5qWt5pa55byPLmRvYw%3D%3D&icon=..doc, Accessed: 2021.01.23.）

[2] 參見：內政部 105 年 8 月 8 日台內人字第 1051701870 號函修正「內政部及所屬機關建構核心能力實施計畫」，頁 2。

[3] 參見：「臺灣警察專科學校專科警員班第 39 期正期學生組招生簡章」，頁 19。（https://exam.tpa.edu.tw/p/405-1022-6081,c638.php?Lang=zh-tw, Accessed: 2020.07.23.）

行政警察科、刑事警察科、交通管理科、科技偵查科）畢業男女學生，經警察特考錄取人員，一律分發外勤勤務機構，擔任第一線、24 小時輪值之基層警察人員工作（包括勤區查察、巡邏、臨檢、守望、值班、備勤等勤務），主要從事警勤區經營、犯罪預防、交通執法、聚眾活動處理及執行人犯押送、戒護等工作，未來依個人專長訓練及志願，甄選刑事、交通、科技偵查等專業警察工作。」

經由三種與警察工作有關的國家考試：「公務人員特種考試警察人員考試」、「公務人員特種考試基層警察人員考試」、「公務人員特種考試一般警察人員考試」錄取，進入警察專科學校接受「公務人員考試錄取人員訓練」的學員，於其應考須知中亦有相同規定：

一、以 2010 年考選部辦理之最末一期「公務人員特種考試基層警察人員考試」為例，其應考須知規定：[4]「……工作內容：『本考試錄取人員一律分發外勤勤務機構，擔任第一線、24 小時輪值之基層警察人員工作（包括勤區查察、巡邏、臨檢、守望、值班、備勤等勤務），主要從事警勤區、犯罪偵防、交通執法、群眾抗爭活動處理及執行人犯押送、戒護等工作。』」

二、以 2010 年，警察人員進用考試改「雙軌制」之前，考選部辦理最末一期舊制之「公務人員特種考試警察人員考試」為例，其應考須知規定：[5]「……依內政部 99 年 1 月 13 日台內警字第 0990870081 號函，警察、消防及水上等類別錄取人員相關工作規定：『（一）警察人員：為因應警察勤務需要，四等行政警察錄取人員一律分發外勤

---

[4] 參見：「99 年公務人員特種考試基層警察人員考試應考須知」，頁 22。（http://wwwc.moex.gov.tw/public/Attachment/9112616514671〔1〕.pdf, Accessed: 2015.04.05.）

[5] 參見：「99 年公務人員特種考試警察人員考試應考須知」，頁 12。（http://wwwc.moex.gov.tw/public/Attachment/03191833971〔1〕.pdf, Accessed: 2015.08.02.）

勤務機構，擔任第一線、24 小時輪值之基層警察人員工作（包括勤區查察、巡邏、臨檢、守望、值班、備勤等勤務），主要從事警勤區、犯罪偵防、交通執法、群眾抗爭活動處理及執行人犯押送、戒護等工作。』」

三、以最新一期（109 年）「公務人員特種考試一般警察人員考試」為例，其應考須知之「柒、相關附件」，附件 4：「109 年公務人員特種考試一般警察人員考試行政警察人員、消防警察人員及水上警察人員類別工作內容」規定：[6]「因應警察勤務需要，四等考試行政警察人員錄取人員一律分發外勤勤務機構，擔任第一線、24 小時輪值之基層警察人員工作（包括勤區查察、巡邏、臨檢、守望、值班、備勤等勤務），主要從事警勤區經營、犯罪偵防、交通執法、聚眾活動處理與執行人犯押送、戒護及為民服務等工作。」

因此，警察專科學校畢業的學生或培訓結業的學員，一經分發，第一時間即至基層分駐（派出）所報到，立刻投入第一線外勤實務工作的行列；即若有部分學生、學員分發至專業警察機關，亦毫無例外，被派往第一線，成為代表國家、與民眾直接接觸、合法配戴器械、執行公權力；必要時，亦得動用強制力，以管制人民或為民服務的基層警察人員。

依前所述之「管理核心能力」及「專業核心能力」，若論警察組織分駐（派出）所的核心工作，則應具備之核心能力，作者認為，關注的焦點應該在「專業核心能力」，即：「擔任某特定專業職務或從事特定工作所必須具備的專業知識、技能或技術，用以勝任工作，產生績效。」

6　參見：「109 年公務人員特種考試一般警察人員考試工作說明」，頁 10。（https://wwwc.moex.gov.tw/main/exam/wFrmPropertyDetail.aspx?m=4735&c=109070, Accessed: 2020.07.23.）

貳‧基層警察人員的核心職能

於第一章第二節，表 1-1 有關「核心能力」或「核心職能」的各種定義，有些是針對「管理幹部」或「中高階主管人才」的研究結論或論述，與本書的研究對象：「基層」警察人員，不甚相符；經由審慎篩選，作者認為，以下幾個定義或可參考：

一、核心能力是組織成員個別技能與組織所使用技術的整合，可提供顧客特定的效用與價值，亦指一組知識（knowledge）、技能（skill）與能力（ability）（簡稱 KSAs）的整合。（Prahalad C.K & Hamel G., 1990, 79-91）

二、核心職能是組織內多種知識、技術、能力及態度的整合，此一執行業務的關鍵能力，係由組織過去到現在所累積的知識學習效果，可為組織提升競爭優勢，並可經由訓練發展得到改善。（孫本初，2002, 55-57）

三、核心能力概念應用在個人層面部分，包括知識（knowledge）、態度（attitudes）、技能（skills）和價值（values）。（趙璟瑄，2007）

四、能力是一組會影響個人工作主要部分的相關知識、態度及技能，與工作上的績效表現相關，可用來作為衡量績效的標準，也可以透過訓練和發展加以提升。（S.B. Parry, 1998, 58-64）

在內政部警政署為推動「警察特考分流制度」，委託國立臺灣大學做的「警察人員職能與工作表現之研究」一案，於研究設計中，將警察人員的核心職能歸納成五大類，分別為「執法知識」、「執法技能」、「人格特質」、「工作態度」、「職場適應」；每一類，尚區分為若干小項：（趙永茂等，2015:294-308）

一、執法知識：內含警察法學知識、警察行政知識、人文素養知識等三
　　小項。

二、執法技能：內含警技能力、體能狀況、執勤能力、應變能力等四小
　　項。

三、人格特質：內含誠信正直、壓力承受、情緒穩定、關懷同理、溝通
　　協調、組織管理等六小項。

四、工作態度：內含主動積極、認真負責、服務熱忱、犧牲奉獻等四小
　　項。

五、職場適應：內含工作表現、工作配合狀況、生活紀律等三小項。

　　　另一位研究者李淑華女士於其碩士論文：「我國基層警察人員教育
訓練課程設計之研究」中，歸納各學者專家之解釋，對警察組織基層人
員的核心職能提出下列兩項主張：（李淑華，2009:17-18）

一、基層警察人員的核心能力亦可解釋為基層警察人員的執勤能力。

二、基層警察人員應具有人際溝通能力、處理與控制現場之專業能力、
　　實施強制力逮捕嫌犯之技能（如武術、逮捕術與射擊等）、法律知識
　　（包括：憲法、行政法、刑法、刑事訴訟法、民法、法學緒論、警
　　察法規等）、警察實務（包括：刑事、行政、交通等各種業務之法令
　　規定）以及警察倫理。

　　　同一研究中，李淑華女士並主張警察組織基層人員應具備之核心職
能，應是從事基層警察工作必須具備的才能、知識、技術、判斷、態度、
價值觀和人格；也就是基層警察人員的執勤能力。此一從事基層警察工
作的核心能力，應包括：（李淑華，2009:60）

　　　1、法律知識與法治素養

　　　2、優良體技與體能

3、溝通協調能力

4、抵抗壓力能力

5、良好的情緒管理能力

6、警察倫理

7、終身學習的態度

以上所有對「警察組織基層人員應具備核心職能」的詮釋,均摘引自各研究者的主張;對應於「基層警察工作」,是不是可以更具體地列舉?畢竟這些「核心職能」必須經 1-2 年的養成,甚至成為現職警察人員後,仍須不斷地日新又新、精益求精、訓練再訓練。本部分將於本章第三節「警察機關分駐(派出)所的核心工作」中詳細論述。

第三節　警察機關分駐(派出)所的核心工作

培訓適格、適任的警察組織基層人員,使其具有從事基層警察工作應具備之核心職能;依相關規定,應該是必須要具有擔任第一線、24 小時輪值之基層警察工作的能力。

舉凡警察專科學校畢業的學生或培訓結業的學員,一律分發外勤勤務機構;且一經分發,第一時間即至基層分駐(派出)所報到,立刻投入第一線外勤實務工作的行列;即若有部分學生、學員分發至專業警察機關,亦毫無例外,被派往第一線服務。

基層(分駐)派出所重在實作。培訓適格、適任的警察組織基層人員,即在使其具有從事基層警察工作應具備之核心能力:具有執行「警察機關分駐(派出)所核心工作」的能力。

我國警察機關(分駐)派出所重在實作,依《警察勤務條例》第 11 條規定之警察勤務方式為:「勤區查察、巡邏、臨檢、守望、值班、備勤」。

內政部警政署並訂有各項「警察機關分駐(派出)所常用勤務執行程序」，凡外勤勤務機構之核心工作，均羅列於其中。

　　迄至 2020 年 8 月，內政部警政署下達之各項「警察機關分駐（派出）所常用勤務執行程序」，將警察機關分駐（派出）所的勤務工作區分為：行政類、保安類、防治類、國際類、交通類、後勤類、勤指類、刑事類、資訊類等，共九大類；每一大類再依勤務態樣細分，共計 150 項勤務核心工作：[7]

壹・行政類

　　「警察機關分駐（派出）所常用勤務」中，屬於「行政類」的主要包括下列 24 項：

一、查處賭博性電子遊戲機（電玩賭博）

二、取締違規攤販

三、協助民眾舉家外出住居安全維護

四、受理遺失物報案

五、執行守望勤務

六、執行值班勤務

七、執行備勤勤務

八、執行巡邏勤務中盤查盤檢人車

九、執行巡邏簽章

十、執行路檢攔檢身分查證

---

[7] 《內政部警政署警政知識聯網》/「警察機關分駐（派出）所常用勤務執行程序」項下，可查閱最新資訊；惟，須以密碼登入，不開放非警察機關編制內人員查詢。

　警察機關分駐（派出）所的勤務工作態樣，視國家政策、社會需求，隨時會有增修或廢止。

十一、執行臨檢場所身分查證

十二、受理臨櫃報案非刑事案件E化平臺

十三、警察機關受理報案E化平臺

十四、協助取締違反菸害防制法

十五、行取締噪音案件查處

十六、斃死禽畜非法流用案件查處

十七、環保犯罪案件查處

十八、取締妨害風化（俗）案件

十九、查處涉嫌妨害風化（俗）行為廣告案件

二十、警察處理動物保護法案件

廿一、執行管束

廿二、警察機關處理醫療院所滋擾及暴力案件

廿三、警察機關處理民眾漏逸瓦斯要脅案件

廿四、執行路檢攔檢追緝車輛

貳・保安類

「警察機關分駐（派出）所常用勤務」中，屬於「保安類」的主要
包括下列4項：

一、治安要點錄影監視系統調閱影像檔案處理

二、護送精神病患就醫

三、查察持用自製獵槍

四、警察機關防處聚眾活動阻材架設（含參考圖示）

參·防治類

　　「警察機關分駐（派出）所常用勤務」中，屬於「防治類」的主要
包括下列 22 項：

一、警察勤務區訪查

二、身分不明者處理

三、失蹤人口一般查尋

四、處理家庭暴力案件

五、執行保護令案件

六、處理性侵害案件

七、性侵害犯罪加害人登記報到查訪

八、處理他轄性侵害案件

九、處理兒童及少年保護及高風險家庭案件

十、無依兒童及少年案件處理

十一、警察機關執行兒童及少年福利與權益保障法第五十四條之一查訪

十二、處理兒童及少年受虐案件

十三、處理性騷擾事（案）件

十四、查處違反兒童及少年性剝削防制條例第三十六條及第三十八條案
　　　件

十五、查處兒童及少年遭受性剝削案件

十六、偵辦藉電腦網路違犯兒童及少年性剝削防制條例第四十條案件

十七、處理家庭暴力罪及違反保護令罪逮捕拘提

十八、戶役政電子閘門系統查詢

十九、失蹤人口緊急查尋

二十、受理國內外民眾尋親

廿一、性侵害案件整合性團隊服務開立 E 化受（處）理報案證明單[8]

廿二、警察機關協助辦理老人保護事件通報

肆‧國際類

「警察機關分駐（派出）所常用勤務」中，屬於「國際類」的主要包括下列 5 項：

一、涉外治安案件處理

二、外交車輛違規處理

三、行蹤不明外勞涉嫌刑事案件處理

四、外來人口偷渡逾期停（居）留非法工作自首（自行到案）案件

五、外來人口偷渡逾期停（居）留及非法工作案件查處（含刑案自首）

伍‧交通類

「警察機關分駐（派出）所常用勤務」中，屬於「交通類」的主要包括下列 14 項：

一、交通疏導

二、取締一般交通違規

三、取締危險駕車

四、取締汽車裝載超重

五、取締酒後駕車

---

[8] 內政部警政署整合原有受理報案 E 化平臺各案類系統代出之三聯單、四聯單或受理報案紀錄表等格式，自 2021 年 2 月 22 日起，統一為「受（處）理案件證明單」；本書定稿時，該作業程序尚未修訂，作者先依最新名稱將「三聯單」變更為「受（處）理案件證明單」。

六、取締酒駕拒測處理

七、取締酒後駕車同車乘客

八、取締裝載危險物品違規車輛

九、取締道路障礙

十、取締違規停車

十一、取締自行車違規

十二、查報有牌廢棄車輛

十三、A1 及 A2 類道路交通事故處理

十四、A3 類道路交通事故處理

陸・後勤類

　　「警察機關分駐（派出）所常用勤務」中，屬於「後勤類」的主要
包括下列 2 項：
一、槍械彈藥查核清點
二、出退勤領繳械彈

柒・勤指類

　　「警察機關分駐（派出）所常用勤務」中，屬於「勤指類」的主要
包括下列 2 項：
一、勤務指揮中心狀況處置
二、處理民眾無故撥打一一〇專線

捌・刑事類

　　「警察機關分駐（派出）所常用勤務」中，屬於「刑事類」的主要

包括下列 76 項：

一、受理刑案報案

二、執行犯罪嫌疑人拘提

三、處理刑案現場

四、解送人犯

五、訪問刑案證人

六、受理擄人勒贖案件

七、受理恐嚇案件

八、執行圍捕

九、處理劫持人質或汽車

十、逮捕現行犯

十一、逮捕通緝犯

十二、縱火案件處理

十三、受理傷害案件

十四、受理妨害婚姻案件

十五、處理無名屍體案件

十六、處理妨害公務案件

十七、查處賭博案件

十八、偵辦金融電信人頭帳戶詐欺案件管轄

十九、查處毒品案件

二十、取締疑似施用毒品後駕車

廿一、受理汽機車及動力機械車失竊（含車牌失竊）案件

廿二、受理竊車勒贖案件

廿三、受理竊盜案件

廿四、查（尋）獲汽機車及動力機械車失竊（含車牌失竊）案件

廿五、查獲一般竊盜案件

廿六、查獲贓物

廿七、處理權利車案件

廿八、處理當舖業收當「疑似贓物」案件標準

廿九、兒童少年出入妨害身心健康不當場所勸導案件

三十、執行中輟學生查訪

卅一、偵辦詐騙案件警示帳戶個資及被害人筆錄快速調閱

卅二、受理詐騙案件登錄「警察電信金融聯防平臺（165 反詐騙系統平
　　　臺）」

卅三、受理事涉兩岸刑事案件

卅四、大陸地區人民在臺遭受人身自由限制通報

卅五、我國人民在大陸地區遭受人身自由限制或非病死或可疑為非病死
　　　案件通報

卅六、受理民眾交存拾得遺失物

卅七、通知刑案辯護人到場

卅八、詢問犯罪嫌疑人

卅九、執行犯罪關係人通知書證人通知書違反社會秩序維護法案件通知
　　　書送達

四十、執行司法文書送達

四一、執行搜索扣押

四二、執行訴訟文書寄存送達

四三、執行職務使用槍械

四四、處理社會秩序維護法案件

四五、警察機關通知法律扶助機構指派律師到場辯護

四六、辦理疑似病死案件相驗

四七、協助取締地下通匯案件查處

四八、協助取締私（劣）菸（酒）查處

四九、協助取締走私案件查處

五十、協助取締偽造國幣（新臺幣）案件

五一、協助查處盜採砂石案件

五二、協助取締違反公平交易案件查處

五三、協助取締違反智慧財產權案件查處

五四、協助取締違法油品案件查處

五五、協助取締濫墾林地山坡地及盜伐濫伐林木案件查處

五六、偵辦重利罪案件查處

五七、偵辦債務催收業違法討債案件查處

五八、去氧核醣核酸採樣

五九、執行提審法告知及解交

六十、協助取締洗錢犯罪案件查處

六一、公開揭露詐欺車手供民眾檢舉

六二、詐欺案件金流查緝

六三、協助處理違反食品安全衛生管理法案件

六四、協助處理違反藥事法案件

六五、挾持人質事件危機處理與談判

六六、偵辦疑似隨機殺人或傷害案件

六七、刑案處理作業程序

六八、執行扣押

六九、警察人員出庭作證及應訊

七十、警察機關處理原住民從事傳統文化祭儀行為涉嫌違法案件

七一、警察機關辦理模擬槍鑑驗

七二、警察機關運用警犬執勤

七三、聚眾強暴脅迫案件處置

七四、因應嚴重特殊傳染性肺炎執行違反社會秩序維護法拘留罰

七五、偵處「嚴重特殊傳染性肺炎防治及紓困振興特別條例」刑責案件

七六、因應嚴重特殊傳染性肺炎辦理候詢工作

玖・資訊類

「警察機關分駐（派出）所常用勤務」中，屬於「資訊類」的主要包括 1 項：警察機關資安事件處理。

第四節　執行職務應具備核心職能例證

150 項勤務工作的「執行程序」，怎會是執行職務應具備之核心職能？前已說明，內政部警政署依據《警察勤務條例》第 11 條規定之警察勤務方式：「勤區查察、巡邏、臨檢、守望、值班、備勤」，訂定之「警察機關分駐（派出）所常用勤務執行程序」，確實將警察機關分駐（派出）所的勤務工作應具備之核心職能分項、分點羅列於其中。

在各項常用勤務執行程序中，先將勤務執行的法規依據一一條列，而後繪製整個勤務執行程序的每一步驟，並於每一步驟中，再一一條列應進行的動作與應注意事項，整個內容，就是該項勤務執行應具備的核心職能，整個加總，便彙集成我國警察組織基層人員執行職務應具備之核心職能。

　　本節謹以各警察機關最基本的、街頭執法最常見的三項勤務執行態樣為例：「執行巡邏勤務中盤查盤檢人車」、「執行路檢攔檢身分查證」、「執行臨檢場所身分查證」，內政部警政署 2020 年 12 月 4 日最新修正下達的標準作業流程作一說明。[9]

壹、例證一：執行巡邏勤務中盤查盤檢人車

　　有關內政部警政署 2020 年 12 月 04 日修正下達的「執行巡邏勤務中盤查盤檢人車作業程序」，請參圖 5-1。

---

[9] 警察機關分駐（派出）所勤務工作每一態樣的標準作業程序，亦會因國家政策、社會需求，隨時調整。

執行巡邏勤務中盤查盤檢人車作業程序（2020.12.09）

（第一頁，共五頁）

一、依據：
（一）警察職權行使法第三條、第四條、第六條至第八條及第二十九條。
（二）警察勤務條例第十一條第二款。
（三）司法院釋字第五三五號解釋。
（四）提審法第二條及第十一條。
（五）傳染病防治法。
（六）嚴重特殊傳染性肺炎防治及紓困振興特別條例。
（七）身心障礙者權利公約施行法。

二、分駐（派出）所流程：

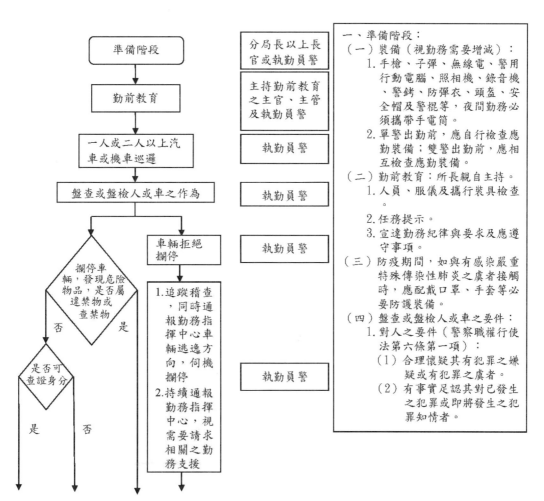

流程	權責人員	作業內容

流程／權責人員圖表內容：

準備階段 ── 分局長以上長官或執勤員警

勤前教育 ── 主持勤前教育之主官、主管及執勤員警

一人或二人以上汽車或機車巡邏 ── 執勤員警

盤查或盤檢人或車之作為 ── 執勤員警

車輛拒絕攔停 ── 執勤員警

攔停車輛，發現危險物品，是否屬違禁物或查禁物（否／是）

是否可查證身分（是／否）

1.追蹤稽查，同時通報勤務指揮中心車輛逃逸方向，伺機攔停
2.持續通報勤務指揮中心，視需要請求相關之勤務支援 ── 執勤員警

作業內容：

一、準備階段：
（一）裝備（視勤務需要增減）：
　　1.手槍、子彈、無線電、警用行動電腦、照相機、錄音機、警銬、防彈衣、頭盔、安全帽及警棍等，夜間勤務必須攜帶手電筒。
　　2.單警出勤前，應自行檢查應勤裝備；雙警出勤前，應相互檢查應勤裝備。
（二）勤前教育：所長親自主持。
　　1.人員、服儀及攜行裝具檢查。
　　2.任務提示。
　　3.宣達勤務紀律與要求及應遵守事項。
（三）防疫期間，如與有感染嚴重特殊傳染性肺炎之虞者接觸時，應配戴口罩、手套等必要防護裝備。
（四）盤查或盤檢人或車之要件：
　　1.對人之要件（警察職權行使法第六條第一項）：
　　　（1）合理懷疑其有犯罪之嫌疑或有犯罪之虞者。
　　　（2）有事實足認其對已發生之犯罪或即將發生之犯罪知情者。

（下頁續）

（續）執行巡邏勤務中盤查盤檢人車作業程序
（第二頁，共五頁）

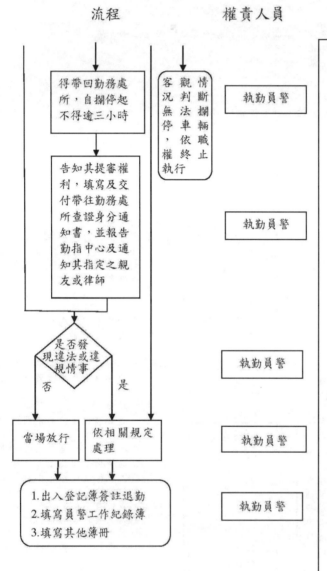

流程	權責人員	作業內容

（3）有事實足認為防止其本人或他人生命、身體之具體危害，有查證其身分之必要者。

（4）滯留於有事實足認有陰謀、預備、著手實施重大犯罪或有人犯藏匿之處所者。

（5）滯留於應有停（居）留許可之處所，而無停（居）留許可者。

（6）行經指定公共場所、路段及管制站者。

2.對交通工具之要件（警察職權行使法第八條）：

（1）已發生危害。

（2）依客觀、合理判斷易生危害。

（3）有事實足認駕駛人或乘客有犯罪之虞者。

二、執行階段：

（一）巡邏中應隨時注意勤務中各警網通訊代號，並瞭解其實際位置，必要時，呼叫請求支援。

（二）行車途中應注意沿途狀況，遇有可疑徵候時，依刑事訴訟法等相關法令規定，實施必要之偵查，並將狀況隨時報告勤務指揮中心。

（三）遇可疑人或車，實施盤查時，得採取必要措施予以攔停，並詢問基本資料或令出示證明文件；有明顯事實足認有攜帶傷害生命身體之物，得檢查身體及所攜帶之物。

流程方塊內容：
- 得帶回勤務處所，自攔停起不得逾三小時
- 告知其提審權利，填寫及交付帶往勤務處所查證身分通知書，並報告勤指中心及通知其指定之親友或律師
- 是否發現違法或違規情事　否／是
- 當場放行
- 依相關規定處理
- 1.出入登記簿簽註退勤　2.填寫員警工作紀錄簿　3.填寫其他簿冊
- 情斷攔職止觀判法車依終執行　客況無停，權執行

權責人員（各欄）：執勤員警

（下頁續）

（續）執行巡邏勤務中盤查盤檢人車作業程序

（第三頁，共五頁）

流程　　　　　　權責人員　　　　　作業內容

（四）受盤查人未攜帶身分證件或拒絕出示身分證件或出示之身分證件顯與事實不符，而無從確定受檢人身分時，得帶往警察局、分局或分駐所、派出所查證，且其時間自攔停起，不得逾三小時，並應即報告勤務指揮中心。

（五）告知其提審權利，填寫及交付帶往勤務處所查證身分通知書，並通知受盤查人及其指定之親友或律師。

（六）受盤查人當場陳述理由，表示異議：
　1.異議有理由：立即停止，當場放行；或更正執行行為。
　2.異議無理由：繼續執行。
　3.受盤查人請求時，填寫警察行使職權民眾異議紀錄表一式三聯，第一聯由受盤查人收執、第二聯由執行單位留存、第三聯送上級機關。

（七）遇攔停車輛駕駛人拒絕停車受檢時，經員警以口頭、手勢、哨音或開啟警鳴器方式攔阻，仍未停車者，得以追蹤稽查方式，俟機攔停；必要時，通報勤務指揮中心請求支援，避免強行攔檢，以確保自身安全。

（八）客觀情況判斷無法攔停車輛時，依警察職權行使法第三條第二項終止執行，並依車牌號碼等特徵通知車輛所有人到場說明。

（九）檢查證件時，檢查人員應以眼睛餘光監控受檢查人。發現受檢人係通緝犯或現行犯，應依刑事訴訟法規定拘提或逮捕之。防疫期間，現場行為人涉有犯罪嫌疑，為現行犯或準現行犯逮捕時，依據本署一百零九年二月二十七日警署刑偵字第一○九○○○一一○七號函辦理。

（下頁續）

（續）執行巡邏勤務中盤查盤檢人車作業程序

（第四頁，共五頁）

流程	權責人員	作業內容

（十）防疫期間，到場後始知悉現場有嚴重特殊傳染性肺炎者（下稱罹患者），應即通報勤務指揮中心調派防護衣等必要防護裝備到場。

（十一）遇有衝突或危險情況升高時，應手護槍套；必要時，拔出槍枝，開保險，槍口向下警戒，使用槍械應符合警械使用條例、警察人員使用槍械規範之規定及用槍比例原則。

（十二）逮捕現行犯，遇有抗拒時，先上手銬後附帶搜索其身體、隨身攜帶之物件、所使用之交通工具及其立即可觸及之處所。查獲違禁物或查禁物時，應分別依刑法、刑事訴訟法或社會秩序維護法等相關規定處理。

（十三）緝獲犯罪嫌疑人，應回報勤務指揮中心請求支援，禁止以機車載送犯罪嫌疑人，以保障執勤員警安全。

（十四）防疫期間，現場行為人為罹患者、疑似罹患者或違反居家隔離、居家檢疫者，於勤務結束後，應清潔消毒應勤裝備，以保持衛生安全。

三、分局流程：無。

四、使用表單：
（一）巡邏簽章表。
（二）員警出入登記簿。
（三）員警工作紀錄簿。
（四）警察行使職權民眾異議紀錄表。
（五）帶往勤務處所查證身分通知書

五、注意事項：
（一）有關應勤裝備，應依下列規定攜帶：
1.械彈攜行：依勤務類別，攜帶應勤械彈，並符合械彈領用規定。
2.依內政部警政署（以下簡稱本署）函頒警察人員執行勤務著防彈衣及戴防彈頭盔規定，執行巡邏勤務著防彈衣及戴防彈頭盔規定如下：
（1）汽車巡邏：車內及車外均著防彈衣；防彈頭盔置於隨手可取之處，下車執勤時，由帶班人員視治安狀況決定戴防彈頭盔或勤務帽。
（2）機車巡邏：
a.防彈頭盔部分：戴安全帽，不戴防彈頭盔；執行特殊勤務時，由分局長視治安狀況決定。
b.防彈衣部分：日間（八時至十八時）由分局長視天候及治安狀況決定；夜間應著防彈衣。
（3）徒步或腳踏車巡邏：由分局長視天候及治安狀況決定。但執勤時發現可疑情事，應適時通報勤務指揮中心處理。

（下頁續）

（續）執行巡邏勤務中盤查盤檢人車作業程序

（第五頁，共五頁）

（二）依據警察職權行使法第四條規定：警察行使職權時，應著制服或出示證件表明身分，並應告知事由。警察未依前項規定行使職權者，人民得拒絕之。

（三）警察依據警察職權行使法第六條規定攔檢民眾查證身分時，民眾未攜帶證件或拒不配合表明身分，執行員警得透過查詢車牌號碼、警用電腦或訪談週邊人士等方法查證該民眾身分，仍無法查證時，或於現場繼續執行恐有不利影響或有妨礙交通、安寧者，得依據同法第七條第二項規定帶往勤務處所查證身分，帶往時非遇抗拒不得使用強制力，其時間自攔停起不得逾三小時，並應即向勤務指揮中心報告及通知其指定親友或律師。

（四）警察執行帶往勤務處所查證身分措施適用提審法之規定，乃在踐行提審法第二條所定之法律告知事項，其未告知者，依提審法第十一條第一項規定，得科新臺幣十萬元以下罰金。

（五）依據警察職權行使法第七條及第八條規定，對於已發生危害或依客觀合理判斷易生危害之交通工具，得予以攔停並檢查引擎、車身號碼或其他足資識別之特徵，遇駕駛人或乘客有異常舉動，警察合理懷疑其將有危害行為時，得強制其離車。因此，為維護執勤員警及公眾安全，要求駕駛人熄火離車，符合警察職權行使法第三條之比例原則。

（六）警察為落實身心障礙者權利公約及人權保障，執行盤查或盤檢時，應注意下列事項：

1. 發現受盤查人為身心障礙者時，應使用其可以理解之用語詢問及溝通，應對指南及行為建議可參考本署一百零九年十一月二十六日警署行字第一〇九〇一五九八九九號函發「警察人員執行盤查或盤檢時，對各種精神或心智障礙病症認知及對自閉症患者應對資料」，如對前述疑似患者之辨識或溝通窒礙難行時，得請求衛生或醫療主管機關協助。

2. 得主動告知法律服務等團體提供之協助；如有必要，可轉介社政機關或社會福利機構，以提供社會救助。

資料來源：內政部警政署警政知識聯網/「警察機關分駐（派出）所常用勤務執行程序」/行政組

圖 5-1　執行巡邏勤務中盤查盤檢人車作業程序圖

貳、例證二：執行路檢攔檢身分查證

有關內政部警政署 2020 年 12 月 04 日修正下達的「執行路檢攔檢身分查證作業程序」，請參圖 5-2。

執行路檢攔檢身分查證作業程序 （2020.12.04）

（第一頁，共七頁）

一、依據：

（一）警察職權行使法第三條、第四條、第六條至第八條及第二十九條。

（二）警察勤務條例第十一條第三款。

（三）司法院釋字第五三五號解釋。

（四）道路交通管理處罰條例。

（五）提審法第二條及第十一條。

（六）傳染病防治法。

（七）嚴重特殊傳染性肺炎防治及紓困振興特別條例。

（八）身心障礙者權利公約施行法。

二、分駐（派出）所流程：

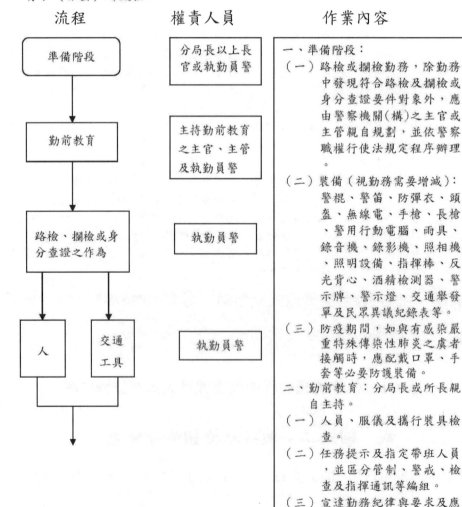

流程	權責人員	作業內容
準備階段	分局長以上長官或執勤員警	一、準備階段：
勤前教育	主持勤前教育之主官、主管及執勤員警	（一）路檢或攔檢勤務，除勤務中發現符合路檢及攔檢或身分查證要件對象外，應由警察機關(構)之主官或主管親自規劃，並依警察職權行使法規定程序辦理。
路檢、攔檢或身分查證之作為	執勤員警	（二）裝備（視勤務需要增減）：警棍、警笛、防彈衣、頭盔、無線電、手槍、長槍、警用行動電腦、雨具、錄音機、錄影機、照相機、照明設備、指揮棒、反光背心、酒精檢測器、警示牌、警示燈、交通舉發單及民眾異議紀錄表等。
人　交通工具	執勤員警	（三）防疫期間，如與有感染嚴重特殊傳染性肺炎之虞者接觸時，應配戴口罩、手套等必要防護裝備。

二、勤前教育：分局長或所長親自主持。

（一）人員、服儀及攜行裝具檢查。

（二）任務提示及指定帶班人員，並區分管制、警戒、檢查及指揮通訊等編組。

（三）宣達勤務紀律與要求及應遵守事項。

（下頁續）

（續）執行路檢攔檢身分查證作業程序

（第二頁，共七頁）

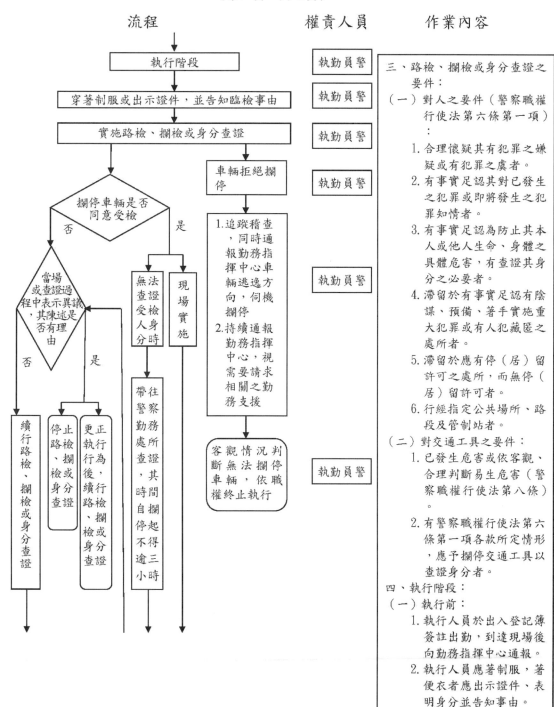

流程　　　　　　　權責人員　　　　作業內容

| | 執勤員警 | 三、路檢、攔檢或身分查證之要件： |

（下頁續）

（續）執行路檢攔檢身分查證作業程序

（第三頁，共七頁）

流　程	權責人員	作業內容

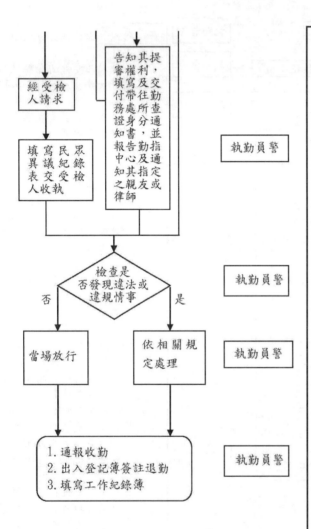

（二）執行中：

1. 受路檢、攔檢或身分查證人同意：

   （1）實施現場路檢、攔檢或身分查證。

   （2）受檢人未攜帶身分證件或拒絕出示身分證件或出示之身分證件顯與事實不符，而無從確定受檢人身分時，帶往警察局、分局或分駐所、派出所查證，並應即報告勤務指揮中心。

   （3）帶往勤務處所查證身分時，非遇抗拒不得使用強制力，且其時間自攔停起，不得逾三小時。

   （4）告知其提審權利，填寫及交付帶往勤務處所查證身分通知書，並通知受檢人及其指定之親友或律師。

   （5）受檢人雖同意受檢，於查證身分過程中，復對警察查證身分職權措施不服，並當場陳述理由表示異議，相關程序與不同意受檢程序相同，依警察職權行使法第二十九條第二項規定辦理。

   （6）防疫期間，到場後始知悉現場有嚴重特殊傳染性肺炎者（下稱罹患者），應即通報勤務指揮中心調派防護衣等必要防護裝備到場。

（下頁續）

（續）執行路檢攔檢身分查證作業程序

（第四頁，共七頁）

流　程　　　　　　權責人員　　　　　作業內容

2. 受路檢、攔檢或身分查證人不同意時，當場陳述理由，表示異議：
   (1) 異議有理由：停止路檢、攔檢或身分查證，當場放行；或更正執行行為後，續行路檢、攔檢或身分查證。
   (2) 異議無理由：續行路檢、攔檢或身分查證，執行程序與同意受檢相同。
   (3) 受檢人請求時，填寫警察行使職權民眾異議紀錄表一式三聯，第一聯由受檢人收執、第二聯由執行單位留存、第三聯送上級機關。
   (4) 自攔停起不得逾三小時。
3. 帶往勤務處所查證身分，受檢人為居家隔離或居家檢疫者：
   (1) 要求其配戴口罩。
   (2) 通知衛生機關派遣救護車協送帶回警察機關（如實際上未能支援者，事後須注意勤務車輛之清潔消毒）。
   (3) 至勤務處所適當地方查證身分。
   (4) 違反居家隔離、檢疫行政罰鍰行為部分，並通知衛生機關裁處。
4. 受路檢、攔檢或身分查證人為罹患嚴重特殊傳染性肺炎者，依傳染病防治法、嚴重特殊傳染性肺炎防治及紓困振興特別條例及本署一百零九年二月二十七日警署刑偵字第一〇九〇〇〇一一〇七號函辦理。

（下頁續）

（續）執行路檢攔檢身分查證作業程序

（第五頁，共七頁）

流　　程　　　　　　　權責人員　　　　　　　作業內容

> 5. 經員警以口頭、手勢、哨音或開啟警鳴器方式攔阻，仍未停車者，得以追蹤稽查方式俟機攔停；必要時，通報勤務指揮中心請求支援。
>
> 6. 客觀情況判斷無法攔停車輛時，依警察職權行使法第三條第二項終止執行。
>
> 7. 執行結果：
>
> （1）身分查明後，未發現違法或違規情事者，當場放行。
>
> （2）發現違法或違規情事者，依相關規定處理（例如：發現受檢人違反刑事法案件，應即依刑事訴訟法規定執行，並告知其刑事訴訟法第九十五條第一項各款之訴訟權利）。
>
> （3）防疫期間，現場行為人涉有犯罪嫌疑，為現行犯或準現行犯逮捕時，依據本署一百零九年二月二十七日警署刑偵字第一〇九〇〇〇一一〇七號函辦理。
>
> 五、執行結束之處置：
>
> （一）現場之處置：
>
> 1. 清點人員及服勤裝備。
>
> 2. 向勤務指揮中心通報收勤。
>
> （二）返所後之處置：
>
> 1. 執行人員於出入登記簿簽註退勤。
>
> 2. 處理情形應填寫於工作紀錄簿。
>
> （三）防疫期間，現場行為人為罹患者、疑似罹患者或違反居家隔離、居家檢疫者，於勤務結束後，應清潔消毒應勤裝備，以保持衛生安全。

三、分局流程：無。

四、使用表單：

（下頁續）

（續）執行路檢攔檢身分查證作業程序

（第六頁，共七頁）

（一）員警出入登記簿。
（二）員警工作紀錄簿。
（三）警察行使職權民眾異議紀錄表。
（四）帶往勤務處所查證身分通知書。

五、注意事項：

（一）參考內政部警政署（以下簡稱本署）九十六年七月六日警署行字第○九六
　　　○○九五一五七號函頒提升路檢盤查效能策進作法。

（二）路檢或攔檢勤務，除勤務中發現符合路檢或攔檢要件之對象外，其餘路檢
　　　或攔檢，應由警察分局長以上長官指定。

（三）應勤裝備攜帶規定：
　　1. 械彈攜行：依勤務類別，攜帶應勤械彈，並符合械彈領用規定。
　　2. 依本署一百零三年三月二十五日警署行字第一○三○○七四○七八號函頒
　　　警察人員執行勤務著防彈衣及戴防彈頭盔規定第三點規定：
　　　（1）汽車巡邏：車內及車外執勤人員均著防彈衣；防彈頭盔置於隨手可取
　　　　　之處，下車執勤時，由帶班人員視治安狀況決定戴防彈頭盔或勤務帽
　　　　　。
　　　（2）機車巡邏：
　　　　　a. 防彈頭盔部分：戴安全帽，不戴防彈頭盔；如執行特殊勤務時，由
　　　　　　分局長視治安狀況決定。
　　　　　b. 防彈衣部分：日間（八時至十八時）由分局長視天候及治安狀況決
　　　　　　定；夜間應著防彈衣。

（四）依據警察職權行使法第四條規定：警察行使職權時，應著制服或出示證件
　　　表明身分，並應告知事由。警察未依前項規定行使職權者，人民得拒絕之
　　　。

（五）警察依據警察職權行使法第六條規定攔檢民眾查證身分時，民眾未攜帶證
　　　件或拒不配合表明身分，執行員警仍得透過查詢車牌號碼、查詢警用電腦
　　　、訪談週邊人士等方法查證該民眾身分，仍無法查證時，或於現場繼續執
　　　行恐有不利影響或有妨礙交通、安寧者，得依據同法第七條第二項規定帶
　　　往勤務處所查證身分，帶往時非遇抗拒不得使用強制力，其時間自攔停起
　　　不得逾三小時，並應即向勤務指揮中心報告及通知其指定親友或律師。

（六）警察執行帶往勤務處所查證身分措施適用提審法之規定，乃在踐行提審法
　　　第二條所定之法律告知事項，其未告知者，依提審法第十一條第一項規定
　　　，得科新臺幣十萬元以下罰金。

（七）依據警察職權行使法第七條及第八條規定，對於已發生危害或依客觀合理
　　　判斷易生危害之交通工具，得予以攔停並檢查引擎、車身號碼或其他足資
　　　識別之特徵，遇駕駛人或乘客有異常舉動，警察合理懷疑其將有危害行為
　　　時，得強制其離車。因此，為維護執勤員警及公眾安全，要求駕駛人熄火
　　　離車，符合警察職權行使法第三條之比例原則。

（下頁續）

（續）執行路檢攔檢身分查證作業程序

（第七頁，共七頁）

（八）警察為落實身心障礙者權利公約及人權保障，執行盤查或盤檢時，應注意下列事項：

1. 發現受盤查人為身心障礙者時，應使用其可以理解之用語詢問及溝通，應對指南及行為建議可參考本署一百零九年十一月二十六日警署行字第一〇九〇一五九八九九號函發「警察人員執行盤查或盤檢時，對各種精神或心智障礙病症認知及對自閉症患者應對資料」，如對前述疑似患者之辨識或溝通窒礙難行時，得請求衛生或醫療主管機關協助。

2. 得主動告知法律服務等團體提供之協助；如有必要，可轉介社政機關或社會福利機構，以提供社會救助。

資料來源：內政部警政署警政知識聯網/「警察機關分駐（派出）所常用勤務執行程序」/行政組

圖 5-2　執行路檢攔檢身分查證作業程序圖

參、例證三：執行臨檢場所身分查證

有關內政部警政署 2020 年 12 月 09 日修正下達的「執行路檢攔檢身分查證作業程序」，請參圖 5-3。

執行臨檢場所身分查證作業程序　　（2020.04.13）

（第一頁，共五頁）

一、依據：
（一）警察職權行使法第三條、第四條、第六條、第七條及第二十九條。
（二）警察勤務條例第十一條第三款。
（三）司法院釋字第五三五號解釋。
（四）提審法第二條及第十一條。
（五）傳染病防治法。
（六）嚴重特殊傳染性肺炎防治及紓困振興特別條例。
（七）身心障礙者權利公約施行法。

二、分駐（派出）所流程：

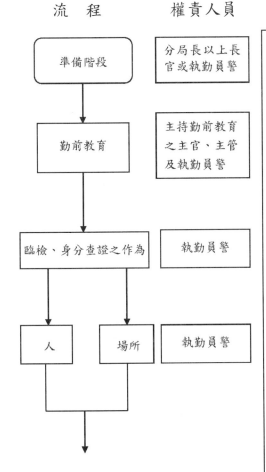

流　程	權責人員	作業內容
準備階段	分局長以上長官或執勤員警	一、準備階段： （一）除勤務中發現符合臨檢、身分查證要件對象外，應由警察機關(構)主官或主管親自規劃，並依警察職權行使法規定程序辦理。 （二）裝備（視勤務需要增減）：警棍、警笛、防彈衣、頭盔、無線電、手槍、長槍、警用行動電腦、錄音機、錄影機、照相機、照明設備、反光背心、臨檢紀錄表、民眾異議紀錄表等。 （三）防疫期間，如與有感染嚴重特殊傳染性肺炎之虞者接觸時，應配戴口罩、手套等必要防護裝備。
勤前教育	主持勤前教育之主官、主管及執勤員警	二、勤前教育：主官或主管親自主持。 （一）人員、服儀、攜行裝具等之檢查。 （二）任務提示、編組分工及指定帶班人員：區分為管制、警戒、盤查、檢查、蒐證、解送人犯等。 （三）宣達勤務紀律與要求及應遵守事項。
臨檢、身分查證之作為	執勤員警	三、臨檢、身分查證要件： （一）對人之要件：（警察職權行使法第六條第一項） 　1.合理懷疑有犯罪之嫌疑或有犯罪之虞。 　2.有事實足認對已發生之犯罪或即將發生之犯罪知情。 　3.有事實足認為防止其本人或他人生命、身體之具體危害，有查證身分之必要。
人　場所	執勤員警	

（下頁續）

（續）執行臨檢場所身分查證作業程序

（第二頁，共五頁）

流　程	權責人員	作業內容

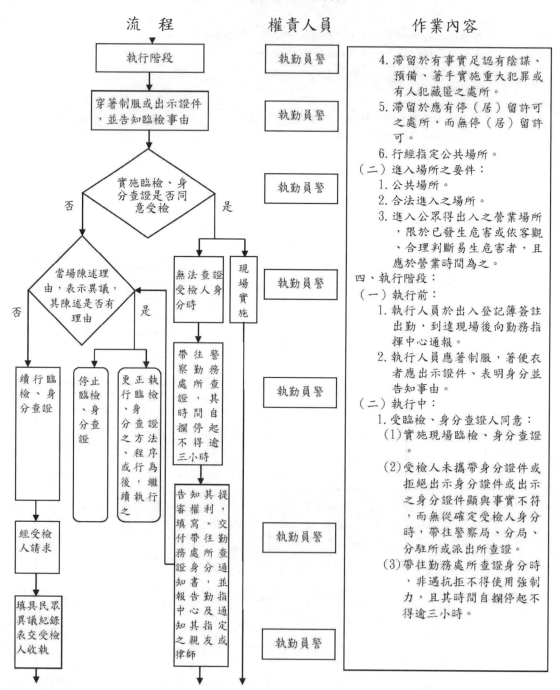

流程（左欄）：

執行階段

穿著制服或出示證件，並告知臨檢事由

實施臨檢、身分查證是否同意受檢　（否／是）

當場陳述理由，表示異議，其陳述是否有理由　（否／是）

無法查證受檢人身分時

現場實施

續行臨檢、身分查證

停止臨檢、身分查證

更行、分之、或後續之

執正臨檢、身分查證方程序，繼行執之

帶察處證時間攔不三小時

警務查其自起逾往勤所，間停得

提交勤查通並指往所定或帶處分，勤及指友書告心其親知之律師

告審填付務證知中知之

經受檢人請求

填具民眾異議紀錄表交受檢人收執

告知其利、寫帶處身書報告知心其親之律師

權責人員（中欄）：執勤員警（重複多次）

作業內容（右欄）：

4. 滯留於有事實足認有陰謀、預備、著手實施重大犯罪或有人犯藏匿之處所。

5. 滯留於應有停（居）留許可之處所，而無停（居）留許可。

6. 行經指定公共場所。

（二）進入場所之要件：

1. 公共場所。

2. 合法進入之場所。

3. 進入公眾得出入之營業場所，限於已發生危害或依客觀、合理判斷易生危害者，且應於營業時間為之。

四、執行階段：

（一）執行前：

1. 執行人員於出入登記簿簽註出勤，到達現場後向勤務指揮中心通報。

2. 執行人員應著制服，著便衣者應出示證件、表明身分並告知事由。

（二）執行中：

1. 受臨檢、身分查證人同意：

（1）實施現場臨檢、身分查證。

（2）受檢人未攜帶身分證件或拒絕出示身分證件或出示之身分證件顯與事實不符，而無從確定受檢人身分時，帶往警察局、分局、分駐所或派出所查證。

（3）帶往勤務處所查證身分時，非遇抗拒不得使用強制力，且其時間自攔停起不得逾三小時。

（下頁續）

（續）執行臨檢場所身分查證作業程序

（第三頁，共五頁）

流　程	權責人員	作業內容

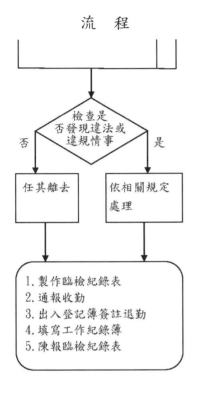

執勤員警

執勤員警

執勤員警

　(4)告知其提審權利，填寫及交付帶往勤務處所查證身分通知書並通知受檢人及其指定之親友或律師。
　(5)報告勤務指揮中心。
　(6)受檢人雖同意受檢，於查證身分過程中復對警察查證身分職權措施不服，並當場陳述理由表示異議，相關程序與不同意受檢程序相同，依警察職權行使法第二十九條第二項規定辦理。
2.受臨檢、身分查證人不同意時，當場陳述理由，表示異議：
　(1)異議有理由：停止臨檢、身分查證，任其離去；或更正執行臨檢、身分查證之方法、程序或行為後，繼續執行之。
　(2)異議無理由：續行臨檢、身分查證，執行程序與同意受檢相同。
　(3)受檢人請求時，填具警察行使職權民眾異議紀錄表一式三聯，第一聯由受臨檢、身分查證人收執、第二聯由執行單位留存、第三聯送上級機關。
3.防疫期間，到場後始知悉現場有嚴重特殊傳染性肺炎者（下稱罹患者），應即通報勤務指揮中心調派防護衣等必要防護裝備到場。
4.帶往勤務處所查證身分，受檢人為居家隔離或居家檢疫者：
　(1)要求其配戴口罩。
　(2)通知衛生機關派遣救護車協送帶回警察機關（如實際上未能支援者，事後須注意勤務車輛之清潔消毒）。

（下頁續）

（續）執行臨檢場所身分查證作業程序

（第四頁，共五頁）

流　程	權責人員	作業內容

作業內容：

　（3）至勤務處所適當地方查證身分。

　（4）違反居家隔離或居家檢疫行政罰鍰行為部分，並通知衛生機關裁處。

5. 受臨檢、身分查證人為罹患者，依傳染病防治法、嚴重特殊傳染性肺炎防治及紓困振興特別條例及本署一百零九年二月二十七日警署刑偵字第一〇九〇〇一一〇七號函辦理。

（三）執行後：

1. 身分查明後，未發現違法或違規情事，任其離去。

2. 發現違法或違規情事，依相關規定處理（例如：發現受檢人違反刑事法案件，應即轉換依刑事訴訟法規定執行，並告知其刑事訴訟法第九十五條第一項各款訴訟權利）。

3. 防疫期間，現場行為人涉有犯罪嫌疑，為現行犯或準現行犯逮捕時，依據本署一百零九年二月二十七日警署刑偵字第一〇九〇〇一一〇七號函辦理。

五、執行結束之處置：

（一）現場之處置：

1. 實施營業場所臨檢時，製作臨檢紀錄表，請在場負責人、使用人等簽章，執行人員逐一簽名。

2. 清點人員、服勤裝備。

3. 向勤務指揮中心通報收勤。

（二）返所後之處置：

1. 執行人員於出入登記簿簽註退勤。

2. 有違法案件時，臨檢紀錄表併案陳報。

3. 未查獲違法案件時，臨檢紀錄表應逐日簽陳主官或主管核閱。

4. 處理情形應填寫於工作紀錄簿。

（下頁續）

（續）執行臨檢場所身分查證作業程序

（第五頁，共五頁）

流　程　　　　權責人員　　　　作業內容

三、分局流程：無。

四、使用表單：

（一）臨檢紀錄表。

（二）員警工作紀錄簿。

（三）警察行使職權民眾異議紀錄表。

（四）帶往勤務處所查證身分通知書。

> （三）防疫期間，現場行為人為罹患者、疑似罹患者或違反居家隔離、居家檢疫者，於勤務結束後，應清潔清毒應勤裝備，以保持衛生安全。

五、注意事項：

（一）臨檢勤務除勤務中發現符合臨檢要件之對象外，其餘臨檢應由警察分局長以上長官指定。

（二）依內政部警政署（以下簡稱警政署）一百零三年三月二十五日警署行字第一〇三〇〇七四〇七八號函頒警察人員執行勤務著防彈衣及戴防彈頭盔規定第四點規定：執行臨檢勤務應著防彈衣；是否戴防彈頭盔，由分局長視臨檢對象及治安狀況決定。

（三）依據警察職權行使法第四條規定：警察行使職權時，應著制服或出示證件表明身分，並應告知事由。警察未依前項規定行使職權者，人民得拒絕之。

（四）警察依據警察職權行使法第六條規定攔檢民眾查證身分時，民眾未攜帶證件或拒不配合表明身分，執行員警仍得透過查詢警用電腦、訪談週邊人士等方法查證該民眾身分，仍無法查證時，或於現場繼續執行恐有不利影響，得依據同法第七條第二項規定帶往勤務處所查證身分，帶往時非遇抗拒不得使用強制力，其時間自攔停起不得逾三小時，並應即向勤務指揮中心報告及通知其指定親友或律師。

（五）警察執行帶往勤務處所查證身分措施適用提審法之規定，乃在踐行提審法第二條所定之法律告知事項，其未告知者，依提審法第十一條第一項規定，得科新臺幣十萬元以下罰金。

（六）警察為落實身心障礙者權利公約及人權保障，執行盤查或盤檢時，應注意下列事項：

　　1.發現受盤查人為身心障礙者時，應使用其可以理解之用語詢問及溝通，應對指南及行為建議可參考本署一百零九年十一月二十六日警署行字第一〇九〇一五九八九九號函發「警察人員執行盤查或盤檢時，對各種精神或心智障礙病症認知及對自閉症患者應對資料」，如對前述疑似患者之辨識或溝通窒礙難行時，得請求衛生或醫療主管機關協助。

　　2.得主動告知法律服務等團體提供之協助；如有必要，可轉介社政機關或社會福利機構，以提供社會救助。

資料來源：內政部警政署警政知識聯網/「警察機關分駐（派出）所常用勤務執行程序」/行政組

圖 5-3　執行臨檢場所身分查證作業程序圖

第五節 「核心職能研究」的研究結果與發現

「核心職能研究」的研究期程為 2010 年至 2011 年，當時分別辦理了「基層警察工作應具備之核心價值與職能」座談會、「警察組織基層人員核心職能」訪談，以及「從事基層警察工作應具備的核心能力」問卷調查。

謹將本部分的研究結果與發現分為三個單元詳述於后。

壹、「基層警察工作應具備之核心價值與職能」座談會

2010 年 12 月 18 日於警察專科學校樹人樓 10 樓國際會議廳所舉辦的「2010 行政警察實務與學術研討會」中，即以「基層警察工作應具備之核心價值與職能」為議題，舉辦了 90 分鐘（14 時 10 分至 15 時 40 分）的座談會。

座談會是由時任警察專科學校教育長（副校長）的戴天岳先生與當時兼任行政警察科主任的馬心韻女士（即「核心職能研究」的計畫主持人、研究執行人、本書撰寫人）共同主持；另邀請嫻熟分駐（派出）所勤務執行人士共 5 人與會座談。

5 位受邀與談人士分別為：A 時任直轄市政府警察局副分局長、B 時任直轄市政府警察局副分局長、C 時任直轄市政府警察局巡官、D 時任警察專科學校組員（曾任縣政府警察局派出所所長）、E 時任縣政府警察局派出所副所長。

一、座談會提綱

本次座談會舉辦前，主辦單位警察專科學校擬定提綱，寄送各與談

人員先行準備。

（一）從事基層警察工作，究竟應具備那些「專業知識與能力」（專業職
　　　能）。

（二）身為基層警察人員，究竟應具備那些「核心價值」？

（三）必須具備那些要件，才能成為「適格」、「適任」的基層警察人員？

（四）為了重新規劃基層警察人員培訓課程，我們試擬了一份三階段，
　　　18個月的「三明治培訓」計畫，請給我們一些意見。

二、與談人員初步共識

　　這場「基層警察工作應具備之核心價值與職能」座談會，邀請嫻熟
分駐（派出）所勤務執行人士共5人與會座談，有3位為當時現任或曾
任警察組織基層人員，另2位為當時現任的分局長或副分局長。

　　綜合與會者所有的發言，我們發現，內容海闊天空、包羅萬象。基
本上，從與談人員的陳述，或可歸納出以下幾個結論：

（一）可以肯定：培訓適格·適任的基層警察人員，旨在「使其具有從事
　　　基層警察工作應具備之核心能力」。

（二）可以認同：「基層警察工作應具備之核心能力」是「具有擔任第一
　　　線、24小時輪值之基層警察人員工作的能力」。

（三）對何謂「擔任第一線、24小時輪值之基層警察人員工作的能力」？
　　　　則是「各自表述」：

　　　1、認為「具有執行『勤區查察、巡邏、臨檢、守望、值班、備勤』
　　　　　等勤務方式的能力」為理所當然，因為那是法律－《警察勤務
　　　　　條例》第11條的規定。

　　　2、至於「基層警察人員工作」如何執行？則內政部警政署訂頒之

「警察機關基層分駐（派出）所常用勤務」7 大類 128 項[10]，因為那是勤務執行程序（SOP），所以當然必須嫺熟。

當然，各與談人員也分別提出其個別看法，例如：

（一）警用 E 化資訊系統的操作非常重要。

（二）基層警察工作應具備的核心價值依序是：清廉、服務熱忱、公平公正執法、誠實。

（三）基層警察工作最重要的基本職能（執行警察工作的專業和能力）依序是：處理應變突發狀況的能力、刑法、刑事訴訟法等的專業能力、具備警察倫理觀念。

（四）基層警察工作應具備之核心價值與職能，分別是：應有依法行政的觀念、認真學習、品德操守。

貳、「警察組織基層人員核心職能」訪談

本單元之研究設計，係以各警察機關分駐（派出）所從事基層警察工作至少 2 年以上之員警為對象進行訪談，吸收其經驗，以瞭解基層警察人員的「核心職能」究竟為何？

經過聯繫，在不影響各實務機關勤務運作的大前提下，經由相關分局長同意，擇定臺北市政府警察局大安分局、基隆市政府警察局第三分局，以及宜蘭縣政府警察局羅東分局為訪談分局，並由分局相關主管推薦遴選資深績優人員為訪談對象。

---

[10] 前已述及，警察機關分駐（派出）所的勤務工作態樣，視國家政策、社會需求，隨時會有增修或廢止。該研究進行當時，為七大類 128 項勤務工作。

一、訪談題旨

本部分的研究，先行擬定訪談題旨並附參考資料，於歷次訪談進行前，寄送各分局轉知接受訪談人員先行準備：

（一）基層警察人員的「核心職能」究竟為何？下列 4 點是我們的推測，希望聽聽您的意見。

1、具有從事基層警察工作應具備之核心能力？

2、具有擔任第一線、24 小時輪值之基層警察人員工作的能力？

3、具有執行基層分駐（派出）所「勤區查察、巡邏、臨檢、守望、值班、備勤」等勤務方式的能力？

4、具有執行「警察機關基層分駐（派出）所常用勤務」7 大 128 項勤務工作的能力？

（二）題旨後附下列 2 種資料：

1、坊間對「核心職能」或「核心能力」的看法，我們認為這些看法不見得正確！

2、內政部警政署 2010 年編印的「警察機關基層分駐（派出）所常用勤務執行程序」大致內容。

二、受訪人員初步共識

本單元之研究設計，以各警察機關分駐（派出），所從事基層警察工作至少 2 年以上之員警為對象進行訪談，吸收其經驗，以瞭解基層警察人員的「核心職能」究竟為何？

擇定的訪談分局為臺北市政府警察局大安分局、基隆市政府警察局第三分局，以及宜蘭縣政府警察局羅東分局；惟，訪談所獲致的結果大致相同。

該次訪談中，各分局遴派人員，有服務年資僅 2 年者，也有 10 年以上者；有警員也有巡佐；有男性、也有女性；有警察專科學校專科警員班畢業者、甲種警員班結業者、公務人員特種考試基層警察人員考試錄取人員訓練班結業者、公務人員特種考試警察人員考試錄取人員訓練班結業者，可謂相當具有代表性。分局長於訪談進行中，亦不時表達自己的看法。

綜合與會者所有的發言，我們發現，內容依舊是海闊天空、包羅萬象。惟，從訪談人員的陳述中，可以歸納出幾個重點：

（一）既然警察專科學校職司基層警察人員培訓，則警察專科學校應該要培訓出適格、適任的基層警察人員。

（二）培訓適格、適任的基層警察人員，當然要「使其具有從事基層警察工作應具備之核心能力」。

（三）「基層警察工作」大多是在全國各警察機關「基層分駐（派出）所」進行，則當然應該嫻熟內政部警政署訂頒之 7 大類，當時共有 128 項的「警察機關基層分駐（派出）所常用勤務執行程序」—因為派出所的各項勤務、業務都內含於其中。

不過，大家也不約而同地點出了共同的看法：

（一）「學習」很重要。從工作中學習，從歷練中學習。無論警察專科學校的教學，還是內政部警政署訂頒之「警察機關基層分駐（派出）所常用勤務執行程序」，都必須經由實務工作的學習，才能真正熟悉，真正落實。

（二）「基層警察工作」不是 1 個人的工作，而是團隊的工作；所以不論從事何種勤務，都要注意團隊合作。

參、「從事基層警察工作應具備的核心職能」問卷調查

內政部警政署於 2011 年 8 月 12 日以警署教字第 1000152026 號函下達內政部部長指示，辦理「臺灣警察專科學校畢業校友返校充電計畫」，其目的在於：

一、藉由返校與師長、同儕互動、經驗分享、座談討論，並邀請實務專家學者人員講授實務案例等之再充電作為，讓校友有沉澱機會，增進畢業校友同儕情誼、凝聚對警察團隊之向心力，提升榮譽感，以達到工作困境指導與學習效果。

二、瞭解臺灣警察專科學校培訓校友所學與實務需求符合程度，以提供該校調整教育計畫。

三、瞭解校友較常遭遇之困難與問題，對治安工作之見解，或校友核心價值觀的認同度之影響因素，以提供警政興革參考。

　　由於調訓的對象為警察專科學校畢業後至警察機關服務滿 1 年之校友，本部分的研究即藉此機會實施問卷調查，就「從事基層警察工作應具備的核心職能」此一問題，請所有返校接受「充電計畫」的畢業校友回答。

　　本次問卷調查實施的對象，為警察專科學校專科警員班 27 期正期學生組行政警察科的畢業學生，人數約計 231 人（男生 198 人，女生 33 人），返校日期為 2011 年 9 月 15、16 日，共 2 天 1 夜。渠等自 2010 年 9 月 28 日分發至各服務單位報到後，至返校接受「充電計畫」，服務即將滿 1 年。

　　回收的問卷，扣除未回答或答案背離問題意旨者（例如：回答「泡茶抬槓」、「努力考警大」、「作到死」……等），實得有效問卷 164 份。

　　謹將受訪者對「從事基層警察工作應具備的核心職能」的看法，彙整如附表 5-1 所示：

表 5-1 「從事基層警察工作應具備的核心職能」一覽表

編號	你認為基層警察人員的核心職能是指哪些？
1	依法執行公務，應變處理能力。
2	高 EQ、抗壓性、體技，處理事情的能力。
3	開罰單。
4	服務。
5	服務熱忱、法律專業、警察倫理，對民眾應對進退能力。
6	服務熱忱。
7	績效，與長官、民眾相處，應對進退。
8	服從、處理事件的能力需讓民眾印象深刻感覺警方在幫助他。
9	耐操的體能、耐罵的脾氣，與同事間的人際互動，足夠的法學知識。
10	執行勤務之安全、待人接物。
11	執行勤務之安全、程序正義、依法行政。
12	專業法律素養、執勤安全及人權保障與民眾交流應對與服務態度。
13	不同流合污。
14	口才。
15	體能、口才、隨機應變能力、基礎法律常識，同事相處能力。
16	與民眾的應對進退，和同事、上級的互動及相關的法學知識。
17	應具備與民眾溝通技巧及為民服務精神，還有績效的爭取。
18	各業務相關法規。處理事情之膽識，分寸拿捏。勤奮的上進心，情緒管理也很重要。此外還要有健康的身體，煙酒檳榔不要碰。
19	實務、法條，對於基層員警，領導統御也是需具備的。
20	專案組，邏輯思考能力與民眾處理。
21	維護民眾生命安全，保護社會安寧。
22	專業法律素養及服務熱忱。

（下頁續）

（續上頁）

23	實習最重要，面對民眾要有寬宏的心。
24	實務訓練佐以理論，實習最重要。
25	精進各領域專業助於未來進入職場中有利之利器，讓不同的專業領域能有所區分，而非一人分飾多角，造成疲於奔命，所達成之率也相對成反比。
26	以同理心，服務大眾。
27	服務人群，偵辦刑案。學校應以外勤走向為主，不應把學校搞的像補習班。受理案件、交通執法、法律素養之強化，學校應彈性教育，警察工作不適合讀死書。
28	法律知識很重要、刑法、民法方面。
29	協調的能力，整合、邏輯、表達能力。
30	態度，要具備抗壓性、察言觀色。
31	法律素養、體技、危機處理能力、犯罪偵查、應用套裝軟體。
32	無所不管，對於民眾莫須有之檢舉，要提出舉證。
33	行政中立、依規定處理、服務熱忱、同理心、人際關係。
34	警察四大任務。
35	抱著服務的心，處理民眾案件。依規定受理民眾案件，長官的話聽聽就好，將帥無能，累死三軍，為長官拼績效只是替別人賣命。
36	交通法規及刑法上犯罪構成要件的知識、重點。情緒管理。
37	做事態度。
38	以同理心觀察在工作崗位中所接觸的人事物，培養自動自發的服務行為，為民眾、社會提供不同的心力與改變。
39	同理心、抗壓性強，有勇氣接受長官的批評，但也有勇氣和長官溝通。
40	法與實務結合，了解各項法的構成要件，要有耐心傾聽民眾、同理心。
41	刑法、刑訴、射擊、跑步、警察法規。
42	車禍處理、刑案偵查。
43	維護公共秩序，保護社會安全、防制刑案發生，經營警勤區。
44	責任感，具處理事情能力，反應能力要快、適當、溝通協調能力。
45	執勤程序、安全，法規，勇氣面對。

（下頁續）

（續上頁）

46	法律常識、民法、警察專業法規、處理事情的能力、溝通協調能力。
47	需要有與民眾直接溝通明確的信心與勇氣，並勇於執法，熟知各項執法技能、法律。
48	有良好的為民服務態度、與民眾良性互動、維護社會秩序。
49	全人！上知天文下知地理。如何偵辦刑案、處理交通事故、如何移送犯嫌、如何函送犯嫌。
50	應該體認警察執勤的工作內容，了解工作的特性。
51	以同理心、耐心，受理民眾報案，以努力、毅力完成各項勤務及任務。
52	體力要很好，頭腦要聰明，什麼都要會。
53	法律知識。
54	犯罪偵查、犯罪預防、維護治安。
55	犯罪偵查、民法、交通法規。
56	1.氣勢夠，能鎮住場面、2.法律涵養需充足，方能依法行政。
57	不吃飯、不睡覺，隨時都要精神飽滿，等待民眾及長官的指教。
58	員警與民眾溝通能力、處事能力及應對進退。
59	攔停車輛、法律知識、實務上受理報案、服務態度、說話技巧。
60	認真負責、熱心、法律知識、應對進退、體適能、樂觀積極、休息要充足才能有力氣上班。
61	法律常識、狀況處理能力、反應能力、危機應變能力、言語表達能力。
62	與民眾溝通的能力、法學知識的具備、健全的心理素質。
63	應對進退、與民眾溝通，並可以達成上級交付任務與達成績效的能力。
64	1.危機意識、2.得體的應對進退能力、3.禮尚往來的觀念、4.倫理道德、5.面對長官不會畏懼的膽識。
65	面對民眾的高 EQ、遇到問題的快速反應、講話為造的藝術。
66	最基本的就是和民眾溝通以及協調的能力，以及處理案件的熟練度。
67	實務經驗必須親自體會，否則即為紙上談兵，基礎知識具備，還要每日精進才能跟上時代的腳步。
68	情緒管理（EQ 佳）、與民眾接觸溝通，能有善的化解民眾的不滿問題。

（下頁續）

（續上頁）

69	與民眾應對能力及處理事故之正確態度。
70	必須要有足夠的抗壓性，及面對挫折的正面態度去面對。
71	1.處理、2.應變、3.態度、4.交通、5.安全、6.執行力、7.靈敏度、8.觀察等能力。
72	1.人際關係、2.處事應對、3.筆錄製作、4.舉一反三、5.倫理關係、6.良好體能
73	1.與民眾（本、外地人)溝通能力、2.熟稔值勤相關法令、3.面對壓力的調適能力。
74	休息是可以走路。
75	以民為尊，處理態度要有同理心，在法律程序不能馬虎。
76	長官要求視為量力，無須急求，個人要求明哲保身為重。
77	同理心、執行的技巧（與民眾溝通的方式和態度……）、受理報案程序的正確認知。
78	正確價值觀和心態！同理心，和民眾溝通時擁有正確、清楚的邏輯與法學常識。
79	逆來順受，凡事多忍耐、時間久了就是你的天下。
80	處理事情能力、對民眾應對進退，勤務安全第一，績效第二，風紀。
81	專心，然後認份，工作態度，人際關係，處理事情能力，熟練度。
82	法規知識固然重要，但最根本的職能還是與民眾的應對進退，現在民眾以與以往大不相同！在校所學的基本學科只是工具，面對民眾無法溝通，跟出勤沒帶工具是一樣的。
83	專業法律知識實務處理，應對進退能力。
84	耐心、抗壓力、法律知識、說話技巧、充足睡眠、警覺心。
85	執勤安全、程序、反應、應對能力、法學概念。
86	高 EQ、情緒管理。
87	溝通、處理危機、面對民眾、獨當一面的能力、實務經驗很重要。
88	1.法律素養、2.同理心、3.責任心、4.執勤安全觀念、5.各相關警技。
89	現場處置、法條熟悉（常用）。

（下頁續）

（續上頁）

90	實務經驗重於一切。
91	法律知識、隨機應變能力、強健的體魄、待人處事的態度。
92	處理事情的能力，例如：受理民眾報案，應對進退。法律常識，法學緒論、家庭暴力及性侵害防治課程應有較多時數。
93	法律上的專業素養，有如刑法、刑事訴訟法等，警察機本職能，如交通事故處理，更重要的是與民眾應對進退。
94	法律素養基本知識，處理事故糾紛等技巧，遇狀況時 EQ 控制。
95	專業知識其他法律知識執勤安全，依法行政、執勤技巧。
96	刑案偵查、夜市掃蕩、執勤安全。
97	值勤安全、裝備安全與使用。
98	熱心、熱心、再熱心，處理事情及協調能力。
99	情緒管理。
100	勤務時務執行的執行力，面對問題的案例教育。
101	法律素養、處理事故狀況之 EQ，人際關係之培養。
102	法律素養、處理事情的 EQ、面對民眾的能力。
103	具備同理心以自身之熱忱服務社會。
104	勤務執行方法、訣竅，標準處理流程。
105	專業知識與丹福勤務時之專業標準化程序，並具備同理心
106	會做人比會做是重要，不一定要什麼都會，但不要什麼人都得罪。
107	專業的法律認知、良好的人際關係、正確的執法態度、良好部屬關係。
108	溝通、人際關係、反應能力。
109	法學知識有待加強，尤其民法及刑事訴訟法。
110	責任感學習心態。
111	應具有協調處理溝通合作及團隊能力。
112	服務社會大眾維護治安。
113	對民眾要有便民之心態，對刁民不行以強硬之態度。
114	辦事有效率、上班有能力。

（下頁續）

（續上頁）

115	刻苦耐勞有強健的身心足夠的抗壓性。
116	耐操、耐磨、抗壓性強。
117	治安交通及與民眾溝通。
118	法律素養處事態度。
119	增加實務課程。
120	適時的舒壓，服務熱忱與人際關係。
121	臨時反應職場倫理。
122	處理事情能力。
123	職場倫理。
124	依法行政。
125	在保護自身安全為前提之下盡力去完成任務。
126	需有專業法律素養服務態度。
127	對長官或民眾的應對進退要合宜。
128	專業法律知識及與民眾溝通能力。
129	同理心及為民服務的態度。
130	自我保衛不觸法、職場倫理。
131	服務態度、專業技能。
132	專業、同理心、依法行政、團結。
133	警察的核心職能應該在於「服務」，能讓民眾滿意。所以與民眾的應對相當重要。
134	具備基本的法律素養及快速的臨場反應以應對任何在外不確定狀況。
135	我認為須具備臨場反應能力，必須具備同理心，優良服務態度。
136	要了解犯罪構成要件，要會繪製交通現場圖，會開單。
137	站在民眾的立場，設身處地為民眾著想，就是一個「同理心」的概念。
138	絕對服從，長官說一，你要做好一、二、三……。而刑法、刑訴、英文、犯罪偵查、交通、同理心、服從心亦相當重要。
139	早日獨立，不能太依賴，沒有永遠的朋友，最後還是要靠自己。

（下頁續）

（續上頁）

140	倫理！不會就問，不要自己傻傻的做。再來是對法條的認識，刑訴法的程序，不要讓民眾騙東騙西。還有一個是專業，不要民眾問什麼，一問三不知。
141	刑法、刑訴法、偵查相關、人事處理相關、倫理。
142	我認為警察之核心不僅要與人互動溝通，還要堅持中立。
143	與當事人溝通、同理心、自我提升、精進（處理案件熟練度），練就不被處分的本領。
144	口才運用！交際手腕！美術天分！簿冊整理！能長時間沒覺睡(保持清醒)。
145	我認為冷靜處理各項問題及面對各種民眾之心態非常重要。
146	實務經驗。
147	學會如何可以不被民眾檢舉。
148	處理事情協調溝通、隨機應變、累積經驗。
149	法律素養及實務經驗的傳承，處理事情、協調溝通、隨機應變的能力。
150	倫理，職場倫理比什麼都重要！先保護自己在求保護別人，事情不可隨便要嚴謹。
151	壓力調適、抗壓性、勇於負責、同理心、時間管理、與民眾溝通。
152	學術與實務在事實上的接合有其難度，重點在倫理關係的維護，因為工作所用大部分是學長的傳授。
153	能確實解決民眾問題，而非怪異規定、作為，造成基層員警過勞、工作時間長，又無法幫助民眾。
154	法學素養、危機處理能力、電腦基本操作能力。
155	基層警察須具備與民眾溝通技巧及應對能力及法律常識，及注重績效爭取。
156	執勤的技巧與民眾如何溝通方法。
157	核心職能應是專業之執法程序及依據，而大多攻勢勤務都必須依據《警察職權行使法》。
158	簽表時要注意自身安全，沒有什麼比身體健康更重要。

（下頁續）

（續上頁）

159	程序要注重，在學長於學弟之間要有倫理。倫理職場倫理比什麼都重要，先保護自己在保護別人。
160	值勤技巧、法學基本概念、做事情的效率、人際關係。
161	安定民眾遭遇事故時、提供方法管道及受理案件協助民眾身體及財物之損失之處理。與民眾接觸的第一線。
162	對人事物應對要特別有一套。
163	人際關係。一定要保護自己喔！不要被送法院耶！
164	working hard。

資料來源：作者自製

　　經由表 5-1 可以得知，受訪者對「從事基層警察工作應具備的核心能力」的看法，雖也是海闊天空、包羅萬象，但仍有其共同性。

一、「警察勤務程序」、「標準作業流程」不斷被提出。

二、「偵訊筆錄製作」、「交通事故處理」、「性侵家暴案件處理」、「交通違規舉發」、「偵查犯罪」、「查捕逃犯」、「刑案偵辦」、「受理報案」……等，屬於基層分駐（派出）所日常勤務的執勤能力一再被強調。

三、溝通技巧、人際關係、廉能公義、專業知識、體技能力、法律素養、團隊合作、服務態度——同理心、情緒管理……等（或類似的觀念）一直被提及。

　　由此觀之：

一、內政部警政署訂頒的「警察機關基層分駐（派出）所常用勤務執行程序」所規範的「警察勤務程序」、「標準作業流程」，顯然對重在實作基層（分駐）派出所，是基層分駐（派出）所日常勤務執行的核心能力。

二、「法律素養」很重要，基層分駐（派出）所日常勤務執行的「標準作

業流程」也很重要，毫無疑問，應該都是基層警工作的核心能力；但是促使這些核心能力被嫻熟運用的，應是另一些較抽象的核心能力，例如：溝溝通技巧、人際關係、廉能公義、專業知識、體技能力、法律素養、團隊合作、服務態度—同理心、情緒管理……等。

三、至於各種體技能力、從事警察工作的專業知識，則是落實法制、規範的必要條件。

<h2 style="text-align:center">第六節　本章小結－
警察組織基層人力核心職能之樣成</h2>

本章的探討，作者有兩個看法：

一、有關「核心能力」或「核心職能」的研究案相當多，雖人謂：「他山之石可資借鏡」，相當多的研究案，都會蒐集、參考他國、他地區的類似狀況，作為己方研究成果可資參考之建議。然，我國警察組織的基層人員，有其職業上的地區特性、制度特性、服務對象（人民）特性，甚至社會文化特性；「他山之石」不可照單全收，應作正確的引用！

二、有關「核心能力」或「核心職能」的各種定義，有些是針對「管理幹部」或「中高階主管人才」的研究結論或論述，與本章的研究對象：「基層」警察人員，不甚相符。

本節為本章的結論，擬先論「軟實力與硬實力」，再就「基層警察人員的核心工作」、「基層分駐（派出）所勤務工作應具備之核心職能」分別做一綜整，最後提出結論中的結論。

壹、軟實力與硬實力

　　探討「核心職能之養成」，理想上應先就「軟實力」與「硬實力」的意涵作一闡述；惟，於資料研閱過程中，似乎很難清楚界定。

一、軟實力

　　「軟實力」（Soft Power）係由美國哈佛大學肯尼迪政治學院院長約瑟夫・奈於上個世紀 80 年代首先提出。這個概念原是指在國際關係中，一個國家所具有的除經濟及軍事外的第三方面實力，主要是文化、價值觀、意識形態及民意等方面的影響力。以後有學者把軟實力引申應用於區域、企業、個人等，並分別形成區域軟實力、企業軟實力及個人軟實力等。

　　一般認為軟實力的特徵有三項：[11]

（一）軟實力是可以感知的潛在的隱性的力量。

　　　軟實力重在一個 "軟" 字，這種軟的力量具有超強的擴張性和傳導性，可以超越時空，產生巨大的影響力。我們絕不可因為它的內在形式而忽視它的存在，也不能把軟實力當作「軟指標」而視為可有可無。

（二）軟實力是一種終極競爭力，而且是居於競爭力的核心部分，是核心競爭力。

（三）軟實力資源難於控制。

　　軟實力需要長期的艱苦建設，絕對不會像有些硬實力項目那樣可以

---

[11] 參見：「軟實力」，《MBA 智庫百科》（http://wiki.mbalib.com/zh-tw/%E8%BD%AF%E5%AE%9E%E5%8A%9B, Accessed: 2016.09.18.）

一蹴而就。軟實力主要依靠自己獨立建設，不可以模仿或依靠外援，也不可以透過交易的方式取得，而硬實力卻可以依靠外力完成，可以透過交易的方式取得。軟實力建設比硬實力更緩慢，絕對不具有速效特性。因此，軟實力的建設比硬實力的建設更艱難。

二、硬實力

至於「硬實力」（Hard Power），大部分都以國家的角度來解釋，例如：硬實力是指支配性實力，是指一國的基本資源（如土地面積、人口、自然資源）、經濟力量、軍事力量和科技力量；通俗的說，硬實力是指看得見、摸得著的物質力量。[12]

有關「硬實力「與「軟實力」，也有以企業的角度來解釋。例如：硬實力是企業用以直接支持其市場行為的所有可量化的物質態要素，它包括企業設備、廠房、資本、人力、產量、收入、利潤等要素。硬實力是為客戶提供產品和服務過程中，被客戶可以直接感知到的，是市場競爭的主要載體。硬實力可以通過內部軟實力的提升而得到強化，使產品和服務成本更低，質量更好；企業不斷壯大，知名度越來越高，同時被行業和社會的關注度也越來越高。[13]

整體而言，硬實力雖然是相當重要的，也許在一定時期起到關鍵性的作用，但那只是階段性的作用，而不能居於核心競爭力的位置。軟實力產生的效力是緩慢的、長久的，而且更具有瀰漫擴散性，更決定長遠的未來：

---

[12] 參見：「硬實力」，《百度百科》（http://baike.baidu.com/view/1646030.htm, Accessed: 2016.09.18.）

[13] 參見：「硬實力」，《MBA 智庫百科》（http://wiki.mbalib.com/zh-tw/%E7%A1%AC%E5%AE%9E%E5%8A%9B, Accessed: 2016.09.18.）

（一）軟實力與硬實力雙方互相依存，均以對方存在為自身存在的前提，硬實力是軟實力的有形載體，軟實力是硬實力的無形延伸。

（二）軟實力與硬實力雙方在一定條件下可向另外一方轉化，即硬實力在一定條件下可轉變為軟實力，軟實力在一定條件下也可轉變為硬實力。

貳、基層警察人員的核心工作

　　要探討警察組織的基層人員應具備之核心職能，首要釐清首要釐清「基層警察人員的核心工作」究竟是什麼？

　　警察專科學校的招生簡章，以及三種與警察工作有關國家考試的應考須知（公務人員特種考試警察人員考試、公務人員特種考試基層警察人員考試、公務人員特種考試一般警察人員考試），都統一律定：

　　警察專科學校畢業的學生或培訓結業的學員，一經分發，第一時間即至基層分駐（派出）所報到，立刻投入第一線外勤實務工作的行列；即若有部分學生、學員分發至專業警察機關，亦毫無例外，被派往第一線，成為代表國家、與民眾直接接觸、合法配戴器械、執行公權力；必要時，亦得動用強制力，以管制人民或為民服務的基層警察人員。

　　經由本章第四節「核心職能研究」的研究結果，可以發現，我國的基層警察工作有兩項獨特的特性：

一、基層警察工作是一種實作性的工作，必須從實務面切入，就事論事，不宜從學理上探討。

二、基層警察工作是海闊天空、包羅萬象的，所以在「從事基層警察工作應具備的核心能力」問卷調查的結果中，多位受訪者，將核心能力界定為「沒有核心能力」，因為凡民眾需求、社會期望、長官指示

等，都得立即完成。

這就是何以該部分的研究，無論是舉辦「基層警察工作應具備之核心價值與職能」座談會，還是進行「基層警察人員核心職能」訪談，或是實施「從事基層警察工作應具備的核心職能」問卷調查，所有的發言或看法都是包羅萬象，各自表述。

參、基層分駐（派出）所勤務工作應具備之核心職能

培訓適格、適任的警察組織基層人員，使其具有從事基層警察工作應具備之核心職能；依相關規定，應該是必須要具有擔任第一線、24小時輪值之基層警察工作的能力。

舉凡警察專科學校畢業的學生或培訓結業的學員，一律分發外勤勤務機構；且一經分發，第一時間即至基層分駐（派出）所報到，立刻投入第一線外勤實務工作的行列；即若有部分學生、學員分發至專業警察機關，亦毫無例外，被派往第一線服務。

基層（分駐）派出所重在實作。培訓適格、適任的警察組織基層人員，即在使其具有從事基層警察工作應具備之核心能力：具有執行「警察機關分駐（派出）所核心工作」的能力。

我國警察機關（分駐）派出所重在實作，內政部警政署依據《警察勤務條例》第 11 條規定之警察勤務方式：「勤區查察、巡邏、臨檢、守望、值班、備勤」，訂定之「警察機關分駐（派出）所常用勤務執行程序」，確實將警察機關分駐（派出）所的勤務工作應具備之核心職能分項、分點羅列於其中。

迄至 2020 年 8 月，警察機關分駐（派出）所的勤務工作共區分為：行政類、保安類、防治類、國際類、交通類、後勤類、勤指類、刑事類、

資訊類等,共九大類;每一大類再依勤務態樣細分,共計 150 項核心工作。在各項常用勤務執行程序中,先將勤務執行的法規依據一一條列,而後繪製整個勤務執行程序的每一步驟,並於每一步驟中,再一一條列應進行的動作與應注意事項,整個內容,就是該項勤務執行應具備的核心職能,整個加總,便彙集成我國警察組織基層人員執行職務應具備之核心職能。

肆、結語

在警察機關分駐(派出)所各項常用勤務的執行程序中,先將勤務執行的法規依據一一條列,而後繪製整個勤務執行程序的每一步驟,並於每一步驟中,再一一條列應進行的動作與應注意事項;整個內容,就是該項勤務執行應具備的核心職能,整個加總,便彙集成我國警察組織基層人員執行職務應具備核之心職能。

只是前揭「從事基層警察工作應具備之核心職能」,是法制面、規範面的能力,本章第四節「核心職能研究」的研究結果與發現,若要成為適格的基層警察人員,尚須具備:

一、各種「法律素養」、「專業知識」、各類「體技能力」,這些是執行「警察機關基層分駐(派出)所常用勤務」各項勤務工作的能力的基礎。

二、「溝通技巧」、「人際關係」、「廉能公義」、「團隊合作」、「服務態度－同理心」、「情緒管理」等,較抽象的核心能力,這些可以促使其他各種核心能力被嫻熟運用。

三、「學習」很重要。從工作中學習,從歷練中學習。無論警察專科學校的教學,還是內政部警政署訂頒之「警察機關基層分駐(派出)所常用勤務執行程序」,都必須經由實務工作的學習,才能真正熟悉,

真正落實。

　　因此，本章的探討可以用很簡單的一句話作為總結：「警察組織基層人員的核心職能」是具有「警察機關基層分駐（派出）勤務執行的能力」。

　　此一核心職能，有軟實力，也有硬實力。其中軟實力，例如「溝通技巧」、「人際關係」、「廉能公義」、「團隊合作」、「服務態度—同理心」、「情緒管理」等，較抽象的核心職能，可以在培訓的過程中，經由潛移默化，逐步養成；而硬實力的部分，是實作能力、是操作能力，這就必須在情境模擬的教學過程中，不斷地操作、練習，熟悉相關法制、嫻熟相關技巧，整合運用，方得以養成－此係本書第六章、第七章、第八章、第九章探討的主題。。

＊本章主要參考作者的博士論文：《我國警察人力核心職能培訓之研究》（臺北：中國文化大學，2016.11），第五章「警察組織基層人員核心職能之養成：軟實力與硬實力」。本章之撰寫，資料已更新、內容已增修調整。

第六章　培訓課程設計機制建構

〈摘　要〉

　　警察專科學校職司基層警察人員培訓，也是臺灣地區唯一的基層警察人員教育訓練機構。

　　經由警察專科學校培訓的警察組織新進基層人員，究竟在畢業或結業，完成與「基層警察工作」有關之專業教育訓練後，能不能成為適格、適任的基層警察人員？長久以來一直是各界所關注的議題！

　　唯有教學與實務接軌，方能使警察專科學校畢、結業的學生（員）具備基層分駐（派出）所勤務執行之核心職能，於分發各警察機關分駐（派出）所服務時，立即有效執行各項基層警察工作。

關鍵詞：基層警察人員、基層警察工作、核心職能、課程設計

第一節　前言

　　我國警察人員的教育訓練自成一體系，與一般大專院校顯著區隔。內政部警政署設警察專科學校，辦理警察組織新進外勤第一線（基層）實務工作人員的的養成。

　　警察專科學校畢業的學生或培訓結業的學員，究竟能不能成為適格、適任的警察組織新進基層人員？要探討這個問題，必須從兩個方面著手：

　　其一，基層警察人員的核心職能究竟為何？

　　其二，針對核心職能之養成，進行警察組織新進基層人力培訓的課程設計。

　　再根據培訓課程設計機制的建構，進行情境模擬教學探討；最後經由實證研究，探討渠等於職場工作上的適任性。

　　彙整前揭所有議題，成為本書第二篇：培訓之探討，各章所關注的焦點。因從事基層警察工作的「核心職能」為一系列單獨成立的研究案，相關研究結果與發現、結論與建議，已於本篇第五章「警察組織基層人力核心職能研究」中詳細論述，本章專注於「培訓課程設計機制建構」。

　　如果警察組織新進基層人員的培訓未能與實務接軌，則「使警察組織未來的基層人員，具備從事基層警察工作應具備之核心職能」，此一培訓目標將遭受質疑？唯有教學與實務接軌，方能使警察專科學校畢、結業的學生（員）具備基層分駐（派出）所勤務執行之核心職能，於分發各警察機關分駐（派出）所服務時，立即有效執行各項基層警察工作。

　　2017 年，教育部擬對警察專科學校進行 6 年一次的校務評鑑，為因應此一評鑑的準備，研擬並實施「畢業校友課程設計回饋調查」；本章探討分析的重點：「培訓課程設計機制建構」，不僅彙整了前揭研究的研究結果與發現，並將相關資料與數據更新至本書定稿，俾結合當今實務需要，與時俱進。期望從實務面切入，略過精深的學理探討，作一詳盡論述，提出各項建議，建構一套符合我國各分駐（派出）所勤務需求，確實與實務接軌的課程設計，以培訓適格、適任的警察組織基層人員。

　　本章的撰寫，共分為五節，分別是：

第一節　前言

第二節　畢業校友課程設計回饋調查研究設計

第三節　畢業校友課程設計回饋調查研究結果與發現

第四節　畢業校友課程設計回饋調查結論、建議與因應變革

第五節　本章小結－警察組織基層人力培訓計畫

第二節　畢業校友課程設計回饋調查研究設計

前已多次提及，2011 年，我國警察人員的進用，於考選與培訓制度部分發生重大變革。為因應此一可預見的變革，警察專科學校自 2009 年起即組成專案小組，就相關議題進行一系列的研究，作者即為此一系列研究的計畫主持人與研究執行人員。這一系列的研究案，概分為「招募遴選」、「核心職能」、「課程設計」、「情境模擬教學」、「適任性分析」等各大主題，迄至 2021 年仍持續進行，不斷地充實並加強研究項目與研究內容，俾對我國警察組織基層人力的招募、遴選、培訓與適任進行政策倡導，以挹注適格、適任的基層警察人員。本書的各篇、各章，實係政策變革研議過程中，一系列研究案的研究設計與研究結果與發現的彙整。

2017 年，教育部擬對警察專科學校進行 6 年一次的校務評鑑，為因應此一評鑑的準備，研究團隊研擬「畢業校友課程設計的回饋調查」；以警察專科學校 2014 年入學，2016 年畢業的「專科警員班第 33 期正期學生組」－即研究案實施的前一年畢業，從事基層警察工作即將滿一年的校友，為問卷調查實施的對象；問卷設計則以該期「行政警察科」的課程科目學分表為基準。[1]

「專科警員班第 33 期正期學生組課程科目學分表」如表 6-1 所示，與本章第四節「本章小節－警察組織基層人力培訓計畫」所製之 2021 年「專科警員班第 40 期正期學生組課程科目學分表」相較，差異甚大！此即因應環境變革、社會需求、人民期許，不斷滾動調整修訂。

---

[1] 研究案執行當時，警察專科學校辦理招募遴選的唯有「行政警察科」、「消防安全科」、「海洋巡防科」，分別培訓基層警察、消防、海巡人員。行政警察科即在培訓我國各警察機關基層分駐（派出）所的基層人員。

表 6-1　專科警員班第 33 期正期學生組課程科目學分表（行政警察科）

科目類別	科目		學分數	時數	第1學年 上學期 學分	時數	第1學年 下學期 學分	時數	第2學年 上學期 學分	時數	第2學年 下學期 學分	時數	備考
共同科目	中華民國憲法		2		2								含人權保障與尊重多元文化。
	國文		8		2		2		2		2		第1學年教授閱讀；第2學年1學期教授寫作，1學期教授應用文。
	英文	普通英文	4		2		2						包括會話課程
		警察專業英文	4						2		2		
	中國現代史		2				2						
	自然科學	生活與防災 / 環境與生態 / 自然科學概論	2								2		3選1。
	人文藝術	電影藝術與生活 / 音樂戲劇欣賞與生活 / 美術鑑賞與生活	2						2				3選1。
	體育技能	柔道	8		2		2		2		2		學分另計，課程內容、時數分配及進度由訓導處訂定。
		游泳	2				2						
		綜合逮捕術	6		2		2		2				
		組合警力訓練	2								2		
		射擊	8		2		2		2		2		
	軍訓		8		2		2		2		2		學分另計，課程內容、時數分配及進度由訓導處訂定。
	訓育活動		8		2		2		2		2		課程內容、時數分配及進度由訓導處訂定(含科務時間)。
	駕訓		8						4		4		駕駛訓練於第2、3學期實施，以考取自小客駕照為原則。
	小計		24	50	6	10	6	16	6	14	6	10	
專業基礎科目	法學緒論		2		2								
	犯罪偵查		2						2				
	行政法		2		**2**								含中央法規標準法、行政程序法、行政中立法、行政執行法、行政罰法、訴願法、行政訴訟法、國家賠償法、公務人員法制、公職人員財產申報法、公職人員利益衝突迴避法、政治獻金法、遊說法。
	警察倫理學		2								2		
	實習												實習分案，暑假2階段實施。
	小計		8		4		0						
專業核心科目	警察學		2		2								
	警察法規		4				2		2				含警察法、警械使用條例、集會遊行法、警察職權行使法、社會秩序維護法。
	刑法（一）		2				2						教授刑法總則。
	刑法（二）		2				2						教授刑法分則。
	警察勤務（一）		2		2								教授警察勤務基本概念、警察勤務條例、警察職權行使法等相關法規。
	警察勤務（二）		2				2						教授保安警察、特種警衛勤務、分駐（派出）所受理報案相關作業程序與規定。
	警察勤務（三）		2						2				教授警察各項勤務及情境實務演練、執勤安全、警用e化資訊系統實作等。
	交通法規與實務		2				2						
	交通事故處理實務(一)		2						2				教授標準作業程序有關測繪照相談話紀錄填表等基本處理知能，以及測繪照相協同教學。
	交通事故處理實務(二)		2								2		教授人車路環境現場跡證調查訪問肇因分析等進階知能，以及交通事故全卷製作協同教學。
	犯罪預防		2		2								
	偵訊實務		2								2		含偵訊實務、筆錄製作與e化平台資訊系統實作課程。
	行政管理學		2						2				
	小計		28		8		8		8		4		

（下頁續）

（續）專科警員班第 33 期正期學生組課程科目學分表（行政警察科）

科目類別	科目		學分數	時數	授課時數								備考
					第1學年				第2學年				
					上學期		下學期		上學期		下學期		
					學分	時數	學分	時數	學分	時數	學分	時數	
校訂必修科目	心理學		2		2								
	電子計算機概論		2		2								含新興網路科技、網際網路及資安素養與法律。
	性別平等與性侵家暴處理		2				2						
	刑事訴訟法		4		2		2						
	小計		10		6		4		0		0		
校訂選修科目	社會學		2				2						
	政治學		2				2						
	經濟學		2				2						
	犯罪學		2				2						
	應用套裝軟體		2				2						以教授MS word為主，另含Excel Powerpoint。
	行政警察業務		2		2								
	日文(一)	至多選1科	2				2						
	日文(二)		2						2				需修畢日文(一)。
	越南語(一)		2				2						
	越南語(二)		2						2				需修畢越南語(一)。
	泰語(一)		2				2						
	泰語(二)		2						2				需修畢泰語(一)。
	刑事鑑識概論		2						2				含刑案現場處理與採證之實作。
	緊急救護		2						2				
	犯罪心理學		2						2				
	群眾心理學		2						2				
	青少年犯罪		2						2				
	民法概要		2						2				
	執法人員生命教育		2						2				
	經濟警察實務		2						2				
	警察人際溝通與對話		2						2				
	家庭暴力案件執法實務		2						2				
	性侵害及性交易案件執法實務		2								2		
	執勤安全操作程序		2								2		
	犯罪偵防情報實務		2								2		
	警察人際關係		2								2		
	警用裝備構造與使用		2								2		
	電腦犯罪偵查實務		2								2		以實務案例研討為主。
	犯罪偵查專題研究		2								2		
	警察法規專題研究		2								2		
	警察勤務與實務專題研究		2								2		
	至少選修		12		2		2		4		4		
累計學分			82	50	26	10	20	16	20	14	16	10	

資料來源：臺灣警察專科學校

　　唯有警察組織新進基層人員之教學與實務接軌，方能使警察專科學校畢、結業學生（員）具備基層分駐（派出）所勤務執行之核心職能，於分發各警察機關分駐（派出）所服務時，立即有效執行各項基層警察工作。

　　本節的撰寫，分為研究假設、問卷設計、研究法、研究過程等四個部分作一說明。除了與原研究設計直接關聯、必須被保留的原始資料外，相關參考資料與數據均已更新至 2021 年，俾與時俱進。

壹、研究假設

　　目前於警察專科學校培訓的外勤第一線（基層）實務工作人員，因招募遴選方式不同，依相關法制，概略地化分為兩個途徑：

一、專科警員班正期學生組

　　由警察專科學校自行辦理入學考試，招募高中（職）畢業生或同等學力者，經 2 年的基層警察工作專業核心職能培訓，並通過考選部辦理的「公務人員特種考試警察人員考試」後，由內政部警政署依法分發任用。

　　是類人員即警察專科學校授予學位的「專科警員班正期學生組」；有關課程設計規劃的機制，目前（2021 年）的規定是：「二學年，分四學期實施」[2]

二、經由考選部辦理與警察工作有關的國家考試錄取

　　經由考選部辦理的各種與警察工作有關的國家考試錄取，至警察專

---

[2]　參見：「臺灣警察專科學校專科警員班第 40 期正期學生組招生簡章」，頁 14。
（https://exam.tpa.edu.tw/p/405-1022-6677,c638.php?Lang=zh-tw, Accessed: 2021.01.23.）

科學校或委託的訓練機構接受 9-18 個月的基層警察人員專業知識技能訓練後，由內政部警政署依法分發任用。

　　依時間序列的演變，先後共有三種與警察工作有關的國家考試，分別為：「公務人員特種考試警察人員考試」、「公務人員特種考試基層警察人員考試」、「公務人員特種考試一般警察人員考試」。

　　至警察專科學校或委託的訓練機構接受錄取人員訓練的班期，目前（2021 年）課程設計機制建構的規定為：「（二）四等考試錄取人員：教育訓練 12 個月，預定 110 年 1 月實施；實務訓練 6 個月，於教育訓練結業後 1 週內實施，合計 18 個月。」[3]

　　由是，警察專科學校「專科警員班正期學生組」的培訓期程為二學年，所教授的科目必然含括了「公務人員特種考試警察人員考試」、「公務人員特種考試基層警察人員考試」、「公務人員特種考試一般警察人員考試」各錄取人員訓練班期的培訓課程，且更為周延並循序漸進。

　　其次，警察專科學校「專科警員班正期學生組」的課程科目係經數十年[4]，配合每一時段的環境變革、社會需求、人民期許，逐漸修訂增刪調整而設計建構，自有其專業性與代表性。

　　本研究係以警察專科學校 2014 年入學，2016 年畢業的「專科警員班第 33 期正期學生組」－即研究案實施的前一年畢業，從事基層警察工作即將滿一年的校友，為問卷調查實施的對象；問卷設計則以該期「行

---

[3] 參見：「109 年公務人員特種考試一般警察人員考試錄取人員訓練計畫」（110 年 1 月 29 日保訓會公訓字第 1100000905 號函核定修正），頁 2。（https://ws.csptc.gov.tw/Download.ashx?u=LzAwMS9VcGxvYWQvNi9yZWxmaWxlLzkyNDgvMzYwNTkvN2U4ZTdhNTUtYzc4YS00YTc3LTkyOWUtZjVlNDFjODg5MWFlLnBkZg%3d%3d&n=KOaguOWumuS%2fruatoykxMDnlubTlhazli5nkurrlk6Hnibnnq K7ogIPoqabkuIDoiKzorablr5%2fkurrlk6HogIPoqabpjITlj5bkurrlk6HoqJPnt7ToqIjnlasoMTEwMDEyOeWFrOWRiikucGRm, Accessed: 2021.01.29.）

[4] 臺灣警察專科學校創校迄今 76 年。

政警察科」的課程科目學分表為基準。

　　本篇第五章「警察組織基層人力核心職能研究」的研究結果顯示，培訓適格、適任的警察組織基層人員，必須使其具有從事基層警察工作應具備之核心職能：具有執行「警察機關分駐（派出）所常用勤務」各項勤務工作的能力。故本研究的研究假設即界定於：「該課程科目學分表中所列課程，對『培訓適格、適任的警察組織基層新進人員』，均屬必要之課程。」亦即，課程設計機制的建構，旨在使警察組織未來的基層人員，充分了解警察機關分駐（派出）所各項常用勤務執行的相關法規依據、嫻熟整個勤務執行程序的每一步驟，並能精準操作每一個動作與適當運用應注意事項。

貳、問卷設計

　　警察專科學校「專科警員班第 33 期正期學生組行政警察科科目學分表」所列「科目類別」，原分為五大類：共同科目、專業核心科目、專業基礎科目與校訂必修科目、體育技能科目，以及校訂選修科目。經扣除為符合教育法規規定以獲頒學位而開設的課程（即一般所稱的共同必修課程）：中華民國憲法、國文、英文、中國現代史、數理學群、藝術概論等 6 科，以及為因應特考準備而開設的課程：刑事法專題研究、法學知識專題研究、警察法規專題研究、警察勤務與實務專題研究等 4 科後，其他課程科目，依其屬性分成專業核心課程、專業基礎課程與校訂必修課程、體育技能課程，以及校訂選修課程四大類別。

　　經由初測後修正定稿的問卷（參本章附錄），依前段陳述之設計理念，分成四大部分：

一、專業核心課程

　　「畢業校友課程設計的回饋調查」的問卷設計，第一部分為「專業核心課程」。

　　為使培訓中的警察組織基層人員未來具有執行「警察機關分駐（派出）所常用勤務」各項勤務工作的能力，警察專科學校當時開設的「專業核心課程」共 10 門；問卷中，將這 10 門課程，從「非常不需要」到「非常需要」區分為五個等級，請受訪者表達，這門課程的需要程度。

　　這些課程，在警察專科學校至少都是 1 個學期的課程，有的還是 2 個學期的課程，甚至 3 個學期的課程。至於這幾門課程施教的期程究竟需要多長？也請受訪者提供意見。

二、專業基礎課程與校訂必修課程

　　「畢業校友課程設計的回饋調查」的問卷設計，第二部分為「專業基礎課程與校訂必修課程」。

　　除了「專業核心課程」外，為了奠定從事基層警察工作的基礎，警察專科學校當時也開設了「專業基礎課程」與「校訂必修課程」共 9 門；問卷中，將這 9 門課程，從「非常不需要」到「非常需要」區分為五個等級，請受訪者表達，這門課程的需要程度。

　　這些課程，除了「實習」是利用寒、暑假實施 12 週外，在警察專科學校至少都是 1 個學期的課程，有的還是 2 個學期的課程。至於這幾門課程施教的期程究竟需要多長？也請受訪者提供意見。

三、體育技能課程

　　「畢業校友課程設計的回饋調查」的問卷設計，第三部分為「體育

技能課程」。

為了強化培訓中的警察組織基層人員未來的執勤能力，並鍛鍊體能，警察專科學校當時開設的「體育技能課程」共 6 門；問卷中，也將這 6 門課程，從「非常不需要」到「非常需要」區分為五個等級，請受訪者表達，這門課程的需要程度。

這些課程，在警察專科學校至少都是 1 個學期的課程，有的還是 2 個學期，甚至 4 個學期的課程。至於這幾門課程施教的期程究竟需要多長？也請受訪者提供意見。

四、校訂選修課程

「畢業校友課程設計的回饋調查」的問卷設計，第四部分為「校訂選修課程」。

除了前開必修的各類課程外，警察專科學校當時開設的「校訂選修課程」共 23 門，就培訓一名警察組織新進的基層人員的必要性而言，在受訪者的心目中，會選那些課程？

這是一個複選題，問卷中，受訪者至多能勾選 7 門課程，並依心目中的順位，從 "1" 標到 "7"。如果認為該科目應改列必修，也可以在該課程後方的 □ 中打 "✓"。

參、本研究的研究法

一如本書各章，「畢業校友課程設計的回饋調查」為一「政策分析研究」（policy analysis study）—欲針對「培訓課程設計機制建構」此一特定的政策問題，進行「政策問題的診斷」（policy problem diagnosis）。（賴維堯等，1995:276）故本研究主要採用下列兩種研究法：

一、文獻探討法

　　蒐集國內外有關警察組織基層人力培訓課程設計各項相關研究的著作、論文、期刊雜誌的報導，或研究報告等資料，加以參考歸納，建立本研究的分析架構，並提供作為問卷設計的重要依據。

二、研究調查法

　　經由各種抽樣方法，對所抽出的樣本進行調查或訪問，以根據這些樣本偏好的主觀判斷和對事實的表示，瞭解政策問題的可能原因和結果。本研究綜合了下列兩種研究調查法：

（一）問卷調查法

　　以警察專科學校 2014 年入學，2016 年畢業的「專科警員班第 33 期正期學生組」－即研究案實施的前一年畢業，從事基層警察工作即將滿一年的校友，為問卷施測的對象，進行問卷調查。

（二）面訪調查法

　　對於問卷調查的結果，若顯現難以理解的疑義，即進一步採行面訪調查，俾尋求合理的解釋。

　　經由前開資料之獲取，據以提供充分的資訊，對政策問題作有效的認定，並設計可行方案。

肆、研究過程

一、實施問卷調查

　　前已述及，本研究肇因於 2017 年，教育部擬對警察專科學校進行 6 年一次的校務評鑑，為因應此一評鑑的準備，研究團隊研擬「畢業校友課程設計的回饋調查」；以警察專科學校 2014 年入學，2016 年畢業的

「專科警員班第 33 期正期學生組」－即研究案實施的前一年畢業，從事基層警察工作即將滿一年的校友，為問卷調查實施的對象。

問卷調查的實施，按下列步驟進行：

（一）遴選在校二年級學生為研究助理，利用 7-8 月間至各警察機關分駐（派出）所實習期間，攜帶問卷至各實習機關擇定對象實施問卷調查。

（二）回收的問卷，經由篩選整理，排除可信度較差的部分（例如：未回答或漏答項目過多、勾選呈特殊規則狀態等），實得有效問卷 189 份。因研究助理的實習地點，189 份有效問卷主要回收自 2 個直轄市共 126 份、3 個非直轄市共 63 份：

1、高雄市 54 份。

2、桃園市 72 份。

3、苗栗縣 24 份。

4、雲林縣 30 份。

5、嘉義縣 9 份。

二、統計分析方法的運用

本研究所採用的統計分析方法包括了「次數分配」（frequency）與「相關分析」（correlation analysis）；相關分析主要在探討直轄市與非直轄市的差異性，惟本篇論文的撰寫，初旨在提供校務評鑑課程設計檢討的參考，故僅納入了次數分配的統計資料。

三、面訪調查

本研究在實施問卷調查時，即已要求訪員儘量以訪談方式為之；施

測回收的問卷經統計分析後，針對研究結果中，難以理解的疑義為進一步之面訪調查，俾尋求合理的解釋。

第三節　畢業校友課程設計回饋調查研究結果與發現

本研究回收的問卷，經由篩選整理，排除可信度較差的部分（例如：未回答或漏答項目過多、勾選呈特殊規則狀態等），實得有效問卷 189 份；經由 SPSS 程式軟體進行次數分配（frequency），所得之研究結果與發現如下：

壹、專業核心課程

「畢業校友課程設計的回饋調查」的問卷設計，第一部分為「專業核心課程」。

為使培訓中的警察組織基層人員未來具有執行「警察機關分駐（派出）所常用勤務」各項勤務工作的能力，警察專科學校當時開設的「專業核心課程」共 10 門；問卷中，將這 10 門課程，從「非常不需要」到「非常需要」區分為五個等級，請受訪者表達，這門課程的需要程度。至於這幾門課程施教的期程究竟需要多長？也請受訪者提供意見。

所獲致之答案，於「需要程度」部分，如表 6-2 所示。

經由表 6-1 的資料，可以瞭解受訪者對被類歸為基層警察人員培訓「專業核心」的 10 門課程，所顯現的態度傾向。

由於本研究所設計的五等量表，是從「非常不需要」（1 分）到「非常需要」（5 分），因此，經由統計分析所求取的平均數愈小，表示受訪者認為，該課程科目在基層分駐（派出）所勤務工作核心職能的培訓上，屬於「較不需要」；反之，經由統計分析所求取的平均數愈大，表示受訪

者認為，該課程科目在基層分駐（派出）所勤務工作核心職能的培訓上，屬於「較為需要」。

表 6-2　警察組織基層人力培訓「專業核心課程」需要程度一覽表

變數	平均數（M）	需要性排名	標準差
1-1 警察學	2.798942	9	1.074868734
1-2 警察法規	4.259259	2	0.763922959
1-3 警察勤務	4.132275	5	0.834738884
1-4 刑法	4.433862	1	0.714266118
1-5 交通法規與實務	4.05291	6	0.865172398
1-6 交通事故處理實務	4.15873	4	0.83329554
1-7 社會秩序維護法	3.899471	7	0.84543576
1-8 犯罪預防	3.37037	8	1.02887948
1-9 偵訊與筆錄製作	4.206349	3	0.917070275
1-10 行政管理學	2.380952	10	1.050501086

資料來源：作者自製

　　若將 10 門課程的平均數繪製成圖 6-1，則可以得知，這 10 門警察組織基層人力培訓的「專業核心課程」，基本上都有一定程度的需要性，特別是「刑法」與「警察法規」課程，列需要性排名的第一、第二順位。但是，也有些課程的調查結果，顯現出一些疑義，即某些課程，被受訪者認為，就從事基層警察工作應具備之核心職能而言，並非那麼的需要；類此疑義，需要進一步實施面訪調查。

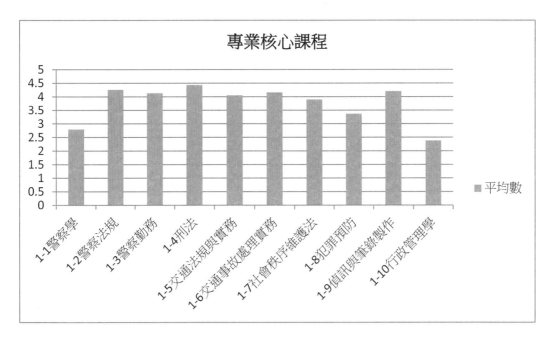

專業核心課程

■ 平均數

資料來源：作者自繪

圖 6-1　警察組織基層人力培訓「專業核心課程」需要程度直方圖

一、「刑法」與「警察法規」課程

　　「刑法」課程，在 189 份有效問卷中，平均數（M）為 4.43，；「警察法規」課程，在 189 份有效問卷中，平均數（M）為 4.26，分列需要程度的第一、二順位。就從事基層警察工作應具備之核心職能而言，在受訪者的心目中，其重要性可見一般。

　　此一結果，可由圖 6-2、圖 6-3 中得到證實。

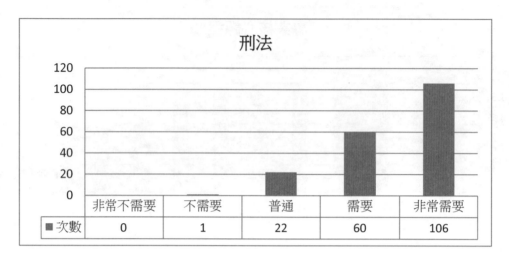

資料來源：作者自繪

圖 6-2　「刑法」課程需要程度直方圖

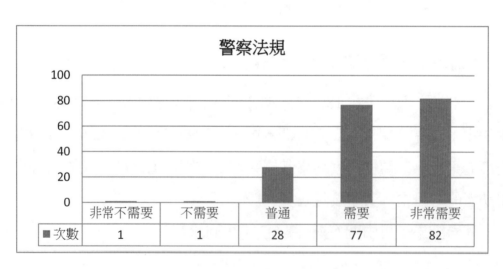

資料來源：作者自繪

圖 6-3　「警察法規」課程需要程度直方圖

二、「行政管理學」課程

　　「行政管理學」課程,在 189 份有效問卷中,平均數(M)為 2.38,列需要性排名的最後一順位。此一結果,必須進一步釐清。

　　經由面訪調查後得知,一則「行政管理學」的部分單元被視為管理幹部的核心職能,然警察專科學校的畢業學生或結業學員,可預見的未來暫時是基層的執行者,而非管理者,故被認為似乎不具需要性;再者,該門課程安排於二年級下學期施教,此時學生全心投入警察特考準備,凡非屬考試科目,即多心生排斥。

三、「警察學」課程

　　「警察學」看似為警察人員的基礎課程,卻於警察組織基層人力培訓的專業核心課程中,在 189 份有效問卷中,平均數(M)為 2.80,列需要性排名的倒數第二名。此一結果,更有必要進一步釐清。

　　同樣經由面訪調查後得知,當時的「警察學」,屬學理層面;基層分駐(派出)所之基層警察人員為實作人員,並無決策權,向來係聽令行動,遵「勤務分配表」服勤。「警察學」的教授範疇,就從事基層警察工作應具備之核心職能而言,當時被認定為較不需要!

貳、專業基礎課程與校訂必修課程

　　「畢業校友課程設計的回饋調查」的問卷設計,第二部分為「專業基礎課程與校訂必修課程」。

　　為了奠定從事基層警察工作的基礎,警察專科學校當時也開設了「專業基礎課程」與「校訂必修課程」共 9 門;問卷中,也將這 9 門課程,從「非常不需要」到「非常需要」區分為五個等級,請受訪者表達,

這門課程的需要程度。至於這幾門課程施教的期程究竟需要多長？也請
受訪者提供意見。

所獲致之答案，於「需要程度」部分，如表 6-3 所示。

表 **6-3** 警察組織基層人力培訓「專業基礎課程」與「校訂必修課程」
需要程度一覽表

變數	平均數 (M)	重要性排名	標準差
2-1 法學緒論	3.375661	5	0.9713571
2-2 行政法	3.169312	6	0.998893596
2-3 犯罪偵查學	4.005291	3	0.905581485
2-4 心理學	2.84127	7	1.047137937
2-5 電子計算機概論	2.291005	8	1.129205154
2-6 性別平等與性侵家暴處理	3.883598	4	0.753963613
2-7 刑事訴訟法	4.417989	1	0.809921402
2-8 警察倫理學	2.21164	9	1.189758749
2-9 實習	4.296296	2	0.974292329

資料來源：作者自製

經由表 2 的資料，可以瞭解受訪者對被類歸為基層警察人員培訓「專
業基礎」與「校訂必修」的 10 門課程，所顯現的態度傾向。

由於本研究所設計的五等量表，是從「非常不需要」（1 分）到「非
常需要」（5 分），因此，經由統計分析所求取的平均數愈小，表示受訪
者認為，該課程科目在基層分駐（派出）所勤務工作的核心職能的培訓
上，屬於「較不需要」性；反之，經由統計分析所求取的平均數愈大，
表示受訪者認為，該課程科目在基層分駐（派出）所勤務工作的核心職
能培訓上，屬於「較為需要」。

　　若將 9 門課程的平均數繪製成圖 6-4，則可以得知，基本上這 9 門警察組織基層人力培訓的「專業基礎課程」與「校訂必修課程」，都有其一定程度的需要性，特別是「刑事訴訟法」與「實習」課程，列需要性排名的第一、第二順位；但是，也有些課程的調查結果，顯現出一些疑義，即某些課程，被受訪者認為，就從事基層警察工作應具備之核心職能而言，並非那麼的需要。類此疑義，需要進一步實施面訪調查。

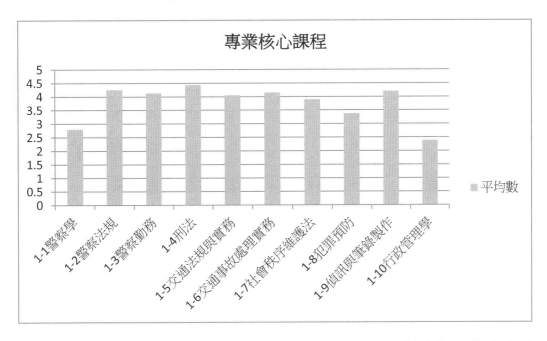

資料來源：作者自繪

圖 6-4　「專業基礎課程」與「校訂必修課程」需要程度直方圖

一、「刑事訴訟法」與「實習」課程

　　「刑事訴訟法」課程，在 189 份有效問卷中，平均數（M）為 4.42；「實習」課程，在 189 份有效問卷中，平均數（M）為 4.30，分列需要程度的第一、二順位。就從事基層警察工作應具備之核心職能而言，在

受訪者的心目中，其重要性可見一般。此一結果，亦可由圖 6-5、圖 6-6
得到證實。

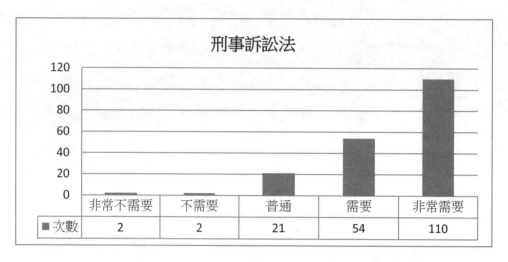

資料來源：作者自繪

圖 6-5 「刑事訴訟法」課程需要程度直方圖

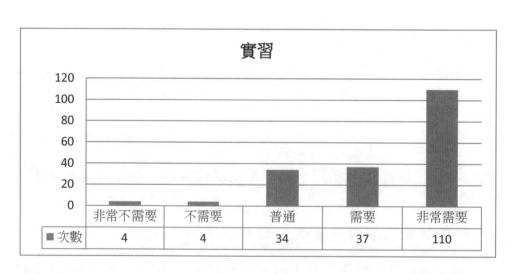

資料來源：作者自繪

圖 6-6 「實習」課程需要程度直方圖

二、「警察倫理學」課程

「警察倫理學」課程，在 189 份有效問卷中，平均數（M）為 2.21，列需要性排名的最後一順位。此一結果，必須進一步釐清。

經由面訪調查後得知，當時「警察倫理學」課程的授課內容，被框架於洛克、柏拉圖、孟德斯鳩、孔子、孟子等，各種中、外哲學理論，被學生認為艱澀難懂，遂心生排斥。

三、「電子計算機概論」課程

「電子計算機概論」課程，在 189 份有效問卷中，平均數（M）為 2.29，列需要性排名的倒數第二名。此一結果，更有必要進一步釐清。

同樣經由面訪調查後得知，因當時「電子計算機概論」的授課內容是「電腦入門」，或「基礎電腦課程」；故無論是教授「Word」、「Excel」、「PowerPoint」，還是「e-mail」、「社群博客」......等，都應歸屬於個人日常生活的調適，或是一種實用技能，非屬基層警察工作的核心職能，也與基層分駐（派出）所常用勤務執行無直接關聯。

參、體育技能課程

「畢業校友課程設計的回饋調查」的問卷設計，第三部分為「體育技能課程」。

為了強化培訓中的警察組織基層人員未來的執勤能力，並鍛鍊體能，警察專科學校當時開設的「體育技能課程」共 6 門；問卷中，也將這 6 門課程，從「非常不需要」到「非常需要」區分為五個等級，請受訪者表達，這門課程的需要程度。至於這幾門課程施教的期程究竟需要多長？也請受訪者提供意見。

所獲致之答案，於「需要程度」部分，如表 6-4 所示。

表 6-4　警察組織基層人力培訓「體育技能課程」需要程度一覽表

變數	平均數	重要性排名	標準差
3-1 柔道	4.248677	2	0.870784386
3-2 游泳	3.708995	5	0.983984743
3-3 綜合逮捕術	4.227513	3	0.826853957
3-4 組合警力訓練	3.724868	4	1.172193534
3-5 射擊	4.428571	1	0.770781622
3-6 軍訓	2.867725	6	1.394799718

資料來源：作者自製

經由表 6-4 的資料，可以瞭解受訪者對被類歸為基層警察人員培訓「體育技能」的 6 門課程，所顯現的態度傾向。

由於本研究所設計的五等量表，是從「非常不需要」（1 分）到「非常需要」（5 分），因此，經由統計分析所求取的平均數愈小，表示受訪者認為，該課程科目在基層分駐（派出）所勤務工作的核心職能的培訓上，屬於「較不需要」；反之，經由統計分析所求取的平均數愈大，表示受訪者認為，該課程科目在基層分駐（派出）所勤務工作的核心職能培訓上，屬於「較為需要」。

若將 6 門課程的平均數繪製成圖 6-7，則可以得知，基本上這 6 門警察組織基層人力培訓的「體育技能課程」，除「軍訓」之外，確實有其一定程度的必要性，也確實強化了培訓中的警察組織未來的基層人員的執勤能力，並鍛鍊體能；惟其中有兩項相當特殊之處，需要進一步實施面訪調查。

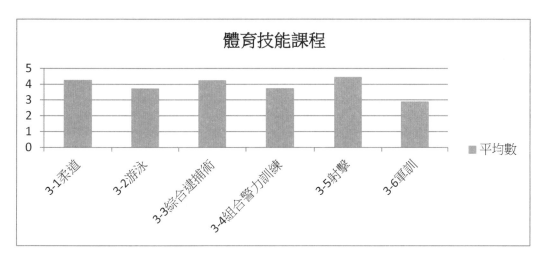

資料來源：作者自繪

圖 6-7　警察組織基層人力培訓「體育技能課程」需要程度直方圖

一、「射擊」課程

　　「射擊」課程，在 189 份有效問卷中，平均數（M）為 4.43，列需要程度的第一順位，顯示在受訪者的心目中，這門操作性的課程確實極為重要。此一結果，亦可由圖 6-8 中得到證實。

二、「軍訓」課程

　　「軍訓」課程，則完全相反。在 198 份有效問卷中，平均數（M）為 2.87，其需要程度列倒數第一順位，顯示在受訪者的心目中，這門課程實在不大需要開設。此一結果，有必要進一步釐清。

　　經由面訪調查後得知，在受訪者的心目中，所謂的「軍訓」課程，就是「向左轉」、「向右轉」、「齊步走」、「跑步跑」……等，基礎軍事訓練，非屬基層警察工作的核心職能，也與基層分駐（派出）所常用勤務執行並無直接關聯。再者，軍訓成績計算，內含「跑步」的測驗成績，因警

察專科學校體育技能課程一科不及格，即予退學淘汰[5]；「跑步」是極大挑戰！這更非學生們所願。

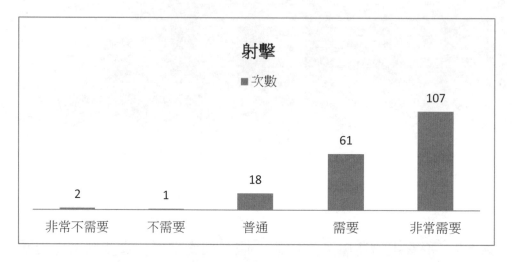

資料來源：作者自繪

圖 6-8   「射擊」課程需要程度直方圖

肆、校訂選修課程

「畢業校友課程設計的回饋調查」的問卷設計，第四部分為「校訂選修課程」。

除了前開必修的各類課程外，警察專科學校當時開設的「校訂選修課程」共 23 門，就培訓一名警察組織新進的基層人員的必要性而言，在受訪者的心目中，會選那些課程？

這是一個複選題，問卷中，受訪者至多能勾選 7 門課程，並依心目中的順位，從 "1" 標到 "7"。如果認為該科目應改列必修，也可以在

---

5 參見：「臺灣警察專科學校專科警員班學則」第 31 條：「學生有下列情形之一者，應令退學：… 二、軍訓、體育技能之任一科目學期成績不及格者。」（https://educate.tpa.edu.tw/p/412-1004 -85.php?Lang=zh-tw, Accessed: 2021.01.29.）

該課程後方的 □ 中打 "✓"。

　　問卷回收後，將只要是被勾選過的課程科目作一彙整，每位受訪者勾選並標示第一順位的科目給 7 分，最第二順位者給 6 分，以此類推計算，其結果如圖 6-9 所示。

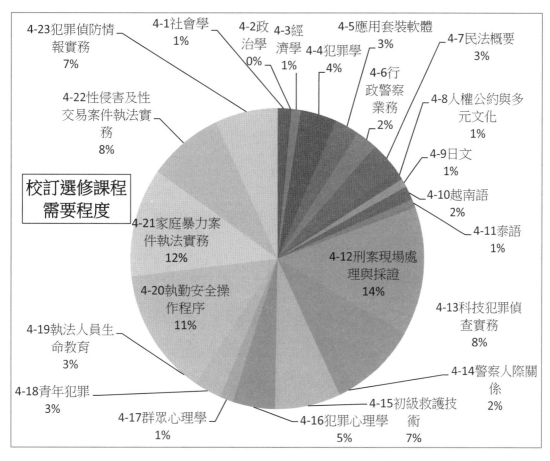

資料來源：作者自繪

圖 6-9　受訪者對「校訂選修課程」需要程度簡圖

　　經由圖 6-9 可以得知，在警察專科學校所開設的 23 門「校訂選修課程」中，受訪者「最可能」考慮選修的課程，前三名及其排序為：

１、刑案件現場處理與採證（可能性：14%）

　　2、家庭暴力案件執法實務（可能性：12%）

　　3、執勤安全操作程序（可能性：11%）

以上三門課程，也是在 23 門課程中，選修可能性達 10% 以上者。

　　相反的，在警察專科學校所開設的 23 門「校訂選修課程」中，受訪者「最不可能」考慮選修的課程，前二名及其排序為：

　　1、政治學（可能性：0%）

　　2、社會學、經濟學、人權公約與多元文化、日文、泰語、群眾心理學（以上可能性均為：1%，依變數編號排序）

　　那麼，在警察專科學校所開設的 23 門「校訂選修課程」中，受訪者認為該科目應改列必修的狀況又如何？

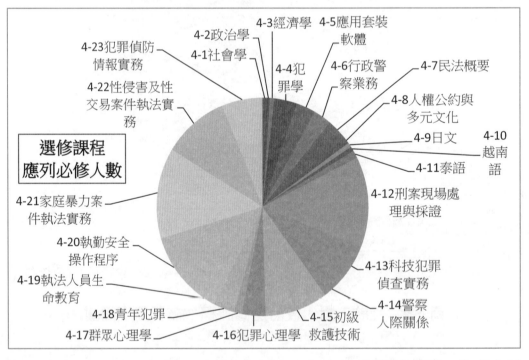

資料來源：作者自繪

圖 6-10　受訪者認為「校訂選修課程」應改列必修示意圖

　　根據圖 6-10，受訪者認為，在警察專科學校所開設的 23 門「校訂選修課程」中，應改列必修的課程及排序為：

　　1、刑案件現場處理與採證（338 分；可能性：7.04%）

　　2、家庭暴力案件執法實務（301 分；可能性：6.27%）

　　3、執勤安全操作程序（275 分；可能性：5.73%）

　　此一應改列必修的建議，與受訪者有意願選修的科目排序完全吻合。

第四節　畢業校友課程設計回饋調查結論、建議與因應變革

　　警察專科學校職司基層警察人員教育訓練，也是我國唯一的警察組織基層人力培訓機構。經由警察專科學校培訓的警察組織新進基層人員，究竟在完成與「基層警察工作」有關之各項專業教育訓練後，能不能成為適格、適任的基層警察人員？

　　舉凡警察專科學校畢業的學生或培訓結業的學員，一律分發外勤勤務機構；且一經分發，第一時間即至基層分駐（派出）所報到，立刻投入第一線外勤實務工作的行列；即若有部分學生、學員分發至專業警察機關，亦毫無例外，被派往第一線服務。

　　基層（分駐）派出所重在實作，本篇第五章「警察組織基層人力核心職能研究」的研究結果顯示，培訓適格、適任的警察組織基層人員，必須使其具有從事「基層警察工作」應具備之核心職能；依相關規定，應該是：

　　1、必須要具有擔任第一線、24 小時輪值之基層警察工作的能力。

　　2、具有執行「警察機關分駐（派出）所常用勤務」各項勤務工作的能力。

　　本章撰寫的基礎：「畢業校友課程設計回饋調查」的問卷設計，係以警察專科學校 2014 年入學，2016 年畢業的「專科警員班第 33 期正期學生組」－即研究案實施的前一年畢業，從事基層警察工作即將滿一年的校友，為問卷調查實施的對象；問卷設計則以該期「行政警察科」的課程科目學分表為基準。

　　本研究的研究假設即界定於：「課程科目學分表中所列課程，對『培訓適格、適任的警察組織基層新進人員』，均屬必要之課程。」亦即，課程設計機制的建構，旨在使警察組織未來的基層人員，充分了解「警察機關分駐（派出）所常用勤務」各項勤務執行的相關法規依據、嫻熟整個勤務執行程序的每一步驟，並能精準操作每一個動作與適當運用應注意事項。

　　經由問卷調查，以及就問卷調查的結果有疑義的部分進行面訪調查後，作者 2017 年主持的「臺灣警察專科學校精進校務發展研究案」：本校畢業校友課程設計回饋調查之研究，於當年 12 月 8 日辦理結案。謹分為「專業核心課程」、「專業基礎課程」、「體育技能課程」、「校訂選修課程」、「其他」等，五個單元，將當時受訪者的意見、作者的改善建議，以及後續的因應變革，於各對應的單元中具體陳述；至於最新的，2021 年警察專科學校 110 學年度培訓課程設計機制建構，則於本章第五節中再行探討，列為本章的小結。

壹、專業核心課程

　　受訪者對被類歸為基層警察人員培訓的「專業核心課程」，所顯現的態度傾向如下：

一、受訪者認為，基本上這 10 門警察組織基層人力培訓的「專業核心課

程」，都有其一定程度的需要性，特別是「刑法」與「警察法規」課程，分列需要程度的第一、二順位。就從事基層警察工作應具備之核心職能而言，在受訪者的心目中，其重要性可見一般。

二、也有些課程的調查結果，顯現出受訪者認為，就從事基層警察工作應具備之核心職能而言，並非那麼的需要。

（一）「行政管理學」課程

　　1、受訪者意見

　　　　「行政管理學」課程列需要性排名的最後一順位。

　　　　經由面訪調查後得知，一則「行政管理學」的部分單元被視為管理幹部的核心職能，然警察專科學校的畢業學生或結業學員，可預見的未來暫時是基層的執行者，而非管理者，故被認為似乎不具需要性；再者，該門課程安排於二年級下學期施教，此時學生全心投入警察特考準備，凡非屬考試科目，即多心生排斥。

　　2、改善建議

　　　　有關本項研究結果，謹建議：

（1）將課程調整至二年級上學期，避開學生全力衝刺警察特考準備的二年級下學期。

（2）責成授課老師懇切告知學生，「行政管理學」課程內容，諸如溝通、協調、組織目標、組織氣候，甚至人事制度等，對警察組織的基層人員，無論是勤區經營，還是未來的職涯發展，都有相當程度的重要性。

　　3、因應變革

　　　　「行政管理學」課程除已調整至二年級上學期選修外，於老師遴聘部分，亦慎選嫻熟警察基層實務工作人士，以案例探討方式，

帶入溝通、協調、組織目標、組織氣候，甚至未來工作中的獎懲、責任、升遷、退休、撫卹等現實問題，深入淺出，俾利於莘莘學子未來的工作準備與職涯規劃。

(二)「警察學」課程

1、受訪者意見

「警察學」課程，列需要性排名的倒數第二名。

同樣經由面訪調查後得知，當時的「警察學」，屬學理層面；基層分駐（派出）所之基層警察人員為實作人員，並無決策權，向來係聽令行動，遵「勤務分配表」服勤。「警察學」的教授範疇，就從事基層警察工作應具備之核心職能而言，當時被認定為較不需要！

2、改善建議

有關本項研究結果，作者認為，「警察學」是從事警察工作者的基礎學科；原中央警察大學、臺灣警察專科學校兩校共同使用的警察學教材，確實有其歷史性、典範性，然時空背景的轉換，警察專科學校可以依基層警察人員與基層警察工作的需求，編撰新的警察學教材，以與時俱進！

3、因應變革

環境的變化太快，必須重新調整警察學的研究焦點，依社會趨勢及脈絡所需，鋪陳未來，既有的專業來配合社會環境變遷，以回應民眾的殷切需求。警察專科學校於 2018 年，集多人經驗與研究成果，撰寫因應當前環境、切合實務需要，淺顯易懂，即目前各班期使用之新版警察學教材。

貳、專業基礎課程

受訪者對被類歸為警察組織基層人力培訓的「專業基礎課程」與「校訂必修課程」，所顯現的態度傾向如下：

一、受訪者認為，基本上這 9 門警察組織基層人力培訓的「專業基礎課程」與「校訂必修課程」，都有其一定程度的需要性，特別是「刑事訴訟法」與「實習」課程，列需要性排名的第一、第二順位。就從事基層警察工作應具備之核心職能而言，在受訪者的心目中，其重要性可見一般。

二、也有些課程的調查結果，顯現出受訪者認為，就從事基層警察工作應具備之核心職能而言，並非那麼的需要。

（一）「警察倫理學」課程

　1、受訪者意見

　　「警察倫理學」課程列需要性排名的最後一順位。

　　經由面訪調查後得知，當時「警察倫理學」課程的授課內容，被框架於洛克、柏拉圖、孟德斯鳩、孔子、孟子等，各種中、外哲學理論，被學生認為艱澀難懂，遂心生排斥。

　2、改善建議

　　有關本項研究結果，謹建議：

（1）可考慮將本門課程改列為選修。

（2）有關「公務倫理」的探討，有其重要性與必要性；調整授課內容，或針對應講授內容重編教材，才是正本清源的解決之道。

（3）或可不一定開設為一門課程，改列於某一相關課程的某一章

亦可；主要教授《公務員服務法》、「公務倫理規範」，並適當地佐以案例，達到落實並紮根「公務倫理」的教學目標。

3、因應變革

（1）「警察倫理學」課程自 2018 年下半年 107 學年度起，改列為二年級下學期選修，雖開設在畢業當學期，學生選修卻極為眾多。

（2）選修學生極為眾多的原因，在於老師多遴聘嫻熟警察基層實務工作人士，並以案例探討方式，深入淺出、淺顯易懂。

（3）自 2019 年起，「公務倫理」列「公務人員特種考試警察人員考試四等考試」（按：即內軌）考科：「警察情境實務概要」的命題內容，故除「警察倫理學」列選修課程外，於必修的「警察學」課程中，亦設有「警察公務倫理」專章。

（二）「電子計算機概論」課程

1、受訪者意見

「電子計算機概論」課程，列需要性排名的倒數第二名。

同樣經由面訪調查後得知，因當時「電子計算機概論」的授課內容是「電腦入門」，或「基礎電腦課程」；故無論是教授「Word」、「Excel」、「PowerPoint」，還是「e-mail」、「社群博客」……等，都應歸屬於個人日常生活的調適，或是一種實用技能，非屬基層警察工作的核心職能，也與基層分駐（派出）所常用勤務執行無直接關聯。

2、改善建議

有關本項研究結果，謹建議：

（1）基層警察工作的核心職能，應該是教授警察機關「受理報案 E 化資訊系統」的操作，其內容應至少包含：

　　 I、　E 化資訊系統操作

　　 II、M-police 操作

　　 III、網際網路於警察實務工作之應用

（2）「電子計算機概論」這門課程的名稱，不但應變更為警察機關勤務設備、裝備的名稱，還應確認其授課內容結合實務需求，俾符合警察機關基層分駐（派出）所勤務執行的應用。

3、因應變革

（1）「電子計算機概論」課程自 2019 年下半年 108 學年度起，拆成兩門課程：

　　 I、　「資訊概論」課程，列為校訂必修科目，開設於一年級上學期；授課內容含計算機基礎、資訊網路素養、資訊安全、無人載具應用、人工智慧、雲端科技等。

　　 II、「警政資訊系統運用與實務」課程，亦列為校訂必修科目，開設於一年級下學期；授課內容含警政行動資訊系統、影像調閱處理、交通事故現場圖繪製軟體教學、案件管理系統、智慧分析決策支援系統等。

（2）有關警察機關「受理報案 E 化資訊系統」、M-police 的操作，列「警察勤務（三）」課程的授課內容，遴聘外勤實務機關第一線基層人員協同教學，著重於案例探討、實務演練與操作。

參、體育技能課程

　　受訪者對被類歸為警察組織基層人力培訓的「體育技能課程」，所顯現的態度傾向如下：

一、受訪者認為，基本上這 6 門警察組織基層人力培訓的「體育技能課

程」，除「軍訓」之外，確實有其一定程度的必要性，也確實強化了培訓中的警察組織未來的基層人員的執勤能力，並鍛鍊體能。

二、所獲致的研究結果，有兩項相當特殊之處，需要進一步實施面訪調查：

（一）「射擊」課程

　　1、受訪者意見

　　　　「射擊」課程，列需要程度的第一順位，顯示在受訪者心目中，這門操作性的課程確實極為重要。

　　2、因應變革

　　（1）自 2019 年下半年 108 學年度起，「射擊」課程第一、二、三學期仍維持每學期 2 學分，第四學期改為 4 學分，增加授課與操作的時數。

　　（2）各學期應授課程內容也因應實務需求調整：[6]

　　　I、　使用國際環形靶，實施立姿基礎射擊，射擊距離 15 公尺。

　　　II、第二學期：實施近迫靶、五環靶，射擊距離 15 公尺。

　　　III、第三學期：實施近迫靶、五環靶，射擊距離 15 公尺。

　　　IV、第四學期：實施實彈應用射擊。

（二）「軍訓」課程

　　1、受訪者意見

　　　　「軍訓」課程，則完全相反，其需要程度列倒數第一順位，顯示在受訪者的心目中，這門課程實在不大需要開設。此一結果，有必要進一步釐清。

---

[6] 參見：107 年 10 月 18 日警專訓字第 1070408802 號函第 7 次修正「臺灣警察專科學校學生體育技能訓練成績考查要點」，頁 1-2。（https://train.tpa.edu.tw/p/404-1005-982.php?Lang=zh-tw,, Accessed: 2021.01.23.）

　　經由面訪調查後得知，在受訪者的心目中，所謂的「軍訓」課程，就是「向左轉」、「向右轉」、「齊步走」、「跑步跑」……等，基礎軍事訓練，非屬基層警察工作的核心職能，也與基層分駐（派出）所常用勤務執行並無直接關聯。再者，軍訓成績計算，內含「跑步」的測驗成績，因警察專科學校體育技能課程一科不及格，即予退學淘汰 ;「跑步」是極大挑戰！這更非學生們所願。

２、改善建議

　　作者認為，「軍訓」課程，應是各大專院校均有設置，之所以有此門課程，也一定有其原因，自然無庸置喙！惟，將跑步列入其中？適合嗎？於相關規定相合嗎？何況，警察專科學校一直引以為傲者：畢業前，3,000 公尺跑步測驗，男生必須 14 分 30 秒跑完、女生必須 16 分 30 秒跑完，若未達標準，不得畢業；經由軍訓的稀釋，何來的驕傲？

３、後續因應變革[7]

　　自 2020 年下半年 109 學年度起，「軍訓」課程授課內容分為基本教練、體適能訓練及機動保安隊形操練等三項。體適能訓練包括 3,000 公尺跑步、折返跑等，給與學生一定的彈性。

---

[7] 參見：108 年 11 月 14 日警專訓字 1080410187 號函核定第 4 次修正「臺灣警察專科學校專科警員班學生軍訓成績考查要點」，頁 1。（https://train.tpa.edu.tw/p/404-1005-982.php?Lang=zh-tw, Accessed: 2021.01.23.）

肆、校訂選修課程

受訪者對被類歸為警察組織基層人力培訓的「校訂選修課程」,所顯現的態度傾向如下:

一、在當時開設的 23 門「校訂選修課程」中,受訪者認為「最可能」考慮選修的課程,前三名及其排序為:

　　1、刑案件現場處理與採證(可能性:14%)

　　2、家庭暴力案件執法實務(可能性:12%)

　　3、執勤安全操作程序(可能性:11%)

二、相反的,在當時開設的 23 門「校訂選修課程」中,受訪者認為「最不可能」考慮選修的課程,前二名及其排序為:

　　1、政治學(可能性:0%)

　　2、社會學、經濟學、人權公約與多元文化、日文、泰語、群眾心理學(以上可能性均為:1%,依變數編號排序)

三、受訪者認為,在警察專科學校所開設的 23 門「校訂選修課程」中,應改列必修的課程及排序為:

　　1、刑案件現場處理與採證(338 分;可能性:7.04%)

　　2、家庭暴力案件執法實務(301 分;可能性:6.27%)

　　3、執勤安全操作程序(275 分;可能性:5.73%)

伍、其他

「畢業校友課程設計回饋調查」之問卷設計,於各大項之最後,均列有「其他」選項,請受訪者填寫補充意見。在開放式題答中,有受訪者建議開設身心發展課程、溝通與協調課程、如何抗壓的課程......等,當

然有受訪者更直接的建議，希望不管開設什麼課程，都請實務化，不要脫離現況。

第五節　本章小結－警察組織基層人力培訓計畫

我國警察組織中，基層人力佔了將近 93％，復以警察組織的基層人員，均屬與民眾直接接觸的第一線執法人員；警察專科學校於基層警察人員核心職能的養成過程中，自然必須擔負起比較吃重的角色。

依 2020 年 8 月入學之警察專科學校「專科警員班第 39 期正期學生組」的教育計畫觀之[8]，本節的撰寫，可略分為：教育使命、教育目標、教育時間、教育重點及內容等，四個單元作一探討；最後是結語。

壹、教育使命

培養基層警察人員工作之專業知能、觀念與態度，以配合實務機關用人需求為教育主軸，使學生具備未來執勤之專業知識與技能，期使於畢業後迅速勝任職場工作，發揮學、用合一之最終教育目的。

貳、教育目標

以「理論與實務結合」、「學術與技能並重」為教育目標，於教學規劃與課程設計上，除依據專科學校法學位授予之相關規定辦理外，復重視專業知能之學習，兼顧博雅教育之陶冶，以建構品德高尚、專業知能、獨立思考、人文涵養及健全人格之警察全人教育。

---

[8] 參見：「臺灣警察專科學校專科警員班第 39 期正期學生組教育計畫」，頁 3-6。本書定稿時，預定 2021 年 8 月入學的臺灣警察專科學校專科警員班第 40 期正期學生組的教育計畫正在研擬中。

參、教育時間

全期教育時間為二學年，各學年行事曆依有關要點擬訂後報核實施。教育階段區分為：預備教育、養成教育、實習教育、畢業講習等四個階段。

一、預備教育

於第一學年第一學期入校時實施，以介紹學校生活、教育環境、教育設施及教學內容為主，以奠定教育訓練基礎。

二、養成教育

分為二個學年、四個學期實施，每學期至少 18 週（含期中、學期考試各 1 週。

三、實習教育

修畢第一學年課程後，利用暑假、寒假時間，以地區輪換方式，至各地區警察機關實習；以警察機關之勤（業）務為實習重點，實習基層警察人員工作。實習計畫另訂之。

四、畢業講習

畢業前舉行講習，以當前警察勤（業）務重點工作及畢業後所需學識知能為主，排定講習課程，使學生瞭解全盤警察工作，樹立工作信心，奠定日後工作基礎。

肆、教育重點及內容

在教育重點及內容部分，區分為四個層面，分別是：學科教育、精神品德教育、體育技能教育、軍訓教育。

一、學科教育

依教育部規定，課程分為「共同科目」、「專業課程」兩大類。

（一）共同科目

為拓展全人教育，加深學生知識廣度，於通識課程上，藉由各種探索人文、社會及自然等不同面向之知識，厚植學生人文素養、增進美學感知、提升終身學習之興趣與能力，開設多門科目，計分為語文課程、社會科學、自然科學、人文藝術等四大類。

1、語文課程：於國文科目開設國文經典閱讀、寫作方法與習作、公文製作與習作、另開設國文專題研究；於英文科目開設警察專業英文、消防警察專業英文、水上警察專業英文，另開設警察專業英文專題研究、水上警察專業英文專題研究；於語文課程開設日文、越南語、泰語、韓語及印尼語等選修課程。

2、社會科學：包括中華民國憲法、心理學、社會學、犯罪學、警察倫理學、人權公約與多元文化、執法人員生命教育等課程。

3、自然科學：生活與防災。

4、人文藝術：：警察敘事能力與溝通課程。

（二）專業課程

行政警察科著重一般基層警察實務工作，實用警察法令及警察學

術理論，課程包括：行政法、警察法規、警察勤務、刑法、刑事訴訟法、犯罪偵查學、交通法規與實務、交通事故處理實務、偵訊與筆錄製作、犯罪預防、性別平等與性侵家暴處理、警政資訊系統應用與實務、執勤安全操作程序、初級救護技術等，增進警察行政及灌輸警察專業職能，並結合各階段警政工作重點、治安情勢及實務需求等，以充實依法執勤能力，培養基層警察人員。

專業課程可再細分為：專業基礎科目、專業核心科目、校訂必修科目、校訂選修科目。（參表 6-5「課程科目學分表」）

二、精神品德教育

（一）全人教育的核心價值

使學生充分並完整發展個人潛能，提供探究身心潛能的機會，兼重思考與操作、觀念與實踐、欣賞與創作的學習導向。

（二）活化品德的教育內涵

透過各項活動設計，刺激學生對品德倫理情境的想像與敏感度，進而分析判斷，勇敢面對情境兩難的責任感與道德感。

（三）構築溫馨的校園倫理

適切提供關懷、信賴與尊重的溫馨校園情境，倡導校園倫理，增進師生、團隊的群己關係，融入式的營造優質的精神品德教育學習環境。

（四）課程融入的完整學習

融入課程策略是將生命教育、警察倫理學、警察人際關係、法紀教育等人格教育、生活教育、價值觀等融入課程，以提升學生的知識承載及型塑恢弘的氣度。

表 6-5　專科警員班第 40 期正期學生組課程科目學分表（行政警察科）

科目類別	科目	學分數	時數	第1學年 上學期 學分	第1學年 上學期 時數	第1學年 下學期 學分	第1學年 下學期 時數	第2學年 上學期 學分	第2學年 上學期 時數	第2學年 下學期 學分	第2學年 下學期 時數	備考
共同科目	中華民國憲法	2		2								含人權保障。
	國文經典閱讀	2		2								含社會文化、倫理道德、法治教育與職能。
	寫作方法與習作	2				2						
	公文製作與習作	2						2				
	警察專業英文	6		2		2		2				包括會話課程
	自然科學 生活與防災	2								2		
	人文藝術 警察敘事能力與溝通	2						2				
	體育技能 柔道		8		2		2		2		2	學分另計，課程內容、時數分配及進度由訓導處訂定。
	體育技能 游泳		2				2					
	體育技能 綜合逮捕術		6		2		2		2			
	體育技能 組合警力訓練		2								2	
	體育技能 射擊		10		2		2		2		4	
	體育技能 體能訓練		4		2		2					
	軍訓		8		2		2		2		2	學分另計，課程內容、時數分配及進度由訓導處訂定。
	訓育活動		8		2		2		2		2	課程內容、時數分配及進度由訓導處訂定(含科務時間)。
	駕訓		8				4		4			駕駛訓練於第2、3學期實施，以考取自小客駕照為原則。
	小計	18	56	6	12	4	18	6	14	2	12	
專業基礎科目	法學緒論	2		2								
	警察學	2		2								
	行政法	2				2						含中央法規標準法、行政程序法、行政執行法、行政罰法、訴願法、行政訴訟法、國家賠償法、各公務人員法制(包括公務人員行政中立法)。
	犯罪偵查學	2						2				
	實習											實習分梯，暑假2階段實施。
	小計	8		4		2		2		0		
專業核心科目	犯罪預防	2		2								
	刑法（一）	2		2								教授刑法總則。
	刑法（二）	2				2						教授刑法分則。
	警察勤務（一）	2		2								教授警察勤務基本概念、警察勤務條例、警察職權行使法等相關法規之實務應用。
	警察勤務（二）	2				2						教授保安警察、特種警衛勤務、分駐(派出)所受理報案相關作業程序與規定。
	警察勤務（三）	2						2				教授警察各項勤務及情境實務演練、執勤安全、警用e化資訊系統實作等。
	警察法規	4				2		2				含警察法、警械使用條例、集會遊行法、警察職權行使法、社會秩序維護法。
	交通法規與實務	2				2						
	交通事故處理實務(一)	2						2				教授標準作業程序有關測繪照相談話紀錄填表等基本處理知能，以及測繪照相協同教學。
	交通事故處理實務(二)	2								2		教授人車路環境現場跡證調查訪問肇因分析等進階知能，以及交通事故全卷製作協同教學。
	偵訊與筆錄製作	2								2		含偵訊實務、筆錄製作與e化平台資訊系統實作課程。
	小計	24		6		8		6		4		

（下頁續）

（續）專科警員班第 40 期正期學生組課程科目學分表（行政警察科）

科目類別	科目	學分數	時數	第1學年 上學期 學分	時數	第1學年 下學期 學分	時數	第2學年 上學期 學分	時數	第2學年 下學期 學分	時數	備考
校訂必修科目	心理學	2		2								含犯罪心理與情緒管理。
	資訊概論	2		2								含計算機基礎、資訊網路素養、資訊安全、無人載具應用、人工智慧、雲端科技等。
	性別平等與性侵家暴處理	2				2						
	警政資訊系統應用與實務	2				2						含警政行動資訊系統、影像調閱處理、交通事故現場圖繪製軟體教學、案件管理系統、智慧分析決策支援系統等。
	刑事訴訟法	4				2		2				
	小計	12		4		6		2		0		
校訂選修科目	社會學	2				2						
	中國現代史(含臺灣風土民情與警察)	2				2						
	犯罪學	2				2						
	警察人際關係	2				2						
	行政警察業務	2				2						
	民法概要	2				2						
	人權公約與多元文化	2				2						
	日文(一)	2				2						
	日文(二)	2						2				需修畢日文(一)。
	越南語(一)	2	至多選1科			2						
	越南語(二)	2						2				需修畢越南語(一)。
	泰語(一)	2				2						
	泰語(二)	2						2				需修畢泰語(一)。
	印尼語(一)	2				2						
	印尼語(二)	2						2				需修畢印尼語(一)。
	韓語(一)	2				2						
	韓語(二)	2						2				需修畢韓語(一)。
	行政管理學	2						2				
	刑案現場處理與採證	2						2				含刑事鑑識概論。
	科技犯罪偵查實務	2						2				以實務案例研討為主。
	初級救護技術	2						2				依據救護技術員管理辦法之初級救護員訓練課程基準，且上課需40小時，以取得證照。
	執法人員生命教育	2						2				
	執勤安全操作程序	2						2				
	家庭暴力案件執法實務	2						2				
	性侵害及性剝削案件執法實務	2								2		
	警察倫理學	2								2		
	犯罪偵查專題研究	2								2		
	警察法規專題研究	2								2		
	警察勤務專題研究	2								2		
	警察情境實務專題研究	2								2		分行政、保安、防治、刑事、交通五主題，採教校園教學。
	國文專題研究	2								2		
	警察專業英文專題研究	2								2		
	至少選修	18		0		2		6		10		
	累計學分	80	56	20	12	22	18	22	14	16	12	

資料來源：參考臺灣警察專科學校提供之資料，作者自製

三、體育技能教育

配合實務需要，精研射擊、柔道、綜合逮捕術、組合警力訓練、游泳、自小客、機車安全駕駛等執勤技能，並鍛鍊強健體魄與堅忍不拔之毅力，培養旺盛精神。教學科目如課程科目學分表內「共同科目」欄。

四、軍訓教育

灌輸軍事常識、加強基本教練。課程內容、時數分配及進度由訓導處訂定。

伍、結語

本節是本章「培訓課程設計機制建構」的小結，關注的焦點在核心職能養成於課程設計之落實。

「畢業校友課程設計回饋調查研究」為警察專科學校 2017 年的精進校務發展研究案；結案後，雖然未再進行類此較具規模的課程設計研究，惟依警察專科學校「課程委員會」的運作機制，委員會得視需要邀請相關人員及專家學者參與提供意見[9]，故每學期為審議課程科目學分表增（修）訂召開課程委員會時，均會遴選畢（結）校友返校提供意見，俾確保課程設計不致與實務機關實務需求脫節。

謹草擬「專科警員班第 40 期正期學生組課程科目學分表」（參表 6-5）；與本章第一節「畢業校友課程設計回饋調查研究設計」所製：「專科警員班第 33 期正期學生組課程科目學分表」相較，差異甚大！此即因應環境變革、社會需求、人民期許，不斷滾動調整修訂。唯有警察組織新

---

[9] 參見：「臺灣警察專科學校課程委員會設置要點」第 6 點（https://educate.tpa.edu.tw/p/412-1004-85.php?Lang=zh-tw, Accessed: 2021.01.23.）

進基層人員之教學與實務接軌，方能使警察專科學校畢、結業學生（員）具備基層分駐（派出）所勤務執行之核心職能，於分發各警察機關分駐（派出）所服務時，立即有效執行各項基層警察工作。

＊本章主要參考作者 2017 年主持的「臺灣警察專科學校精進校務發展研究案」：本校畢業校友課程設計回饋調查之研究，該研究案於當年 12 月 08 日為研究成果發表並辦理結案。本章之撰寫，資料已更新、內容已增修調整。

附　錄

敬愛的專科警員班 33 期校友：

　　這份研究問卷，我們想要了解，究竟那些課程才是培訓一名新進基層警察人員的核心課程？您是警界基層的新進人員，正持續地為社會、為民眾付出；您的意見，是我們改進的最佳依據。拜託您，謝謝您！

臺灣警察專科學校　敬啟

壹・專業核心科目：（依科目學分表分類）

說明：以下是目前警專的"專業核心科目"，我們將之從「非常不需要」到「非常需要」區分為五個等級；依您的看法，這門課程需要嗎？請<u>逐項</u>在您認為<u>**最適合**</u>的　□　中打"✓"。

　　＊這些課程，有實施 1 學期的，也有實施 2 學期的、3 學期的，您認為這樣的施教期程可以嗎？也請您惠賜意見。

	非常不需要	不需要	普通	需要	非常需要	建議施教期程
1.警察學（1 學期）	□	□	□	□	□	＿＿
2.警察法規（2 學期）	□	□	□	□	□	＿＿
3.警察勤務（3 學期）	□	□	□	□	□	＿＿
4.刑法（2 學期）	□	□	□	□	□	＿＿
5.交通法規與實務（1 學期）	□	□	□	□	□	＿＿
6.交通事故處理實務（2 學期）	□	□	□	□	□	＿＿
7.社會秩序維護法（1 學期）	□	□	□	□	□	＿＿
8.犯罪預防（1 學期）	□	□	□	□	□	＿＿
9.偵訊與筆錄製作（1 學期）	□	□	□	□	□	＿＿
10.行政管理學（1 學期）	□	□	□	□	□	＿＿

貳・專業基礎科目與校訂必修科目：（依科目學分表分類）

說明：以下是目前警專的"專業基礎科目"，我們將之從「非常不需要」到「非常需要」區分為五個等級；依您的看法，這門課程需要嗎？請<u>逐項</u>在您認為<u>**最適合**</u>的　□　中打"✓"。

　　＊這些課程，除了"實習"，有實施 1 學期的，也有實施 2 學期的，您認為這樣的施教期程可以嗎？也請您惠賜意見。

下一頁 ☞

	非常不需要	不需要	普通	需要	非常需要	建議施教期程
1.法學緒論（1 學期）…………………………	□	□	□	□	□	＿＿＿
2.行政法（1 學期）……………………………	□	□	□	□	□	＿＿＿
3.犯罪偵查學（1 學期）………………………	□	□	□	□	□	＿＿＿
4.心理學（1 學期）……………………………	□	□	□	□	□	＿＿＿
5.電子計算機概論（1 學期）…………………	□	□	□	□	□	＿＿＿
6.性別平等與性侵家暴處理（1 學期）………	□	□	□	□	□	＿＿＿
7.刑事訴訟法（2 學期）………………………	□	□	□	□	□	＿＿＿
8.警察倫理學（1 學期）………………………	□	□	□	□	□	＿＿＿
9.實習（12 週）………………………………	□	□	□	□	□	＿＿＿

參‧體育技能科目：（依科目學分表分類）

說明：以下是目前警專的 "體育技能科目"，我們將之從「非常不需要」到「非常需要」區分為五個等級；依您的看法，這門課程需要嗎？請**逐項**在您認為**最適合**的 □ 中打 "✓"。

＊這些課程，有實施 1 學期的，也有實施 2 學期的、3 學期的、4 學期的，您認為這樣的施教期程可以嗎？也請您惠賜意見。

	非常不需要	不需要	普通	需要	非常需要	建議施教期程
1.柔道（4 學期）………………………………	□	□	□	□	□	＿＿＿
2.游泳（1 學期）………………………………	□	□	□	□	□	＿＿＿
3.綜合逮捕術（1 學期）………………………	□	□	□	□	□	＿＿＿
4.組合警力訓練（1 學期）……………………	□	□	□	□	□	＿＿＿
5.射擊（4 學期）………………………………	□	□	□	□	□	＿＿＿
6.軍訓（4 學期）………………………………	□	□	□	□	□	＿＿＿

下一頁 ☞

肆‧校訂選修科目：（依科目學分表分類）

說明：以下是目前警專的 "校訂選修科目"，就培訓一名新進基層警察人員
　　　的必要性來看，您會選那些課程？請**依您心目中的順位，從 "1" 標
　　　到 "7"（7個科目）**。

　　＊如果您認為該科目應改列必修，請在該課程後方的 □ 中打 "✓"。

擬選修的順位　　　　　　　　　　　　　　　　　　　　應改列必修

No.＿＿＿＿社會學（1下）...□

No.＿＿＿＿政治學（1下）...□

No.＿＿＿＿經濟學（1下）...□

No.＿＿＿＿犯罪學（1下）...□

No.＿＿＿＿應用套裝軟體（1下）...............................□

No.＿＿＿＿行政警察業務（1下）...............................□

No.＿＿＿＿民法概要（1下）.......................................□

No.＿＿＿＿人權公約與多元文化（1下）...................□

No.＿＿＿＿日文（1下2上）.......................................□

No.＿＿＿＿越南語（1下2上）...................................□

No.＿＿＿＿泰語（1下2上）.......................................□

No.＿＿＿＿刑案現場處理與採證（2上）...................□

No.＿＿＿＿科技犯罪偵查實務（2上）.......................□

No.＿＿＿＿警察人際關係（2上）...............................□

No.＿＿＿＿初級救護技術（2上）...............................□

No.＿＿＿＿犯罪心理學（2上）...................................□

No.＿＿＿＿群眾心理學（2上）...................................□

No.＿＿＿＿青少年犯罪（2上）...................................□

No.＿＿＿＿執法人員生命教育（2上）.......................□

No.＿＿＿＿執勤安全操作程序（2上）.......................□

No.＿＿＿＿家庭暴力案件執法實務（2上）...............□

No.＿＿＿＿性侵害及性交易案件執法實務（2下）...□

No.＿＿＿＿犯罪偵防情報實務（2下）.......................□

No.＿＿＿＿其他（請述明）＿＿＿＿＿＿＿＿＿＿＿□

目前警專於2下提供選修的各「專題研究」科目，係為強化特考準備而開設，
不列入本研究選項。　　　　　　　　　　　　　　**謝謝您！**

第七章　精進實習教育芻議

〈摘　要〉

　　實習教育，旨在使學生、學員於警察專科學校進行警察組織基層人力核心職能培訓期間，利用實習機會接觸外勤第一線實務工作，充實正確執法態度與觀念、熟稔警察勤務的運作，學習警察機關基層分駐（派出）所勤務執行的能力。

　　警察專科學校各班、各期的實習課程經過多年來不斷地發覺問題，解決問題，確實已具有一定的規模與成效；惟仍有更精進的改善空間。

　　經由對實習教育實施的觀察，提出看法及建議，使實習課程的設計規劃，能達到學生、學員嫻熟未來執行勤務之核心職能，畢（結）業後迅速勝任職場工作，發揮學、用合一之最終培訓目的。

關鍵詞：基層警察人員培訓、實習課程

第一節　前言

　　我國警察組織基層人力的進用，自 2011 年來，採行「雙軌制」：[1]

一、由警察專科學校自行辦理入學考試，招募高中（職）畢業生或同等學力者，經 2 年的基層人員專業核心職能培訓畢業，通過考選部辦理的「公務人員特種考試警察人員考試」後，由內政部警政署依法分發任用。此即專科警員班正期學生組（以下簡稱「專科班」）。

二、經由考試院舉辦之各年度「公務人員特種考試一般警察人員考試」錄取，至警察專科學校或受委託的訓練機構，依不同規定，接受 12-

---

[1] 我國警察組織人力的進用，自 2011 年起實施「（教）訓、考、用」與「考、訓、用」雙軌並行－此即坊間所稱之「雙軌制」。

18 個月的基層人員專業核心職能培訓結業後，由內政部警政署依法分發任用。此即「公務人員特種考試一般警察人員考試四等考試錄取人員訓練班」（以下簡稱「特考班」）。

為加強各班、各期學生、學員對警察勤務運作之瞭解，於修畢第一學年或第一階段課程後，規劃利用暑假、寒假或兩階段的期中時間，以地區輪換方式，至各警察機關基層派出所實習；以警察勤（業）務為實習重點，實習基層警察人員的工作。

於「專科班」部分，警察專科學校於每一年 6 月間，依規定陳報教育部暨內政部警政署備查之各期「專科警員班正期學生組教育計畫」中，有關：「教育時間」之「教育階段區分」，明訂：「實習教育：修畢第一學年課程後，利用暑假、寒假時間，以地區輪換方式，至各地區警察、消防、海巡機關等單位實習；以警察、消防、海巡機關之勤（業）務為實習重點，實習基層警察、消防、海巡人員工作。」[2]

前揭教育計畫中，附有各科的「課程科目學分表」。行政警察科[3]的課程科目學分表律定：「實習」為學生必修課程之「專業基礎科目」，分寒、暑假二階段實施。」[4]

於「特考班」部分[5]，警察專科學校於每一年 4 月間，依規定陳報公務人員保障暨培訓委員會核定之各年度「公務人員特種考試一般警察人員考試錄取人員訓練計畫」中，有關：「訓練課程」，明訂：「課程配當：

---

[2] 謹以 2020 年 8 月入學的「專科班」39 期為例，參見「臺灣警察專科學校專科警員班第 39 期正期學生組教育計畫」，頁 3-6。

[3] 警察專科學校「專科班」行政警察科學生畢業後分發的地點，絕大部分為各警察機關分駐（派出）所；故本書各篇、各章均以渠等為研究主體。

[4] 同註 2，有關「課程科目學分表」，參頁 10-11。

[5] 「特考班」，原本招募的即為行政警察科，結業後分發的地點，絕大部分為各警察機關分駐（派出）所。

如教育訓練課程配當表。」[6]

　　依授權訂定的當年度「教育訓練課程配當表」則律定,「實習教育」:[7]至警察實務機關實習 8 週,授課時數 480 小時:

一、第一階段課程結束後至基層派出所及交通事故處理單位實習 8 週。實習項目內容以第一階段已修習之警察實務課程為重點。

二、實習成績不及格者,報請保訓會廢止受資格。計畫明訂考核基準,嚴格實施淘汰機制。

　　警察專科學校各班、各期的實習課程經過多年來不斷地發覺問題,解決問題,確實已具有一定的規模與成效;惟仍有應行檢討之問題與更精進的改善空間－此即本章研究探討的重點:「精進實習教育芻議」。

　　本章雖參考作者 2015 年主持的「臺灣警察專科學校精進校務發展研究案」:基層警察人員培訓－精進實習教育芻議;惟為與時俱進,除必須保留的原始統計資料外,相關參考資料與數據均已更新至本書定稿。

　　本章的撰寫,共分為五節,分別是:

第一節　前言

第二節　問題的背景與現況

[6] 謹以 2020 年 1 月入訓的「特考班」為例;參見「109 年公務人員特種考試一般警察人員考試錄取人員訓練計畫」(110 年 1 月 29 日保訓會公訓字第 1100000905 號函核定修正),頁 2。(https://ws.csptc.gov.tw/Download.ashx?u=LzAwMS9VcGxvYWQvNi9yZWxmaWxlLzkyNDgvMzYwNTkvN2U4ZTdhNTUtYzc4YS00YTc3LTkyOWUtZjVlNDFjODg5MWFlLnBkZg%3d%3d&n=KOaguOWumuS%2fruatoykxMDnlubTlhazli5nkurrlk6HnibnnqK7ogIPoqabkuIDoiKzorablr5%2fkurrlk6HogIPoqabpjITlj5bkurrlk6HoqJPnt7ToqIjnlasoMTEwMDEyOeWFrOWRiikucGRm, Accessed: 2021.01.29.)。

[7] 參見「109 年公務人員特種考試一般警察四等考試錄取人員教育訓練課程配當表」,頁 9。(https://ws.csptc.gov.tw/Download.ashx?u=LzAwMS9VcGxvYWQvNi9yZWxmaWxlLzkyNDgvMzYwNTkvYzg1M2Q3MmUtNjAxZi00MmJjLTg0MzItYmYxMjQ4MjdjZWFiLnBkZg%3d%3d&n=MTA55LiA6Iis6K2m54m56ZmE5Lu2My3lm5vnrYnogIPoqabmlZnogrLoqJPnt7ToqrLnqIvphY3nlbbooagoMTA5MDkzMCkucGRm, Accessed: 2021.01.29.)

第二節　問題的背景與現況

警察專科學校各班、各期的實習課程經過多年來不斷地發覺問題，解決問題，確實已具有一定的規模與成效。

為對實習生適時提供輔導與解惑，並強化教師（官）、隊職人員對基層警察勤務執行的了解，警察專科學校設有實習輔導訪視機制。實習期間，由除警察專科學校校長、教育長、主任秘書機動督導外，另指派隊職官、教師（官）及業務相關人員，前往各實習機關，輔導學生實習，並得參加實習單位之實習檢討會，蒐集相關資料，做為授課參考。[8]

根據歷次實習訪視之所見、所聞，還是有些可資檢討的問題，例如：

一、依「實習計畫」[9]，實習生不分性別，均應跟隨實習指導員服勤，與其同進退（含深夜勤務），不因性別而有特別優待情形，且實習生不得單獨服勤或多日均實習同一勤務。

（一）不可諱言，仍有部分實習單位基於所謂的「安全考量」，儘量不安排實習生於深夜服勤，或遇實習指導員擔服攻勢勤務時，於派出所留守。

（二）不可諱言，仍有部分實習單位給予女性實習生特殊優惠，例如：不安排深夜勤、遇實習指導員擔服攻式勤務時，於派出所留守等。

---

[8] 謹以 2021 年 1 月甫完成實習教育的「專科班」38 期為例，參見「臺灣警察專科學校專科警員班第 38 期正期學生組寒假實習計畫」，頁 10。

[9] 參見：〈實習運作〉，「臺灣警察專科學校專科警員班第 38 期正期學生組寒假實習計畫」，頁 5-7。

二、因地區特性，部分實習項目、內容，在部分實習地區無發生之可能或無機會遇到。

三、某些地區因人員、設備、地型、交通等因素，許多交通事故係由派出所處理；實習生雖輪流安排至各分局交通事故處理小組實習 1 週，卻可能 1 週內都無交通事故處裡的實習機會。

四、「實習教育」原是課程設計的一環，本無「超時服勤」的疑義，更無「超勤津貼」的支領；惟，部分實習單位卻灌輸實習生未領超勤津貼就不必超時服勤的錯誤理念，以致雖實習指導員仍在服勤，實習生只要達到 8 小時即可休息。

五、實習機關應隨時考核監督學生之實習工作表現、實習勤惰、品德修養、學習態度；然，少部分實習生之實習表現、學習態度等確實不佳，實習機關卻不忍心為不及格之成績評定，而是於蒐集完整的不適任資料、書寫極差的評語後，給予 60 分級格。此種情況近年來有愈明顯的趨勢。

以上凡此種種，均有檢討改進的空間，最重要的尚有下列幾個問題：

1、實習項目與實習內容是否切合派出所勤務的實際運作狀況？

2、實習規劃是否真正與學校課程設計接軌？

3、實習教育是否使學生、學員具備未來執行勤務之核心職能，畢（結）業後能迅速勝任職場工作，發揮學、用合一之最終培訓目的？

我國警察人員總數約 7 萬餘人；基層人員，即第一線外勤實務工作人員佔了約 93.7%。警察專科學校是唯一的警察組織基層人力培訓基地；警察勤務執行主要在基層人員，基層專業實務訓練的品質，直接影響到整體的治安維護功能。實習教育的設計規劃，旨在使學生、學員於警察

專科學校進行基層警察人員核心職能培訓期間，利用實習機會接觸基層警察工作，充實正確執法態度與觀念、熟稔警察勤務運作，學習警察機關基層分駐（派出）所勤務執行的專業知識與技能。

為精益求精，警察專科學校實習課程的設計規劃，仍有應行檢討之問題與更精進的改善空間，才能使學生、學員具備未來勤務執行的核心職能，畢（結）業後能迅速勝任職場工作，發揮學、用合一之最終教育目的。

第三節　研究設計

為加強各班、各期學生、學員對警察勤務運作之瞭解，警察專科學校規劃學生、學員於修畢第一學年或第一階段課程後，利用暑假、寒假或兩階段的期中時間，以地區輪換方式，至各警察機關基層派出所實習；以警察勤（業）務為實習重點，實習基層警察人員的工作。

本章的研究，秉持著期望能夠更精進的態度，對警察專科學校已具相當成效的實習教育進行探討；本節為「研究設計」，共分為三個單元，分別是：研究法的運用、問卷設計、研究步驟。

壹、研究法的運用

本章的研究係採「面訪調查法」，實施訪談的對象為下列四種身分的人員之一：

1、實習生的實習指導員。

2、實習生的實習指導官。

3、實習生實習所在地派出所的現職警察人員。

4、實習業務相關人員。

貳、問卷設計

　　本問卷為精進警察專科學校實習教育而編擬，請實習指導員，或實習指導官，或實習派出所各位同仁，或實習業務相關人員，經由對警察專科學校實施實習教育的觀察，提出看法及建議。

　　面訪調查問卷的內容，係依據各班、各期之「實習輔導報告表」[10]編製而成；主要包括下列八個問題：（面訪調查問卷，參表 7-1）

　　1、實習生對各項表冊之瞭解熟悉程度？

　　2、實習生對勤（業）務法令規定熟悉程度？

　　3、實習生是否主動詢問求教？

　　4、實習生準時到退勤情形？

　　5、實習生是否誠摯尊敬？

　　6、對實習項目建議？

　　7、對實習規劃建議？

　　8、希望再加強哪方面的教育？

參、研究步驟

一、施測期間

　　本研究係於 2015 年 7 月間，藉由當時「臺灣警察專科學校專科警員班第 33 期正期學生組暑假實習」、「103 年公務人員特種考試一般警察人員考試四等考試行政警察人員類科錄取人員教育訓練期中實習」的實施期間進行施測。

---

[10] 有關「實習輔導報告表」，謹以 2021 年 1 月完成寒假實習的：「臺灣警察專科學校專科警員班第 38 期正期學生寒假實習計畫」為例，頁 70。

表 7-1　面訪調查問卷

臺灣警察專科學校「精進實習教育」訪談問卷			
本問卷為精進警察專科學校實習教育而編擬，請實習指導員（官），或實習派出所各位同仁，或實習業務相關人員，經由對警察專科學校實施實習教育的觀察，提出看法及建議。			
受　訪　人		職　　　稱	
服務機關		服務單位	
訪談項目	**受訪意見**		
實習生對各項表冊之瞭解熟悉程度？			
實習生對勤(業)務法令規定熟悉程度？			
實習生是否主動詢問求教？			
實習生準時到退勤情形？			
實習生是否誠摯尊敬？			
對警察專科學校實習項目建議？			
對警察專科學校實習規劃建議？			
希望警察專科學校再加強哪方面的教育？			

※　各格子若不敷填寫，可另以他紙書寫。

二、施測對象

本研究的施測對象即前揭「實習指導員，或實習指導官，或實習派出所各位同仁，或實習業務相關人員」。

三、施測人員

本研究的施測人員分為兩類：

（一）本研究的研究助理。共 3 名研究助理，均為當時「專科班」第 33
　　　期的實習學生，實習地點分別為臺南市、新竹縣、花蓮縣；渠等
　　　各自於個人實習所在地施測。

（二）各地實習業務承辦人員。藉由實習訪視之便，請當時基隆市、宜
　　　蘭縣、臺東縣的實習業務承辦人員協助施測。

第四節　面訪調查實施過程與研究結果分析

本研究的問卷為精進警察專科學校實習教育而編擬，採「面訪調查法」；訪談的對象為：實習指導員，或實習指導官，或實習派出所現職人員，或實習業務相關人員，經由渠等對警察專科學校實施實習教育的觀察，提出看法及建議。

本節之撰寫，分為三個單元：研究過程、研究結果、研究分析。

壹、研究過程概述

面訪調查問卷的內容，係依據各班、各期之「實習輔導報告表」編製而成；主要包括下列八個問題：

　1、實習生對各項表冊之瞭解熟悉程度？

　2、實習生對勤（業）務法令規定熟悉程度？

3、實習生是否主動詢問求教？

4、實習生準時到退勤情形？

5、實習生是否誠摯尊敬？

6、對實習項目建議？

7、對實習規劃建議？

8、希望再加強哪方面的教育？

本研究於 2015 年 7 月間，藉由當時「臺灣警察專科學校專科警員班第 33 期正期學生組暑假實習」、「103 年公務人員特種考試一般警察人員考試四等考試行政警察人員類科錄取人員教育訓練期中實習」的實施期間進行施測。施測人員分為兩類：

1、本研究的研究助理。共 3 名研究助理，均為當時「專科班」第 33 期的實習學生，實習地點分別為臺南市、新竹縣、花蓮縣；渠等各自於個人實習所在地施測。

2、各地實習業務承辦人員。藉由實習訪視之便，請當時基隆市、宜蘭縣、臺東縣的實習業務承辦人員協助施測。

本研究施測完成後，獲得問卷數 170 份，其地區分布狀態如下：

1、臺南市：20 份。

2、花蓮縣：16 份。

3、臺東縣：36 份。

4、宜蘭縣：70 份。

5、基隆市：10 份。

6、新竹縣：18 份。

前揭地區，雖未含蓋全臺灣地區各實習單位，惟已具代表性。包括了直轄市：臺南市；原省轄市：基隆市；西部地區：新竹縣；東部地區：

花蓮縣、臺東縣，以及雖位於東北部，近年來發展程度已超越西部大部分地區的：宜蘭縣。（當時的實習單位配置一覽表，參表 7-2）

當時花蓮縣、臺東縣為「專科班」實習地區；宜蘭縣為「特考班」實習地區；臺南市、基隆市、新竹縣則二者皆有。

近兩、三年，實習單位的規劃，原則上均以分配於六個直轄市的複雜分局轄下的複雜派出所為大原則，俾使實習生能充分體驗繁雜地區分駐（派出）所完整的勤務態樣與勤務運作；此一實習設計規劃的精進，於本章第五節「本章小結」中詳述。

表 7-2　實習單位配置一覽表

（2015 年「專科班」33 期暑假實習、103 年「特考班」期中實習）

警察局	分　　　局	派　　　　　出　　　　　所
基隆市警察局	第　一　分　局	忠二路、延平街、南榮路
	第　二　分　局	八斗子、信義、信六路、東光
	第　三　分　局	八堵、七堵、百福
	第　四　分　局	安樂、大武崙、中華路、安定路、中山
新竹縣政府警察局	竹　北　分　局	六家、竹北、山崎、湖口、新工、三民、高鐵、新豐、湖鏡
	竹　東　分　局	竹東、下公館、二重埔
	新　埔　分　局	新埔、關西
臺南市政府警察局	新　營　分　局	民治、中山路、後鎮、太宮、鹽水、柳營
	白　河　分　局	白河、東山、後壁
	麻　豆　分　局	麻豆、下營、六甲、官田、埤頭
	佳　里　分　局	佳里、西港、七股
	學　甲　分　局	學甲、將軍、將富
	善　化　分　局	善化、新市、茄拔
	新　化　分　局	新化、嘜口
	歸　仁　分　局	仁德、關廟、歸南、文賢、歸仁
	玉　井　分　局	玉井、楠西、南化
	永　康　分　局	永康、鹽行、大灣、復興、大橋

（下頁續）

（續上頁）

臺南市政府警察局	第 一 分 局	德高、文化、東門、莊敬、後甲
	第 二 分 局	南門、博愛、中正、民權、海安、南門、長樂
	第 三 分 局	和順、海南、安南
	第 五 分 局	和緯、北門、開元、立人、公園
	第 六 分 局	金華、大林、塩埕
宜蘭縣政府警察局	宜 蘭 分 局	民族、新民、新生、延平、進士、員山
	羅 東 分 局	五結、公正、開羅、成功、順安、冬山
	礁 溪 分 局	礁溪、頭城、壯圍
	蘇 澳 分 局	蘇澳、南方澳、馬賽、新城
花蓮縣警察局	花 蓮 分 局	軒轅、中山、中正、中華、美崙、民意、豐川、自強
	吉 安 分 局	仁里、吉安、北昌、太昌、光華
	新 城 分 局	嘉里、北埔、新城
	鳳 林 分 局	鳳林、光復、瑞穗
	玉 里 分 局	玉里
臺東縣警察局	臺 東 分 局	馬蘭、中興、寶桑、豐里、永樂、南王、利嘉
	關 山 分 局	鹿野、關山、池上
	成 功 分 局	新豐、都蘭、長濱
	大 武 分 局	大武、太麻里

資料來源：摘引自臺灣警察專科學校 2015 年實習計畫作者自行彙製

貳、面訪調查研究結果

本研究實施訪談的八個問題：1.實習生對各項表冊之瞭解熟悉程度、2.實習生對勤（業）務法令規定熟悉程度、3.實習生是否主動詢問求教、4.實習生準時到退勤情形、5.實習生是否誠摯尊敬、6.對實習項目建議、7.對實習規劃建議、8.希望再加強哪方面的教育；於訪談完成後，所獲致的結果如表 7-3 (1)、(2) 所示：

表 7-3　面訪調查結果一覽表（1）

問題＼意見	Q1 實習生對各項表冊之瞭解熟悉程度？	Q2 實習生對勤(業)務法令規定熟悉程度？	Q3 實習生是否主動詢問求教？	Q4 實習生準時到退勤情形？
1	非常了解。	非常熟悉。	實習期間，非常勤務詢問指教。	依規定準時服勤。
2	有，非常了解。	是，非常熟悉。	實習期間，非常積極請問指導員疑難雜症。	依規定準時服勤。
3	熟悉程度尚可。	熟悉程度尚可。	均能主動詢問請教。	均能準時到退勤。
4	尚熟悉。	尚熟悉。	是。	是。
5	熟悉。	熟悉。	有主動詢問疑難雜症。	均能準時到退勤。
6	尚熟悉。	尚熟悉。	有時會害羞詢問疑難雜症。	均能準時到退勤。
7	熟悉。	熟悉。	有。	有。
8	均有相當程度瞭解。	相當程度之熟悉。	是。	均能準時到退勤。
9	熟悉。	熟悉。	均能積極詢問。	都會提早一小時到勤，準時退勤。
10	非常熟悉。	非常熟悉。	均能積極詢問。	準時到退勤。
11	各地簿冊均不同，在熟悉後都會了解。	可加強較常使用之法令學習，如警察勤務條例、警察職權行使法。	實習生在遇到不懂的地方都會主動詢問。	實習生都會準時到勤，遇有需要延長時也會主動留下幫忙。
12	實習生對各項表冊之瞭解熟悉度有限。	對法令規定熟悉程度有一定的程度。	會主動詢問、好學勤勞。	均能準時到退勤，有時也會主動留下學習。
13	實習生對各項各表冊認真學習了解熟悉度良好。	良好。	實習生認真學習，主動詢問積極。	均正常。
14	熟悉雖不及現職警員，但可對各表冊項熟習，亦知其正確使用時機。	熟悉皆遵從標準作業程序規定服勤。	會，且有疑問會立即提出，好學且勤勞。	異常準時，連放假都會返所學習。

（下頁續）

（續上頁）

問題\意見	Q1實習生對各項表冊之瞭解熟悉程度？	Q2實習生對勤(業)務法令規定熟悉程度？	Q3實習生是否主動詢問求教？	Q4實習生準時到退勤情形？
15	實習生對各項簿冊有疑問之處均能主動提出，主動了解。	實習生對於勤（業）務上常用之法規能主動熟記。	遇有疑問之處，均能積極詢問。	無遲到、早退情形。
16	行政警察外勤（派出所）各項業務較多，實務上實用之表冊上熟悉。	勤（業）務法令規定熟悉。	均能自動詢問之。	良好。
17	尚可。	尚可，應加強刑法、刑訴法。	主動詢問問題並虛心求教。	不遲到、不早退。
18	尚可。	熟悉。	會主動求教。	準時不遲到、不早
19	實習期間能主動積極瞭解。	勤業務與法令規定產生疑義均能主動詢問學長。	實習期間均主動詢問。	均依規定，無遲到早退情事。
20	均熟悉。	尚待加強。	是。	均準時。
21	有。	有。	有。	均提前到勤。
22	尚可。	尚可。	是。	沒有。
23	尚可。	熟悉。	是。	準時。
24	尚可。	尚可。	是。	均準時到退勤。
25	尚可。	尚可。	是。	是。
26	非常了解。	非常熟悉。	實習期間，非常勤務詢問指教。	依規定準時服勤。
27	有，非常了解。	是，非常熟悉。	實習期間，非常積極請問指導員疑難雜症。	依規定準時服勤。
28	熟悉程度尚可。	熟悉程度尚可。	均能主動詢問請教。	均能準時到退勤。
29	尚熟悉。	尚熟悉。	是。	是。
30	熟悉。	熟悉。	有主動詢問疑難雜症。	均能準時到退勤。
31	尚熟悉。	尚熟悉。	有時會害羞詢問疑難雜症。	均能準時到退勤。
32	熟悉。	熟悉。	有。	有。
33	均有相當程度瞭解。	相當程度之熟悉。	是。	均能準時到退勤。

（下頁續）

（續上頁）

問題 意見	Q1實習生對各項表冊之瞭解熟悉程度？	Q2實習生對勤(業)務法令規定熟悉程度？	Q3實習生是否主動詢問求教？	Q4實習生準時到退勤情形？
34	熟悉。	熟悉。	均能積極詢問。	都會提早一小時到勤，準時退勤。
35	非常熟悉。	非常熟悉。	均能積極詢問。	準時到退勤。
36	各地簿冊均不同，在熟悉後都會了解。	可加強較常使用之法令學習，如警察勤務條例、警察職權行使法。	實習生在遇到不懂的地方都會主動詢問。	實習生都會準時到勤，遇有需要延長時也會主動留下幫忙。
37	實習生對各項表冊之瞭解熟悉度有限。	對法令規定熟悉程度有一定的程度。	會主動詢問、好學勤勞。	均能準時到退勤，有時也會主動留下學習。
38	實習生對各項各表冊認真學習了解熟悉度良好。	良好。	實習生認真學習，主動詢問積極。	均正常。
39	熟悉雖不及現職警員，但可對各表冊，項熟習，亦知其正確使用時機。	熟悉皆遵從標準作業程序規定服勤。	會，且有疑問會立即提出，好學且勤勞。	異常準時，連放假都會返所學習。
40	實習生對各項簿冊有疑問之處均能主動提出，主動了解簿冊用途。	實習生對於勤（業）務上常用之法規能主動熟記。	遇有疑問之處，均能積極詢問。	無遲到、早退情形。
41	行政警察外勤（派出所）各項業務較多，實務上實用之表冊尚熟悉。	勤（業）務法令規定熟悉。	均能自動詢問之。	良好。
42	尚可。	尚可，應加強刑法、	主動詢問問題並處	不遲到、不早退。
43	尚可。	熟悉。	會主動求教。	不遲到、不早退。
44	實習期間能主動積極瞭解。	將來勤業務與法令規定產生疑義均能主動詢問學長。	實習期間均主動詢問。	均依規定，無遲到早退情事。
45	均熟悉。	尚待加強。	是。	均準時。
46	有。	有。	有。	均提前到勤。
47	尚可。	尚可。	是。	沒有。
48	尚可。	熟悉。	是。	準時。

（下頁續）

（續上頁）

問題意見	Q1實習生對各項表冊之瞭解熟悉程度？	Q2實習生對勤（業）務法令規定熟悉程度？	Q3實習生是否主動詢問求教？	Q4實習生準時到退勤情形？
49	尚可。	尚可。	是。	均準時到退勤。
50	尚可。	是。	是。	是。
51	佳。	是。	是。	是。
52	佳。	佳。	是。	是。
53	良好。	良好。	是。	能準時到、退勤。
54	初來時對基本簿冊，如出入登記簿、工作紀錄簿全然不了解，經指導後，基本的工作紀錄簿會協助指導員填寫。	僅對警察職權行法有初步認是，對於交通法規（常用告發項目）不會填寫。另，在訓練期間為接觸警察常用程序彙編，實習教育時有請其多加參閱。	是，對不理解處會現場詢問或於日誌上註明。	均準時到退勤，無遲到、早退或無故未到情事。
55	表冊繁多且各單位不同，實習階段瞭解熟悉出入登記簿、工作紀錄簿、值班交接及受理案件簿即可。	文字熟悉中等，實務搭配運用還需經驗累積。	是，於勤務中如遇疑問，勤務後主動詢問。	均準時到、退勤。
56	值班台簿冊不盡熟悉。	有待加強。	有待加強。	有待加強
57	均瞭解。	是。	是。	均準時。
58	良好。	良好。	是。	皆準時到勤準時退勤。
59	均知悉。	熟悉。	是。	到退勤均正常。
60	均瞭解表冊業務，如有不熟，立即詢問學長、姐。	均有熟記，但實務運用程序須多練習，才能併法令規範	有的。	均準時到勤，並主動協助。
61	是，會主動詢問。	是。	是，會主動詢問。	是，均準時到勤。
62	尚熟悉，實習生均能主動詢問。	尚熟悉，實習生均能主動詢問。	是。	均準時到勤。
63	熟悉，對各項表冊能於正確時機使	勤務法令規定熟悉。	遇有疑問時，皆能主動詢問。	準時到退勤，無遲到早退之情形。

（下頁續）

（續上頁）

問題\意見	Q1實習生對各項表冊之瞭解熟悉程度？	Q2實習生對勤(業)務法令規定熟悉程度？	Q3實習生是否主動詢問求教？	Q4實習生準時到退勤情形？
64	尚能熟悉。	遇有與法令相關規定案件，不了解之處逐一指導。	均會主動詢問。	均準時到退勤。
65	需要再加強研讀。	學習能力設問題要隨時吸收新知。	有。	有。
66	實習生均能對執勤時各項簿冊表格均能熟稔填寫。	對於現行警察任務相關法令均能知悉。	尚可。	執勤態度未能有正確認知，對警察工作未能積極參與。
67	實習生能主動學習，了解程度尚可。	主動學習，熟悉程度尚可。	主動學習，求教態度積極。	準時到勤，未有遲到退退勤情況。
68	尚能熟悉。	尚能熟悉，不了解之處均會主動詢問。	實習生均會主動詢問偵辦案件技巧與民眾之應對進退。	準時到勤和退勤。
69	尚能熟悉 。	遇有與法令相關規定案件不了解之處逐一指導。	均能主動提發問。	均準時到退勤。
70	遇有不懂表冊，均會發問。	對實習指導員之勤務均會主動幫忙。	均能主動發問。	均準時到退勤。
71	清楚。	尚可。	非常主動。	準時到退勤。
72	對各項和表冊之瞭解均熟悉。	勤務法令規定尚熟悉。	會主動提發問。	準時到退勤。
73	尚可。	尚可。	實習生求知慾佳反應良好。	每次勤務準時到退勤。
74	良好無意見。	良好。	勇於發問。	到退勤正常。
75	尚可。	尚可。	是。	未曾遲到早退勤務。
76	尚可。	尚可。	發現問題能主動提問	到退勤正常。
77	熟悉。	實習生對於勤業務法令，學習立刻問懂，學習不局限。	實習生學習態度認真，自動自發負責任。	實習生每日準時按勤務表到勤，
78	有概念，並知道表冊用途。	熟悉尚須與實務結合。	均能主動詢問。	良好。

（下頁續）

（續上頁）

問題 意見	Q1實習生對各項表冊之瞭解熟悉程度？	Q2實習生對勤（業）務法令規定熟悉程度？	Q3實習生是否主動詢問求教？	Q4實習生準時到退勤情形？
79	實習生均有對各項表冊皆已熟悉，並有實際填寫各項表冊，該升線已皆能自行填寫，並鮮有錯誤。	於執行各項業務，皆有向實習生說明各項相關法令，並於日後類似勤務測驗其法立熟悉程度，該升線對於經常處理之業務法令適用，如刑法185-3，大多能活用，鮮有錯誤。	該生於執行勤務時，皆在旁以紙筆記錄各項勤務運作方式，並於事後主動詢問過程中不解之處。	該生於各勤務時間皆準時到勤，並已大致了解勤務編排方式。
80	實習生對於經常性公文即表冊及業務作業依標準作業程序逐一瞭解。	實習生對於勤業務法令，學習立刻問懂，學習不局限。	實習生張雅雯學習態度認真，自動自發負責任。	實習生每次準時按勤務表到勤。
81	對於本所交接相關簿冊及表冊經指導後非常熟悉。	對於勤業務相關法令經指導後非常熟悉瞭解。	對於交通治安刑法上均會積極主動詢問求教如何處理相關細節。	均準時上、下班。
82	實習生對於各項公文表冊及業務作業依標準作業程序逐一瞭解。	實習生對於勤（業）務法令，逐一學習，各項規定均熟悉。	實習生學習態度認真，極極認真遇到有問題均能主動詢問求教。	實習生每日準時按勤務表到勤。
83	實習生對於各項逐一瞭解。	對於勤業務法令，大致都瞭解。	實習生遇到有問題都能主動詢問求教，態度積極認真。	實習生賴睿庭依勤務分配表都能準時到勤。
84	各項表冊運作內容皆熟悉瞭解並確實填寫。	警用法令均能查知且瞭解。	是。	無遲到早退情事。
85	熟悉瞭解各項表冊運作內容。	瞭解。	會主動詢問。	均能準時到退勤。
86	是。	無。	無。	無。
87	是。	無。	無。	無。

（下頁續）

（續上頁）

意見\問題	Q1實習生對各項表冊之瞭解熟悉程度？	Q2實習生對勤(業)務法令規定熟悉程度？	Q3實習生是否主動詢問求教？	Q4實習生準時到退勤情形？
88	良好。	經指導員解說細心指導後，實習生對各項勤、業務均能逐漸熟悉。	實習生對於不熟悉之勤、業務均能主動向指導員詢問且虛心求教。	經觀察實習生執勤情形均正常，無遲到早退情形。
89	實習生對指導之學姐、幹部等能出自內心表示敬意。	希望朝多元化教學方式構築實習項目，讓實習生能廣泛學習。	無任何建議。	加強實務上的訓練及授課。
90	實習生對學長姐、幹部等 均尊敬。	無。	無任何建議。	加強實務上的訓練及授課。
91	實習生對指導之學姐、幹部等能出自內心表示尊敬。	實習項目能再多元化，讓實習生能多方學習。	無任何建議。	加強實務上的訓練及聘請外勤單位授課。
92	態度有禮對所內同仁均誠摯尊教。	無。	實習期程建議縮短。	應勤法令，各項系統實習期前預習。
93	態度有禮。	無。	無。	無。
94	是。	無。	無。	警察必須面對各種問題，故尚須強化各項法律課程。
95	對長官及學長誠摯尊敬。對民眾親切。	無。	無。	無。
96	是。	無。	無。	無。
97	對值班勤務各項交接簿冊均熟悉，取締酒駕，毒品案件之各項附表均表現高度興趣。	對各項勤、業務都逐漸熟悉。	實習生均能主動詢問學長，虛心求教。	執勤情形均正常，無遲到早退情形。
98	均要求務必瞭解熟悉。	對勤（業）務法令均屬熟悉並要求遵守法令規定。	實習生對不熟悉部分，均有主動詢問求教。	皆準時到退勤。
99	尚待加強。	尚待加強。	遇有不熟稔之案件，會主動提問。	均能準時到退勤。

（下頁續）

（續上頁）

問題 意見	Q1 實習生對各項表冊之瞭解熟悉程度？	Q2 實習生對勤（業）務法令規定熟悉程度？	Q3 實習生是否主動詢問求教？	Q4 實習生準時到退勤情形？
100	能對於值班台各項簿冊及法院寄存送達之文書進行了解及熟悉值班之勤務。	對勤（業）法令規定在實務上運作用尚未熟悉。	對於執行各項勤務如遇不明瞭解事情會主動詢問。	能於上班前及穿制服在辦公室內等待出勤。
101	對表冊之瞭解尚屬熟悉且瞭解簿冊之用途。	對勤（業）法令規定尚屬，並在法令尚藥須遵守法令規定。	實習生對於不了解之處，主動詢問求教。	對於出勤、到勤均能準時。
102	瞭解。	熟悉。	會主動提問。	均能準時到、退勤。
103	良好。	普通。	是。	是。
104	說明後均能瞭解。	待加強。	遇到問題均能主動提問。	均能準時退、出勤。
105	大致上經說明後均能瞭解。	尚待加強，尤以處理案件實務相關法令。	大致還算主動。	均能準時到、退勤。
106	皆熟悉。	皆熟悉。	是。	皆準時到勤。
107	對於所內各項表冊都能詳閱並提問不了解的部分。	大致對於警察執掌勤（業）務法令上要加強與實務執行時結合。	對所內各項勤（業）務不解時均能適時提問並表達看法。	無。
108	尚可。	是。	是。	是。
109	經詢問大略熟悉。	經詢問大略熟悉。	有主動詢問。	均準時到退勤。
110	非常熟悉。	熟悉。	是。	準時。
111	表冊數量多而無法一時熟悉。	於勤務中（巡邏、擴檢）遇有適用法條多加詢問，加深印象。	與指導員及其他同仁若關係良好，有問題即主動發問。	皆可準時依勤務表到勤。
112	了解，但不同單位表冊填寫內容並不盡相同，需再適應。	不清楚，但於竹東地區並非繁重單位，以致接觸不多。	實習生對民眾負面情緒案件多加以詢問。	準時。
113	待加強。	待加強。	是。	是。
114	尚可。	尚可。	尚可。	可。
115	尚可。	尚可。	會主動詢問求教。	均準時到退勤。
116	部分熟悉。	應當熟悉。	會主動詢問求教。	準時。

（下頁續）

（續上頁）

問題\意見	Q1實習生對各項表冊之瞭解熟悉程度？	Q2實習生對勤（業）務法令規定熟悉程度？	Q3實習生是否主動詢問求教？	Q4實習生準時到退勤情形？
118	基本上都了解熟悉。	勤（業）務法令尚熟悉	是，均主動詢問、請教。	均準時到退勤
119	經實習後應以對各項簿冊有基本了解。	尚可，學校應更注重在法令與實務結合之訓練。	是，本所實習生態度均屬積極。	均準時到退勤
120	待加強。	待加強，努力學習中。	是。	是。
121	學習中。	待加強，努力學習中。	是。	是。
122	經指導後已熟悉。	部分不了解，經解釋後已慢慢熟悉。	有主動詢問及學習。	皆準時到勤。
123	部分熟悉。	應當熟悉。	會主動詢問求教。	準時。
124	尚稱熟悉	部分熟悉。	是。	皆準時服勤。
125	尚稱熟悉	部分熟悉。	是。	皆準時服勤。
126	初次接觸，對於各項表冊填寫之目的與方式態樣，尚需花時間瞭解。	對於警政署函頒各項規定尚不熟悉，需花時間多瞭解。	遇有疑義或不懂之處均能主動詢問。	均能依規服勤。
127	良好。	熟悉。	會主動詢問。	皆準時出勤。
128	實習生對平時較常使用之各項表冊均有一定程度之熟悉。	有相當之瞭解。	是，對較常使用之系統，會主動詢問。	準時到勤，無遲到早退之情形。
129	良好。	良好。	實習生會主動詢問求教。	準時到勤。
130	經指導後均能逐漸聊解熟悉。	對各項勤、業務法令經指導後均能逐漸熟悉。	實習生均能主動向指導學長提問，且都虛心受教。	執行各項勤務均能準時出勤，無遲到早退情形。
131	熟悉。	仍有部分尚待加強。	能主動詢問。	均能準時到勤、退勤。
132	會主動詢問表冊使用。	對所使用法令會主動了解。	是。	依規定準時到退勤。
133	熟悉。	仍需再深入強化。	是。	是。
134	熟悉。	熟悉。	是。	依規定準時倒退。

（下頁續）

（續上頁）

問題／意見	Q1 實習生對各項表冊之瞭解熟悉程度？	Q2 實習生對勤(業)務法令規定熟悉程度？	Q3 實習生是否主動詢問求教？	Q4 實習生準時到退勤情形？
135	僅瞭解何時段要簽那些表冊，尚無法完全熟悉設置表冊之真正用意。	能夠了解勤務時段的重點內容，但對法令部分較不熟悉。	實習過程中，指導員屬較積極主動會解釋許多勤務上的重點及技巧，故相對而言實習生較無主動詢問。	偶有因尚未調整生理時鐘之因素無法提前到勤，並無提早退勤之情事。
136	熟悉。	少數法令有不熟悉的情況。	是。	深夜勤起班時，偶有因作息調整尚未習慣而有睡過頭之情形。
137	對各項表策均瞭解熟悉。	法令規定仍須加強。	對於不懂之處積極發問。	均準時到退勤。
138	對各項表策均瞭解熟悉。	法令規定仍須加強。	對於不懂之處積極發問。	均準時到退勤。
139	對各項表策均瞭解熟悉。	法令規定仍須加強。	對於不懂之處積極發問。	均準時到退勤。
140	實習生是第一次至實習單位實習，故對各項表策熟悉度不足。	警察勤（業）務法令規定繁瑣，對第一次接觸之實習生而言熟悉度不足	實習生就不明白部分會主動求教，然而長官與學長亦會不吝指導。	實習生準時到退勤，惟應提早到勤整理應勤裝備，非整點到勤即可，經告知已有改善。
141	皆熟悉。	皆熟悉	是。	皆準時到勤。
142	對於所內各項表冊都能詳閱並提問不了解的部分。	大致對於警察執掌勤（業）務法令上要加強與實務執行時結合。	對所內各項勤（業）務不解時均能適時提問並表達看法。	無。
143	尚可。	是。	是。	是。
144	經詢問大略熟悉。	經詢問大略熟悉。	有主動詢問。	均準時到退勤。
145	學習中。	熟悉。	是。	準時。
146	經指導後已熟悉。	於勤務中（巡邏、擴檢）遇有適用法條多加詢問，加深印象。	與指導員及其他同仁若關係良好則有問題即主動發問。	皆可準時依勤務表到勤。

（下頁續）

（續上頁）

問題 意見	Q1實習生對各項表冊之瞭解熟悉程度？	Q2實習生對勤（業）務法令規定熟悉程度？	Q3實習生是否主動詢問求教？	Q4實習生準時到退勤情形？
147	部分熟悉。	非繁重單位，以致接觸不多。	對民眾負面情緒案件多加以詢問。	準時。
148	尚稱熟悉。	待加強。	是。	是。
149	尚稱熟悉。	尚可。	尚可。	可。
150	初次接觸，對於各項表冊填寫之目的與方式態樣，尚需花時間瞭解。	尚可。	會主動詢問求教。	均準時到退勤。
151	瞭解與熟悉。	良好。	是。	無遲到早退。
152	熟悉。	熟悉。	主動認真。	準時到退勤。
153	實習生對平時較常使用之各項表冊均有一定程度之熟悉。	有相當之瞭解。	是，對較常使用之系統，會主動詢問。	準時到勤，無遲到早退之情形。
154	良好。	良好。	實習生會主動詢問求教。	準時到勤。
155	經指導後均能逐漸聊解熟悉。	對各項勤、業務法令經指導後均能逐漸熟悉。	實習生均能主動向指導學長提問，且都虛心受教。	執行各項勤務均能準時出勤，無遲到早退情形。
156	熟悉。	仍有部分尚待加強。	能主動詢問。	均能準時到勤、退勤。
157	會主動詢問表冊使用。	對所使用法令會主動了解。	是。	依規定準時到退勤。
158	熟悉。	仍需再深入強化。	是。	是。
167	初次接觸，對於各項表冊填寫之目的與方式態樣，尚需花時間瞭解。	對於警政署函頒各項規定尚不熟悉，需花時間多瞭解。	遇有疑義或不懂之處均能主動詢問。	均能依規服勤。
168	良好。	熟悉。	會主動詢問。	皆準時出勤。
169	實習生對平時較常使用之各項表冊均有一定程度之熟悉。	有相當之瞭解。	是，對較常使用之系統，會主動詢問。	準時到勤，無遲到早退之情形。
170	良好。	良好。	會主動詢問求教。	準時到勤。

資料來源：依面訪調查結果作者自行彙整製作

表 7-3　面訪調查結果一覽表（2）

問題意見	Q5 實習生是否誠摯尊敬？	Q6 對實習項目建議	Q7 對實習規劃建議	Q8 希望再加強哪方面的教育？
1	有，讓人感覺非常禮貌。	無。	希望執行勤務時學生能夠安全。	加強執行勤務的安全。
2	有，讓派出所同仁感覺非常禮貌。	無。	希望執行勤務時學生能夠安全。	加強執行勤務的安全。
3	是。	無。	無。	執勤時本身安全維護觀念再加強。
4	是。	要注意本身安全。	無。	無。
5	是。	無。	無。	無。
6	非常誠摯尊敬。	無。	實習的天數長一些	無。
7	是。	無。	無。	無。
8	是。	無。	無。	希望加強實務訓練。
9	與派出所的同仁都非常禮貌打招呼。	無。	拉長實習時間。	學生本身執行勤務安全。
10	非常誠摯尊敬。	無。	無，	執行勤務時學生本身的安全。
11	是。	應對實務上之項目多加學習，例如：車禍現場圖之繪製或筆錄詢問技巧。	可增加至刑事組實習的機會。	加強與民眾對話方面之指導。
12	學生態度非常誠摯尊敬。	希望能給學生現場實務的經驗。	希望能加至學生到刑事組實習。	希望能給學生和民眾多談話的經驗。
13	是。	無。	無。	無。
14	其雖害羞內向，但面對人都會問好、立正站好可為誠摯尊敬之況。	無其他建議。	無其他建議。	人格與品行教育，雖本次該學生表示得體但仍建議品性人格教育應持續加強
15	學習過程能不恥下問。	無。	無。	無

（下頁續）

（續上頁）

問題意見	Q5 實習生是否誠摯尊敬？	Q6 對實習項目建議	Q7 對實習規劃建議	Q8 希望再加強哪方面的教育？
16	良好。	無意見。	無意見。	實習期間自身勤務保護措施確保安全
17	謙卑、有禮、不隨便。	加強在校交通事故繪圖能力，以因應正式工作對交通事故之處理。	無。	刑事及交通
18	是。	無。	無。	無
19	均敬重學長。	無。	無。	無
20	是。	是。	無。	無。
21	是。	無。	無。	無
22	是。	無。	無。	無
23	是。	無。	無。	在校即可教導現場圖繪製技巧，加強路權教育。
24	是。	無。	無。	無。
25	是。	無。	無。	無。
26	有，讓人感覺非常禮貌。	無。	希望執行勤務時學生能夠安全。	加強執行勤務的安全。
27	有，讓派出所同仁感覺非常禮貌。	無。	希望執行勤務時學生能夠安全。	加強執行勤務的安全。
28	是。	無。	無。	執勤時本身安全維護觀念再加強。
29	是。	無。	無。	無。
30	是。	無。	無。	無。
31	非常誠摯尊敬。	無。	實習的天數長一些。	無。
32	是。	無。	無。	無。
33	是。	無。	無。	希望加強實務訓練。
34	與派出所的同仁都非常禮貌打招呼。	無。	拉長實習時間。	學生本身執行勤務安全。
35	非常誠摯尊敬。	無。	無。	執行勤務時學生本身的安全。

（下頁續）

（續上頁）

問題 意見	Q5實習生是否誠摯 尊敬？	Q6對實習項目建議	Q7對實習規劃建議	Q8希望再加強哪方 面的教育？
36	是。	應對實務上之項目多加學習，例如：車禍現場圖之繪製或筆錄詢問技巧。	可增加至刑事組實習的機會	加強與民眾對話方面之指導。
37	學生態度非常誠摯尊敬。	希望能給學生現場實務的經驗。	希望能加至學生到刑事組時習	希望能給學生和民眾多談話的經驗。
38	是。	無。	無	無。
39	其雖害羞內向，但面對人都會問好，而立正站好可為誠摯尊敬之況。	無其他建議。	無其他建議	人格與品行教育，雖本次該學生表示得體但仍建議品性人格教育應持續加強。
40	學習過程能不恥下問。	無。	無	無。
41	良好。	無意見。	無意見	實習期間自身勤務保護措施確保安全。
42	謙卑、有禮、不隨便。	加強在校交通事故繪圖能力，以因應正是工作對交通事故之處理。	無	刑事及交通。
43	是。	無。	無	無。
44	實習期間均敬重學長。	無。	無	無。
45	是。	是。	否	否。
46	是。	無。	無	無。
47	是。	無。	無	無。
48	是。	無。	無。	在校即可教導現場圖繪製技巧，加強路權教育。
49	是。	無。	無。	無。
50	無。	無。	無。	無。
51	無。	無。	實務操作技巧。	無。
52	是。	無。	無。	實務操作技巧。

（下頁續）

（續上頁）

問題意見	Q5實習生是否誠摯尊敬？	Q6對實習項目建議	Q7對實習規劃建議	Q8希望再加強哪方面的教育？
53	是。	無。	無。	無。
54	對所內幹部（正、副所長、巡佐）會冠職稱問好。對其他同仁會以學長、姐稱呼。	無建議。	無建議。	建議警察勤務課程與實務結合，如校園內巡守，使學生明白巡邏執行目地、方式與技巧。勤畢後，填寫出入、工昨簿冊，與未來工作結合。
55	謙和有禮。	無。	無	實務經驗分享。
56	有待加強。	無。	無	刑事、交通法規。
57	是。	實習項目已足。	同上所述，可謂實習生鑽研常用法令。	請外勤同仁講述，學校與實務截然不同。
58	是。	無。	無。	無。
59	是。	無。	無。	無。
60	有的。	無意見。	無意見。	無意見。
61	是，態度良好。	無。	無。	無。
62	是。	無。	建議實習生可自行騎乘警用機車，提高服勤安全性。	無。
63	實習生態度積極，用心學習。	無。	無。	無。
64	均能對各級長官、同仁誠摯尊敬。	無。	無。	無。
65	有。	無。	無。	無。
66	尚可。	無。	無。	對於警察工作參與工作態度認知有待加強教育。
67	學習態度積極，禮貌有加，相處融洽。	無。	無。	無。
68	均能虛心向各學長姐請教。	無。	無。	無。
69	均能對各級長官、同仁誠摯尊敬。	無。	無。	無。

（下頁續）

（續上頁）

問題 意見	Q5實習生是否誠摯尊敬？	Q6對實習項目建議	Q7對實習規劃建議	Q8希望再加強哪方面的教育？
70	對學長、姐均能尊敬。	無。	能延長實習時間。	無。
71	是。	實習時裝備，如雨衣、反光背心可否協調好。	非常棒。	繼續保持。
72	是。	無。	無。	無。
73	非常尊敬學長、姐。	無。	無。	無。
74	是。	無。	無。	無意見。
75	是。	是。	無。	無意見。
76	是。	是。	無。	無。
77	該名實習生對所內學長姐皆誠摯尊敬，並主動問好，相處融洽，並向長官大聲問好，笑容迎人。	對於貴校之實習項目，認為已相當完善，範圍已包括派出所業務範圍，因此無任何建議。	對於貴校實習規畫，認為已相當完善，足使實習生對於各項勤務熟悉，並結合學術理論。	貴校酒測值教材應予以更新，避免與實務不相符，其他方面無任何建議。
78	是。	是。	無。	無。
79	是。	是。	無。	無
80	良好。	良好。	良好。	交通制查作業及筆錄製作。
81	實習生待人處事，謙恭有禮，與他人互動親切，真誠能盡己的職責。	無。	無。	無。
82	對所內長官學長姐均會主動行禮尊敬稱呼。	無。	無。	無。
83	實習生學習態度誠摯有禮，對待同仁長官誠摯尊敬。	無。	無。	無。
84	待人謙恭有禮，與同事常有互動。	無。	無。	無。

（下頁續）

（續上頁）

問題意見	Q5實習生是否誠摯尊敬？	Q6對實習項目建議	Q7對實習規劃建議	Q8希望再加強哪方面的教育？
85	是。	無。	無。	無。
86	實習生待人處事，謙恭有禮，與他人互動親切，真誠能盡己的職責。	無。	無。	無。
87	是。	無。	無。	無。
88	實習生對指導之學姐、幹部等能出自內心表示敬意。	希望朝多元化教學方式構築實習項目，讓實習生能廣泛學習。	無任何建議。	加強實務上的訓練及授課。
89	實習生對學長姐、幹部等 均尊敬。	無。	無任何建議。	加強實務上的訓練及授課。
90	實習生對指導之學姐、幹部等能出自內心表示尊敬。	實習項目能再多元化，讓實習生能多方學習。	無任何建議。	加強實務上的訓練及聘請外勤單位授課。
91	態度有禮對所內同仁均誠摯尊教。	無。	實習期程建議縮短。	應勤法令，各項系統實習期前預習。
92	態度有禮。	無。	無。	無。
93	是。	無。	無。	警察必須面對各種問題，故尚須強化各項法律課程。
94	對長官及所內成員誠摯尊敬。對民眾應對得宜。	無。	無。	無。
95	對長官及學長誠摯尊敬。對民眾親切。	無。	無。	無。
96	均能誠摯尊敬指導員（官）。	無。	多規劃實習次數，加強實習生實務經驗俾便儘速融入職場，每日時習以 8 至 10 小時為原則，避免實習生體力透支。	加強資訊能力培養。
97	是。	無。	無。	無。

（下頁續）

（續上頁）

問題意見	Q5實習生是否誠摯尊敬？	Q6對實習項目建議	Q7對實習規劃建議	Q8希望再加強哪方面的教育？
98	實習生對長官、學長皆誠摯尊敬。	實習項目依警察六大勤務已屬完善。	實習規劃內容大部分皆包含目前執行勤務內容。	建議加強外語之教育。
99	有禮貌。	沒有。	沒有。	沒有。
100	是。	無。	無。	加強各項知識聯網及受理報案系統之操作，於實習時能如實務配合。
101	對於長官、所長、指導員及其他同仁誠摯尊敬。	實習項目，依平時執行之六大執行勤務符合。	實習內容執勤項目。	建加強英文或第二外國語能力。
102	是。	無。	建議可以使用警用機車。	無。
103	是。	無意見。	無意見。	無意見。
104	是。	無。	交通事故處理屬較專業性質應加長實習時間。	無。
105	是。	無。	交通事故處理時期間僅一星期時間過短學習效果有限。	加強處理事故案件、事件之服務態度與說話技巧，避免造成紛爭與誤解。
106	是。	無。	無。	無。
107	是。	無。	無。	無。
108	是。	無。	無。	無。
109	是誠摯尊敬。	盡量跟隨指導員。	日期時間可再加長。	無。
110	是。	無。	無。	無。
111	於學校之教育及重視禮儀之養成，對長官、學長姐皆尊重。	無。	無。	實務面（如：執行擴檢、交通事故處理）。
112	尊敬。	遇上交通事故，注意車流與交流道疏導。	聚眾案件，注意敵我關係。	可以停止專責交通單位實習。

（下頁續）

（續上頁）

問題 意見	Q5實習生是否誠摯尊敬？	Q6對實習項目建議	Q7對實習規劃建議	Q8希望再加強哪方面的教育？
113	是。	無。	無。	無。
114	是。	無。	無。	無。
115	是。	增加心理學課程。	實習期間能參與常訓課程。	各項案例教育及外語訓練。
116	是。	與民眾接觸對談之技巧。	無。	來台外籍人士越來越多，應加強外語。
117	是。	執勤安全技巧。	無。	如何與民眾交談及接觸之技巧、值勤時的安全觀念教育。
118	是。	無。	建議增強實習時數，以更熟稔警察業務之運作。	無。
119	是。	加強學科及實務之結合，增加實習之時數，強化學生外勤實作經驗及對警察工作之認同。	同上。	同上。
120	是。	無。	無。	延長實務訓練時間。
121	是。	無。	無。	延長實務訓練時間。
122	有誠摯尊敬。	無。	警用裝備（指揮棒、反光背心）學校應備妥。	實務上操作經驗分享。
123	對官長皆有尊敬。	應早日畢業接觸實務，並親自操作。	無。	無。
124	是。	無。	無。	無。
125	是。	無。	無。	無。
126	是。	無。	無。	警察組織文化方面，使實習生在實習前能有基礎的概念，迅速融入組織團體。
127	是的。	無。	無。	待人處事方面。

（下頁續）

（續上頁）

問題意見	Q5 實習生是否誠摯尊敬？	Q6 對實習項目建議	Q7 對實習規劃建議	Q8 希望再加強哪方面的教育？
128	是。	無。	無。	處事應對進退等較實質有益之教育。
129	是。	無。	無。	無。
130	對學長、姐均能出自內心表示敬意。	實習項目能在多元化，讓實習生能多元學習。	無任何建議。	希望能加強實務訓練及聘請外勤單位教官授課。
131	是。	無。	無。	有關行政執行法之認識。
132	是。	無。	無。	各項法律(令)加強。
133	是。	無。	無。	無。
134	是。	無。	無。	無。
135	是。	無。	無。	無。
136	尊師重道。	無。	無。	無。
137	誠摯尊敬學長。	無。	無。	無。
138	誠摯尊敬學長。	無誠摯尊敬。	無。	無。
139	尊敬學長。	無。	無。	加強警察實務之研讀。
140	是。	無。	無。	罰單上的表格內容，可在學校先行學習一些製單內容(部分法條所處罰對象、如何製單)。
141	尚佳。	實習生年紀較輕，對於這份工作的責任感尚不清楚，會有實習像渡假之感，要多加提醒。	實習生多少有認為只是短暫實習，未有歸屬及認同感，造成對於環境及物品不夠愛惜之情形。	實習生過於集中在同一所，容易造成偶有一學長帶二至三個實習生之情事，不僅教學品質會有折扣，對於實習生之安全照應有無暇全盤顧及之情狀。
142	普通。	無意見。	無建議。	交通事故現場圖之繪圖等實務課程。
143	是。	無。	應以規劃勤務繁重單位優先。	法律方面課程。

（下頁續）

（續上頁）

問題意見	Q5 實習生是否誠摯尊敬？	Q6 對實習項目建議	Q7 對實習規劃建議	Q8 希望再加強哪方面的教育？
144	是。	無。	無。	法條方面及製作罰單等課程。
145	是。	無。	可以規劃製勤務繁重之地方學習。	法令課程，尤其是刑事訴訟法。
146	可。	因實習時間有限，而項目繁多，無法面面俱到，僅針對派出所業務及轄區發生知識件予以指導。	選擇重點項目規劃。	加強食物及常用法令之教育。
147	是。	無。	無。	無。
148	是。	無。	無。	無。
149	是。	無。	無。	無。
150	是誠摯尊敬。	盡量跟隨指導員。	日期時間可再加長。	無。
151	是。	無。	無。	無。
152	對長官、學長姐皆尊重。	無。	無。	實務面（如：執行擴檢、交通事故處理）
153	尊敬。	遇上交通事故，注意車流與交流道疏導。	聚眾案件，注意敵我關係。	可以停止專責交通單位實習，除北市特殊已全部由交通隊接收。
154	是。	無。	無。	無。
155	是。	無。	無。	無。
156	是。	增加心理學課程。	實習期間能參與常訓課程。	各項案例教育及外語訓練。
157	是。	與民眾接觸對談技巧。	無。	來台外籍人士越來越多，應加強外語。
158	是。	執勤安全技巧。	無。	如何與民眾交談及接觸之技巧、值勤時的安全觀念教育。
159	是。	無。	建議增強實習時數，以更熟稔警察業務之運作。	無。
160	對官長皆有尊敬。	應早日畢業接觸實務，並親自操作。	無。	無。

（下頁續）

（續上頁）

問題意見	Q5 實習生是否誠摯尊敬？	Q6 對實習項目建議	Q7 對實習規劃建議	Q8 希望再加強哪方面的教育？
162	是。	無。	無。	延長實務訓練時間。
161	是。	加強學科及實務之結合，增加實習之時數，強化學生外勤實作經驗及對警察工作之認同。	加強學科及實務之結合，增加實習之時數，強化學生外勤實作經驗及對警察工作之認同。	加強學科及實務之結合，增加實習之時數，強化學生外勤實作經驗及對警察工作之認同。
163	是。	無。	無。	延長實務訓練時間。
164	有誠摯尊敬。	無。	警用裝備（指揮棒、反光背心）學校應備妥。	實務上操作經驗分享。
165	是。	無。	無。	無。
166	是。	無。	無。	無。
167	是。	無。	無。	警察組織文化方面，使實習生在實習前能有基礎的概念，迅速融入組織團體。
168	是的。	無。	無。	待人處事方面。
169	是。	無。	無。	處事應對進退等較實質有益之教育。
170	是。	無。	無。	無。

資料來源：依面訪調查結果作者自行彙整製作

參、面訪調查研究結果分析

本研究施測完成後，獲得問卷數 170 份，其地區分布狀態為：臺南市 20 份、花蓮縣 16 份、臺東縣 36 份、宜蘭縣 70 份、基隆市 10 份、新竹縣 18 份。雖未含蓋全臺灣地區各實習單位，惟已具代表性。包括直轄市：臺南市；原省轄市：基隆市；西部地區：新竹縣；東部地區：花蓮縣、臺東縣，以及雖位於東北部，近年來發展程度已超越西部地區大部分的縣市：宜蘭縣。花蓮縣、臺東縣為專科班實習地區；宜蘭縣為特考

班實習地區；臺南市、基隆市、新竹縣則二者皆有。所獲致的結果，概要略述如下：

一、實習生對各項表冊之瞭解熟悉程度？

這一部分，實習生應以不瞭解或尚可、待加強居多；不過，大多數受訪者並不認為這有多嚴重！只要在實習期間經由多問、多學，能夠學習並瞭解熟悉「出入登記簿」、「工作紀錄簿」、「值班交接及受理案件簿」即可。

二、實習生對勤（業）務法令規定熟悉程度？

這一部分，大多數受訪者都認為大多數的實習生其實對勤（業）務的法令規定還蠻熟悉的，只是不知道怎麼用而已！這也是規劃實習教育目的所在；只要實習生多問多學，自然就會嫻熟分駐（派出）所勤務與實務運作了。

如果一定要檢討改進，那就是要加強刑事法學（刑法與刑事訴訟法），以及內政部警政署函頒的警察機關分駐（派出）所常用勤務執行的標準作業程序（SOP）了！

三、實習生是否主動詢問求教？

這一部分，除極少數例外，是完全被肯定的。實習生態度積極，遇有不理解之處，都會主動詢問、請教、學習。

四、實習生準時到退勤情形？

這一部分，也是除極少數的例外，完全被肯定的。實習生都會依規定準時到、退勤；遇有需要也會主動留下幫忙（延長實習服勤時數），或

是主動留下學習。

如果一定要檢討改進，那就是要學習提早到勤，以預作各項準備－包括心理的調適，讓心態提早進入狀況。

五、實習生是否誠摯尊敬

這一部分，幾乎是全面被肯定的。實習生有禮貌，對長官、所長、指導員及其他同仁誠摯尊敬；對民眾親切有禮。

六、對實習項目的建議

絕大多數的受訪者認為，目前的實習項目依《警察勤務條例》六大勤務項目擬定，已屬完善。如果還有意見，都是希望增加實習生在實務項目的學習機會，例如：車禍現場圖之繪製或筆錄詢問技巧，是被提出最多次的建議。

七、對實習規劃的建議

這一部分，受訪者有幾點共同的建議，例如：希望實習生隨同實習指導員執行勤務時，能夠有更安全的維護（執勤安全）、建議延長實習期間、增加至刑事組或刑事警察大隊實習的機會等。

八、希望再加強哪方面的教育

這一部分的建議，有點像受訪者的結論，在訪談過程中，凡是想得到的、已經提過的，通通提了出來，例如：執行安全、加強服務態度與說話技巧、品德教育、交通事故現場圖繪製技巧及筆錄製作、刑事案件處理、於校園內建構模擬派出所實務、實務課程師資要由外勤同仁擔任、強化對警察工作的認知與態度、強化各種法律課程、加強資訊能力培養、

加強外語能力、延長實務訓練期間等。

　　最後這一個問題：「希望再加強哪方面的教育」，自本研究實施的
2015 年，到現今的 2021 年，受訪者的各種建議，在警察專科學校已有
顯著的落實、調整、改進、進步，本篇的第八章、第九章有深入的分析
與探討；所以，任何專案研究的實施，都是為了促使警察組織基層人力
培訓的再精進。

第五節　本章小結－實習課程設計規劃

　　實習課程的設計規劃，旨在使學生、學員於警察專科學校進行警察
組織基層人力核心職能培訓期間，利用實習機會接觸外勤第一線實務工
作，充實正確執法態度與觀念、熟稔警察勤務運作，學習警察機關基層
分駐（派出）所勤務執行的實作能力。

　　警察專科學校專科班學生的暑假、寒假實習、特考班學員的期中實
習，除了當期的教育計畫或訓練計畫、課程科目學分表或課程科目配當
表以外，另訂有「實習計畫」，分別就實習教育的依據、目的、實習對象、
實習期間、實習機關、實習內容、實習前準備作業、實習中相關規定、
實習結束相關規定、獎懲、（行政規則）效力等 11 項，配合相關法規的
規定為詳盡規劃。

　　「特考班」是受公務人員保障暨培訓委員會委託辦理的國家考試錄
取人員訓練班期，故除法規依據不盡相同，以及渠等業經國家考試錄取，
具「準公務人員」身分外，於實習教育的實施，與「專科班」無分軒輊。
本節是本章的小結，擬參考 2021 年 1 月甫完成實習教育的警察專科學
校「專科班」38 期的「實習計畫」，摘錄部分內容並予以調整，就：實習
依據、實習目的、實習對象、實習期間、實習機關、實習內容、實習前

準備作業：實習機關支援配合事項、實習中相關規定等，八個單元預作「專科班」39 期、109 年「特考班」實習課程設計的重點規劃（較庶務性、技術性部分從略）。

壹、實習依據

一、專科班

臺灣警察專科學校專科警員班第 39 期正期學生組教育計畫（含「課程科目學分表」）、臺灣警察專科學校學生實習要點。

二、特考班

109 年公務人員特種考試一般警察人員考試錄取人員訓練計畫（含「課程科目配當表」）。

貳、實習目的

加強警察專科學校學生（學員）對警察業務之運作及推展之瞭解，以貫徹「理論與實務結合」、「學術與技能並重」之教育訓練目標，使學生（學員）畢（結）業後能迅速勝任警察發揮學用合一之教育訓練功能。

參、實習對象

「專科班」39 期全體學生、109 年「特考班」全體學員。

肆、實習期間

2011 年 6 月 28 日至 8 月 27 日，共 8 週。「專科班」第一學年課程結束後的暑假、「特考班」第一階段結束至第二階段開始的期中時間。

伍、實習機關

　　由內政部警政署分配至臺北市政府警察局、新北市政府警察局、桃園市政府警察局、臺中市政府警察局、臺南市政府警察局、高雄市政府警察局等 6 個警察局之派出所實施。

陸、實習內容

一、由各直轄市政府市警察局提供實習場地與指導人員，負責本期學生（學員）實習之實施，使學生能瞭解勤、業務運作，以達到實習之目的。（實習項目內容參表 7-4）

二、在派出所實習 7 週，另為提升交通事故處理能力，因應畢（結）業後能具備基礎處理技能，各警察局規劃安排，分梯次至交通事故處理單位（交通大隊、分局交通組、交通分隊等設有交通事故專責人員處理或審核之單位）實習 1 週。（道路交通事故處理實習項目內容參表 7-5）

表 7-4 臺灣警察專科學校學生（學員）實習項目內容一覽表

行政警察	實習項目	依《警察勤務條例》第 11 條規定：勤區查察、巡邏、臨檢、守望、值班、備勤
	實習內容	依「警察機關分駐（派出）所常用勤務執行程序彙編」規劃。（內政部警政署訂定，本校 109 年 8 月編製印行）
		一、**行政類**：例如，執行巡邏勤務中盤查盤檢人車、執行路檢攔檢身分查證、執行臨檢場所身分查證、執行巡邏簽章、執行值班勤務、執行守望勤務、執行備勤勤務、取締違規攤販、受理遺失物報案、處理醫療院所滋擾及暴力案件、警察機關受理報案 e 化平臺操作等。
		二、**保安類**：例如，護送精神病患就醫、治安要點錄影監視系統調閱影像檔案處理、查察持用自製獵槍等。
		三、**防治類**：例如，警察勤務區訪查、身分不明者處理、失蹤人口一般查尋、處理家庭暴力案件、執行保護令案件、處理性侵害案件、無依兒童及少年案件處理等。
		四、**國際類**：例如，涉外治安案件處理、行蹤不明外勞涉嫌刑事案件處理、外來人口偷渡逾期停（居）留非法工作自首（自行到案）案件、外來人口偷渡逾期停（居）留及非法工作案件查處（含刑案自首）等。
		五、**交通類**：例如，交通疏導、取締一般交通違規、取締危險駕車、取締汽車裝載超重、取締酒後駕車、取締道路障礙、取締違規停車、A1、A2、A3 類道路交通事故處理等。
		六、**後勤類**：例如，槍械彈藥查核清點、出退勤領繳械彈等。
		七、**勤指類**：勤務指揮中心狀況處、處理民眾無故撥打一一○專線等。
		八、**刑事類**：例如，兒童少年出入妨害身心健康不當場所勸導；受理竊盜、傷害、恐嚇、擄人勒贖、民眾交存拾得遺失物、汽機車及動力機械車失竊（含車牌失竊）案件等；查處毒品、賭博、妨害公務案件等；處理刑案現場、逮捕現行犯、通緝犯、執行犯罪嫌疑人圍捕、拘提、搜索、扣押、詢問犯罪嫌疑人、解送人犯等。
		九、**資訊類**：警察機關資安事件處理。

資料來源：作者彙整資料後自行製作

表 7-5　臺灣警察專科學校學生（學員）道路交通事故處理實習

項目內容一覽表

道路交通事故處理實習	一、　實習時數：1 週，課程規劃 5 天。實習單位請視學生實際排休情形彈性調整。 二、　現場處理工作見習(3 天) 　（一）　見習內容： 　　1.現場管制、維護交通與現場保護。 　　2.蒐證勘查與跡證採集記錄：現場勘查(現場概況、地面痕跡與散落物、肇事車輛、傷亡當事人等)、酒精濃度檢測、查訪調閱監視錄影設備…等。 　　3.現場攝影照相。 　　4.現場草圖或正式圖(部分單位直接繪製)的測繪與製作。 　　5.調查訪問相關當事人。 　　6.清理現場。 　　7.實習單位編排其他見習事項。 　（二）　見習成果檢核：學生完成 3 張現場草圖製作。 三、　駐地處理工作見習(2 天) 　（一）　見習內容： 　　1.交通事故現場圖電腦繪圖。 　　2.談話紀錄表或調查筆錄製作。 　　3.交通事故案卷製作與移送(如 A1, A2 類案件、酒後駕車肇事、肇事逃逸…等案件)。 　　4.實習單位肇事案卷初審與初步分析研判。 　　5.當事人交通違規行為舉發、肇事車輛或人的處置。 　　6.道路交通事故資訊 e 化系統的功能介紹及操作。 　　7.　實習單位編排其他見習事項。 　（二）　見習成果檢核：學生完成 2 張電腦圖製作。 四、　交通號誌操控。 五、　實習單位請參考前述內容，依實際運作情形予以調整。

資料來源：臺灣警察專科學校

柒、實習前準備作業：實習機關支援配合事項

一、指定單位負責協調指導辦理學生實習事宜。

二、選定繁重複雜之勤務執行機構為學生實習單位，並指派資深績優員
　　警為實習指導員，各實習單位主管為實習指導官，於實習期間採師
　　徒制一對一方式就指定實習項目全程指導學生各項警察勤、業務。

三、依內政部警政署規定，實習之派出所不得為值宿所，另專案負責人
　　員、內勤業務承辦人員不得擔任實習指導員，因渠等人員勤務種類、
　　態樣不完整，或服勤時數較短。

四、各機關實習指導官、實習指導員名冊請簽奉機關主官核准後函送警
　　察專科學校備查，副陳內政部警政署。

五、請配合召開下列會議：

（一）實習協調會：於學生（學員）報到前，召集有關業務承辦人、各
　　　實習單位主管，提示實習之目的、作法及警察專科學校實習計畫
　　　相關規定等。

（二）實習說明會：學生（學員）報到當天，辦理實習工作講習、介紹
　　　單位特性、轄區概況，並規定勤務要求。

捌、實習中相關規定

一、實習運作

（一）實習機關指導官、實習指導員，對於學生（學員）有指揮監督之
　　　權責，並應隨時考核監督學生之實習工作表現、實習勤惰、品德
　　　修養、學習態度，依「實習成績考核表」內容核實考查。（表 7-6）

表7-6 臺灣警察專科學校學生（學員）實習成績考核表

實習機關		警察局	實習單位	派出所		分局	所
				交通單位			
實習生	隊別	學號（必填）	請假統計	派出所		次， 天又 小時 (檢附請假單)	
	姓名	教授班（必填）		交通單位		次， 天又 小時 (檢附請假單)	

考核項目	考 核 內 容
工作表現 30%	1. 含對各項勤、業務及表冊之瞭解熟悉程度、擔服深夜勤及是否在限期內完成工作，並能任勞任怨勇於負責。 2. 未跟隨實習指導員依排定勤務表同進退，刻意迴避深夜勤務者，本項目以0分計算。
實習勤惰 20%	含準時到退勤及請假情形等。
品德修養 30%	含禮儀應對、操守涵養、團隊精神、能謙和與人相處及對國家之忠誠等。
學習態度 20%	1. 含良好、積極、主動與接受教導的學習態度。 2. 實習日記**以手寫**撰寫情形。
具體優劣事蹟表	(依實際表現繕打，表格可展延)

總評		派出所實習單位		交通事故處理實習單位	
	評 語			評 語	
	考評分數 (滿分75分)	(如有修正請核章)	考評分數 (滿分25分)		(如有修正請核章)
	實習指導員	(核章)	實習指導員		(核章)
	實習指導官	(核章)	實習指導官		(核章)
	考評總分 (滿分100分) (如有修正請核章)	分局長			(核章)

附註
一、**行政警科學生分別在派出所及交通事故處理單位實習7週、1週，其個別考評分數，各占實習總成績75分、25分，滿分100分。考評總分＝派出所考評分數＋交通事故處理單位考評分數，由分局承辦人加總個別考評分數後，送請分局長核章。**
二、依本校學則13條規定，實習成績以60分為及格，未滿60分者為不及格，依本校學則第31條規定應令退學。
三、所評定分數，以複評成績為準，並應參酌具體優劣事蹟暨請假情形，總分未達60分列不及格者，請詳列具體事實並檢齊證明資料。
四、實習結束後，請實習指導官（員）於3日內辦理考核，並層送該實習機關彙整於1個月內函送警專。
五、本表下載處本校首頁\行政單位\教務處**公告事項**。

資料來源：臺灣警察專科學校

（二）實習指導員請假、開會、常訓、講習時，請另指派其他資深績優員警接續擔任實習指導員。

（三）實習生不分性別，均應跟隨實習指導員服勤，與其同進退（含深夜勤務），不因性別而有特別優待情形，且實習生不得單獨服勤或多日均實習同一勤務。

（四）學生（學員）實習服勤時間，請各實習單位援例以勤務表中正式勤務為準，如遇特殊治安事故，則實習勤務須延續，不得於事故處理完畢前半途離勤。勤餘外出及輪休應向實習指導官（員）報備，並依規定於出入登記簿登記外出（宿）時間、地點。

（五）實習學生（學員）尚未具警察人員身分，不得單獨服勤或擅自處理業務。

（六）請協助注意實習生安全維護，並配發執勤安全維護用具。依內政部警政署規定，為確保實習學生（學員）安全，請各實習機關督促勤務單位於實習生執行實習攻勢勤務時，提供防彈衣予其穿著及攜帶警棍執勤，並落實督導考核。

（七）依內政部警政署規定，實習生不得駕駛車輛執勤。實習生實習勤務時，請實習指導員協助載送。另為使實習學生（學員）瞭解並熟悉車輛相關裝備及操作，請實習機關配合辦理事項如下：

1、實習指導員於實習期間載送學生時，對於車輛之裝備、效能、操作方式及使用時機，適時加以解說、指導操作及執勤時本身之交通安全。

2、各實習機關得依警察專科學校學生（學員）實習計畫及已取得駕照之實習學生需求，提供車輛供學生（學員）於法令規範之道路以外適當安全場域練習操作。

（八）實習學生（學員）應逐日以手寫記錄實習日記（如附件 15），當日勤畢，翌日起班前送交實習指導員（官）評閱，作為評量實習成績之依據，如撰寫內容過於簡略，請即予糾正改進。

（九）實習學生（學員）應服從實習單位指導長官之指導，認真學習；對指導長官應誠摯尊敬，虛心求教。

（十）實習學生（學員）按時執行實習項目，不得遲到、早退或無故不到。

（十一）實習學生（學員）執行實習勤務時，應保持警覺，不可懈怠，注意安全。

（十二）實習學生（學員）應攜帶「警察機關分駐（派出）所常用勤務執行程序彙編」，俾便實習時瞭解法源依據及作業流程。

二、生活管理

（一）學生（學員）實習期間生活管理，由各實習單位依其內部管理有關規定執行，並避免參加社交應酬活動。

（二）學生（學員）實習期間支領主副食費，在實習單位搭伙，實習機關提供住宿空間。

（三）學生（學員）實習期間按配置實習單位，由各中隊遴選小組長負責聯絡事宜。（小組長人選於實習學生（學員）名冊上註記）

（四）實習學生（學員）應遵守校規、言行端莊、待人謙恭有禮、維護優良校風。

（五）實習學生（學員）應嚴守紀律，非因實習勤務之必要及實習單位之派遣，不得進入不正當場所。

（六）實習學生（學員）除因特定勤務外，一律穿著學校制服。

（七）實習學生（學員）在實習單位住宿，應遵守起居作息規定，保持
　　　內務整潔。

三、差勤管理

（一）學生（學員）實習期間，非因重大或特殊事故不得請假，如因重
　　　大或特殊事故需請假者，准假權責如下：

1、1 日以下由實習指導官核准。

2、超過 1 日者，或已請假日數超過 3 日者，由實習指導官轉陳上
　　級長官核批。

3、學生（員）實習期間請假合計超過 7 日者，原則上不予准假，
　　如因情形特殊，經查屬實，請各實習機關函報警察專科學校，
　　依相關請假規定核處。

（二）學生（學員）實習期間如因傷、病，經健保醫院客觀判斷，有因
　　　傷病不適宜操課學習，且 1 個月內難以痊癒情形，請實習機關函
　　　報警察專科學校，依相關請假規定處理。

（三）女學生（學員）因生理日致學習有困難者，依各該請假規定辦理。

（四）實習學生（學員）遇有特殊事故請假，應先報經實習單位核准，
　　　未經准假，不得擅離實習單位。

（五）未依排定之勤務實習者，除不可歸咎於實習學生（學員）之責任
　　　外，視同曠課，警察專科學校依相關規定議處。

（六）學生（學員）請假或未依排定之勤務實習，逾實習總時數三分之
　　　一者，由警察專科學校依相關規定辦理（實習總時數依據實習指
　　　導員表排勤務時數計算）。

四、成績考核

（一）依各相關規定，「專科班」學生實習成績不及格應令退學、「特考班」學員實習成績不及格應報請公務人員保障暨培訓委員會廢止受訓資格。

（二）為精實教育訓練，強化學生（學員）實習教育學習成效，有關實習成績考核規定，請依「實習成績考核表」內容，覈實考核監督學生（學員）之工作表現、實習勤惰、品德修養、學習態度等，由實習指導員初評、實習指導官複評，送請實習單位主管（分局長、大隊長或隊長）核章。所評定分數，以複評成績為準。

（三）學生（學員）分別在派出所及交通事故處理單位實習 7 週、1 週，其個別考評分數，各占實習總成績 75 分、25 分，滿分 100 分。考評總分＝派出所考評分數＋交通事故處理單位考評分數，由分局承辦人加總個別考評分數後，送請分局長核章。

（四）實習期間請假，應扣操行分數者，依各該請假規定辦理。所扣分數，「專科班」學生列入第二學年上學期操行成績、「特考班」學員列入第二階段期操行成績。

（五）實習期間如有因請假時數過多、或因傷、病無法正常參與實習勤務，致影響實習教育學習成效者，請列入實習成績考核表中之「工作表現」、「實習勤惰」、「品德修養」「學習態度」等項目予以考核，總分未達 60 分列不及格者，應秉嚴格考核、斷然淘汰之決心，對於不適任者，應就其言行舉止，具體詳實記錄，供作淘汰之佐證。

五、傷亡濟助

（一）實習學生（學員），均投保「團體平安保險」。

（二）實習學生（學員）因公傷亡者，除適用有關法令給卹外，並依「警
察人員因公傷殘死亡殉職慰問金發給辦法」第 11 條、「警察人員
執行勤務遭受暴力或意外危害致全殘廢或半殘廢照護辦法」第 13
條、「警察人員執行勤務遭受暴力或意外危害致全殘廢或半殘廢
及殉職人員子女教養辦法」第 11 條、「警察消防海巡移民空勤人
員及協勤民力安全金發給辦法」、「警察醫療及照護補助費申請要
點」之規定辦理。

（三）學生（學員）實習期間，如有執行勤務傷亡、失能者，由實習機
關立即通知警察專科學校，並配合辦理相關事宜。

＊本章主要參考作者 2015 年主持的「臺灣警察專科學校精進校務發展研究案」：基層
警察人員培訓－精進實習教育芻議，該研究案於當年 11 月 12 日於「執法人員行政
管理理論與實踐研討會」中，為研究成果報告並辦理結案。本章之撰寫，資料已更
新、內容已增修調整。

第八章　精進警察勤務課程情境教學之研究

〈摘　要〉

「情境教學」至少可採取兩種方式實施：其一，實務機關實習、其二，建構情境模擬教學設施。就臺灣警察專科學校而言，第一種「實務機關實習」，近年來已相當落實，並求精進再精進；至於第二種「建構情境模擬教學設施」，也在萬般克難的條件下，逐年添設、並與警察勤務課程的教學相結合。

未取得警察任用資格的警察專科學校學生、學員，不可能從工作中學習、經驗中學習，故渠等實作能力、操作能力，必須在情境模擬的教學過程中，經由不斷地操作、練習，熟悉相關法制、嫻熟相關技巧，整合運用，方得以養成。

關鍵詞：情境教學、警察勤務教學

第一節　前言

前已多次論及，警察專科學校職司警察組織新進基層人員培訓，畢業的學生或結業的學員，一經分發，第一時間即至基層分駐（派出）所報到，立刻投入外勤第一線勤務工作行列；即若有部分學生、學員分發至專業警察機關，亦毫無例外，被派往第一線，成為代表國家，與民眾直接接觸，合法配戴器械，執行公權力；必要時，尚得動用強制力，以達成管制人民或為民服務目的之基層警察人員。

唯有警察組織新進基層人力的培訓與實務接軌，方能使畢業的學生，或結業的學員，具備基層分駐（派出）所勤務執行之核心職能，於分發各警察機關分駐（派出）所服務時，立即有效執行各項基勤務工作。這

就是「情境教學」的重要性！

　　本節是開宗明義的「前言」，共分為三個單元，先說明研究動機與研究目的，再分析「情境教學」與傳統教學，最後是「情境教學」在警察組織新進基層人力培訓的重要性。

壹、研究動機與研究目的

　　在一篇名為 "Reducing Inherent Danger"（減少潛在危險）的研究報告中指出，針對美國紐約市的警察培訓，傳統的教學方法也許可以滿足某部分的訓練要求，但是卻遠不及情境模擬、角色扮演、互動式練習來的有效。（Stone, Christopher & Carter, Zachary, 2010, 44-52）

　　「情境教學」至少可採取兩種方式實施：其一，實務機關實習、其二，建構情境模擬教學設施。就警察專科學校而言，第一種「實務機關實習」，近年來已相當落實，並求精進再精進，作者近年來也進行過多次的研究，相關研究成果亦陸續於各研討會或期刊論文中發表[1]，此亦為本書第七章探討的重點；至於第二種「建構情境模擬教學設施」，警察專科學校也在萬般克難的條件下逐年添設、逐步建構，並與警察勤務課程的教學相結合。

　　依警察專科學校的課程設計規劃，一年級第二學期開設有「警察勤務（二）」必修課程、訓練班期則於第一階段開設有「警察勤務實務與演練（一）」課程；之後，學生、學員將至六個直轄市的繁重分局所轄，勤務態樣複雜的第一線基層分駐（派出）所實習 8 週，故每一個教授班，

---

[1] 有關「實習教育」的研究，請參：馬心韻，「新進警察人員培訓『期程』與『適任』關聯性研究」，《警察行政管理學報》，12 期，2016.05、「精進基層警察人員實習教育訓練芻議」，104 年執法人員行政管理理論與實踐研討會，2015.11.12 等。

學期（階段）中，至少安排 1 次至校內「情境教學中心」（Situation Training Central）施教。本章的研究即係於該堂警察勤務課程結束後，對這些學生實施的回饋問卷調查，俾了解，警察勤務課程情境教學的成效如何？如何才能更精進？是不是可以有更好的策進作為？

「情境教學」的實施，除了初步於情境教學中心進行警察勤務執行各種應勤裝備的操作與演練外，警察專科學校的課程設計規劃尚有更進階的培訓作為，本部分將於本章第五節「本章小結－情境教學規劃設計建構」中再行詳述。

本書第五章於探討警察組織基層人力核心職能時指出，基層（分駐）派出所重在實作。培訓適格、適任的警察組織基層人員，在使其具有從事基層警察工作應具備之核心能力：具有執行「警察機關分駐（派出）所核心工作」的能力。

內政部警政署依據《警察勤務條例》第 11 條規定之警察勤務方式：「勤區查察、巡邏、臨檢、守望、值班、備勤」，訂定「警察機關分駐（派出）所常用勤務執行程序」，確實將警察機關分駐（派出）所的勤務工作應具備之核心職能分項、分點羅列於其中。

迄至 2020 年 8 月，內政部警政署將警察機關分駐（派出）所的勤務工作區分為：行政類、保安類、防治類、國際類、交通類、後勤類、勤指類、刑事類、資訊類等，共九大類；每一大類再依勤務態樣細分，共計 150 項核心工作。在各項常用勤務執行程序中，先將勤務執行的法規依據一一條列，而後繪製整個勤務執行程序的每一步驟，並於每一步驟中，再一一條列應進行的動作與應注意事項。整個內容，就是該項勤務執行應具備的核心職能；整個加總，便彙集成我國警察組織基層人員執行職務應具備之核心職能。

只是前揭「從事基層警察工作應具備之核心職能」，是法制面、規範面的能力，若要成為適格、適任的基層警察人員，尚須「學習」。無論是警察專科學校的課程設計規劃，還是內政部警政署訂頒之「警察機關基層分駐（派出）所常用勤務執行程序」，都必須經由實務工作的學習、操作，以及工作經驗的累積，才能真正熟悉，真正落實。只是尚未取得警察任用資格的警察專科學校學生、學員，渠等實作能力、操作能力，就必須在情境模擬的教學過程中，不斷地操作、練習，熟悉相關法制、嫻熟相關技巧，整合運用，方得以養成。

本章亦為自 2009 年迄今，警察組織新進人力考選與培訓政策變革研議過程中，警察專科學校研究團隊所進行的一系列精進校務發展研究案中一環。本章的撰寫，共分為五節，分別是：

第一節　前言
第二節　情境教學觀摩學習
第三節　情境教學成效探討研究設計
第四節　情境教學成效探討研究結果與發現
第五節　本章小結－情境教學設計規劃建構

貳、「情境教學」與傳統教學

在一篇名為 "Reducing Inherent Danger"（減少潛在危險）的研究報告中指出，針對美國紐約州的警察培訓，傳統的教學方法也許可以滿足某部分的訓練要求，但是卻遠不及情境模擬、角色扮演、互動式練習來的有效：（Stone, Christopher & Carter, Zachary, 2010, 44-52）

「新進員警的教育及訓練課程一直以來都被批評過於側重以教官為重心的教學策略，以及執著於訓練，卻無提升員警的批判性思考能力

及執勤時的問題解決技巧。」

「警察教育長久以來被批評為過度依賴傳統教學模式，而無法反應操作時的實境情況，這樣的模式或許適合技巧或是技能的傳授，但是卻無法提升非技能層次的能力，譬如：問題解決。」

「舉例來說：我們大部分的槍枝訓練都是從教室內的講課開始，內容針對法規及政策如何運用於必須使用強制力的致命情境，下一個階段的訓練則著重工具─不管是手槍或是另一種武器─的操作方式，極少部門會在接下來花費時間在訓練員警辨識歹徒的行為模式，以及如何運用策略於致命情境之中。」

「針對我們所發出的問卷，許多現任以及之前在紐約州服務的執法人員均指出，他們在基礎訓練及常年訓練課程時，都曾經參與過對情境的相關課程，但是這些課程大部分都是以課堂講課、書面資料、影片等方式來呈現，這些方法也許可以滿足某部分的訓練要求，但是卻遠不及情境模擬、角色扮演、互動式練習來的有效；針對此點，沒有任何模式可以取代在基礎訓練或是常年訓練時以實際情境為基礎的練習方式，以此方能模仿員警必須面對的高壓環境。」

參、「情境教學」在警察組織新進基層人力培訓的重要性

前已述及，警察專科學校職司警察組織新進基層人力的培訓，亦為我國警察組織基層人力養成唯一的訓練基地。畢業的學生或結業的學員，一經分發，第一時間即至基層分駐（派出）所報到，成為外勤第一線的實務工作人員。這些經由警察專科學校培訓的警察組織新進基層人力，究竟在畢業或結業，完成與「基層警察工作」有關之各項專業培訓後，能不能成為適格、適任的基層人員，長久以來一直是各界所關注的議題！

本書第五章中論及，培訓一位適格、適任的警察組織基層人員，旨在使其具有從事「基層警察工作」應具備之核心職能；亦即：

一、具有擔任第一線、24 小時輪值之基層警察人員工作的能力。

二、具有《警察勤務條例》第 11 條所規定的，執行「勤區查察、巡邏、臨檢、守望、值班、備勤」等勤務方式的能力；

三、具有執行「警察機關分駐（派出）所」各項勤務工作的能力。

如果警察組織新進基層人員的培訓與實務未能接軌，則「使未來的警察組織新進基層人員，具有從事基層警察工作應具備之核心職能」，此一培訓目標如何達成？

綜上所述，唯有警察組織新進基層人力的培訓與實務接軌，方能使畢業的學生，或結業的學員，具備基層分駐（派出）所勤務執行之核心職能，於分發各警察機關分駐（派出）所服務時，立即有效執行各項基勤務工作。這就是「情境教學」的重要性！

「情境教學」的實施，除了初步於情境教學中心進行警察勤務執行各種應勤裝備的操作與演練外，警察專科學校的課程設計規劃尚有更進階的培訓作為：

一、二年級第一學期另開設有「警察勤務（三）」必修課程、訓練班期則於第二階段另開設有「警察勤務實務與演練（二）」課程，屬於進階課程。授課內容涵蓋了基層警察工作最基本的、街頭執法最常見的勤務執行態樣，例如：「執行巡邏勤務中盤查盤檢人車」、「執行路檢攔檢身分查證」、「執行臨檢場所身分查證」等，此一部分的教學，是 12 小時的情境模擬實務演練，由外勤實務機關第一線基層警察人員協同教學。

二、針對街頭執法真實發生過的案例，畢（結）業班期於離校前最後一

週，對全校進行勤務執行的情境模擬展演。此一畢（結）實務展演，2021 年 1 月，「108 年公務人員特種考試警察人員考試錄取人員訓練班」於結業前試辦，是第一次辦理，順利成功，深獲好評。

本部分將於本章第五節「本章小結－情境教學規劃設計建構」中再詳盡說明。

第二節　情境教學觀摩學習

要研究情境教學，先要了解究竟什麼是「情境模擬」（"scenario" or "circumstance"）？「情境模擬」的教學設施應如何建構？本問題第一次於警察專科學校正式被提出時，是 2011 年，初聞此一問題，於警察專科學校老師、學生、隊職人員、行政人員的理念中，毫無頭緒；從毫無頭緒，到模模糊糊有一點概念，再摸索出雛型，然後一個階段、一個階段地慢慢建構，並努力使之在未來更臻完善，這一歷程，源自於幾個參訪觀摩心得。

在我國，落實情境模擬教學極具成效的是消防機關，內政部消防署訓練中心是觀摩學習的典範。此外，每隔一年，警察專科學校均規劃訪問國際姊妹校拓展學術交流；為遂行警察培訓與警政實務接軌、與時俱進，亦安排順道參訪先進國家各警察實務機關，觀摩學習新進人員的培訓。作者因職務關係，每次均隨行前往，觀摩學習體驗，補足了教學暨各論文撰寫的空白。此一參訪學習之行，受 COVID-19 疫情影響，2020 年暫時停止實施。

本節的撰寫，摘引了我國及美國，共四個警察組織新進人力培訓的情境模擬教學以供參考，最後是簡單的結語：

壹、我國的內政部消防署訓練中心

貳、美國紐約市警察局警察學院（NYPA）

參、美國蒙哥馬利郡（Montgomery County）警察局訓練中心

肆、美國法爾法克斯郡（Fairfax County）刑事司法學院

伍、結語

壹、我國內政部消防署訓練中心

在我國，落實情境模擬教學極具成效的是消防機關。消防人員，特別是基層消防人員的培訓，有相當多的課程與時數，是在情境模擬教學設施中，反覆操練學成的。

為了提供第一線緊急應變防災、救災人員教育、訓練機會，以提升災害緊急應變能力，給予民眾最完善、最可靠的安全保障，內政部消防署訓練中心於 2010 年 1 月 19 完工啟用。該中心位於臺灣的南投縣竹山鎮，地處臺灣中心且交通便利、腹地廣大，基地面積約 109 公頃，僅次於英國消防學院約 250 公頃、美國德州農工大學消防訓練中心約 150 公頃；所設置實體訓練設施項目是全世界最齊全、最先進且最多的。[2]

訓練中心的教學區，設有搜救訓練、救護技術操作、救災指揮訓練、消防安全設備教學、搶救研討、危險物品訓練等各型教室。各項災害搶救訓練活動為主的防災訓練場區，建置最先進、最齊全、最完善的模擬實體訓練場，包括：訓練監控塔、各類型建築物災害事故應變搶救模擬訓練場、室外滅火技巧訓練場、空氣呼吸器訓練場、石化及油槽災害搶救訓練場、船舶災害搶救訓練場、航空災害事務搶救訓練場、震災搶救訓練場、救助技能訓練場、搜救犬訓練場、水上水下及激流搶救訓練場、

---

2 參見：《內政部消防署訓練中心全球資訊網》（http://tc.nfa.gov.tw/content/index.aspx?Parser=1, Accessed: 2021.01.23.）

公路及隧道災害搶救訓練場、地下車站及軌道事故搶救訓練場、土石流災害搶救訓練場等，共計實體訓練場地 12 場、實火燃燒訓練設施 49 處：

一、訓練監控塔：位於防災訓練場區之核心位置，設有與各訓練場區火災模擬設施訓練情境之預設、監測與操控等系統，以監控各訓練場區安全及緊急應變處置。

二、各類型建築物災害事故應變搶救模擬訓練場：設有各類模擬實體建築物（含住宅、工廠、危險物品倉庫、地下商場、餐廳、KTV、MTV、旅館、電影院等）火災模擬設施與訓練場景，提供救災模擬搶救訓練。

三、室外滅火技巧訓練場：設有木材、變電箱、油盤、曲道流動油料、汽車火災等火災模擬設施，提供受訓學員練習基礎滅火及相關器材操作等技能。

四、空氣呼吸器訓練場：設有迷宮步道、上下爬坡道及各方向之障礙空間，並搭配黑暗、濃煙、高溫、噪音與路徑變化，提供受訓學員背負空氣呼吸器進行搜救等操作訓練。

五、石化及油槽災害搶救訓練場：設有大型儲油、氣槽、加油站及其各項輸配管線及液化石油、化學運輸槽車之火災模擬訓練設施，提供受訓學員進行油槽災害搶救、化災應變處置等訓練。

六、船舶災害搶救訓練場：設有模擬實體船舶、船塢、火災模擬設施等，以模擬船舶火災狀況（含船艙起火、大量濃煙等）之場景，提供受訓學員進行搶救及船艙內搜救訓練。

七、航空災害事務搶救訓練場：設有 737 模擬實體機身、跑道、火災模擬設施等，以模擬飛機引擎、駕駛座艙起火等各種火災情境，提供受訓學員進行飛機滅火與救助操作訓練。

八、震災搶救訓練場：設有實體建築物倒塌模型、溝渠坍方、破裂瓦斯管線及二次火災模擬設施等，以模擬建物受震倒塌災害情境，提供受訓學員利用各種工具進行救援作業。

九、救助技能訓練場：設有高、低塔各一座、網繩、攀岩訓練場及二處涵洞，提供受訓學員進行攀登、垂降、橫渡、人員救送及於狹小空間內背負重物救人等各項救助技能訓練。

十、震災搶救訓練場：設有實體建築物倒塌模型、溝渠坍方、破裂瓦斯管線及二次火災模擬設施等，以模擬建物受震倒塌災害情境，提供受訓學員利用各種工具進行救援作業。

十一、救助技能訓練場：設有高、低塔各一座、網繩、攀岩訓練場及二處涵洞，提供受訓學員進行攀登、垂降、橫渡、人員救送及於狹小空間內背負重物救人等各項救助技能訓練。

十二、搜救犬訓練場：設有基本及高級服從訓練設施、瓦礫堆訓練設施、原野災難區場地等組合式訓練設施，提供搜救犬進行各項協助救助、辨別、導引等搜救技能訓練。

十三、水上水下及激流搶救訓練場：設有模擬激流、水域及具高低落差之人工河渠，並以幫浦抽送水模擬激流情境，提供受訓學員進行水上救生、激流與潛水搜救拯溺等訓練。

十四、公路及隧道災害搶救訓練場：設有模擬公路、高速公路、大型實體長隧道及火災、濃煙控制系統等，以模擬交通災害事故情境，提供受訓學員進行災害搶救、人員救護及避難引導等訓練。

十五、地下車站及軌道事故搶救訓練場：設有模擬地下捷運系統、鐵路軌道、車廂及火災、濃煙控制系統，以模擬地下運輸系統災害事故，提供受訓學員進行搶救滅火、長距離搜救及人命救護訓練。

十六、土石流災害搶救訓練場：設有模擬土石流坡道、倒塌房屋、下雨及人員受困等災害場景，提供受訓學員於土石流災害中利用各種救難器具，進行人員搶救、救護運送等訓練。

貳、美國紐約市警察局警察學院

2018 年 9 月 20 日至 31 日，時任警察專科學校校長衛悌琨先生，率作者及隨行秘書區隊長王鏡穎共 3 人赴美，以 12 天的時間，訪問紐海芬大學（University of New Haven）、雪蘭多大學（Shenandoah University）兩所姊姊校；順道拜會（或參訪）紐約市警察局（New York City Police Department，簡稱 NYPD）、紐約市消防局（Fire Department of New York City，簡稱 FDNY）、蒙哥馬利郡警察局（Montgomery County Police Department，簡稱 MCPD）、巴爾的摩警察局（Baltimore Police Department，簡稱 BPD），汲取美國各地方政府新進基層警察人員培訓的經驗，俾能轉化為適合本土之培訓與教學策略。

紐約市警察局（NYPD）的行程規劃在 2018 年 9 月 20 日，當日也參訪了警察局所屬的戰略應變組（Strategic Response Group，簡稱 SRG）、警察學院（New York City Police Academy，簡稱 NYPA）。[3]

一、警察學院簡介

紐約市警察局創立於 1845 年，是美國境內最大規模且最老的警察機關之一。配合行政區劃，主要劃分為曼哈頓、布朗克斯、皇后、布魯克林與史丹登島等五大區。當時（2018 年）編制內約有員警 36,000 名，

---

[3] 參見：「美國雪蘭多大學、紐海芬大學姐妹校暨美國地區警政參訪出國報告」，《公務出國報告資訊網》（https://report.nat.gov.tw/ReportFront/ReportDetail/detail?sysId=C10703692, Accessed: 2021.01.23.），頁 1-10。

共同為約 850 萬的紐約市市民服務。

　　紐約市警察局轄下的警察學院（NYPA），擁有最先進的設備和培訓設施，為接受培訓的人員提供最新的技術，教育和戰術知識，為紐約市警察局的制服人員和文職人員提供專業知識與體能方面的準備，以提高他們保護所有紐約市民和遊客的生命、權利、財產和尊嚴的能力。自警察學院結業，經過周延、嚴謹的培訓，養成訓練有素，最有效的執法專業人員。

　　NYPA 的招募和培訓側重於有效的社區警務、溝通技巧，安全策略，以及為國家最多樣化的人口提供服務。隨著恐怖主義威脅增加，NYPA還為新進人員與在職人員提供最新的反恐訓練，課程內容高度專業化，例如：情報收集，主動射擊訓練和反監視。其他教學領域還包括了對高速公路，交通執法和學校安全人員的培訓。

　　NYPA 佔地 750,000 平方英尺，擁有現代化的教室，體育館和室內跑道，以及強調情境模擬教學的戰術村。另有適合情境模擬培訓的各種場地，包括了：一個車站與周邊區域，多戶住宅，雜貨店，餐廳，公園，法庭、銀行，地鐵車廂和平台。

二、參訪觀摩與學習

　　NYPA 佔地 32 英畝的校園位於紐約市皇后區,由紐約市警察局培訓局運營，於 2014 年落成、2015 開始運作，受訓人數一直都是滿額度，平均每天都有 2,300 人在訓。

　　NYPA 的培訓模式與課程設計，著重多重障礙訓練，強調培訓第一線執法員人員情境體能之強度，以維持警察人員強健體魄素質。以下資料，不只是情境設施與情境教學，也包括了招募遴選與課程規劃設計。

（一）招生類型

NYPA 的招生類型為：

1、未來（基層）警察。[4]

2、交通助理員。

3、學校駐警。

4、其他進修。

於未來（基層）警察培訓部分，訓練期程的前六個月，在 NYPA 接受專業知識與體能的培訓，如果沒有被高淘汰率淘汰，於初步結訓後，到外勤實務機關實習二年，擔任第一線的基層警察工作；之後返回 NYPA 再受訓，才能真正結業，成為正式的警察組織基層人員。

（二）師資招募

NYPA 的教官、講師，以及培訓練人員（Trainers），需經學院的「委員會」遴選後才能教學。其中講師必須經由委員會的實質審查；教官、訓練者則審查渠等經歷、學歷資格。

（三）訓練標準與要求

NYPA 的審核標準無分性別，統一為「擔任警察工作」的標準。除了學科、體能（包括跑步）；身高、體重的標準也一致。

NYPA 培訓期間的淘汰率每一屆是 8-10%，淘汰機制的審核包括：體能、學科（其中英文部分，非以英文為母語者，會給予專門課程加強輔導，輔導仍不合格者才予淘汰）。

---

[4] 美國各郡（County）、各市（City）招募的新進警察人員，基本上都是第一線的執法人員，循年資、功績、表現、考試、證照等途徑晉升為管理幹部，故與我國的概顯著念不同。事實上，這也是世界上絕大部份國家或地區的警察人員進用模式。

學生在校受訓須著制服；顏色有別於現職員警，以便於辨識，也讓學生先習慣穿著制服。

（四）情境模擬訓練之一：法庭作證訓練

美國法庭重判例制度，法院審核案件時的判刑，依據側重執法者第一時間想法，故 NYPA 的培訓期間，必須模擬不同階段的法庭攻防情境：

1、一般法庭：NYPA 訓練員警出庭「做證」時應如何描述。因為美國基層執法人員被傳喚出庭的比例非常高，包含開罰單、臨檢及其他公權力的行使皆有出庭的可能性，因此特別重視出庭時的模擬訓練。

2、大陪審團制度（Grand Jury，或稱陪審員制度）：對於諸如重大案件、影響社會劇烈案件，將實行大陪審團制度，該制度佔所有案件數目僅有 5%，法官於審酌時會尊重陪審團意見。

（五）情境模擬訓練之二：警察勤務執行場地與設施

1、警車車內電腦查詢系統：情境模擬場地與設施有真正的警車，該警車引擎拿掉，內部有筆電大小的電腦及鍵盤，訓練員警如何快速查詢所需的資料。

2、銀行盤查：設有銀行盤查勤境模擬，四周並貼滿紐約真實實景壁紙，模擬真實盤查情境。

3、街道執法：設有街道巷弄模擬區，且該區燈光可亮可暗，訓練員警習慣日間及夜間不同光線強度執法的情境。

4、陳抗處裡：美國警察運用於群眾運動的防爆盾牌，使用特殊材質，重量比臺灣輕巧。

（六）結訓測驗：情境模擬

　　NYPA 的結訓測驗場地分六關，須於 3 分 22 秒內全部完成，始為及格；未過關不及格即予淘汰。測驗關卡如下：

1、第一關：著全副裝備，包含槍、勤務腰帶及防彈衣翻越高牆，該關卡是最多學生無法通過、淘汰率最高的。負責訓練的培訓人員告知：「有些人就是怎麼都翻不過去」，測驗三次無法通過，只能被淘汰。

2、第二關：背負重物折返跑 3 趟，路程中設有高低差、障礙物。

3、第三關：測驗對重物拉力、推力的掌握程度，並來回 3 次。

4、第四關：於指定三角形區域短距離爆發力跑五圈。

5、第五關：拖拉 142 磅擬真人偶 50M 距離，訓練救護傷患時的穩定性。

6、第六關：返回起點並至指定定點射擊，該定點設有觸碰警示設備及警鈴，射擊時手腕絕對不能顫抖，一旦碰觸周遭警示器，將被淘汰。由於有時間壓力，又是在完成前五關後實施，目的在訓練員警面對多重複雜狀況下的射擊穩定性。

　　NYPA 給予學生三次測驗機會，重測準備期間，會反覆加強其肌耐力、爆發力、拉力、穩定性、跳躍力及測試地熟練度，若始終無法完成，將嚴格執行淘汰。

　　當時衛校長的隨行秘書區隊長王鏡穎曾挑一、兩個看似較容易的關卡實測；以一位 30 多歲，每日都保持運動鍛鍊，並強化肌耐力訓練的年輕人，很勉強才能通過，顯見其難度。不經培訓，是無法完成的。

參、美國 Montgomery 郡警察局訓練中心

Montgomery 郡警察局（Montgomery County Police Department, Maryland，簡稱 MCPD）的行程規劃在 2018 年 9 月 26 日。[5]

一、警察局簡介

Montgomery 郡警察局（MCPD）成立於 1922 年 7 月，總部位於美國馬里蘭州蓋瑟斯堡。除了主要職責外，還對其他地區的警察部門提供支援和協助，包括哥倫比亞特區首都警察局（Metropolitan Police Department of the District of Columbia）和鄰近的司法管轄區，例如：哥倫比亞特區（Washington, D. C.），霍華德郡（Howard County），巴爾的摩市（Baltimore City）、喬治王子郡（Prince George's County）等。

二、虛擬實境靶場

Montgomery 郡警察局的訓練中心就設在警察局內，佔地好幾層樓。除了各個不同功能的授課教室、設施裝備新穎的情境模擬體能訓練中心外，最令人矚目的是「情境模擬射擊訓練中心」（參圖 8-1 左）。

訓練中心內也設有一般的電動靶場（參圖 8-1 右，真人照片的持槍靶），但「情境模擬射擊訓練中心」內的「虛擬實境靶場」（共 3 間），是依據受訓人員現場判斷應對反應的延續情境，訓練員警的用槍時機，以及處理衝突事故的反應。

---

[5] 參見：「美國雪蘭多大學、紐海芬大學姐妹校暨美國地區警政參訪出國報告」，《公務出國報告資訊網》（https://report.nat.gov.tw/ReportFront/ReportDetail/detail?sysId=C10703692, Accessed: 2021.01.23.），頁 36-39。

資料來源：作者現場拍攝照片

圖 8-1　Montgomery 郡警察局虛擬實境靶場、電動靶場

「虛擬實境靶場」有以下幾項規定與特色：

（一）除新進人員外，現職人員亦時常前往練習，為避免拔錯槍，進入靶場前，必須繳交自己的配槍並辦理登記後，才能領取訓練用的紅外線電子槍。

（二）就定位前，先行配戴感應器，若情境模擬過程中反應錯誤，將受到程度不等之電擊。

（三）所有情境影片，皆為現職員警執行勤務過程中，隨身微型攝影機所拍攝的實況紀錄，由「情境模擬射擊訓練中心」的工程人員後製完成。

（四）受訓人員於情境影片播放現場的判斷應對反應，如屬正確，螢幕上會立即顯現；如屬錯誤，除受到程度不等的電擊（中槍、遭受攻擊等），螢幕上亦會顯現「受傷」，甚至「死亡」！

（五）依情境的難易度，區分不同的等級、給予不同的計分。

（六）因情境影片皆為現職員警執行勤務的真實影片，故隨著新的事件
發生，可以不斷推陳出新；受訓人員得以與時俱進，接受最新的
案例訓練。

肆、美國 Fairfax 郡刑事司法學院[6]

2016 年 9 月 19 日至 28 日，時任警察專科學校校長何明洲先生，率作者及隨行秘書區隊長陳昭佑、陳志濬共 4 人赴美，以 10 天的時間，訪問紐海芬大學（University of New Haven）、雪蘭多大學（Shenandoah University）兩所姊姊校，並順道參訪多個警察實務機關，觀摩學習新進人員的培訓。

於此一緊湊的參訪行程中，個人對於維吉尼亞州 Fairfax 郡刑事司法學院（Criminal Justice Academy Fairfax County, Virginia）的新進人員招募、遴選與培訓課程設計相當感興趣，所獲資訊，驗證了在美國的「郡」（County）這一級，渠之新進警察人員招募、遴選、培訓及進用的方式，補足了個人研究暨論文撰寫的空白。

僅將這一部分資訊分享於後。

一、Fairfax 郡刑事司法學院簡介

Fairfax 郡的刑事司法學院位於美國維吉尼亞州的北部，創立於西元 1985 年；雖名為「刑事司法學院」（Criminal Justice Academy, 簡稱 CJA），其實就是 Fairfax County 的新進（基層）警察人員（police officers）培訓學校，這批第一線的執法人員，在臺灣地區的相關影集中被譯為「巡警」。

---

[6] 作者返國後自行撰寫心得報告，從中摘錄，並未發表或出版。

　　CJA 的新進人員培訓，每一梯次，學員須完成 992 小時的基礎訓練（Basic Training），須時 6 個月；之後的強化訓練（Mandated Training）是 480 小時，須時 2 個月。課程的設計，由一個委員會（Operated by a Board of Directors）來負責，整個訓練學校共有職員 50 人（含專任教職人員），每一梯次大約培訓 150 位新進人員（new officers），這也代表了 CJA 每一年的培訓量。

　　經由簡報後的座談，我們得知，CJA 的新進警察人員培訓，須先經訓練學校 6 個月的基礎訓練，出去服務 6 個月後，再返校接受 2 個月的專業強化訓練，然後由服務單位與學校共同考核 1 年，確認渠等的適任性，才能成為正式的警察人員。他（她）們的工作就是「巡警」，也就是街頭上穿著制服、第一線的警察人員－於我國，就是警察專科學校所培訓的警察組織新進基層人員。

　　這些新進人員的招募，並未刻意限制學歷，基本上只要是高中畢業即可，畢竟這是個謀（警察）職的職前專業培訓，關注的焦點是應徵者是不是真心想要從事警察工作？能不能完成培訓要求？以及完成學校的課程後，可不可以適任這份工作？於美國參訪期間，至少訪問了 3 個州中 3 個郡的培訓學校（police academy），也詢問了不同地區的警務工作者，了解在美國「郡」的這一層級，基本上都是如此。美國是一個非常落實各州（state）、各郡（county）、各市（city）自治的國家，所以「郡」這一層級，足可以代表美國地方自治與自主的運轉。

二、Fairfax 郡刑事司法學院課程設計

　　CJA 的課程設計總共分為 9 大區塊，分別是：

（一）教室內課程（Classroom Instruction）：佔 27%，共 267 小時。

（二）實作、測驗和評估（Practicals, Testing & Evaluations）：佔 16%，共 160 小時。

（三）防禦戰術（Defensive Tactics）：佔 15%，共 150 小時。

（四）射擊（Firearms）：佔 9%，共 89 小時。

（五）緊急車輛操作學程（Emergency Vehicle Operator Course, EVOC）：佔 9%，共 89 小時。

（六）團隊管理（Admin / Squad Management）：佔 8%，共 79 小時。

（七）體能訓練（Physical Training）：佔 7%，共 69 小時。

（八）本地需要的基礎訓練（Local Based Training）：佔 7%，共 69 小時。

（九）個人與領導（I / Leads）：佔 2%，共 20 小時。

這總共 992 小時，為期 6 個月，第一階段最基礎的培訓課程中，真正的學科只佔了 27%，共約 267 小時。經由簡報後的座談，我們得知，這一大區塊所謂的教室內課程（Classroom Instruction），其實就是一些與執行勤務有關的法律課程，或基本觀念課程；他們認為，真正的學習，應該在擔任警察工作之後，於執勤經驗中學習；這就是為何於外勤服務 6 個月後，尚得返回訓練學校再接受為期 2 個月的專業強化訓練的原因；之後，還得由服務單位與學校共同考核 1 年，確認渠等的適任性，才能成為正式的警察人員。

三、Fairfax 郡刑事司法學院緊急車輛操作學程與射擊課程

CJA 的課程設計的 9 大區塊中，有一個區塊是緊急車輛操作學程（Emergency Vehicle Operator Course, EVOC），佔 9%，總共實施 89 小時。

於簡報後的座談會中，我們非常好奇地想要知道，究竟這「緊急車

輛操作學程」包括哪些內容？得到的答案是：飆車、甩尾、嚴重積水地段飛車、高低落差極大地區飛車等。他們認為，「巡警」有很多時間是在街頭追逐的，那麼這些特殊的追逐技巧當然成為培訓的重點。

與街頭追逐技巧佔同樣比例的是射擊（Firearms），佔 9%，總共實施 89 小時。因為「巡警」用槍的機會非常多，所以這個區塊必須加強練習。

Fairfax 郡的培訓部門負責人 John Piper 告訴我們，該校學員若在培訓過程中被淘汰，主要就是因為緊急車輛操作學程，或是射擊課程。

伍、結語

行政院、考試院於 2011 年共同推動「警訓警考、雙軌分流」國家考試新制，警察實務之情境測驗列為專業考科；警察專科學校藉由此一契機，規劃建構警察勤務教學之實務情境設施。

從毫無頭緒，到發展出雛型，警察專科學校情境教學中心之建構，有其艱辛之發展歷程。本於他山之石可供攻錯的理念，當時警察專科學校曾先後參訪了我國內政部消防署訓練中心，以及數個國家或地區的警察培訓學院或訓練中心。

「警察情境實務教學設施」之建構，係以極有限的經費預算新台幣 800 萬元，於不破壞山坡地及現有建物結構的前提下，於校園最上方「致遠樓」週邊進行整建，架設街景或設施，模擬情境，提供實務課程操作演練。之後，每年年底以數十萬不等之剩餘預算，添購或改進，發展至今日。

藉由情境實務模擬教學，強化學生對於基層分駐（派出）所勤務執行實際狀況之模擬，俾教授出符合用人機關期望的新進基層警察人員，使教學、工作的核心職能、取得任用資格三者得兼，畢其功於一役。

第三節　情境教學成效探討研究設計

前曾述及，「從事基層警察工作應具備之核心職能」，是法制面、規範面的能力，若要成為適格、適任的基層警察人員，尚須「學習」。無論是警察專科學校的課程設計規劃，還是內政部警政署訂頒之「警察機關基層分駐（派出）所常用勤務執行程序」，都必須經由實務工作的學習、操作，以及工作經驗的累積，才能真正熟悉，真正落實。只是尚未取得警察任用資格的警察專科學校學生、學員，渠等實作能力、操作能力，就必須在情境模擬的教學過程中，不斷地操作、練習，熟悉相關法制、嫻熟相關技巧，整合運用，方得以養成。

2019 年上半年，為初步了解學生的學習成效，作者將警察專科學校專科警員班正期學生組第 37 期的學生[7]，於「情境教學中心」施教後實施問卷調查的資料彙整，作為強化警察勤務課程情境教學的重要參考依據。本節與下一節，參考了該研究案的研究成果與發現，惟為與時俱進，結案迄今雖僅一年，除必須保留的原始統計資料外，仍將相關參考資料與數據更新至本書定稿。

本節的撰寫，共分成五個單元，分別說明論述前揭研究案的分析架構、研究假設、施測對象、問卷設計、研究法的運用。

壹、分析架構

本研究係經由「文獻探討法」釐清各相關概念；再經由「研究調查法」，了解警察專科學校一年級第二學期開設的「警察勤務（二）」課程，

---

[7] 該期學生於 2020 年 12 月 11 日合格實授，正式成為我國警察組織新進基層人員。

於警察專科學校「情境教學中心」施教後，其成效如何？俾作為強化精進警察勤務課程情境教學的重要參考依據。

　　畢（結）業生分派到實務單位後，渠等「專業能力」是否足以適任這份工作，以使最終的研究結果與建議更具參考價值，並能進一步轉換為政府政策，為我國警察組織新進人力培訓帶來一定程度的貢獻。

　　謹將本章研究的思維邏輯彙製如圖 8-2。

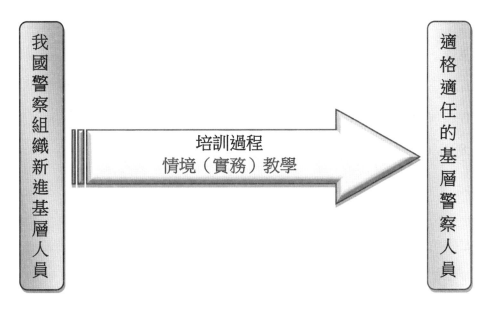

資料來源：作者自繪

圖 8-2　本研究的思維邏輯演繹圖

貳、研究假設

　　本研究的研究假設為，「警察勤務（二）」課程，經由全學期至少 1 次，共 2 小時，於警察專科學校情境教學中心施教，應該會讓學生對於未來警察勤務之執行：

一、必須配戴或使用的應勤裝備操作，以及設施（場所），有一定程度的

了解；且此一了解，受到施教時間長短的影響。

二、基本的勤務執行，例如：場所臨檢，有一定程度的了解。

參、施測對象

本研究的問卷調查是以 2019 年上半年，修習警察專科學校「警察勤務（二）」課程的警察類科（行政警察科、刑事警察科、科技偵查科、交通管理科）學生為施測對象。共發出問卷 1,453 份，因係課後立即實施問卷調查，故問卷回收亦為 1,453 份，排除可信度較差的部分，例如：未答或漏答項目過多、勾選呈特殊規則狀態等，於統計分析軟體運用上被判讀為無效（有瑕疵）者，實得有效問卷共計 1,393 份，佔回收問卷的 95.88%。

肆、問卷設計

本研究的問卷設計，除了第貳部分為受訪者個人「基本資料」外，主要在第壹部分的「情境教學成效之探討」。

這一部分再列出三個子題：（詳參本章附錄）

一、學習過的項目

本研究問卷設計第壹部分的第一個子題是：情境教學中心的裝備或設施，您學習過哪些項目？

經由本子題，希望了解受訪者在情境教學中心上課，學習過哪些裝備或設施的操作或運用；這個問題是可以複選的。

二、解說並實際操作的時間

　　本研究問卷設計第壹部分的第二個子題是：您的教授班，在情境教學中心，經由助教解說並實際操作的時間有多長？

　　經由本子題，希望了解受訪者在情境教學中心上課，經由助教解說並實際操作的時間長短，計有：20 分鐘以下、20-30 分鐘、30-40 分鐘、40 分鐘以上等，4 個選項。因為研究假設認為，學習時間若較長，理論上學習成效應該較好。

三、對裝備或設施（場所）的了解

　　本研究問卷設計第壹部分的第三個子題，將情境教學中心的裝備或設施（場所），較為重要者，列出了 13 個，並將之區分為從「非常不瞭解」到「非常了解」5 個等級，請受測者逐項在最適合的□中打〝√〞。

伍、研究法的運用

　　本研究主要採用下列兩種研究法：

一、文獻探討法

　　蒐集國內外有關情境（實務）教學，警察核心能力培訓等，各項相關論題研究的著作、論文、期刊雜誌的報導，或研究報告等資料，加以參考歸納，建立本研究的分析架構，並提供作為問卷設計的重要依據。

二、研究調查法

　　本研究所採用的研究調查法有兩種，俾初步了解渠等學習成效，以研擬更為精進之策進作為：

（一）問卷調查法

本研究經由對 2019 年上半年,修習警察專科學校「警察勤務(二)」課程的警察類科（行政警察科、刑事警察科、科技偵查科、交通管理科）學生實施問卷調查,俾了解其實施成效,據以提供作為強化精進警察勤務課程情境教學的重要參考。

所獲得的樣本資料,本研究分別進行了描述性統計,以及相關分析。

（二）訪談法

就問卷調查法所獲致的結果,經彙整歸納後,進一步對擔任協同教學的助教實施面訪調查,渠等實際負責實務演練暨解說,以補問卷調查之不足。

第四節　情境教學成效探討研究結果與發現

根據研究設計,本研究對警察專科學校專科警員班正期學生組第 37 期的學生,修習「警察勤務（二）」課程,於「情境教學中心」施教完畢後,實施問卷調查:

一、渠等於 2021 年 12 月 11 日合格實授,成為我國警察組織新進基層人員。

二、此一「情境教學」的實施,係初步於情境教學中心進行警察勤務執行各種應勤裝備的操作與演練。

問卷回收 1,453 份,排除可信度較差的部分,例如:未答或漏答項目過多、勾選呈特殊規則狀態等,於統計分析軟體運用上被判讀為無效（有瑕疵）者,實得有效問卷共計 1,393 份,佔回收問卷的 95.88%。

謹分為：「受訪者個人基本資料分析」、「情境教學成效之探討」兩個
單元，說明本研究的研究結果與發現。

壹、受訪者個人基本資料分析

本研究問卷設計的第貳部分，是受訪者的「個人資料」，共 4 項，分
別是：1.性別、2.隊別、3.年齡、4.最高學歷，請受訪者勾選最適當的答
案。所獲致之結果，經彙整歸納後，如表 8-1 所示。

表 8-1　受訪者個人資料分析一覽表

(a.)

性　別	人　數	百分比
男生	1,229	88.2%
女生	161	11.6%
未勾	3	0.2%
合計	1,393	100.0%

(b.)

隊　別	人　數	百分比
1 隊（行政警察）	175	12.6%
2 隊（行政警察）	187	13.4%
3 隊（行政警察）	169	12.1%
4 隊（行政警察）	138	9.9%
5 隊（行政警察）	139	10.0%
6 隊（行政警察）	221	15.9%
7 隊（行政警察）	174	12.3%
8 隊（刑事警察）	94	6.7%
9 隊（科技偵查、交通管理）	98	7.0%
未勾	2	0.1%
合計	1,393	100.0%

(c.)

年　齡	人　數	百分比
17-18歲	247	17.7%
19-20歲	863	62.0%
21-22歲	172	12.3%
23-24歲	161	4.5%
25歲以上	63	3.4%
未勾	3	0.1%
合計	1,393	100.0%

(d.)

最高學歷	人數	百分比
高中（職）畢業或同等學力	1,230	86.4%
大學肄業	118	8.5%
大學畢業	71	5.1%
研究所	1	0.0%
未勾	3	0.0%
合計	1,393	100.0%

資料來源：作者自行繪製

貳、情境教學成效之探討

本研究問卷設計的第壹部分，是「情境教學成效之探討」，於其中，再細分為三個部分進行分析：

一、情境教學中心的裝備或設施，您學習過哪些項目？

情境教學中心的裝備或設施（場所），較為重要者，計有下列 13 項：

（一）防護型噴霧器（辣椒水）

（二）酒精檢知儀

（三）酒精測試器

（四）防彈裝備

（五）保安機動警力裝備

（六）body 帷幕

（七）活體指紋掃描儀

（八）值班台

（九）互動教室

（十）械彈室

（十一）偵詢室與指認室

（十二）場所臨檢

（十三）性侵家暴兒少案件受理區

　　這個子題是複選題，於資料處理時，將受訪者勾選「學習過」的項目給予 1 分，未勾選的項目給予 2 分－即分數愈低，代表愈多的受訪者學習過；反之，分數愈高，代表愈少受訪者學習過。

　　所獲致之結果，經彙整歸納後，如表 8-2 所示。

二、您的教授班，在情境教學中，經由助教解說並實際操作的時間有多長？

　　本研究於研究假設部分，係推定受訪者經由學習後，對於未來警察勤務之執行必須配戴或使用的應勤裝備操作，以及設施（場所），有一定程度的了解；且此一了解，受到施教時間長短的影響。

　　本子題提供了 4 個時間段的選項，分別是：20 分鐘以下、20-30 分鐘、30-40 分鐘、40 分鐘以上。

　　所獲致之結果，經彙整歸納後，如表 8-3 所示。

表 8-2　受訪者已學習項目一覽表

排序	分數	裝備或設施（場所）	
1	1,544	防護型噴霧器	學習 較多
2	1,571	酒精測試器	
3	1,607	值班台	
4	1,630	酒精檢知儀	
5	1,702	偵詢室與指認室	
6	1,834	械彈室	
7	1,843	防彈裝備	
8	1,928	body 帷幕	
9	1,964	保安機動警力裝備	
10	1,985	互動教室	
11	2,028	性侵家暴兒少案件受理區	
12	2,053	場所臨檢	
13	2,089	活體指紋掃描儀	學習 較少

資料來源：作者自行繪製

表 8-3　經由助教解說並實際操作之施教時間一覽表

施教時間	人數	百分比
20分鐘以下	90	6.5%
20-30分鐘	257	18.4%
30-40分鐘	319	22.9%
40分鐘以上	727	52.2%
合計	1,393	100.0%

資料來源：作者自行繪製

三、對情境教學裝備或設施（場所）的了解

至於本研究問卷設計第壹部分的第三個子題，將情境教學中心的裝備或設施（場所），較為重要者，列出了 13 個，並將之區分為從「非常不瞭解」到「非常了解」5 個等級，請受測者逐項在最適合的□中打"√"。

所獲致之結果，經彙整歸納後，如表 8-4 所示。

表 8-4　對裝備或設施（場所）了解程度一覽表

(a.)

項目		辣椒噴霧器	酒精檢知儀	酒精測試器	防彈裝備	保安機動警力裝備	body帷幕	活體指紋掃描儀
個數	有效的	1,393	1,393	1,393	1,393	1,393	1,393	1,393
	遺漏值	0	0	0	0	0	0	0
平均數		4.4896	4.4171	4.4501	4.4034	4.2584	4.2793	4.1716
中位數		5.0000	5.0000	5.0000	4.0000	4.0000	4.0000	4.0000

(b.)

項目		值班台	互動教室	械彈室	偵詢室與指認室	場所臨檢	性侵家暴兒少案件受理區
個數	有效的	1,393	1,393	1,393	1393	1,393	1,393
	遺漏值	0	0	0	0	0	0
平均數		4.4559	4.2900	4.3345	4.4020	4.2627	4.2075
中位數		5.0000	4.0000	4.0000	4.0000	4.0000	4.0000

資料來源：作者自行繪製

由於這是一個 5 等態度量表分析，故可以再轉換成「了解」的態度傾向，如表 8-5 所示。

表 8-5 　對裝備或設施（場所）了解態度傾向一覽表

排 序	平 均 數	裝 備 或 設 施 （ 場 所 ）	態度傾向
1	4.4896	辣椒噴霧器	較了解
2	4.4559	值班台	
3	4.4501	酒精測試器	
4	4.4171	酒精檢知儀	
5	4.4034	防彈裝備	
6	4.4020	偵訊室與指認室	
7	4.3345	械彈室	
8	4.2900	互動教室	
9	4.2793	Body 幃幕	
10	4.2627	場所臨檢	
11	4.2584	保安機動警力裝備	
12	4.2075	性侵家暴兒少案件受理區	
13	4.1716	活體指紋掃描儀	較不了解

資料來源：作者自行繪製

四、學習時間長短與了解程度相關分析

前曾述及，本研究的研究假設，係推定受訪者經由學習後，對於未來警察勤務之執行必須配戴或使用的應勤裝備操作，以及設施（場所），有一定程度的了解；且此一了解，受到施教時間長短的影響。

有關情境教學成效之探討的最後一個小單元，係將「對各項目的了解程度」與「學習時間的長短」進行相關分析，其結果如表 8-6 所示。

表 8-6　學習時間與了解程度相關分析一覽表

項目（依變數）	(I) 操作時長	(J) 操作時長	平均差異 (I-J)	標準差	顯著性	95% 信賴區間 下界	上界
辣椒噴霧器	20分鐘以下	20-30分鐘	.000	.095	.998	-.19	.19
		30-40分鐘	.019	.093	.838	-.16	.20
		40分鐘以上	-.128	.087	.140	-.30	.04
	20-30分鐘	20分鐘以下	.000	.095	.998	-.19	.19
		30-40分鐘	.019	.065	.768	-.11	.15
		40分鐘以上	-.128*	.056	.023	-.24	-.02
	30-40分鐘	20分鐘以下	-.019	.093	.838	-.20	.16
		20-30分鐘	-.019	.065	.768	-.15	.11
		40分鐘以上	-.147*	.052	.005	-.25	-.04
	40分鐘以上	20分鐘以下	.128	.087	.140	-.04	.30
		20-30分鐘	.128*	.056	.023	.02	.24
		30-40分鐘	.147*	.052	.005	.04	.25
酒精檢知儀	20分鐘以下	20-30分鐘	-.400*	.100	.000	-.60	-.20
		30-40分鐘	-.417*	.098	.000	-.61	-.22
		40分鐘以上	-.546*	.092	.000	-.73	-.37
	20-30分鐘	20分鐘以下	.400*	.100	.000	.20	.60
		30-40分鐘	-.017	.069	.805	-.15	.12
		40分鐘以上	-.146*	.059	.014	-.26	-.03
	30-40分鐘	20分鐘以下	.417*	.098	.000	.22	.61
		20-30分鐘	.017	.069	.805	-.12	.15
		40分鐘以上	-.129*	.055	.019	-.24	-.02
	40分鐘以上	20分鐘以下	.546*	.092	.000	.37	.73
		20-30分鐘	.146*	.059	.014	.03	.26
		30-40分鐘	.129*	.055	.019	.02	.24
酒精測試器	20分鐘以下	20-30分鐘	-.324*	.097	.001	-.51	-.13
		30-40分鐘	-.353*	.095	.000	-.54	-.17
		40分鐘以上	-.473*	.089	.000	-.65	-.30
	20-30分鐘	20分鐘以下	.324*	.097	.001	.13	.51
		30-40分鐘	-.029	.066	.662	-.16	.10
		40分鐘以上	-.150*	.057	.009	-.26	-.04
	30-40分鐘	20分鐘以下	.353*	.095	.000	.17	.54
		20-30分鐘	.029	.066	.662	-.10	.16
		40分鐘以上	-.121*	.053	.024	-.22	-.02
	40分鐘以上	20分鐘以下	.473*	.089	.000	.30	.65
		20-30分鐘	.150*	.057	.009	.04	.26
		30-40分鐘	.121*	.053	.024	.02	.22

（下頁續）

（續上頁）

項目（依變數）	(I) 操作時長	(J) 操作時長	平均差異（I-J）	標準差	顯著性	95% 信賴區間	
						下界	上界
防彈裝備	20分鐘以下	20-30分鐘	-.170	.104	.104	-.37	.03
		30-40分鐘	-.297*	.102	.004	-.50	-.10
		40分鐘以上	-.502*	.095	.000	-.69	-.31
	20-30分鐘	20分鐘以下	.170	.104	.104	-.03	.37
		30-40分鐘	-.127	.071	.075	-.27	.01
		40分鐘以上	-.332*	.062	.000	-.45	-.21
	30-40分鐘	20分鐘以下	.297*	.102	.004	.10	.50
		20-30分鐘	.127	.071	.075	-.01	.27
		40分鐘以上	-.204*	.057	.000	-.32	-.09
	40分鐘以上	20分鐘以下	.502*	.095	.000	.31	.69
		20-30分鐘	.332*	.062	.000	.21	.45
		30-40分鐘	.204*	.057	.000	.09	.32
保安機動警力裝備	20分鐘以下	20-30分鐘	-.154	.117	.188	-.38	.08
		30-40分鐘	-.293*	.114	.010	-.52	-.07
		40分鐘以上	-.533*	.107	.000	-.74	-.32
	20-30分鐘	20分鐘以下	.154	.117	.188	-.08	.38
		30-40分鐘	-.139	.080	.084	-.30	.02
		40分鐘以上	-.379*	.069	.000	-.52	-.24
	30-40分鐘	20分鐘以下	.293*	.114	.010	.07	.52
		20-30分鐘	.139	.080	.084	-.02	.30
		40分鐘以上	-.240*	.064	.000	-.37	-.11
	40分鐘以上	20分鐘以下	.533*	.107	.000	.32	.74
		20-30分鐘	.379*	.069	.000	.24	.52
		30-40分鐘	.240*	.064	.000	.11	.37
body帷幕	20分鐘以下	20-30分鐘	-.099	.124	.427	-.34	.15
		30-40分鐘	-.201	.121	.098	-.44	.04
		40分鐘以上	-.360*	.114	.002	-.58	-.14
	20-30分鐘	20分鐘以下	.099	.124	.427	-.15	.34
		30-40分鐘	-.102	.085	.233	-.27	.07
		40分鐘以上	-.261*	.074	.000	-.41	-.12
	30-40分鐘	20分鐘以下	.201	.121	.098	-.04	.44
		20-30分鐘	.102	.085	.233	-.07	.27
		40分鐘以上	-.160*	.068	.020	-.29	-.03
	40分鐘以上	20分鐘以下	.360*	.114	.002	.14	.58
		20-30分鐘	.261*	.074	.000	.12	.41
		30-40分鐘	.160*	.068	.020	.03	.29
活體指紋掃描儀	20分鐘以下	20-30分鐘	.033	.135	.804	-.23	.30
		30-40分鐘	-.062	.132	.637	-.32	.20
		40分鐘以上	-.322*	.123	.009	-.56	-.08
	20-30分鐘	20分鐘以下	-.033	.135	.804	-.30	.23
		30-40分鐘	-.096	.092	.301	-.28	.09
		40分鐘以上	-.356*	.080	.000	-.51	-.20
	30-40分鐘	20分鐘以下	.062	.132	.637	-.20	.32
		20-30分鐘	.096	.092	.301	-.09	.28
		40分鐘以上	-.260*	.074	.000	-.41	-.12
	40分鐘以上	20分鐘以下	.322*	.123	.009	.08	.56
		20-30分鐘	.356*	.080	.000	.20	.51
		30-40分鐘	.260*	.074	.000	.12	.41

（下頁續）

（續上頁）

項目（依變數）	(I) 操作時長	(J) 操作時長	平均差異(I-J)	標準差	顯著性	95% 信賴區間 下界	上界
值班台	20分鐘以下	20-30分鐘	-.167	.101	.098	-.36	.03
		30-40分鐘	-.176	.098	.074	-.37	.02
		40分鐘以上	-.159	.092	.085	-.34	.02
	20-30分鐘	20分鐘以下	.167	.101	.098	-.03	.36
		30-40分鐘	-.009	.069	.896	-.14	.13
		40分鐘以上	.008	.060	.892	-.11	.13
	30-40分鐘	20分鐘以下	.176	.098	.074	-.02	.37
		20-30分鐘	.009	.069	.896	-.13	.14
		40分鐘以上	.017	.055	.757	-.09	.13
	40分鐘以上	20分鐘以下	.159	.092	.085	-.02	.34
		20-30分鐘	-.008	.060	.892	-.13	.11
		30-40分鐘	-.017	.055	.757	-.13	.09
互動教室	20分鐘以下	20-30分鐘	-.173	.120	.151	-.41	.06
		30-40分鐘	-.297*	.117	.011	-.53	-.07
		40分鐘以上	-.439*	.110	.000	-.65	-.22
	20-30分鐘	20分鐘以下	.173	.120	.151	-.06	.41
		30-40分鐘	-.124	.082	.130	-.29	.04
		40分鐘以上	-.267*	.071	.000	-.41	-.13
	30-40分鐘	20分鐘以下	.297*	.117	.011	.07	.53
		20-30分鐘	.124	.082	.130	-.04	.29
		40分鐘以上	-.142*	.066	.031	-.27	-.01
	40分鐘以上	20分鐘以下	.439*	.110	.000	.22	.65
		20-30分鐘	.267*	.071	.000	.13	.41
		30-40分鐘	.142*	.066	.031	.01	.27
械彈室	20分鐘以下	20-30分鐘	.087	.115	.449	-.14	.31
		30-40分鐘	-.144	.112	.201	-.36	.08
		40分鐘以上	-.273*	.105	.009	-.48	-.07
	20-30分鐘	20分鐘以下	-.087	.115	.449	-.31	.14
		30-40分鐘	-.231*	.079	.003	-.39	-.08
		40分鐘以上	-.361*	.068	.000	-.49	-.23
	30-40分鐘	20分鐘以下	.144	.112	.201	-.08	.36
		20-30分鐘	.231*	.079	.003	.08	.39
		40分鐘以上	-.130*	.063	.040	-.25	-.01
	40分鐘以上	20分鐘以下	.273*	.105	.009	.07	.48
		20-30分鐘	.361*	.068	.000	.23	.49
		30-40分鐘	.130*	.063	.040	.01	.25

（下頁續）

（續上頁）

項目（依變數）	(I) 操作時長	(J) 操作時長	平均差異 (I-J)	標準差	顯著性	95% 信賴區間	
偵詢室指認室	20分鐘以下	20-30分鐘	.047	.104	.649	-.16	.25
		30-40分鐘	-.129	.101	.202	-.33	.07
		40分鐘以上	-.138	.094	.144	-.32	.05
	20-30分鐘	20分鐘以下	-.047	.104	.649	-.25	.16
		30-40分鐘	-.176*	.071	.013	-.32	-.04
		40分鐘以上	-.185*	.061	.003	-.31	-.06
	30-40分鐘	20分鐘以下	.129	.101	.202	-.07	.33
		20-30分鐘	.176*	.071	.013	.04	.32
		40分鐘以上	-.009	.057	.870	-.12	.10
	40分鐘以上	20分鐘以下	.138	.094	.144	-.05	.32
		20-30分鐘	.185*	.061	.003	.06	.31
		30-40分鐘	.009	.057	.870	-.10	.12
場所臨檢	20分鐘以下	20-30分鐘	-.151	.124	.224	-.39	.09
		30-40分鐘	-.235	.121	.052	-.47	.00
		40分鐘以上	-.430*	.113	.000	-.65	-.21
	20-30分鐘	20分鐘以下	.151	.124	.224	-.09	.39
		30-40分鐘	-.084	.085	.323	-.25	.08
		40分鐘以上	-.279*	.074	.000	-.42	-.13
	30-40分鐘	20分鐘以下	.235	.121	.052	.00	.47
		20-30分鐘	.084	.085	.323	-.08	.25
		40分鐘以上	-.195*	.068	.004	-.33	-.06
	40分鐘以上	20分鐘以下	.430*	.113	.000	.21	.65
		20-30分鐘	.279*	.074	.000	.13	.42
		30-40分鐘	.195*	.068	.004	.06	.33
性侵家暴兒少案件受理區	20分鐘以下	20-30分鐘	-.114	.132	.387	-.37	.14
		30-40分鐘	-.280*	.129	.030	-.53	-.03
		40分鐘以上	-.516*	.120	.000	-.75	-.28
	20-30分鐘	20分鐘以下	.114	.132	.387	-.14	.37
		30-40分鐘	-.166	.090	.066	-.34	.01
		40分鐘以上	-.402*	.078	.000	-.56	-.25
	30-40分鐘	20分鐘以下	.280*	.129	.030	.03	.53
		20-30分鐘	.166	.090	.066	-.01	.34
		40分鐘以上	-.236*	.072	.001	-.38	-.09
	40分鐘以上	20分鐘以下	.516*	.120	.000	.28	.75
		20-30分鐘	.402*	.078	.000	.25	.56
		30-40分鐘	.236*	.072	.001	.09	.38

*. 平均差異在 0.05 水準是顯著的。

資料來源：作者自行繪製

從表 8-6，可以發現，愈是需要操作的裝備，其顯著性愈強－即需要學習的時間愈長，例如：酒精測試器、酒精檢知儀；看一下就知怎麼上手的設施或裝備，其顯著性愈不強－即可能不需要太長的時間去學習。

第五節　本章小結－情境教學設計規劃建構

「從事基層警察工作應具備之核心職能」，是法制面、規範面的能力，若要成為適格、適任的基層警察人員，尚須「學習」。無論是警察專科學校的課程設計規劃，還是內政部警政署訂頒之「警察機關基層分駐（派出）所常用勤務執行程序」，都必須經由實務工作的學習、操作，以及工作經驗的累積，才能真正熟悉，真正落實。

尚未取得警察任用資格的警察專科學校學生、學員，渠等實作能力、操作能力，就必須在情境模擬的教學過程中，不斷地操作、練習，熟悉相關法制、嫻熟相關技巧，整合運用，方得以養成。

「情境教學」至少可採取兩種方式實施：其一，實務機關實習、其二，建構情境模擬教學設施。就警察專科學校而言，第一種「實務機關實習」，近年來已相當落實，並求精進再精進；至於第二種「建構情境模擬教學設施」，警察專科學校在萬般克難的條件下逐年添設、逐步建構，並與警察勤務課程的教學相結合。

本節是本章的結論，一則就警察勤務課程情境教學的成效作一綜整，二則提出建議：情境教學未來之策進作為。

壹、警察勤務課程情境教學成效探討

本章第三節、第四節的研究，是以警察專科學校專科警員班 37 期警察類科（行政警察科、刑事警察科、科技偵查科、交通管理科）的學生

為施測對象，渠等一年級下學期修習「警察勤務（二）」課程時，至少會安排 1 次至「情境教學中心」施教。課後所實施的問卷調查，除了初步了解學習成效，以研議更精進、更好的策進作為之外，更期望最終的研究結果與建議確實具有參考價值，並能進一步轉換為政府政策，為我國警察組織新進人力培訓帶來一定程度的貢獻。

本研究的問卷調查於 2019 年上半年實施，共發出問卷 1,453 份，因係課後實施，回收問卷亦為 1,453 份，排除可信度較差者，實得有效問卷共計 1,393 份，佔回收問卷的 95.88%。

經由描述性統計、相關分析，從所獲得的資料可以得知：

一、受訪者學習過的項目

情境教學中心較為重要的 13 項裝備或設施（場所），受訪者多多少少都學過，只是學習得多一些，還是學習得少一些的差異而已。13 項裝備或設施（場所）的排列順序為：1.防護型噴霧器、2.酒精測試器、3.值班台、4.酒精檢知儀、5.偵詢室與指認室、6.械彈室、7.防彈裝備、8.body帷幕、9.保安機動警力裝備、10.互動教室、11.性侵家暴兒少案件受理區、12.場所臨檢、13.活體指紋掃描儀。

（一）學習較少：活體指紋掃描儀

在實務上，「活體指紋掃描儀」多用於為走失的失智者，或忘記自家地址的老人提供查詢服務，以助其順利返家。這項功能，目前已為M-police 的「臉部辨識系統」取代；且操作「活體指紋掃描儀」固然簡單，但需搭配電腦系統，故協同教學的助教，在時間有限的情形下，會選擇更重要的應勤裝備或設施（場所），作比較深入的講授與實作。

（二）學習較少：性侵家暴兒少案件受理區

警察專科學校畢、結業的學生或學員，多分發至各地的分駐（派出）所服務。在實務上，分駐（派出）所並不一定會設置「性侵家暴兒少案件受理區」，在許多地方，這是屬於分局層級處理的案件，故一樣是受限於時間，會選擇更重要的應勤裝備或設施（場所），作比較深入的講授與實作。

不過，警察專科學校各警察類科，於一年級下學期另開設有必修之「性侵家暴兒少案件處理實務」。該門課程，在全學期 16 次的上課中，也是至少安排 1 次至情境教學中心施教，主要就是使用「性侵家暴兒少案件受理區」進行模擬情境教學。

（三）學習較多：防護型噴霧器

「防護型噴霧器」是近兩年來警政署全力宣導並推廣的應勤裝備，特別是警察人員全面改配用 PPQ 新型手槍之後，除非面對的嫌疑人或歹徒亦手持槍隻，或有顯然立即的安全威脅，否則應優先使用「防護型噴霧器」－主要是辣椒噴霧器，故當然列為施教與操作的重點項目。

（四）學習較多：酒精測試器

在實務上，定點設置路檢點實施酒測，是基層警察人員日常最常進行的勤務項目之一；警察專科學校購置的又是最新型的無線藍芽酒精測試器，故當然列為施教與實作的重點項目。

（五）令人意外的統計分析結果，較少學習：場所臨檢

在實務上，對特定的場所實施臨檢，也是基層警察人員日常最常進行的勤務項目之一，但 1,393 位受測者中，卻有 786 位認為自己沒有學習過「場所臨檢」，佔了 56.42%，這是一個令人意外的統計分析

結果。

　　警察專科學校的情境教學中心內設置了一間仿 Motel 的房間，房內散放著菸、酒、藥丸、粉末、各類新型毒品模型，例如：「咖啡包」、「果凍」等，以及自製的吸食器，做為模擬開轟趴的「場所」。惟，真正的場所臨檢實務教學與模擬演練，是在二年級上學期的「警察勤務（三）」課程中實施，所以對受訪者－接受培訓的學生而言，「警察勤務（二）」只是參觀了一個會實施臨檢的場所，而非學習如何進行「場所臨檢」。

二、對情境教學裝備或設施（場所）的了解程度

　　情境教學中心較為重要的 13 項裝備或設施（場所），受訪者實地學習並操作演練之後，幾乎都自認惟非常了解了，所以經由統計分析的結果，每一項的平均數都在 4 以上。了解程度排行第一的「辣椒噴霧器」是 4.4896，其次依序是「值班台」4.4559、「酒精測試器」4.4501、「酒精檢知儀」4.4171；即若排行最後的「活體指紋掃描儀」也有 4.1716。

　　由上，以及第四節「研究結果與發現」的敘述、分析，可以驗證，警察專科學校警察勤務課程情境教學的實施，確實頗有成效。

三、學習時間長短與了解程度的相關性

　　「對各項目的了解程度」與「學習時間的長短」的相關性上，研究的結果顯示：愈是需要操作的裝備，其顯著性愈強－即需要學習的時間愈長，例如：酒精測試器、酒精檢知儀；看一下就知怎麼上手的設施或裝備，其顯著性愈不強－即可能不需要太長的時間去學習。

　　例如，「值班」是《警察勤務條例》所明定的警察六大勤務之一，各

個警察專業課程都涉及到「值班」的法規講解與實施狀況的講授。受訪者在情境教學中心，實地看到了「值班台」，以及「值班台」週邊的模擬設施與設備，充分驗證了課堂的講授，所以研究的結果才會顯示，受訪者並未花太多的時間於「值班台」的學習，卻對「值班台」非常了解。

再例如，有關「辣椒噴霧器」的使用，真正必須了解的，是「警察人員使用防護型應勤裝備注意要點」的各項規定，與相關的 SOP，這些是授課教師於課堂上的講授。在情境教學中心，提供的是受訪者實作的機會，所以受訪者也未花太多的時間於「辣椒噴霧器」的學習，卻自認為對「辣椒噴霧器」非常了解，那是因為「辣椒噴霧器」的實際操作，只是幾秒鐘的噴一噴，當然不需要太長的時間去學習。

從本章第三節、第四節「研究設計」、「研究結果與發現」的敘述、分析，可以驗證，警察專科學校警察勤務課程情境教學的實施，確實有其一定的成效。

貳、情境教學之策進作為

如果警察組織新進基層人員的培訓與實務未能接軌，則「使未來的警察組織新進基層人員，具有從事基層警察工作應具備之核心職能」，此一培訓目標如何達成？綜上所述，

「情境教學」的實施，除了初步於情境教學中心進行警察勤務執行各種應勤裝備的操作與演練外，警察專科學校的課程設計規劃尚有更進階的培訓作為。

一、警察勤務教學課程設計規劃

於警察專科學校，「警察勤務」教學的課程設計規劃，分為四個階段：

（一）一年級上學期「警察勤務（一）」

（二）一年級下學期「警察勤務（二）」

（三）二年級上學期「警察勤務（三）」

（四）二年級下學期「警察情境實務」

「警察勤務（一）」、「警察勤務（二）」，因為是在一年級施教，學生剛入行，所以著重於法規與標準作業程序（SOP）的講授，佐以相關的案例；目的在由淺入深，經由案例，使學生能夠初步了解生澀法條的實質意義。

一年級進入二年級的暑假，學生要前往各繁重派出所實習 2 個月，故於一年級下學期，規劃了至少 1 次，於情境教學中心進行實務操作，使學生於實習前，先行體驗部分勤務的實施狀況，以及相關裝備的使用、設施（場所）的模擬。

至於「警察勤務（三）」，學生進入二年級，並已完成了 2 個月的派出所「基層警察工作」實習，對未來基層警察人員的職涯模式，已有了初步的概念。所以在扣掉期中、期末考試的 16 週之中，至少要進行 6 次，共 12 小時的實務演練操作。重點包括：

（一）執行巡邏勤務中盤查盤檢人車

（二）執行路檢攔檢身分查證

（三）執行臨檢場所身分查證

（四）取締酒後駕車

（五）M-police、受理報案 E 化平台操作

（六）網路社群糾眾鬥毆案件之處置（新興議題）

比較特殊的是最後一學期的「警察情境實務」，其實是將就讀警察專科學校一年半以來，所有修習過的，各項警察勤務執行的相關法規、SOP

作一統整，融入「執勤安全」、「警察人際關係」、「敘事能力與溝通」（以上一年級下學期選修）、「警察倫理」（二年級上學期選修）課程，已施教完成學習的授課內容，並佐以最新發生的各種實務案例；每一堂課都是實務案例探討，一則總複習、二則為即將成為基層警察人員作最後的準備。

　　警察專科學校另有公務人員保障暨培訓委員會委託辦理的「公務人員特種考試警察人員考試四等考試錄取人員訓練班」，由於渠等培訓期間為 1 年，故警察組織新進基層人力的培訓是壓縮版：

（一）學生一年級全學年的「警察勤務（一）」、「警察勤務（二）」併為受訓學員第一階段的「警察勤務實務與演練（一）」。扣除期中、期末考試，每週施教 2 小時，共 18 週。一樣是剛入行，所以著重於法規與標準作業程序（SOP）的講授，佐以相關的案例。18 週內規劃至少 1 次，於情境教學中心進行實務操作。

（二）第一階段與第二階段之間的 8 週，赴分駐（派出）所實習，進行「基層警察工作」的初體驗。

（三）學生二年級全學年的「警察勤務（三）」、「警察情境實務」併為受訓學員第二階段的「警察勤務實務與演練（二）」。扣除期中、期末考試，每週施教 4 小時，共 18 週。至少要進行 6 次，共 12 小時的實務演練操作，情境模擬的重點與學生無差別；惟因受訓員無選修課程，各種有助於勤務執行的軟實力較無機會學習！

二、情境實務協同教學

　　為達到與實務接軌，情境教學的實施，均聘有嫻熟基層警察勤務運作的人員擔任助教協同教學。

（一）於「警察勤務（二）」情境教學中協同教學的助教，是由警察專科學校畢（結）業的校友，於外勤服務多年，極富基層實務經驗，經由徵募程序，調入警察專科學校服務的區隊長來擔任。

（二）至於「警察勤務（三）」情境教學中協同教學的助教，因係 6 次共 12 小時的情境模擬實務演練，則是商請臺北市各分駐（派出）所的一線基層人員來擔任。

由於「警察勤務（二）」的情境教學，自 2011 年起，已實施了數個學期，所以有了本章第三節、第四節的成效評估研究，並將研究的結果撰寫成論文發表。至於「警察勤務（三）」的情境教學，是自 108 學年度第一學期（即 2019 年下半年），才以帶有強制性的要求予以落實，故未來在實施一段時間後，亦可以進行成效評估。

三、情境實務模擬成果展演

本章第一節提及，2021 年 1 月 7 日，「108 年公務人員特種考試警察人員考試錄取人員訓練班」於結業離校前的最後一週，試辦了對全校進行警察勤務執行情境模擬展演。學員以教授班分組，分別就「執行巡邏勤務中盤查盤檢人車」、「執行路檢攔檢身分查證」、「取締酒後駕車」、「網路社群糾眾鬥毆案件之處置」，結合街頭執法真實發生過的案例，自行編製腳本，進行每案 15 分鐘的展演。

受訓學員分別依案例扮演警察（制服、便衣）、警察執法的對象、挑釁警察的民眾、圍觀的路人、經社群平台呼叫前來助陣的不明人士等。各種器械，除了槍枝是使用仿真 PPQ 空氣鎗外，從警用汽車、機車、警棍、電擊器、辣椒噴霧器、防彈背心、無線電、M-police、酒精檢知儀、酒精測試器等，甚至扮演不法民眾所持的各類棍、棒、刀、汽油彈等，

均為真實的器械。當日展演開放媒體拍攝採訪，並邀請內政部警政署副署長暨相關業務主管、警察專科學校週邊各校校長或教育業務主管、臺北市政府警察局各分局長等現場指導。雖然是第一次辦理，但精采極致、圓滿順利成功，深獲好評。

　　總而言之，培訓適格、適任的基層警察人員，旨在使其具有從事基層警察工作應具備之核心能力。只是無論是警察專科學校的課程規劃設計，還是內政部警政署訂頒之「警察機關基層分駐（派出）所常用勤務執行程序」的 SOP，大部分是法制面、規範面的能力，若要成為適格、適任的基層警察人員，尚須「學習」，只是未取得警察任用資格的警察專科學校學生、學員，不可能從工作中學習、經驗中學習，故渠等實作能力、操作能力，必須在情境模擬的教學過程中，經由不斷地操作、練習，熟悉相關法制、嫻熟相關技巧，整合運用，方得以養成。

　　唯有警察組織新進基層人力的培訓與實務接軌，方能使畢業的學生，或結業的學員，具備基層分駐（派出）所勤務執行之核心職能，於分發各警察機關分駐（派出）所服務時，立即有效執行各項基勤務工作。這就是「情境教學」的重要性！

　　藉由情境實務模擬教學，強化學生對於基層分駐（派出）所勤務執行實際狀況之模擬，俾教授出符合用人機關期望的新進基層警察人員，使教學、工作的核心職能、取得任用資格三者得兼，畢其功於一役。

＊本章第三節、第四節參考作者 2019 年主持的「臺灣警察專科學校精進校務發展研究案」：臺灣警察專科學校警察勤務情境教學成效之探討，該研究案於當年 11 月 1 日於「執法人員行政管理理論與實踐研討會」中，為研究成果報告並辦理結案；另擇要發表於《警察行政管理學報》第 16 期，2020.05。本章之撰寫，資料已更新、內容已增修調整。

附錄　　　　　　　問　卷

這份問卷，請您仔細地回答，對我們的研究將有莫大助益。不用具名，謝謝！

壹‧情境教學成效之探討

一、以下是情境教學中心的裝備或設施，您學習過哪些項目？（可複選）

☐防護型噴霧器（辣椒水）　☐酒精檢知儀　☐酒精測試器　☐防彈裝備
☐保安機動警力裝備　☐body 帷幕　☐活體指紋掃描儀
☐值班台　☐互動教室　☐械彈室　☐偵詢室與指認室　☐場所臨檢
☐性侵家暴兒少案件受理區

二、您的教授班，在情境教學中心，經由助教解說並實際操作的時間有多長？

☐20 分鐘以下　☐20-30 分鐘　☐30-40 分鐘　☐40 分鐘以上

三、本子題列舉了 13 個情境教學的裝備或設施（場所），並將之區分為從「非常不瞭解」到「非常了解」5 個等級，請您 逐項 在 最適合 的 ☐ 中打 "√"。

非常不瞭解	不瞭解	沒感覺	瞭解	非常瞭解	
☐	☐	☐	☐	☐	1. 防護型噴霧器（辣椒水）
☐	☐	☐	☐	☐	2. 酒精檢知儀
☐	☐	☐	☐	☐	3. 酒精測試器
☐	☐	☐	☐	☐	4. 防彈裝備
☐	☐	☐	☐	☐	5. 保安機動警力裝備
☐	☐	☐	☐	☐	6. body 帷幕
☐	☐	☐	☐	☐	7. 活體指紋掃描儀
☐	☐	☐	☐	☐	8. 值班台
☐	☐	☐	☐	☐	9. 互動教室
☐	☐	☐	☐	☐	10. 械彈室
☐	☐	☐	☐	☐	11. 偵詢室與指認室
☐	☐	☐	☐	☐	12. 場所臨檢
☐	☐	☐	☐	☐	13. 性侵家暴兒少案件受理區

貳‧個人資料：

‧性別：☐男　☐女

‧隊別：☐1 隊　☐2 隊　☐3 隊　☐4 隊　☐5 隊　☐6 隊　☐7 隊

‧年齡：☐17-18 歲　☐19-20 歲　☐21-22 歲　☐23-24 歲　☐25 歲級以上

‧入警專就讀前之最高學歷？

☐高中（職）畢業或同等學力　☐大學肄業　☐大學畢業　☐研究所　　謝謝您！

第九章　結合警察應用技能實作演練建構實務化「警察勤務」教學之研究

〈摘　要〉

　　警察專科學校是我國警察組織新進基層人力的培訓學校，畢（結）業學生（員）所從事者皆為基層警察工作；基層警察工作重在第一線的執法，當案件發生時，必須具備立即、直接、快速反應的能力；這也是培訓適格、適任的基層警察人員的第一要務。

　　「執法」，包括法律條文的執行、標準作業程序的遵循，以及必要時，各種警技能的綜合運用。因此，「警察勤務」的教學，應該結合警察應用技能的實作演練，建構實務化的教學模式，則自警察專科學校畢業的學生或結業的學員，於真實的勤務執行中，才能保障周邊民眾的安全、保障執勤警察人員的安全，也兼顧被執法者的人權。

關鍵詞：執勤安全、警察勤務教學、學科術科整合運用

第一節　前言

　　警察專科學校是我國警察組織新進基層人力的培訓學校，畢（結）業學生（員）所從事者皆為基層警察工作；基層警察工作重在第一線的執法，而且當案件發生時，必須具備立即、直接、快速反應的能力；這也是培訓適格、適任的基層警察人員的第一要務。

　　當一個案（事）件發生時，現場處理的同仁必須在最短的時間內先研判：

一、適用那些法條？應該依循的標準作業程序（SOP）為何？－通常這個區塊被類歸為學科教學的範疇；

二、若是有狀況發生,無論是現場警戒、肢體衝突、進行圍捕或逮捕,各種應勤裝備、警械的應用與操作,則被類歸為術科的教學範疇。

　　過去有多個研究案聚焦於情境實務的模擬教學,事實上,各種模擬教學的實施,以致實務上真實情境的發生,莫不是學科:法規與標準作業程序(SOP)、術科:各種警察應用技能的結合應用。學科與術科之教學,應該要相互結合、相輔相成,方能培訓適格、適任的基層警察人員。「警察勤務」教學,除了相關法規以及標準作業程序(SOP)之教授外,應該要配合案例解說,實作演練,才能更臻實務化、更能切合實務需求、更能於案件發生時,快速上手、解決問題、完成任務。

　　本章的研究,期望結合警察應用技能實作演練,建立更實務化的「警察勤務」教學,使完成培訓的警察組織新進基層人員,於面對各種案件時,能快速上手、解決問題、完成任務。

　　綜上,本章探討的主題聚焦於:結合警察應用技能實作演練建構實務化「警察勤務」教學。本章的撰寫,共分為五節:

　　第一節　前言
　　第二節　警察組織基層人員核心職能養成問題再探討
　　第三節　研究設計
　　第四節　研究結果與發現
　　第五節　本章小結－學科、術科整合運用之警察勤務教學設計

第二節　警察組織基層人員核心職能養成問題再探討

　　本章關注的焦點是:結合警察應用技能實作演練建構實務化「警察勤務」教學;謹將本書第五章所專論的基層警察工作核心職能、警察組織新進基層人力的培訓、核心職能的養成等議題,再作一綜整。

　　警察專科學校職司警察組織新進基層人力的培訓，也是我國唯一的基層警察人員培訓機構。警察專科學校畢業的學生或結業的學員，一經分發，第一時間即至基層分駐（派出）所報到，立刻投入外勤第一線勤務工作行列。

壹、畢（結）業學生（員）未來工作性質

　　依警察學科學校招生簡章規定：[1]「臺灣警察學科學校警察類科（含行政警察科、刑事警察科、交通管理科、科技偵查科）畢業男女學生，經警察特考錄取人員，一律分發外勤勤務機構，擔任第一線、24 小時輪值之基層警察人員工作（包括勤區查察、巡邏、臨檢、守望、值班、備勤等勤務），主要從事警勤區經營、犯罪預防、交通執法、聚眾活動處理及執行人犯押送、戒護等工作，未來依個人專長訓練及志願，甄選刑事、交通、科技偵查等專業警察工作。」

　　經由三種與警察工作有關的國家考試：「公務人員特種考試警察人員考試」、「公務人員特種考試基層警察人員考試」、「公務人員特種考試一般警察人員考試」錄取，進入警察專科學校接受「公務人員考試錄取人員訓練」的學員，於其應考須知中亦有相同規定：

一、以 2010 年考選部辦理之最末一期「公務人員特種考試基層警察人員考試」為例，其應考須知規定：[2]「……工作內容：『本考試錄取人員一律分發外勤勤務機構，擔任第一線、24 小時輪值之基層警察人員工作（包括勤區查察、巡邏、臨檢、守望、值班、備勤等勤務），

---

[1] 參見：「臺灣警察專科學校專科警員班第 39 期正期學生組招生簡章」，頁 19。（https://exam.tpa.edu.tw/p/405-1022-6081,c638.php?Lang=zh-tw, Accessed: 2020.07.23.）

[2] 參見：「99 年公務人員特種考試基層警察人員考試應考須知」，頁 22。（http://wwwc.moex.gov.tw/public/Attachment/9112616514671〔1〕.pdf, Accessed: 2015.04.05.）

主要從事警勤區、犯罪偵防、交通執法、群眾抗爭活動處理及執行人犯押送、戒護等工作。』」

二、以 2010 年，警察人員進用考試改「雙軌制」之前，考選部辦理最末一期舊制之「公務人員特種考試警察人員考試」為例，其應考須知規定：[3]「……依內政部 99 年 1 月 13 日台內警字第 0990870081 號函，警察、消防及水上等類別錄取人員相關工作規定：『（一）警察人員：為因應警察勤務需要，四等行政警察錄取人員一律分發外勤勤務機構，擔任第一線、24 小時輪值之基層警察人員工作（包括勤區查察、巡邏、臨檢、守望、值班、備勤等勤務），主要從事警勤區、犯罪偵防、交通執法、群眾抗爭活動處理及執行人犯押送、戒護等工作。』」

三、以最新一期（109 年）「公務人員特種考試一般警察人員考試」為例，其應考須知之「柒、相關附件」，附件 4：「109 年公務人員特種考試一般警察人員考試行政警察人員、消防警察人員及水上警察人員類別工作內容」規定：[4]「因應警察勤務需要，四等考試行政警察人員錄取人員一律分發外勤勤務機構，擔任第一線、24 小時輪值之基層警察人員工作（包括勤區查察、巡邏、臨檢、守望、值班、備勤等勤務），主要從事警勤區經營、犯罪偵防、交通執法、聚眾活動處理與執行人犯押送、戒護及為民服務等工作。」

因此，警察專科學校畢業的學生或培訓結業的學員，一經分發，第一時間即至基層分駐（派出）所報到，立刻投入第一線外勤實務工作的

---

[3] 參見：「99 年公務人員特種考試警察人員考試應考須知」，頁 12。（http://wwwc.moex.gov.tw/public/Attachment/03191833971〔1〕.pdf, Accessed: 2015.08.02.）

[4] 參見：「109 年公務人員特種考試一般警察人員考試工作說明」，頁 10。（https://wwwc.moex.gov.tw/main/exam/wFrmPropertyDetail.aspx?m=4735&c=109070, Accessed: 2020.07.23.）

行列；即若有部分學生、學員分發至專業警察機關，亦毫無例外，被派往第一線，成為代表國家、與民眾直接接觸、合法配戴器械、執行公權力；必要時，亦得動用強制力，以管制人民或為民服務的基層警察人員。

貳、基層警察人員核心職能之養成

培訓適格、適任的警察組織基層人員，使其具有從事基層警察工作應具備之核心職能；依相關規定，應該是必須要具有擔任第一線、24 小時輪值之基層警察工作的能力。

舉凡警察專科學校畢業的學生或培訓結業的學員，一律分發外勤勤務機構；且一經分發，第一時間即至基層分駐（派出）所報到，立刻投入第一線外勤實務工作的行列；即若有部分學生、學員分發至專業警察機關，亦毫無例外，被派往第一線服務。

基層（分駐）派出所重在實作。培訓適格、適任的警察組織基層人員，即在使其具有從事基層警察工作應具備之核心能力：具有執行「警察機關分駐（派出）所核心工作」的能力。

我國警察機關（分駐）派出所重在實作，內政部警政署依據《警察勤務條例》第 11 條規定之警察勤務方式：「勤區查察、巡邏、臨檢、守望、值班、備勤」，訂定之「警察機關分駐（派出）所常用勤務執行程序」，確實將警察機關分駐（派出）所的勤務工作應具備之核心職能分項、分點羅列於其中。

迄至 2020 年 8 月，警察機關分駐（派出）所的勤務工作共區分為：行政類、保安類、防治類、國際類、交通類、後勤類、勤指類、刑事類、資訊類等，共九大類；每一大類再依勤務態樣細分，共計 150 項核心工作。在各項常用勤務執行程序中，先將勤務執行的法規依據一一條列，

而後繪製整個勤務執行程序的每一步驟,並於每一步驟中,再一一條列應進行的動作與應注意事項,整個內容,就是該項勤務執行應具備的核心職能,整個加總,便彙集成我國警察組織基層人員執行職務應具備之核心職能。

只是前揭「從事基層警察工作應具備之核心職能」,是法制面、規範面的能力,若要成為適格、適任的基層警察人員,尚須「學習」。無論是警察專科學校的課程設計規劃,還是內政部警政署訂頒之「警察機關基層分駐(派出)所常用勤務執行程序」,都必須經由實務工作的學習、操作,以及工作經驗的累積,才能真正熟悉,真正落實。只是尚未取得警察任用資格的警察專科學校學生、學員,渠等實作能力、操作能力,就必須在情境模擬的教學過程中,不斷地操作、練習,熟悉相關法制、嫻熟相關技巧,整合運用,方得以養成。

如果警察組織新進基層人員的培訓未能與實務接軌,則「使未來的警察組織基層人員,具有從事基層警察工作應具備之核心職能」,此一培訓目標如何達成?唯有教學與實務接軌,方能使警察專科學校畢、結業學生(員)具備基層分駐(派出)所勤務執行之核心職能,於分發各警察機關分駐(派出)所服務時,立即有效執行各項基層警察工作。

第三節　研究設計

本節為研究設計,共分為三個單元,先說明本章研究的思維邏輯,再介紹警察專科學校現行學科、術科相關課程設計規劃,最後是研究法的運用。

壹、本研究的思維邏輯

　　前已述及，警察專科學校畢業的學生或培訓結業的學員，經警察特考錄取，一律分發外勤勤務機構，擔任第一線、24 小時輪值之基層警察人員工作（包括勤區查察、巡邏、臨檢、守望、值班、備勤等勤務），主要從事警勤區、犯罪偵防、交通執法、群眾抗爭活動處理及執行人犯押送、戒護等工作。

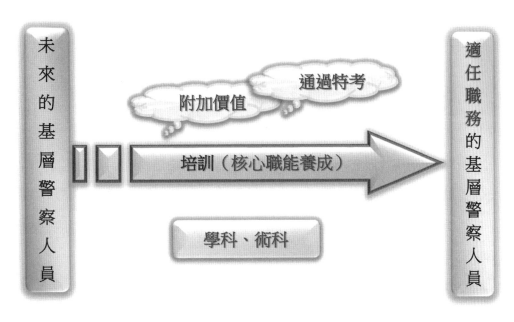

資料來源：作者自繪

圖 9-1　本研究的思維邏輯演繹圖

　　據此，本研究認為，警察組織未來的基層人員，無論是先考國家考試後培訓的學員，還是先培訓後參加國家考試的授予學位的學生，於其 1 或 2 年的培訓期間，主要在進行核心職能的養成，養成的內容包含了

學科與術科，俾成為適任職務的基層警察人員；對專科警員班正期學生組的學生而言，若能完成核心職能的養成，能成為適格、適任的警察組織基層人員，「通過警察特考」是渠等附加價值。

謹建構本研究的思維邏輯如圖 9-1 所示。

貳、現行學科、術科相關課程設計規劃[5]

一、學科：警察勤務課程設計規劃

於警察專科學校，「警察勤務」教學的課程設計規劃，分為四個階段：

（一）一年級上學期「警察勤務（一）」

（二）一年級下學期「警察勤務（二）」

（三）二年級上學期「警察勤務（三）」

（四）二年級下學期「警察情境實務」

「警察勤務（一）」、「警察勤務（二）」，因為是在一年級施教，學生剛入行，所以著重於法規與標準作業程序（SOP）的講授，佐以相關的案例；目的在由淺入深，經由案例，使學生能夠初步了解生澀法條的實質意義。

一年級進入二年級的暑假，學生要前往各繁重派出所實習 2 個月，故於一年級下學期，規劃了至少 1 次，於情境教學中心進行實務操作，使學生於實習前，先行體驗部分勤務的實施狀況，以及相關裝備的使用、設施（場所）的模擬。

至於「警察勤務（三）」，學生進入二年級，並已完成了 2 個月的派出所「基層警察工作」實習，對未來基層警察人員的職涯模式，已有了

---

[5] 參見：「臺灣警察專科學校專科警員班第 39 期正期學生組教育計畫」，2020.06.16, p. 10。（https://educate.tpa.edu.tw/p/405-1004-6361,c523.php?Lang=zh-tw Accessed: 2020.12.02.）

初步的概念。所以在扣掉期中、期末考試的 16 週之中，至少要進行 6 次，共 12 小時的實務演練操作。重點包括：

（一）執行巡邏勤務中盤查盤檢人車

（二）執行路檢攔檢身分查證

（三）執行臨檢場所身分查證

（四）取締酒後駕車

（五）M-police、受理報案 E 化平台操作

（六）網路社群糾眾鬥毆案件之處置（新興議題）

二、術科：警技能課程設計規劃

為配合實務需要，並鍛鍊學（員）強健體魄與堅忍不拔之毅力，培養旺盛精神，於警技能課程設計規劃方面，與基層警察人員執行勤務直接關聯者，包括下列五種課程：

（一）射擊：一年級每一學期、二年級上學期，每週各 2 小時；二年級
　　　下學期，每週各 4 小時。

（二）柔道：一、二年級每一學期每週各 2 小時。

（三）綜合逮捕術：一年級每一學期、二年級上學期，每週各 2 小時。

（四）組合警力：二年級下學期每週各 2 小時。

（五）體能訓練：一年級每一學期每週各 2 小時。

前已述及，當一個案（事）件發生時，現場處理的同仁必須在最短的時間內先研判：

（一）適用那些法條？應該依循的標準作業程序（SOP）為何？－通常
　　　這個區塊被類歸為學科教學的範疇；

（二）若是有狀況發生，無論是現場警戒、肢體衝突、進行圍捕或逮捕，

各種應勤裝備、警械的應用與操作,則被類歸為術科的教學範疇。

過去有多個研究案聚焦於情境實務的模擬教學,事實上,各種模擬教學的實施,以致實務上真實情境的發生,莫不是學科:法規與 SOP、術科:各種警察應用技能的結合應用。學科與術科之教學,應該要相互結合、相輔相成,方能培訓適格、適任的基層警察人員。

參、研究法的運用

本章的研究,針對「結合警察應用技能實作演練建構實務化『警察勤務』教學」此一議題,以量化及質化並行,構成本次研究的主幹,俾使研究結果與發現更加完善,所獲致的心得與建議更具有一定的參考價值。

一、量化研究

本章的研究,以各直轄市、縣(市)警察局之基層佐警為研究對象,瞭解本校情境教學裝備、器材之運用,以及基層警察人員勤務態樣、警技能於勤務執行之運用等,俾作為「結合警察應用技能實作演練建構實務化『警察勤務』教學」之探討。

二、質化研究

於質化研究方面,藉由設計一些開放性問題,對量化研究實施的對象同時進行深度訪談,以補充量化研究限制或不足,並進一步就研究議題辦理焦點論壇。

綜上,本研究係兼採「文獻探討法」與「研究調查法」。

一、文獻探討法

蒐集相關的研究著作、論文、期刊雜誌報導，或研究報告等資料，加以參考歸納，建立本論文各項研究的分析架構，並提供作為研究調查暨問卷設計的重要依據。

二、研究調查法

本研究採用下列兩種研究調查法：

（一）問卷調查法

以 2019 年 7、8 月間進入警察專科學校受訓的巡佐班第 97 期、第 98 期學員為問卷調查實施的對象。除了個人基本資料：性別、職別、年齡別、年資別外，另包括「本校情境教學裝備、器材之運用」、「基層警察人員勤務態樣」、「各類警技能於勤務執行之運用」等各變項，以五等態度量表進行「瞭解與熟悉度」分析。

（二）面訪調查法

除對巡佐班第 97 期、第 98 期學員同時進行深度訪談，以補充量化研究限制或不足外；另藉由每年與中央警察大學共同辦理「執法人員行政管理理論與實踐研討會」的機會，設定圓桌論壇主題，邀請學界與實務界學者專家共同論述，深化本研究的研究結果與發現。

第四節　研究結果與發現

本章的研究，期望結合警察應用技能實作演練，建立更實務化的「警察勤務」教學，使完成培訓的警察組織新進基層人員，於面對各種案件時，能快速上手、解決問題、完成任務。

　　本研究進行的過程中，採量化及質化並行，針對「結合警察應用技能實作演練建構實務化『警察勤務』教學」此一議題，於研究調查法的運用，除實施問卷調查外，並作深度訪談，以補充量化研究的限制或不足，深化本研究的研究結果與發現，使所獲致的心得與建議更加完善並具有一定的參考價值。

壹、問卷調查

　　本研究以 2019 年 7、8 月間進入警察專科學校受訓的巡佐班第 97 期、第 98 期學員為問卷調查實施的對象。97 期的施測時間為 2019 年 7 月 24 日 11 時至 12 時、98 期的施測時間為 2019 年 8 月 31 日 11 時至 12 時。兩期的參訓學員共 166 人，問卷採不具名，最後回收 155 份。

　　實施問卷調查的內容，除了個人基本資料：性別、職別、年齡別、年資別外，另就警察勤務執行的相關變項作五等態度量表的「瞭解與熟悉度」分析。

一、個人基本資料分析

　　問卷調查的第一部分，是個人基本資料，155 位受訪者的性別、職別、年齡別、年資別如下：

（一）性別：男性 151 位，女性 4 位。

（二）職別：巡佐 75 位、小隊長有 2 位、警務佐 22 位、所長 6 位、副所長 9 位、未填職別 1 位。

（三）年齡別：30 以下 3 人、30-35 歲 6 人、36-40 歲 30 人、41-45 歲 60 人、46-50 歲 47 人、50 歲以上 9 人。

（四）年資別：10 年以下 4 人、11-15 年 7 人、16-20 年 1 人、21-25 年 49 人、26 年-30 年 71 人、30 年以上 23 人。

二、警察勤務執行瞭解與熟悉度分析

　　問卷調查的第二部分，請受訪者對「本校情境教學裝備、器材之運用」、「基層警察人員勤務態樣」、「警技能於勤務執行之運用」等，就五等態度量表作一勾選，並同時進行深度訪談，以補充量化研究的不足。

　　155 位受訪者於「瞭解與熟悉度」的五等態度量表，分別依性別、職別、年齡別、年資別進行分析。

（一）本校情境教學裝備、器材之運用

　　在「本校情境教學裝備、器材之運用」部分，挑選了基層警察人員勤務執行最常使用的：辣椒噴霧劑、酒精檢知儀、酒精測試器、勤務執行防護裝備（防彈背心等）、機動保安警力裝備（鎮暴盾牌、長警棍、短警棍、防護頭盔）等 5 種（類）。所獲得的資料，分別繪製成表 9-1 至表 9-5。

　　從表 9-1 至表 9-5 可以得知，受訪者對「本校情境教學裝備、器材之運用」顯現出（極為）瞭解與熟悉的態度：

　1、表 9-1「辣椒噴霧劑」：認為「瞭解」的佔了受訪者總人數的 61.9％，認為「非常瞭解」的則佔了 24.5％，兩者相加，已達 86.4％的超高比例。

表 9-1 對「辣椒噴霧劑」運用的瞭解與熟悉度一覽表

辣椒噴霧劑		性別	職稱別	年齡別	年資別
非常不瞭解	平均數	1.00	3.00	3.50	5.00
	總個數的百分比	1.3%	1.3%	1.3%	1.3%
	組別的中位數	1.00	3.00	3.50	5.00
不瞭解	平均數	1.08	1.92	4.46	5.00
	總個數的百分比	8.4%	8.4%	8.4%	8.4%
	組別的中位數	1.08	1.91	4.50	5.00
沒感覺	平均數	1.00	2.17	5.00	4.83
	總個數的百分比	3.9%	3.9%	3.9%	3.9%
	組別的中位數	1.00	2.17	5.00	4.83
瞭解	平均數	1.02	2.05	3.99	4.47
	總個數的百分比	**61.9%**	**61.9%**	**61.9%**	**61.9%**
	組別的中位數	1.02	1.74	4.06	4.62
非常瞭解	平均數	1.03	1.58	4.11	4.63
	總個數的百分比	**24.5%**	**24.5%**	**24.5%**	**24.5%**
	組別的中位數	1.03	1.34	4.18	4.71
總和	平均數	1.03	1.94	4.09	4.57
	總個數的百分比	100.0%	100.0%	100.0%	100.0%
	組別的中位數	1.03	1.68	4.16	4.68

資料來源：作者自製

2、表 9-2「酒精檢知儀」：認為「瞭解」的佔了受訪者總人數的 46.5
%，認為「非常瞭解」的則佔了 34.2%，兩者相加，亦達 80.7
%的超高比例。

表 9-2　對「酒精檢知儀」運用的瞭解與熟悉度一覽表

酒精檢知儀		性別	職稱別	年齡別	年資別
非常不瞭解	平均數	1.00	1.75	3.75	4.25
	總個數的百分比	5.2%	5.2%	5.2%	5.2%
	組別的中位數	1.00	1.67	3.60	4.33
不瞭解	平均數	1.00	2.29	4.35	4.76
	總個數的百分比	11.0%	11.0%	11.0%	11.0%
	組別的中位數	1.00	2.20	4.33	4.73
沒感覺	平均數	1.20	1.40	4.00	4.80
	總個數的百分比	3.2%	3.2%	3.2%	3.2%
	組別的中位數	1.20	1.40	4.00	4.80
瞭解	平均數	1.01	1.81	3.99	4.58
	總個數的百分比	**46.5%**	**46.5%**	**46.5%**	**46.5%**
	組別的中位數	1.01	1.60	4.08	4.70
非常瞭解	平均數	1.04	2.09	4.21	4.53
	總個數的百分比	**34.2%**	**34.2%**	**34.2%**	**34.2%**
	組別的中位數	1.04	1.72	4.29	4.68
總和	平均數	1.03	1.94	4.09	4.57
	總個數的百分比	100.0%	100.0%	100.0%	100.0%
	組別的中位數	1.03	1.68	4.16	4.68

資料來源：作者自製

3、表 9-3「酒精測試器」：認為「瞭解」的佔了受訪者總人數的 51.0
　　％，認為「非常瞭解」的則佔了 42.6％，兩者相加，已達 93.6
　　％，幾近 100％。

表 9-3　對「酒精測試器」運用的瞭解與熟悉度一覽表

酒精測試器		性別	職稱別	年齡別	年資別
非常不瞭解	平均數	1.00	1.00	4.00	5.00
	總個數的百分比	0.6%	0.6%	0.6%	0.6%
	組別的中位數	1.00	1.00	4.00	5.00
不瞭解	平均數	1.00	2.50	4.33	4.83
	總個數的百分比	3.9%	3.9%	3.9%	3.9%
	組別的中位數	1.00	2.50	4.33	4.75
沒感覺	平均數	1.33	1.33	3.67	4.67
	總個數的百分比	1.9%	1.9%	1.9%	1.9%
	組別的中位數	1.33	1.33	3.67	4.67
瞭解	平均數	1.01	1.85	3.97	4.53
	總個數的百分比	**51.0%**	**51.0%**	**51.0%**	**51.0%**
	組別的中位數	1.01	1.64	4.06	4.65
非常瞭解	平均數	1.03	2.05	4.23	4.59
	總個數的百分比	**42.6%**	**42.6%**	**42.6%**	**42.6%**
	組別的中位數	1.03	1.69	4.29	4.71
總和	平均數	1.03	1.94	4.09	4.57
	總個數的百分比	100.0%	100.0%	100.0%	100.0%
	組別的中位數	1.03	1.68	4.16	4.68

資料來源：作者自製

4、表 9-4「勤務執行防護裝備」（防彈背心等）：認為「瞭解」的佔了受訪者總人數的 54.8%，認為「非常瞭解」的則佔了 32.9%，兩者相加，已達 87.7% 的超高比例。

表 9-4　對「勤務執行防護裝備」運用的瞭解與熟悉度一覽表

勤務執行防護裝備		性別	職稱別	年齡別	年資別
非常不瞭解	平均數	1.50	1.00	5.00	5.50
	總個數的百分比	1.3%	1.3%	1.3%	1.3%
	組別的中位數	1.50	1.00	5.00	5.50
不瞭解	平均數	1.14	2.43	3.86	3.86
	總個數的百分比	4.5%	4.5%	4.5%	4.5%
	組別的中位數	1.14	1.83	4.00	4.40
沒感覺	平均數	1.00	2.20	3.70	4.40
	總個數的百分比	6.5%	6.5%	6.5%	6.5%
	組別的中位數	1.00	2.00	3.83	4.50
瞭解	平均數	1.01	2.00	4.06	4.59
	總個數的百分比	**54.8%**	**54.8%**	**54.8%**	**54.8%**
	組別的中位數	1.01	1.75	4.11	4.65
非常瞭解	平均數	1.02	1.76	4.22	4.65
	總個數的百分比	**32.9%**	**32.9%**	**32.9%**	**32.9%**
	組別的中位數	1.02	1.54	4.28	4.78
總和	平均數	1.03	1.94	4.09	4.57
	總個數的百分比	100.0%	100.0%	100.0%	100.0%
	組別的中位數	1.03	1.68	4.16	4.68

資料來源：作者自製

5、表 9-5「機動保安警力裝備」（鎮暴盾牌、長警棍、短警棍、防護頭盔）：認為「瞭解」的佔了受訪者總人數的 52.9%，認為「非常瞭解」的則佔了 29.7%，兩者相加，亦達 82.6% 的超高比例。

此外，於每個變項，無分性別、職稱別、年齡別、年資別，於瞭解與熟悉度方面，認為「瞭解」與「非常瞭解」者無分軒輊；此一結果，並不意外，畢竟巡佐班的學員，均為久任基層警察工作的警（隊）員、巡佐、小隊長，對本校情境教學裝備、器材之運用，當然（極為）瞭解與熟悉。

表 9-5　對「機動保安警力裝備」運用的瞭解與熟悉度一覽表

機動保安警力裝備		性別	職稱別	年齡別	年資別
非常不瞭解	平均數	1.00	1.00	4.00	5.00
	總個數的百分比	0.6%	0.6%	0.6%	0.6%
	組別的中位數	1.00	1.00	4.00	5.00
不瞭解	平均數	1.17	2.00	3.83	4.17
	總個數的百分比	3.9%	3.9%	3.9%	3.9%
	組別的中位數	1.17	1.80	3.67	4.25
沒感覺	平均數	1.05	2.15	3.70	4.30
	總個數的百分比	12.9%	12.9%	12.9%	12.9%
	組別的中位數	1.05	1.80	3.82	4.56
瞭解	平均數	1.01	2.01	4.11	4.49
	總個數的百分比	**52.9%**	**52.9%**	**52.9%**	**52.9%**
	組別的中位數	1.01	1.76	4.19	4.59
非常瞭解	平均數	1.02	1.74	4.26	4.89
	總個數的百分比	**29.7%**	**29.7%**	**29.7%**	**29.7%**
	組別的中位數	1.02	1.51	4.27	4.94
總和	平均數	1.03	1.94	4.09	4.57
	總個數的百分比	100.0%	100.0%	100.0%	100.0%
	組別的中位數	1.03	1.68	4.16	4.68

資料來源：作者自製

（二）基層警察人員勤務態樣

在「基層警察人員勤務態樣」部分，主要是臨檢盤查，包括了：巡邏時攔檢盤查、路檢、場所臨檢等，基層警察人員日常三大基本勤務態樣。所獲得的資料，繪製成表 9-6。

從表 9-6 可以得知，受訪者對「臨檢盤查」（包括：巡邏時攔檢盤查、路檢、場所臨檢等，基層警察人員日常三大基本勤務態樣），顯現出（極為）瞭解與熟悉的態度。認為「瞭解」的佔了受訪者總人數的

63.2%，認為「非常瞭解」的則佔了 26.5%，兩者相加，已達 89.7% 的超高比例；最特別的是，認為「非常不瞭解」的受訪者人數竟然是 0。如同第一小單元，畢竟巡佐班的學員，均為久任基層警察工作的警（隊）員、巡佐、小隊長，對基層警察人員勤務態樣，當然（極為）瞭解與熟悉，且無分性別、職稱別、年齡別、年資別，於瞭解與熟悉度方面，認為「瞭解」與「非常瞭解」者無分軒輊。

表 9-6　對「臨檢盤查」的瞭解與熟悉度一覽表

臨檢盤查		性別	職稱別	年齡別	年資別
不瞭解	平均數	1.00	1.50	4.50	5.00
	總個數的百分比	1.3%	1.3%	1.3%	1.3%
	組別的中位數	1.00	1.50	4.50	5.00
沒感覺	平均數	1.00	2.00	3.71	4.36
	總個數的百分比	9.0%	9.0%	9.0%	9.0%
	組別的中位數	1.00	2.00	3.73	4.36
瞭解	平均數	1.02	1.91	4.18	4.59
	總個數的百分比	**63.2%**	**63.2%**	**63.2%**	**63.2%**
	組別的中位數	1.02	1.63	4.29	4.71
非常瞭解	平均數	1.05	2.02	3.98	4.59
	總個數的百分比	**26.5%**	**26.5%**	**26.5%**	**26.5%**
	組別的中位數	1.05	1.73	4.00	4.71
總和	平均數	1.03	1.94	4.09	4.57
	總個數的百分比	100.0%	100.0%	100.0%	100.0%
	組別的中位數	1.03	1.68	4.16	4.68

資料來源：作者自製

（三）警技能於勤務執行之運用

在「警技能於勤務執行之運用」部分，包括了：上銬搜身、地形地物利用、逮捕法運用、攻防對練運用、接手法運用、徒手帶離法運用。所獲得的資料，繪製成表 9-7 至表 9-12。

從表 9-7 至表 9-12 可以得知，受訪者對「警技能於勤務執行之運用」顯現出（極為）瞭解與熟悉的態度：

1、表 9-7「上銬搜身」：認為「瞭解」的佔了受訪者總人數的 63.9
  ％，認為「非常瞭解」的則佔了 27.1％，已達 91.0％，幾近 100
  ％；認為「非常不瞭解」的受訪者人數是 0。

表 9-7　對「上銬搜身」的瞭解與熟悉度一覽表

上銬搜身		性別	職稱別	年齡別	年資別
不瞭解	平均數	1.00	5.00	5.00	5.00
	總個數的百分比	0.6%	0.6%	0.6%	0.6%
	組別的中位數	1.00	5.00	5.00	5.00
沒感覺	平均數	1.00	1.85	3.85	4.00
	總個數的百分比	8.4%	8.4%	8.4%	8.4%
	組別的中位數	1.00	1.70	3.86	4.30
瞭解	平均數	1.03	2.02	4.10	4.60
	總個數的百分比	**63.9%**	**63.9%**	**63.9%**	**63.9%**
	組別的中位數	1.03	1.75	4.19	4.70
非常瞭解	平均數	1.02	1.71	4.12	4.69
	總個數的百分比	**27.1%**	**27.1%**	**27.1%**	**27.1%**
	組別的中位數	1.02	1.51	4.13	4.75
總和	平均數	1.03	1.94	4.09	4.57
	總個數的百分比	100.0%	100.0%	100.0%	100.0%
	組別的中位數	1.03	1.68	4.16	4.68

資料來源：作者自製

2、表 9-8「地形地物利用」：認為「瞭解」的佔了受訪者總人數的
  65.8％，認為「非常瞭解」的佔了 15.5％，兩者相加，已達 81.3
  ％的超高比例；惟，認為「沒感覺」的受訪者，也占了總人數
  的 15.5％。

表 9-8　對「地形地物利用」的瞭解與熟悉度一覽表

地形地物利用		性別	職稱別	年齡別	年資別
非常不瞭解	平均數	1.00	1.00	4.00	5.00
	總個數的百分比	0.6%	0.6%	0.6%	0.6%
	組別的中位數	1.00	1.00	4.00	5.00
不瞭解	平均數	1.00	1.50	4.00	4.75
	總個數的百分比	2.6%	2.6%	2.6%	2.6%
	組別的中位數	1.00	1.50	4.00	4.75
沒感覺	平均數	1.00	2.04	3.79	4.13
	總個數的百分比	**15.5%**	**15.5%**	**15.5%**	**15.5%**
	組別的中位數	1.00	1.88	3.87	4.32
瞭解	平均數	1.04	1.96	4.21	4.69
	總個數的百分比	**65.8%**	**65.8%**	**65.8%**	**65.8%**
	組別的中位數	1.04	1.68	4.29	4.78
非常瞭解	平均數	1.00	1.87	3.92	4.50
	總個數的百分比	**15.5%**	**15.5%**	**15.5%**	**15.5%**
	組別的中位數	1.00	1.61	3.89	4.61
總和	平均數	1.03	1.94	4.09	4.57
	總個數的百分比	100.0%	100.0%	100.0%	100.0%
	組別的中位數	1.03	1.68	4.16	4.68

資料來源：作者自製

3、表 9-9「逮捕法運用」：認為「瞭解」的佔了受訪者總人數的 69.7%，認為「非常瞭解」的則佔了 18.1%，亦達 87.8%的超高比例；認為「非常不瞭解」的受訪者人數是 0。

4、表 9-10「攻防對練運用」：認為「瞭解」的佔了受訪者總人數的 65.2%，認為「非常瞭解」的則佔了 18.7%，兩者相加，亦達 83.9%的超高比例；認為「非常不瞭解」的受訪者人數也是 0。

表 9-9　對「逮捕法運用」的瞭解與熟悉度一覽表

逮捕法運用		性別	職稱別	年齡別	年資別
不瞭解	平均數	1.50	3.00	5.50	5.50
	總個數的百分比	1.3%	1.3%	1.3%	1.3%
	組別的中位數	1.50	3.00	5.50	5.50
沒感覺	平均數	1.00	1.94	4.18	4.35
	總個數的百分比	11.0%	11.0%	11.0%	11.0%
	組別的中位數	1.00	1.77	4.27	4.58
瞭解	平均數	1.02	1.97	4.04	4.55
	總個數的百分比	**69.7%**	**69.7%**	**69.7%**	**69.7%**
	組別的中位數	1.02	1.70	4.12	4.66
非常瞭解	平均數	1.04	1.75	4.14	4.75
	總個數的百分比	**18.1%**	**18.1%**	**18.1%**	**18.1%**
	組別的中位數	1.04	1.58	4.17	4.79
總和	平均數	1.03	1.94	4.09	4.57
	總個數的百分比	100.0%	100.0%	100.0%	100.0%
	組別的中位數	1.03	1.68	4.16	4.68

資料來源：作者自製

表 9-10　對「攻防對練運用」的瞭解與熟悉度一覽表

攻防對練運用		性別	職稱別	年齡別	年資別
不瞭解	平均數	1.50	1.00	5.00	5.50
	總個數的百分比	1.3%	1.3%	1.3%	1.3%
	組別的中位數	1.50	1.00	5.00	5.50
沒感覺	平均數	1.00	1.74	3.96	4.30
	總個數的百分比	14.8%	14.8%	14.8%	14.8%
	組別的中位數	1.00	1.58	4.00	4.53
瞭解	平均數	1.02	2.00	4.09	4.56
	總個數的百分比	**65.2%**	**65.2%**	**65.2%**	**65.2%**
	組別的中位數	1.02	1.72	4.18	4.67
非常瞭解	平均數	1.03	1.97	4.14	4.76
	總個數的百分比	**18.7%**	**18.7%**	**18.7%**	**18.7%**
	組別的中位數	1.03	1.73	4.16	4.81
總和	平均數	1.03	1.94	4.09	4.57
	總個數的百分比	100.0%	100.0%	100.0%	100.0%
	組別的中位數	1.03	1.68	4.16	4.68

資料來源：作者自製

5、表 9-11「接手法運用」：認為「瞭解」的佔了受訪者總人數的 67.7
　％，認為「非常瞭解」的則佔了 19.4％，兩者相加，亦達 87.1
　％的超高比例；最特別的是，認為「非常不瞭解」與「不了解」
　的受訪者人數竟然都是 0。

表 9-11　對「接手法運用」的瞭解與熟悉度一覽表

接手法運用		性別	職稱別	年齡別	年資別
沒感覺	平均數	1.05	1.85	3.95	4.20
	總個數的百分比	12.9%	12.9%	12.9%	12.9%
	組別的中位數	1.05	1.63	3.92	4.38
瞭解	平均數	1.02	1.97	4.10	4.60
	總個數的百分比	**67.7%**	**67.7%**	**67.7%**	**67.7%**
	組別的中位數	1.02	1.70	4.19	4.71
非常瞭解	平均數	1.03	1.90	4.13	4.73
	總個數的百分比	**19.4%**	**19.4%**	**19.4%**	**19.4%**
	組別的中位數	1.03	1.67	4.16	4.77
總和	平均數	1.03	1.94	4.09	4.57
	總個數的百分比	100.0%	100.0%	100.0%	100.0%
	組別的中位數	1.03	1.68	4.16	4.68

資料來源：作者自製

6、表 9-12「徒手帶離法運用」：認為「瞭解」的佔了受訪者總人數
　的 63.9％，認為「非常瞭解」的則佔了 20.0％，兩者相加，亦
　達 83.9％的超高比例；認為「非常不瞭解」的受訪者也是 0。
　　此外，每個變項，也是無分性別、職稱別、年齡別、年資別，於
瞭解與熟悉度方面，認為「瞭解」與「非常瞭解」者無分軒輊；此一
結果，與第一、第二小單元所獲得的統計數據相同，畢竟巡佐班的學
員，均為久任基層警察工作的警（隊）員、巡佐、小隊長，對警技能
於勤務執行之運用，當然（極為）瞭解與熟悉。

表 9-12　對「徒手帶離法運用」的瞭解與熟悉度一覽表

徒手帶離法運用		性別	職稱別	年齡別	年資別
不瞭解	平均數	1.33	1.33	4.67	5.33
	總個數的百分比	1.9%	1.9%	1.9%	1.9%
	組別的中位數	1.33	1.33	4.67	5.33
沒感覺	平均數	1.00	1.91	4.00	4.23
	總個數的百分比	14.2%	14.2%	14.2%	14.2%
	組別的中位數	1.00	1.71	4.07	4.47
瞭解	平均數	1.02	1.99	4.08	4.57
	總個數的百分比	**63.9%**	**63.9%**	**63.9%**	**63.9%**
	組別的中位數	1.02	1.71	4.17	4.68
非常瞭解	平均數	1.03	1.87	4.13	4.77
	總個數的百分比	**20.0%**	**20.0%**	**20.0%**	**20.0%**
	組別的中位數	1.03	1.64	4.15	4.82
總和	平均數	1.03	1.94	4.09	4.57
	總個數的百分比	100.0%	100.0%	100.0%	100.0%
	組別的中位數	1.03	1.68	4.16	4.68

資料來源：作者自製

貳、圓桌論壇：學科、術科整合運用之警察勤務執行

　　談到警察教育訓練，直接的反應是：內政部警政署－現職人員、警察大學－幹部、警察專科學校－基層；每年卻有一嘗研討會，而且是唯一的一場，由警察大學、警專共同並輪流舉辦：「執法人員行政管理理論與實踐研討會」，參加人員有警察大學、警察專科學校兩校的老師、學生，更有來自實務單位的同仁，以及內政部警政署的師長。

　　2020 年是第 9 屆，10 月 16 日在警察專科學校舉行。這個研討會多年來的特色之一，是安排一場同樣熱議題的「圓桌論壇」。鑒於警察人員執行勤務，偶會遭到民眾惡意攻擊，例如：遇酒駕失神者、思覺失調者、

過度激動的陳抗者等；2020 年的主題訂為「學術科結合運用之警察勤務執行」，因為「執法」，包括法律條文的執行、標準作業程序的遵循，以及必要時，各種警技能的綜合運用。在真實的勤務執行中，學科、術科是整合運用；唯有落實「執勤安全」，才能保障民眾、保障執勤員警，也兼顧挑釁者的人權。

　　當日受邀參加論壇的學者專家，計有中央警察大學教授、內政部警署教育訓練業管警政委員、地方警察局法制科科長，直轄市分局長、縣（市）分局長。綜合渠等論述，略如下：

一、警察勤務涵蓋了理論與實務；勤務在操作面很重要，所以學科和術科要結合。

二、執法知識、執法的倫理、執法技能，是警察的核心職能也是警察勤務的核心職能。

三、過去一年來,發生好幾件員警執勤不幸殉職或遭受執法挑戰的案例，內政部警政署於是在警察專科學校辦理了三個梯次的研討會，召集全國各警察機關的各級幹部、訓練教官、第一線的基層同仁，以及專家學者共同研討,未來在執行職務當中,如何將學科跟術科融入,能夠讓我們第一線執勤的同仁更有執行力,也更能夠得到執勤上安全的保障。

四、警察就好像一個路邊的外科醫師，遇到狀況發生，警察是個急救的醫生，不可能再呼叫勤務指揮中心，或詢問長官該怎麼處理，必須靠日常教育訓練的累積。例如，如果要動用到警械，動用哪種？何時動用？規範為何？限制為何？「比例原則」？這是法制面，包括 SOP 標準作業程序等，是學科，可是警械的使用，例如：射擊要領，這是術科，所以術科跟學科必須綜合運用。

五、基層警察人員的工作千變萬化，基本上，第一步是你不敢站出去面
　　對，不敢面對，任務就失敗了；第二個是專業的部分，警察要處理
　　的是社會問題，各種社會狀況的專業法律規定必須熟悉；第三個就
　　是毅力，警察工作不外乎就是干涉、取締，各種社會的亂象利益，
　　在交織的時候會有各種力量來干擾或是打擊，要如何去維持自己在
　　這工作上的熱忱？莫忘初衷、終身學習。

六、警察人員的養成教育與在職教育如何結合術科？警察專科學校兩年，
　　通過警察特考，終於可以當警察了，面對民眾，你就是一個執法者，
　　憑良心講，真的能處理每一件事情嗎？所以確實地增加實務訓練課
　　程，可以提升我們的執法品質與效率。

第五節　本章小結－學科、術科整合運用之警察勤務教學設計

　　經由本章的研究，得到兩點心得：

一、於教學上，學科、術科，相互結合、相輔相成。

二、於警察勤務執行，學科、術科結合運用。

　　2020 年「執法人員行政管理理論與實踐研討會」的圓桌論壇，在「學
術科結合運用之警察勤務執行」的主題中，學界與實務界學者專家共同
論述，認為，警察人員執行勤務，偶會遭到民眾惡意攻擊，例如：遇酒
駕失神者、思覺失調者、過度激動的陳抗者等；「執法」，包括法律條文
的執行、標準作業程序的遵循，以及必要時，各種警技能的綜合運用。
在真實的勤務執行中，學科、術科是整合運用的；唯有落實「執勤安全」，
才能保障民眾、保障執勤的警察人員，也兼顧挑釁者的人權。

　　在一個以「警察勤務執行遇暴力攻擊因應對策」為主題的研究中，

可以明顯發現，基層警察人員於勤務執行的過程中，根本不能切割哪一部分是學科！哪一部分的是術科！基本上是一個整體的，日常所受教育訓練的統整展現。

　　該研究係於 2020 年 8 月 18 日及 8 月 30 日，依網頁形式呈現設計問卷，針對現職警察人員進行網路正式問卷施測，回收合計 264 人（男240 人、女 24 人）。謹舉該研究的部分研究結果如下：[6]

一、在「受訪樣本執行勤務遭受暴力攻擊經驗分析」部分，受訪者執行勤務遭受暴力攻擊，「有經驗」所佔的人數為 200 人（75.76%），「沒有經驗」所佔的人數為 64 人（24.24%），以有遭受過暴力攻擊經驗者占較大多數，高達 75.76%；且以在派出所服務的基層警察人員為最多。再進一步分析發現：

（一）事件發生時，受訪者的勤務項目，以「巡邏」占較大多數。

（二）事件發生時，受訪者的勤務態樣以「處理民眾報案」為多。

（三）事件發生時，受訪者的勤務時間，以 20:01-24:00 時段占較大多數。

（四）事件發生時，受訪者的執勤地點，以「道路上」占較大多數。

（六）事件發生時，受訪者執勤時攜帶之裝備，以「攜帶警槍」占較大多數。

（六）事件發生時，受訪者以「徒手壓制」占較大多數。

（七）事件發生時，受訪者以「使用警銬逮捕」逮捕施暴者占較大多數。

（八）受訪者執行勤務遭遇暴力攻擊時，施暴者的性別，以「男性」占較大多數。

6 參見，馬心韻、吳冠杰，「警察勤務執行遇暴力攻擊因應對策之研究－兼論常年訓練之策進作為」，《109 年執法人員行政管理理論與實踐研討會論文集》，臺北：臺灣警察專科學校，未出版，2020.10.06，p. 55~106。

（九）受訪者執行勤務遭遇暴力攻擊時，施暴原因，以「不服取締」占
　　　較大多數。

（十）受訪者執行勤務遭遇暴力攻擊時，施暴者使用之工具，以「言語
　　　謾罵、羞辱、威脅」占較大多數。

（十一）受訪者執行勤務遭遇暴力攻擊時，施暴者當時是否喝酒方面，
　　　　以「有喝酒」占較大多數。

二、在「警察人員執行勤務有可能遭遇暴力攻擊」的大前提下，「精進常
　　年訓練保障員警執勤安全」亦列為該研究重點之一：

（一）「常年訓練應增加汽、機車防禦性安全駕駛訓練時數」列最高需求

（二）其次為「警政署警政知識聯網連結警察常年訓練電化教學：

　　　1、員警執法遭受歹徒突襲之實務應變作為

　　　2、盤查車輛安全觀念

　　　3、員警基本執勤觀念

　　　4、安全用槍檢測－新型態射擊訓練

　　基層警察工作重在第一線的執法，而且當案件發生時，必須具備立
即、直接、快速反應的能力；這也是培訓適格、適任的基層警察人員的
第一要務。

　　再一次重申，當一個案（事）件發生時，現場處理的同仁必須在最短
的時間內先研判：

一、適用那些法條？應該依循的標準作業程序（SOP）為何？－通常這
　　個區塊被類歸為學科教學的範疇；

二、若是有狀況發生，無論是現場警戒、肢體衝突、進行圍捕或逮捕，
　　各種應勤裝備、警械的應用與操作，則被類歸為術科的教學範疇。

　　過去有多個研究案聚焦於情境實務的模擬教學，事實上，各種模擬

教學的實施，以致實務上真實情境的發生，莫不是學科：法規與標準作業程序（SOP）、術科：各種警察應用技能的結合應用。學科與術科之教學，應該要相互結合、相輔相成，方能培訓適格、適任的基層警察人員。「警察勤務」教學，除了相關法規以及標準作業程序（SOP）之教授外，應該要配合案例解說，實作演練，才能更臻實務化、更能切合實務需求、更能於案件發生時，快速上手、解決問題、完成任務。

　　學科與術科，無論從教學上，還是勤務執行上，均應該是相互結合，交互運用、相輔相成的。因此，「警察勤務」的教學，本即應該結合警察應用技能的實作演練，建構實務化的教學模式，則自警察專科學校畢業的學生或結業的學員，於真實的勤務執行中，才能保障民眾、保障執勤的警察人員，也兼顧挑釁者的人權。（參圖 9-2）

資料來源：作者現場拍攝

圖 9-2　警察勤務情境模擬教學：巡邏時遇可疑車輛實施攔檢盤查

＊本章主要參考作者 2020 年主持的「臺灣警察專科學校精進校務發展研究案」：結合警察應用技能實作演練建構實務化「警察勤務」教學初探，該研究案於當年 12 月 24 日為研究成果之發表。本章之撰寫，資料已更新、內容已增修調整。

第三篇

適任之探討

第十章　警察組織新進基層人力適任性研究

〈摘　要〉

　　警察人員在臺灣地區公部門的人力中佔了相當大比例，外勤第一線（基層）實務工作人員又為相對的絕大多數，經由警察專科學校培訓的警察組織新進基層人員，在完成與「基層警察工作」有關之專業培訓後，究竟能不能成為適格、適任的基層警察人員？

　　本章有關警察組織新進基層人力的「適任性研究」，亦為自 2009 年迄今，政策變革研議過程中，一系列研究案中的一環。本部分的研究於 2019 年間進行，指在了解警察專科學校近幾年產出的新進人員，分發派任到實務單位後，於各服務崗位上，適格嗎？適任嗎？渠等「專業能力」是否足以適任這份工作？

　　關鍵詞：基層警察人員、適任性、服務機關滿意度

第一節　前言

　　現代組織所面臨的最大挑戰，是必須一方面維持組織自身功能的運作，以適應環境的變遷；一方面又必須在符合組織目標的大前提之下，提供組織內成員自我實現的機會，警察組織亦不例外。最重要的是，值此變動不居的年代，我國的警察組織，必須一方面擔負起保護社會安全等《警察法》第 2 條所規範的組織目標 而全力以赴，另一方面又必須顧慮到全體警察人員的工作意願與工作技巧，才能激勵士氣提昇為民服務的品質。

　　警察人員在臺灣地區公部門的人力中佔了相當大的比例，外勤第一線（基層）實務工作人員又為相對的絕大多數，惟若就警察組織「人力資源發展」的觀點而言，有關警察人員培訓的研究，往往都偏重於「結

構面」－警察人員培訓制度的檢討與改進；忽略了「功能面」－警察人員培訓的內容與方案。

經由警察專科學校培訓的警察組織新進基層人員，在完成與「基層警察工作」有關之專業培訓後，究竟能不能成為適格、適任的基層警察人員？

本章有關警察組織新進基層人力的「適任性研究」，亦為自 2009 年迄今，政策變革研議過程中，一系列研究案中的一環。此一系列的研究案：「核心職能、「課程設計」、「情境模擬教學」、「適任性研究」等四大主題中，極待補強的當屬「適任性研究」，特別是「服務機關」對這些新進人員的「滿意度」分析。

本部分的研究於 2015-2019 年間進行，先經由文獻探討，研閱我國及幾個較具代表性的國家或地區各項新進警察人員培訓研究的著作、論文、期刊雜誌的報導，或研究報告等資料，參考學習有關「適任性」的相關探討，觸類旁通，俾建構本章研究的分析架構與研究設計；再經由研究調查，了解警察專科學校近幾年產出的新進人員，分發派任到實務單位後，於各服務崗位上，適格嗎？適任嗎？渠等「專業能力」是否足以適任這份工作。

迄今（2021 年），一系列的研究仍持續進行，不斷地充實並加強研究項目與研究內容，俾對我國警察組織基層人力的招募、遴選、培訓與任用進行政策倡導，以挹注適格、適任的基層警察人員。了解經過培訓的警察組織新進基層人員，究竟能不能成為適格的「基層警察人員」？渠等「專業能力」是否足以適任這份工作？服務機關對渠等之滿意度又如何？以使最終的研究結果與建議更具參考價值，並能進一步轉換為政府政策，為我國警察組織基層人力的進用帶來一定程度的貢獻。

本章的撰寫，共分為六節：

第二節　研究設計

本節為研究設計，共分為三個單元，分別是本章研究的理論建構、思維邏輯，以及研究法的運用。

壹、本研究的理論建構

本研究為一「政策分析研究」（policy analysis study）－欲針對「警察組織新進基層人力的適任性」此一特定的政策問題，進行「政策問題的診斷」（policy problem diagnosis）；並期望藉由所獲得的資訊，進行「政策倡導」（policy advocacy）的工作－利用學養與專長，為某種政策的理念從事推薦和辯護的工作，使得政策的實施得以緊扣社會潮流。（賴維堯等，1995:276）

「『政策問題的診斷』為政策分析過程的第一步，政策方案的規劃者寧願將三分之二的精力花在問題的分析上，如果不能澄清問題的性質，所提出的解決方案是沒有任何價值的」。（朱志宏等，1995:196）

「診斷」（diagnosis）一詞源自於醫學用語，係指根據症狀鑑定病情及原因，以便深入瞭解問題之癥結，作為處理問題或選擇計畫之依據。

由於政策問題具有：1.相依性（interdependence）、2.主觀性（subjectivity）、3.人為性（artificiality）、4.動態性（dynamics）等四大特性（William N. Dunn, 1994:140-141），且公共政策處理的問題又多是建構不良的問題（ill-structured policy problems）－有許多的政策制定者、無限的政策方案、貫穿全書，未必直接引用，卻構成研究設計思維邏輯演繹的三大概念利害關係人對目標不具共識甚至相互衝突、政策方案的後果無法預估、各種後果的發生率無法計算（William N. Dunn, 1994:145-146），故「政策問題的診斷」，便成為政策分析過程的第一個步驟。

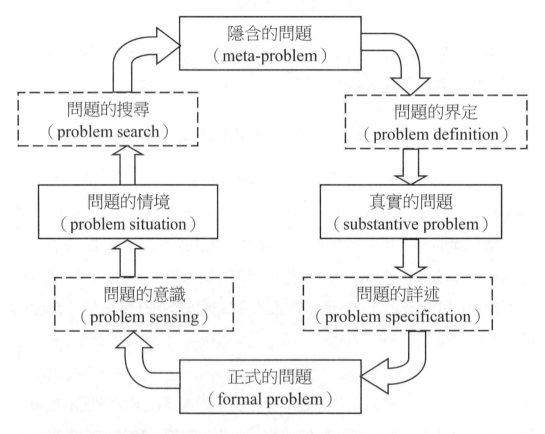

資料來源：William N. Dunn, *Public Policy Analysis: An Introduction*, 2nd., ed.（Englewood Cliffs, N. J.: Prentice-Hall, Inc., 1994）, pp. 148.

圖 10-1　政策問題建構階段圖

因此，在政策問題診斷的階段，為了使政策問題的性質能夠正確認定，必須建構一套分析問題的方法，通常稱之為「政策問題認定方法」（problem identifying method）（朱志宏等，1995:182）。學者但恩（William N. Dunn）提供了一套問題建構的思維模式（phases of problem structuring）（William N. Dunn, 1994:148-150），其各階段的發展順序如圖 10-1 所示。

貳、本研究的思維邏輯

本研究係經由「文獻探討法」釐清各相關概念；再經由「研究調查法」，了解警察專科學校近幾年產出的新進人員，分發派任到實務單位後，於各服務崗位上，適格嗎？適任嗎？渠等「專業能力」是否足以適任這份工作，以使最終的研究結果與建議更具參考價值，並能進一步轉換為政府政策，為我國警察組織新進基層人力的培訓帶來一定程度的貢獻。

謹建構本研究的思維邏輯如圖 10-2 所示。

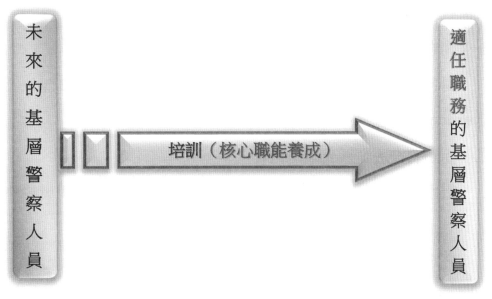

資料來源：作者自繪

圖 10-2　本研究的思維邏輯演繹圖

參、本研究研究法的運用

本論文的各項研究為一「政策分析研究」（policy analysis study）－欲針對「警察組織新進基層人力的適任性」此一特定的政策問題，進行「政策問題的診斷」（policy problem diagnosis）。故本章的研究主要採用下列兩種研究法：

一、文獻探討法

蒐集相關的研究著作、論文、期刊雜誌報導，或研究報告等資料，加以參考歸納，建立本章各項研究的分析架構，並提供作為面訪調查暨問卷設計的重要依據。

二、研究調查法

本研究採用下列兩種研究調查法：

（一）問卷調查法

對各警察機關分駐（派出）所從事基層警察工作至少 3 年以上之現職警察人員實施問卷調查。

（二）面訪調查法

對擔任各警察機關分駐（派出）所副所長以上職位人員實施焦點訪談。

第三節　適任性研究：基層人員問卷調查

作者曾於 2015 年間，對警察專科學校專科警員班畢業校友實施「工作適任性問卷調查」，本節先將警察專科學校「畢（結）業生基層警察工作適任性」問卷調查的結果作一研究回顧。

該問卷設定的研究對象為：各警察機關基層分駐（派出）所從事基層警察工作 3 年以上之現職警察人員。本部分研究的研究團隊，藉由警察專科學校專任教師學生暑期實習訪視之便，於各派出所隨機施測，共計完成 112 份有效問卷。[1]

本節的撰寫，共分為三個單元，分別是：工作適任性問卷設計、受訪者基本資料、具備職場所需的專業能力分析

壹、工作適任性問卷設計

這份問卷施測的對象是警察專科學校專科警員班第 26、27、28 期的畢業生，以及對應的「公務人員特種考試警察人員考試錄取人員訓練班」結業學員[2]。就本部分研究的時間點（2015 年）而言，分別為從事基層警察工作 6 年、5 年、4 年者。問卷的內容分為四大部分，分別是：

一、就業情形。

二、進修準備。

三、求學經驗回饋。

四、基本資料。

---

[1] 本部分研究由臺灣警察專科學校行政警察科副教授韋愛梅負責執行。

[2] 當時期，警察人員係單軌進用，即「公務人員特種考試警察人員考試」，錄取人員未受過警察教育訓練者，進入「錄取人員訓練班」，於警察專科學校培訓；無論通過的考試是任何等級，只要未經警察大學教育訓練，一律以基層警察人員分發任用。

這份問卷的設計具有多重研究目的，故對本部分研究而言，主要在第二部分「求學經驗回饋」中的第 4 個問題：「您是否具備職場所需的下列能力？」於其下列出 15 個子題，請受訪者表達「非常不具備」、「不具備」、「具備」、「非常具備」。

這 15 個子題分別是：

1、表達及溝通能力

2、專業知識與技術

3、基礎電腦應用技能

4、將理論運用到實際工作的能力

5、發掘及解決工作中所遭遇的問題

6、外語能力

7、良好個人工作態度

8、團隊合作能力

9、穩定度及抗壓性

10、遵循職場中的專業倫理與道德

11、對自己的職涯發展有充分的瞭解及規劃

12、強烈的學習意願與高度可塑性

13、具備有助於就業的專業證照或相關能力證明

14、具備充分的就業能力

15、對於自己畢業後的職涯發展前景相當樂觀

貳、受訪者基本資料

謹將 112 位受訪者的基本資料，依其性別比例、期別分布、學歷分布、（服務）縣市分布，列示如下：

一、性別比例

112 位受訪者中，男性共 102 位，佔了全體受訪者的 91%；女性共
10 位，佔了全體受訪者的 9%。這個比例數，與警察專科學校現有學生
總人數的男、女性別比例相當。[3]

二、期別分布

112 位受訪者中，專科警員班第 26 期畢業生有 46 人，佔了全體受
訪者的 41%；第 27 期畢業生有 30 人，佔了全體受訪者的 27%；第 28
期畢業生有 36 人，佔了全體受訪者的 32%。前已陳明，就本部分研究的
時間點（2015 年）而言，已從事基層警察工作分別為 5 年、4 年、3 年。

三、學歷分布

112 位受訪者中，已取得博士學位者 12 人，佔了全體受訪者的 11%；
已取得碩士學位者 26 人，佔了全體受訪者的 24%；具有學士學歷者 72
人，佔了全體受訪者的 65%。

四、（服務）縣市分布

112 位受訪者的（服務）縣市分佈部分，包括了：臺北市、新北市、
基隆市、桃園縣（今之桃園市）、宜蘭縣、苗栗縣、新竹市、新竹縣、彰
化縣、臺中市、南投縣、雲林縣、嘉義縣、臺南市、高雄市。其人數分
布如圖 10-3 所示。

---

[3] 臺灣警察專科學校專科警員班正期學生組招生名額之性別比例，歷年來均為男 9：女 1。

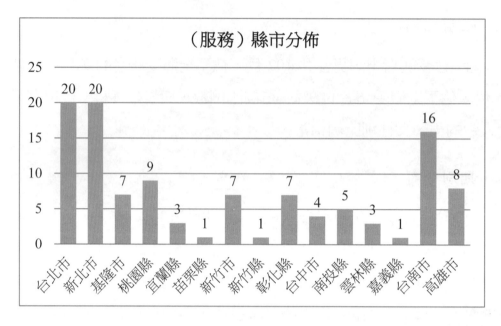

資料來源：作者自製

圖 10-3　受訪者（服務）縣市分布圖

參、具備職場所需的專業能力分析

　　有關問卷所問：「您是否具備職場所需的下列能力？」（問題編號 3-4），其下共有 15 個子題，謹就受訪者表達「非常不具備」、「不具備」、「具備」、「非常具備」的調查結果，分別以圖 10-4 之（a）、（b）、（c）予以顯示。

　　依圖 10-4 之（a）、（b）、（c）所示，112 位經警察專科學校培訓的警察組織新進基層人員，在完成與「基層警察工作」有關之專業培訓後，於各警察機關分別有了 3、4、5 年基層警察工作經驗的受訪者，對於問卷所列舉的 15 個職場所需的專業能力項目，除了「3-4-6 外語能力」稍為「不具備」外，其他幾乎都認為已經「具備」了。

　　此一研究結果顯示，在受訪者的心目中，認為在警察專科學校的培

訓，對於「核心職能」的養成，應該是有助益的；至少受訪者普遍認為，自己已經具備了職場的專業能力；那就表示，經由警察專科學校培訓的新進基層警察人員，在完成與「基層警察工作」有關之專業培訓後，確實能夠成為適格、適任的警察組織基層人員。

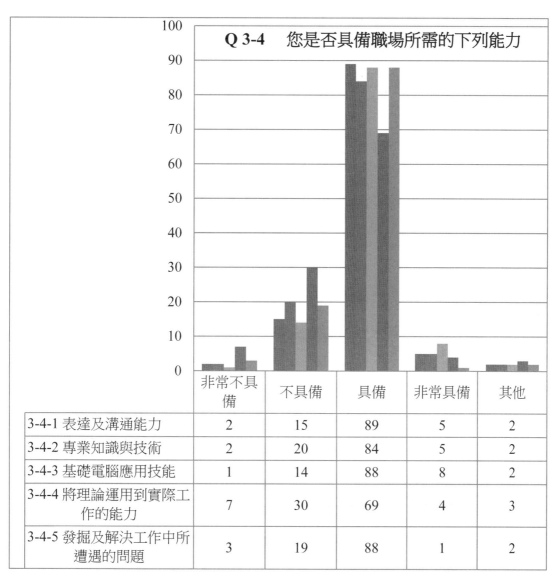

	非常不具備	不具備	具備	非常具備	其他
3-4-1 表達及溝通能力	2	15	89	5	2
3-4-2 專業知識與技術	2	20	84	5	2
3-4-3 基礎電腦應用技能	1	14	88	8	2
3-4-4 將理論運用到實際工作的能力	7	30	69	4	3
3-4-5 發掘及解決工作中所遭遇的問題	3	19	88	1	2

資料來源：作者自製

圖 10-4　具備職場所需專業能力程度圖（a）

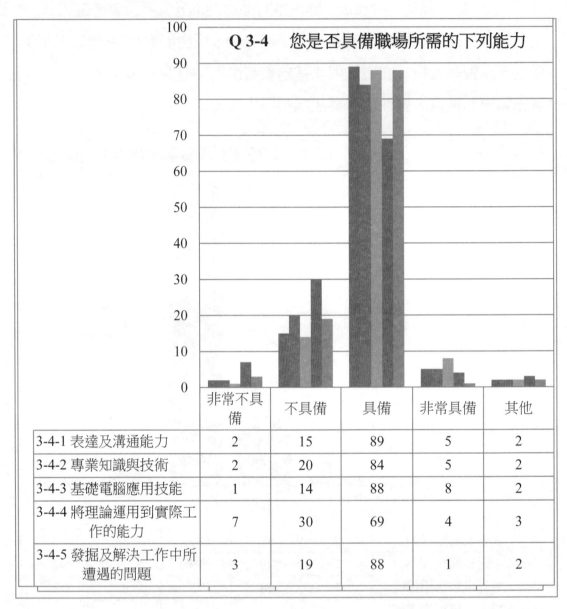

	非常不具備	不具備	具備	非常具備	其他
3-4-1 表達及溝通能力	2	15	89	5	2
3-4-2 專業知識與技術	2	20	84	5	2
3-4-3 基礎電腦應用技能	1	14	88	8	2
3-4-4 將理論運用到實際工作的能力	7	30	69	4	3
3-4-5 發掘及解決工作中所遭遇的問題	3	19	88	1	2

資料來源：作者自製

圖 10-4　具備職場所需專業能力程度圖（b）

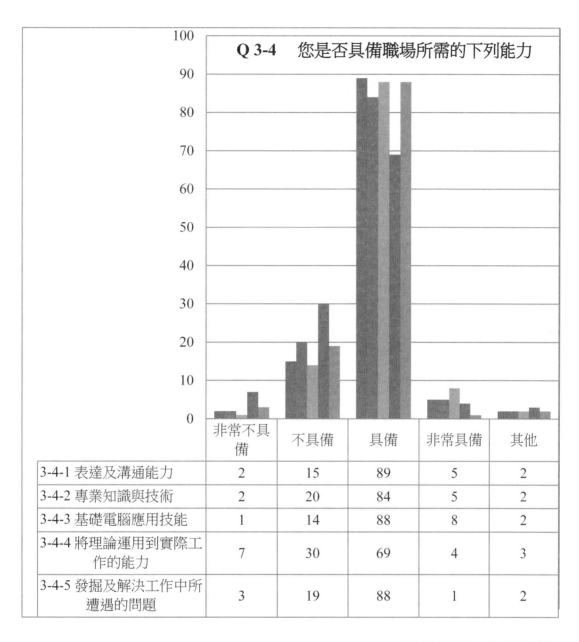

Q 3-4　您是否具備職場所需的下列能力	非常不具備	不具備	具備	非常具備	其他
3-4-1 表達及溝通能力	2	15	89	5	2
3-4-2 專業知識與技術	2	20	84	5	2
3-4-3 基礎電腦應用技能	1	14	88	8	2
3-4-4 將理論運用到實際工作的能力	7	30	69	4	3
3-4-5 發掘及解決工作中所遭遇的問題	3	19	88	1	2

資料來源：作者自製

圖 10-4　具備職場所需專業能力程度圖（c）

第四節　適任性研究（二）：主管人員焦點訪談

各警察機關基層分駐（派出）所從事基層警察工作 3 年以上之員警，認為在警察專科學校完成與「基層警察工作」有關之專業培訓後，確實已經具備了職場的專業能力，那是否就代表經由警察專科學校培訓的新進基層警察人員，在完成與「基層警察工作」有關之專業培訓後，確實能成為適格、適任的基層警察人員？

這一節，將針對「警察專科學校畢（結）業生基層警察工作適任性」的焦點訪談結果作一探討。此一訪談的對象設定為「各警察機關分駐（派出）所副所長以上職務人員」：主管職務人員；且為使研究所獲得的資料更臻縝密，本研究的研究團隊，分為兩個階段，共實施了兩次焦點訪談。

壹、第一階段

本階段研究，係於 2015 年上半年，103 學年第 2 學期，於警察專科學校教授「警察勤務」的師資名單中篩選出符合條件，且有時間接受訪談的人員共 6 名，渠等職務，於當時分別為：

A：直轄市政府警察局副分局長

B：直轄市政府警察局派出所所長

C：直轄市政府警察局警務正（原任派出所所長）

D：縣（市）政府警察局訓練課課長

E：縣（市）政府警察局小隊長

F：專業警察機關大隊長（曾任縣〈市〉警察局督察長）

焦點訪談所設定的問題是：

警察專科學校畢（結）業生分派到實務單位後。渠等「專業能力」

是否足以適任這份工作？

訪談結果如下：

一、1-A：直轄市政府警察局副分局長

想要成為 1 名基層警察人員，依法律規定，必須同時具有「考試及格」與「訓練及格」兩種資格，無論是警察專科學校的專科警員班，還是應各種公務人員特種考試警察人員考試錄取的各類「特考班」。只要是這兩種資格都能通過的人，基本上都在一定的水平之上，專業能力應該都都夠了，都足以「擔任」基層警察人員這份工作。

但是，足以「擔任」基層警察人員這份工作，並不表示「適任」這份工作；而「適任」與否，並非警察專科學校的「專業能力」養成有問題。警察專科學校各班期的課程設計與施教，就在養成基層警察人員的核心職能；至於設計出的課程與施教方式，是不需要質疑的，因為那是長期以來因應社會狀態、民意反應、勤務需求，不斷地檢討改進、修正調整而來的，於「核心職能」的養成，絕無問題。警察專科學校的教育訓練，養成了 1 位基層警察人員最基礎的專業能力，而後，於職場上在實際工作中作經驗累積；這段經驗累積的社會化過程，更深化了於「核心職能」的養成。

真正影響適任與否的是「心態」。「心態」，除了在警察專科學校的基層警察人員培訓過程中可以型塑外，具決定性影響的其實是基層警察人員的長官；長官扮演的是「閂螺絲釘」的角色，螺絲釘依法該怎麼閂就怎麼閂，只要心態正確，加上原本就具備的專業能力與社會化過程的實務經驗累積，就是 1 位適任的基層警察人員。

二、1-B：直轄市政府警察局派出所所長

在畢（結）業前，警察專科學校的學生（員）就已具有各基層派出所實習的經驗，而「專業能力」是可以學習的，「心態」就是能否適任的關鍵了！要研究完成新進基層警察人員培訓者能否勝任警察工作，應該可以從對警察工作的兩個「態度」來探討：

（一）責任感

知名企業家郭台銘先生曾說過：「有責任感的人，不用管理；沒有責任感的人，管理也沒有用。」基層外勤警察工作，每個警察人員都是獨立的勤務單元，而現代社會現象多元，在校或實習期間或許尚未能一一經歷學習，但有責任感的一定學習慾望強列，遇事不會推諉徬徨，即使專業能力不夠，也必定能及時從前輩或網路蒐集資訊，形成專業經驗，所以警察人員離校後其實仍不斷地在學習，也不斷地累積經驗。因此，一位優秀基層警察人員的養成需要時間培養，在勤務越繁重的單位，處理越多不一樣的案件，累積經驗的機會大，也就越快培養出優秀的基層警察人員！

（二）榮譽感

每個人從警的原因或許都不一樣，但是對警察工作「榮譽感」的認同和養成，實在是適任與否的重要「態度」。舉例來說：遇到需要幫忙的民眾，能視民如親的盡力幫助他；民眾遇到車禍案件，能秉持公正的態度協助處理；民眾遇到如竊盜、搶奪等刑事案件，能把案子當作是發生在自己身上一般偵辦…，以上不是打高空、講八股，真正優秀的警察人員其實都擁有這樣共同的「態度」，也因為有這樣的「態度」，才能面對險惡的環境並從中取得成就感，如果能將這種「態度」推展

到單位形成團隊榮譽感，就可以從當地轄區民眾得到肯定的觀感，這樣的單位也一定擁有優良的警察形象。

「『態度』決定一切，『態度』決定高度」，警察工作能否適任？關鍵在此，擁有優良「態度」的警察人員必然時時刻刻在學習，孜孜念念的將民眾的需要視為己任。所以，這樣的警察人員也必定擁有隨時進步中的「專業能力」，與自身的優良「態度」形成相加乘的效果。

三、1-C：直轄市政府警察局警務正（曾任派出所所長）

我個人認為每一個實務單位依其性質不同，所須具備的「專業能力」亦不同，這些「專業能力」很難在學校一一教導而具備，通常皆是分派後，再由實務單位的學長姐帶領下，獲取所需具備的「專業能力」。

然而，取得「專業能力」的快慢則與「心態」有很大的關係，「心態」正確（了解並能承受警察工作的複雜性、辛苦性、願意虛心學習、足夠的挫折容忍力…等）的學生（員）能夠快速學習並獲取專業能力；反之，則容易造成單位的負擔。

所以，我個人認為，學校除了教導學生（員）「專業能力」外，能夠擁有正確的「心態」投入職場，更形重要。

四、1-D：縣（市）政府警察局訓練課課長

警察專科學校學生（員）畢（結）業分派到實務單位後，各縣市警察局一般都會先辦理「新進人員講習」。課程為：

（一）地區工作環境介紹

（二）警察風紀與勤務督導（察）要求

（三）常年訓練與心理諮商工作介紹

（四）其他與員警生活、工作要求為主的課程

警察專科學校畢（結）業生到實務單位後，有兩個月的實務見習，此為學校實習的延長，學生這時雖與學長同樣服勤（依規定只編排 8 小時勤務，不編排超勤的 4 小時），但基本上主管仍會請學長帶班，隨時指導。這時專業能力與心態尚難以看出，兩個月的實務見習期滿後，專業能力與心態即可見分曉。

學生在實務訓練時，若是在新北市等勤務較繁雜勞累的單位，案件處裡較多且多樣，則學習心得多，執勤遇事時較能顯現專其業能力，且心態上也比較正常；實務訓練時若是分發在比較郊區或較無事故的派出所，且兩個月期間亦不知加強學習、多求教學長者，則執勤遇事時，其專業能力較無法表現、工作雜亂無章，且心態上也比較怕事，怕跟被取締的對象發生爭吵，甚至於會有手扶著槍退避、想休假不想上班等不正常心態與行為。此心態與行為亦會招致學長不想教導與與指責。

一般而言，警察專科學校畢（結）業生對法規、規定較熟悉，但實務上，仍應多加利用分發後的兩個月實務訓練仍有學長指導的時機，加強學習，主管亦應多加關懷，導正其從警觀念、多加教導執勤技巧與執勤安全，渠等專業能力才能顯現，心態才能正常。這時執行力才能發揮，才能適任這份工作。

五、1-E：縣（市）政府警察局小隊長

警察專科學校畢業生有正期生與特考生（特考班），後者較具有社會歷練經驗，前者較無社會歷練。但若以工作的抗壓性來說，二者並無特別的差距！

一位警察專科學校剛畢（結）業的新鮮人，需要歷經環境（包括生

活環境與工作環境）的適應期。適應期的長短因人而異，適應期過後，才真正進入到「學習」與「吸收」的發揮期。一般實務單位，對於「新進人員」都會施與「新進人員訓練」，以及採取「師徒制」，請資深同仁帶領「學習」。然而如何將學校所學的「理論」與職場上的「實務」能夠「無縫接軌」，實為每一位「警察新鮮人」值得探討的課題！

　　每一位「警察新鮮人」首先面臨的勤務問題，應該是「執勤技巧」與「執法安全」。這二者對於警察工作的完成，確實有其重要性，也是勤務成功的「關鍵因素」。所以每一個實務機關，應針對每一位新進人員，實施「新進人員培訓工作」，授予「執勤技巧」，並教育其「執勤態度」，熟悉「執勤安全」。

　　每一位新進人員，必須要有「企圖心」與「同理心」，並加著於「協調力」與「執行力」。由於他們皆來自於不同的家庭，其家庭教育與「抗壓力」也不同，是故，幹部應該多給予「關懷」與「照顧」，使渠等能盡快「上手」，也能如「海棉」般的吸收與成長。

　　另外在實務單位，一般會比較喜歡任用「正期生」，因為正期生讓人的感覺是比較「聽話的」，「特考生」因有太多的「What」讓人感覺到「配合度」不好「向心力」不足，也進而影響日後的「學習」與「發展」。

六、1-F：專業警察機關大隊長（曾任縣〈市〉警察局督察長）

　　警察專科學校畢業生若分發至保安警察第三總隊，其專業能力與心態是否適任工作？在專業能力方面：

（一）保安警察第三總隊為海運進口貨櫃安全檢查權責機關之一，依國家安全法及國家安全法施行細之規定，執行進口貨櫃落地安全檢查。其目的在防止走私械彈、毒品及其他管制、違禁物品，並協

助海關查緝一般性走私逃漏稅，以維護經濟秩序及國家安全。2006 年 2 月 15 日起與海關等執行「邊境聯合查贓」工作，防堵贓車偷運出境，2006 年 7 月 25 日新接任務，配合經濟部、交通部及環保署執行「舊機動車輛及引擎輸出查證」工作，防堵竊車集團利用貨櫃夾藏贓汽、機車及引擎出境。此為保安警察第三總隊目前最重要二項核心工作。

（二）依警察專科學校授課內容，以縣市警察局之相關勤、業務為主，有關專業警察機關之勤、業務，僅於行政警察及警察勤務二科有約略介紹其機關性質，對於分發專業警察機關之畢（結）業生而言，僅初具分發機關執勤所需專業能力，以致需辦理一週職前講習，輔導新進人員瞭解保安警察第三總隊核心工作之執勤知能及術科技能。

貳、第二階段

研究團隊認為，在第一階段研究所獲致的結果，應該可以做更深入的探討，遂於 2018 年下半年，再實施了一次焦點訪談。由研究人員於 2018 年 12 月 1 日至 7 日間，分赴桃園市、臺北市、高雄市、臺南市、嘉義縣、嘉義市、宜蘭縣、屏東縣之派出所或警察局訓練科、交通大隊，共 15 位派出所所長、副所長、小隊長、課長，進行第二階段研究的焦點訪談。受訪者當時的職務分別為：

2-A：直轄市政府警察局副所長

2-B：縣（市）政府警察局組長

2-C：縣（市）政府警察局所長

2-D：縣（市）政府警察局所長

2-E：直轄市政府警察局所長

2-F：直轄市政府警察局所長

2-G：直轄市政府警察局小隊長

2-H：直轄市政府警察局所長

2-I：縣（市）政府警察局所長

2-J：直轄市政府警察局所長

2-K：縣（市）政府警察局所長

2-L：縣（市）政府警察局組長

2-M：直轄市政府警察局所長

2-N：縣（市）政府警察局所長

2-O：直轄市政府警察局副所長

這一階段焦點訪談所設定的問題是：

臺灣警察專科學校，每年畢（結）業生達 4,000 餘人，當下即投入全國第一線服務，直接面對民眾，代表國家執行公權力。請問：警察專科學校近幾年產出的新進人員，在各位的服務崗位上，適格、適任嗎？應如何更強化警察教育訓練？請給我們建議？

訪談結果如下：

一、2-A：直轄市政府警察局副所長

　　警專係為警察基層同仁之培訓機關，不論正期組或特考班皆須經歷警專訓練才能至單位服務，而基層警察同仁為為民服務之第一線執法人員，常須直接面對民眾，故在技巧上需更加嫻熟著墨，但經觀察多屆新進畢業生至服務單位的服勤狀況，仍能發現許多缺失且屢見不鮮，剛畢業之學生缺點大同小異，且有日益嚴重之跡象，其狀況如下：

（一）應對進退能力不足

可分為對內及對外，對內係指於警察系統內之應對，包含對長官及派出所內學長之態度，對外係指執勤時處理民眾各類案件之嫻熟程度與面對之態度：

1、對內應知所進退

對長官應保持內斂及謙和，對學長應保持學習態度，近幾期畢業生經常在服務之初便對同事態度欠佳，不保持學習精神，不知禮節及進退。

2、對外應加強自身法令素養及分駐（派出）所常用勤務執行程序之熟悉度

新進人員最常遭人檢舉服務態度不佳，而後經督察組調查確實有所其事，更甚在與民眾應對時，常因不熟悉處理流程而遭民眾質疑；且在資深同事提醒或告知時亦不多加熟悉，學習心態可議。且因特考未有刑事訴訟法及刑法考科，對刑事案件處理程序及法令規定、構成要件之熟悉程度皆有進步空間，筆錄製作時亦由於因不熟悉刑法構成要件而不得要領，建議學校應加強刑法及刑事訴訟法之相關課程，亦或將筆錄製作列入考評範圍。且刑事案件常涉及人身自由之拘束及刑事訴訟程序之正當性，不熟悉法令卻須介入處理，不僅對當事人或執勤同仁是一種危險，更常有違背法定程序之嫌，亦不符合民主國家正當法律程序之要求。

（二）未體認警察勤務之特殊性

許多新進同仁淪為公務員之窠臼，認為警察能與一般公務員相比擬，在需編排臨時性勤務時（例如特勤），常會向派出所計較勤務編排

問題，認為不該剝奪其休假權利，更甚在下班前受理民眾報案，或是業務檢查之際，仍會要求派出所應配合給班，否則即停止受理，僅做上下班時段之事。巡邏時亦未發揮預防犯罪及追緝犯罪之功能，僅作走馬看花，無心思學習案件偵查技巧，較無責任感。

（三）服勤時欠缺危機意識

　　較難以令人皆接受的是，在執行路檢盤查時，似乎未察覺潛在之危機，攔檢車輛後毫無防備亦無法得知車內人數情形下，由車頭靠近受檢車輛，或是任意將上半身深入駕駛座車窗，等等極度危險之動作屢見不鮮，建議學校可針對相關作業流程或潛在危險做實際之操作。

（四）駕駛技術拙劣

　　許多新進人員在服勤之初，許多所長皆不敢讓新進人員駕車，理由係因多見新進人員利用巡邏車當教練車，處理案件時常發生不必要的碰撞，致分局常需賠償對造損失。嚴重的是，常在處理案件前往之際，變成被處理的對象。

（五）欠缺交通事故處理能力

　　甫畢業之同仁在初次處理車禍時，由於現場圖繪製技術之拙劣，亦不知拍照重點於何處（似因不知法令規定，例如相關路權或判斷肇因等，故不知蒐證重點為何），而亦為民眾詬病，且處理事故事涉至少2名當事人，民事案件追訴時效至少2年，現場處理之佐證亦為法院評斷之依據。外勤同仁皆知警專設有交通事故處理課程，惟新進同仁對事故處理不熟之程度，讓人難免猜想是否因非特考科目而遭忽略，新進同仁多為及冠之年，案件處理重要性略顯不知輕重。

二、2-B：縣（市）政府警察局組長

（一）交通違規取締－舉發單填寫及法條適用

各外勤單位勤前宣導均有案例教育提供參考提升製單品質，惟甫畢業同仁於教育階段未能實際填寫舉發單或練習不足，容易填寫錯誤，影響交通違規舉發單製單正確性。

（二）受理各類案件

受理報案 E 化平台設計較為繁雜，如非熟練同仁，尚未能操作快速精準，建議教育階段可與實務接軌針對受理各類案件（開立三聯單）提前練習填輸，另教學相長簡化平台介面。

（三）偵辦刑案

筆錄撰擬與刑案偵辦流程均未能於教育階段實際操作（模擬），惟刑案績效卻是警職工作中最重要評核，偵辦刑案過程中往往有其危險性及急迫性恐難以帶領甫畢業同仁一一解說操作，導致甫畢業同仁無案可辦或有案不會辦的情形。

（四）員警駕車安全

警專學生在校均有參加駕訓班並取得駕照，惟經詢問在校駕駛練習時數偏低，以致於駕駛技術不純熟。實務單位近年來時常發生畢業新生駕駛警用巡邏車發生交通事故，究其原因多為對車輛操控不熟悉且缺乏防禦性駕駛觀念，況且員警於街頭執法時有發動追蹤稽查之必要，激烈操駕在所難免，更須提升警專生駕駛技術，以落實勤務三安。

三、2-C：縣（市）政府警察局所長

警察專科學校近年畢業的新進人員，多數已具有熟稔之刑事法及刑

事訴訟法基礎，足堪任職派出所處理犯罪所需之知識。

　　然而，派出所員警是面對民眾的第一線，許多民眾的問題或也不是犯罪問題，除了需時間累積的歷練與經驗外，我認為加強行政法原理的認識，與警察職權行使用的實際案例運用亦是相當重要的，許多畢業的學生對於法條文字均知悉，但碰到實際案例該怎麼用卻毫無概念，當然這對於剛畢業的學生或有些強人所難，畢竟這是需要時間學習的，但如果學校的課程能夠多些案例教育，相信能讓學生有更紮實的基本概念，以應付現實社會環境所需。

　　最後，我認為任何訓練都應該有淘汰機制，除了學識及體能外，有些人的性格本就不足堪任執法人員，我曾經遇過一位警專畢業生，考了三年特考才通過分發至派出所實習，生性內向懦弱，缺乏與人對話溝通能力，基本生活常識與技能極度匱乏，具有汽機車駕照卻毫無駕駛經驗，過度仰賴家庭保護，這樣的學生成為一個警察，對他自己本身就是危險的事，對機關對民眾也是個不定時炸彈。

四、2-D：縣（市）政府警察局所長

（一）適格、適任嗎？

　　近年新進人員確較過往有明顯差異，或受近年國內整體教育變革、環境變遷、網路發達等諸多因素，新進人員較有主見、不墨守陳規、重視自身權益、多方發展（不單一專注於警察工作）。多數仍有團體及服從概念，多能適格、適任於警察本職工作；少數另有自我規劃及人生目標追求者，多會另覓途徑轉職或以其他形式、工作態度自我調適融入警察團體。

（二）如何強化警察教育訓練？

　　警專應已針對警察執法環境變遷及實務進行課程研調，多數課程均能貼近實務並符合現況要求。惟師父領進門，修行在個人，警專畢業生能否將所學運用於實務工作，不見得是在校教育或課程不足、不適宜所致，個人因素（如心態、考試取向等）仍佔多數，不能因此而責難批評警察養成教育失當。

　　警專課程規劃除兼顧通過特考之考試功利取向外，另應視整體實務環境變遷，編排合宜課程學科，或於原定授課計畫中，結合時事議題，彈性加入適當元素，並向學生充分說明為何編排此課程、強調未來實務需求等背景考量，逐步建立師生間專業信賴關係，讓同學們知悉老師並非在混（傳統警校教育的刻板印象），也適時導正同學們特考功利取向（特考不考的科目並不表示未來警察工作用不到），逐漸培養同學們正確的學習觀，並發揮大專教育的基本精神，老師提綱挈領引領進門，未知或未盡之處，大專生應有自我探尋、網路搜尋、知識檢索的基本技能，並學會思辨、反思，如此教育的效果才得持續並且不斷萌發成長。

　　受限於現行警察教育體制、養成教育時間、非專業分發、調動升遷等因素，警校所學知識，往往在實務工作上是不夠用的，常是到了實務單位才開始深入接觸並實際運用（少數）過往所學；警校教育乃是奠基而已，基礎教育無法期待畢業生有太多驚艷，是以，培養畢業生正確學習觀，保持專業熱忱不斷學習，並結合實務單位常年訓練（前提是實務單位常年訓練課程安排也不能淪為形式），應當有助於警專新進畢業生及早適應，並快速累積專業，做好本職崗位工作。

五、2-E：直轄市政府警察局派出所所長

　　警察工作繁劇，各項勤業務涵涉領域舉凡民生、婦幼、安保、社會及治安等議題，不一而足。如今社會不同往昔單純，社會變遷迅速及網路世代的鋪天蓋地，讓警察工作進入嶄新一頁，也增加許多挑戰及紛擾，官警兩校畢業學生雖然經歷 2-4 年學科教育及警技訓練，甫經畢業即進行社會洗禮，對於 20 歲的社會新鮮人確實存在巨大挑戰，如何適應及做好準備，絕對是警察機關及個人需面對的課題。以下就幾個面向進行討論。

（一）首先是法律，我們是廣義的司法警察人員，第一線的執法者，與民眾接觸到的不外乎與法律有關。因此，在學期間各項法律課程應廣為學習，增加法律知識及素養，面對各項案件及糾紛時才能有所依循及處理。現今社會人人講法及識法，民眾亦對警察保持更多期待及要求，擁有基本法律素養，才能在執勤時成足在胸，無所畏懼。

（二）其次是膽識及危機意識，現在的警察新鮮人除特考班外普遍未曾與民眾應對，遇有狀況時便顯荒亂，舉手投足間讓人充滿不確定性，處理糾紛時難以讓人信服；偵辦案件時無法突破犯人心防進而往握破案契機，最後喪失信心及自我否定，對個人及機關造成影響。為避免似情事發生，在學期間除了基本學科外，可加強情境模擬的訓練，犯罪偵查工作不僅限於課本知識，應加強案例教育，針對實際案件發生、偵查、查捕及偵詢每個環節進行探討，或是對交通舉發的告發單填寫、詢答技巧進行訓練。就員警可能發生的常見狀況進行情境模擬，如此在從事外勤工作時便能心有定見，不致於驚惶失措。同樣的，訓練同仁勇於面對狀況，敢說、

敢做、敢於面對人群，才能加深對實務工作的認識，否則，進入職場工作後，一樣是從零開始，從頭再學。

（三）最後是警察倫理，任何工作講求團隊合作、團隊紀律、團隊和諧，只有團隊、沒有個人，現今的警察單位，同仁的服務年齡差距達到 30 年以上的所在多有，投入職場的年輕同仁，應多聽、多問、多學、多做，勿有鄙夷或輕視的態度存在，經驗的傳承及從錯誤中學習，才是工作技巧的精進之道，鐵打的衙門流水的官，人總會來來去去，唯有單位不會消逝，經驗的累積及傳承，是年輕同仁賴以成長的動力來源，只有心懷謙卑，不懼繁瑣，才能從逆境中學習，益發茁壯。

警察工作繁雜不勝枚舉，現今各項議題或問題均仰賴警察推行及協助，想要站穩腳跟，在廣茂人海中展現警察價值及贏得民眾尊敬，警察基層工作是最簡單也最困難的環節，唯有做好準備，不懼艱難，相信剛投入職場的警察同仁絕對能適應及發揮值得驚艷的表現。

六、2-F：直轄市政府警察局派出所所長

（一）警察專科學校近幾年產出的新進人員，在各位的服務崗位上，適格、適任嗎？

個人於 95 年進臺灣警察專科學校（下稱警專）接受特考班訓練，當時見正 24 期及 25 期學生在警專教育與訓練下，其所展現於外的警察專業、倫理紀律、服儀態度皆可為各警察機關所求，能值得民眾託付公權力及國家法治秩序維護的對象，或許到實務單位無法即時在工作領域上手，但能保持積極態度學習請教，尤其個人在受訓完成離開警專前的正 26 期，在近萬名應考生中汰選約 500 名進入警專，素質

優異自不在話下，再接受當時警專高強度教育，到個人所服務的單位就經驗而言都非常適格適任；然而之後各期別在警政署為快速補足各實務單位所缺乏的人力，開始大量招考，正 27 期起名額是 26 期的數倍，進到警專學生素質不若往昔可想而知；而隨著網路快速應用時代到來，各項資訊皆公開可得，「靠北警專」、Dcard 等社群開始出現一批批警專生分享在校生活，媒體擷取後報導所在多有，雖讓社會各界得以一窺警專受訓甘苦，但是更多的是影響警專針對學生未來警察實務所應有的要求與訓練，例如警專處分實習班長，因為新生不遵照實習班長指示會面時不能和異性過度親近被班長處罰伏地挺身昏倒，警專學生暑假離校被幹部發現將內衣褲丟棄床上，警專學生嫌餐廳飯菜難吃……，這些見諸報端資訊，可以發現警專對於素質不一的學生只重其權利保障卻昧於對等專業要求，警專變成一般大專院校，應證於個人職場經驗類似，近來至單位實習的警專學生對於指導員應有進對應退不若以往，或拿著手機打著電玩或在備勤室和同學聊天電競，只想消耗實習時間，怯於在實習單位對於業務及勤務多見多聞；警專學生如此表現在外的言行，畢（結）業生到服務崗位是否適格、適才我個人淺見是懷疑的；就我個人經驗是，新進人員素質不齊，落差很大，在沒有考核資料佐證下，能否適格、適才對於實務單位而言像是賭局、俄羅斯輪盤一樣，適合的所在多有，不符的亦不在少數，對管理幹部而言是挑戰，也是磨難，對單位勤業務執行好壞參半，對照以往大致符合單位需求確實退步。

（二）應如何更強化警察教育訓練以利畢業後無縫接軌？

　　個人淺見為利警專畢（結）業生到服務崗位能接軌實務單位勤業務需求，警專教育訓練有下列建議：

1、以畢業生為企業愛用的學校如國立高雄餐旅大學、臺東縣私立公東高級工業職業學校為例，師資來源以實務界重大優異表現人員擔任，反觀警專長久以來實務師資來源為高階長官擔任，然而警專畢（結）業生為警察勤業務第一線人員，高階長官早已遠離第一線或警大畢業即擔任管理幹部根本無第一線經驗（如受理報案），教授警察實務如隔靴搔癢，無法觸及基層實際操作狀況，建議警專設計課程時，特定實務課程應以基層員警、巡佐為師資，來源由各實務單位推薦，警專派員考核是否適任，適任者建檔為警專師資資料庫，日後需要時可以從中採任。

2、車輛駕駛訓練得加強，此因警專畢（結）業生下單位後立刻與各式警用車輛產生連結，基於倫理通常也由新進人員駕駛車輛來辦理警察勤業務，而正期生因高中畢業即進入警專就學，汽車駕照亦是在校期間取得，並利用空閒時借用家人親戚車輛練習，因此駕駛車輛時數偏少，孰悉度不佳，因此建議警專編排課程並找場地，徵用各單位報廢巡邏車加強車輛駕駛孰悉度。

3、各實務單位員警執勤時皆會配戴密錄器，當員警處理各類案件時通常會開啟攝影功能錄攝案件處理過程，此為珍貴警察勤務操作情狀，警專應為研究及教學所需，建立資料庫，並以各式獎勵方式向各單位人員徵提，並建立資料庫予以收錄，因應課程需要適當剪輯授與學生瞭解未來下單位後會面對的各類狀況，比起空泛書本知識，影音呈現更能引起受訓學生興趣與加深印象。

4、警察倫理訓練應加強，綜本人經驗，近來警專畢（結）業生對於警察倫理不重視，甚至棄如敝屣、嗤之以鼻，對於己身權益

關切卻輕視團體榮譽，新進人員在警察專業仍有學習空間卻輕視學長姐經驗，平常自以為是對於別人經驗勸告忽視，等問題產生又要單位應該收尾，對照警專見諸報端資訊，對於此種狀況產生毫不意外，也因為近來新進人員沒有倫理有序，應對進退也失據，導致單位學長姊抱持看戲心態，不願傳授新進人員該單位因地制宜的專業知識及經驗，更不願在新進人員困難時伸手幫忙，導致新進人員對警察一職失望，偶有離職情況發生，因此警專有必要在學生接受教育訓練時再次落實警察倫理訓練，好的態度才是人生成長發展關鍵之一。

　　警察為社會法治根基穩固的執行者，因應而生的勤業務益加繁重，幸依警專畢（結）業生個人素質仍可面對負荷，而警專適宜的教育訓練可讓畢（結）業生儘速融入單位，成為單位適格、適才的人員，然近來部分新進人員或許素質較往昔員警來的優異，卻讓這份優異成為阻礙單位團結進步的原因之一，更造成警察專業知識傳承障礙，期許警專參酌各實務單位反饋畢（結）業生服勤狀況，針對爾後課程規劃時留續優點修正缺點，去蕪存菁，讓每位新進人員下單位後，順利開展其警察人生。

七、2-G：直轄市政府警察局小隊長

（一）警察專科學校近幾年產出的新進人員，在各位的服務崗位上，適格、適任嗎？

　　每年畢業於警專有分正期生與特考班兩類，前者服從性高，學識與技能較具水準，惟僵化的生活管理，顯然有思維單純職場表現較無創意的現象；後者服從性稍差，學識與技能亦因人而異，惟多數曾有

社會歷練，想法多元職場表現常有創新。不過整體而言新進人員都具有積極學習心態，以行政警察而言，我認為實務訓練真的非常重要，自己實際處理，應對社會各式各樣心態，目前分發本所學弟都抱持戒慎恐懼心態，學習用心，是適格，適任。

（二）應如何更強化警察教育訓練以利畢業後無縫接軌？

1、另建議受訓中學習的課程，多朝向未來派到警察機關執勤實務應用科目，理論與實務結合，如員警追車、警政署已要求所屬不要追車，改以「尾隨待機」方式應變處理，另使用警械，法官判決常引起警界批評，顯示出第一線執勤員警，與法官及檢察官對於警員使用警槍的時機認定有相當大的差距，建議警專要針對使用警械問題，聘請法官及檢察官教育警專學生，從「警械使用條例」法界角度如何支持保障員警使用警械，執勤應以「安全」為先，身為執法人員是不容執法疏忽。

2、近期的新進人員，不管在學識及操守均有不錯表現，不過本人與督察組教官聊天，發現新進畢業學生普遍體能大不如前，建議警專除了在警技（含柔道、射擊、游泳、擒拿、警棍、綜合逮補術）落實訓練，另跑步體能上，多數畢業學生反映受到去年有某 35 期學生跑步測驗昏倒變成植物人影響，導致學校跑步訓練未落實，然派出所基層警員擔任第一線且 要擔服連續 12 小時服勤，有時現場要隨時應付突發的狀況及必要時追緝現行犯等工作，建議警專要落實加強體能訓練，不能因噎廢食。

3、2016 年警政署把「防護型噴霧器」列為員警應勤必配裝備，訂定「警察人員使用防護型應勤裝備注意要點」以取代槍械的非致命性應勤裝備，建議警專開設一堂課有關於如何使用防衛型

噴霧器，模擬情境配合可能發生的狀況演練，包括遇到嫌犯攻擊性抗拒、酒客 KTV 鬥毆、戒護人犯想脫逃，處理家暴等案件，加強實地操作，如警用水柱式噴霧器，避免防止民眾自傷或是傷人，這就是在警專教育學生三安觀念最好示範。

4、目前警政署已全面陸續配發德國 Walther PPQ 手槍，警政署也頒布「清槍 5 字訣」，分別是「卸、固、觀、釋、壓」，分別為「固」將槍機往後拉並固定，接著「觀」察槍膛室是否有子彈、是否有上膛，再「釋」放槍機滑套，最後一動則是「壓」板機，操作方式與舊式的 90 手槍不同，因過去拉滑套上膛後，槍面設有一道保險，但新式的 PPQ 手槍將保險設置在扳機上，若拉滑套後再去扣扳機一定會擊發，許多意外走火的案例都是出現在這一環節。希望從警專教官開始，持續加強灌輸學生用槍安全守則，並與警政署、警大、保一等教官們研究合作製作影片教學，強化教育 PPQ 手槍安全使用。

八、2-H：直轄市政府警察局所長

（一）警察專科學校近幾年產出的新進人員，在各位的服務崗位上，適格、適任嗎？

警專畢業學生因為年輕可塑性高，小時受父母也是警職影響，從小立定當警察，服從性也較高；特考班畢業學生因大多為大學畢業且年齡較大，比較有本位主義，另大部分從警之前多有工作經驗，受大環境不景氣影響及評估各類考試後後，發現警察收入還不錯，於是考警察特考，所以出身背景上明顯不同。警察工作繁雜，主要有派出所行政警察、交通隊警察及刑事警察，工作壓力大且要求各項績效，需

有高度抗壓性及應付各種勤業務能力，文武兼備，建議警察人員初任考試除採筆試測驗外，可仿傚美日等國之警察考試加考心理測驗，篩選出最適合的從警人員。

另特考班女警錄取名額建議考選部要設一定的比例限制，除了通過筆試分數，個人認為既然要男女平權，體能標準當然也要要求一律平等，建議警專測驗也要不分男女嚴格要求，目前常態上一個派出所女警約 3-4 名，勤務編排在晚上的深夜勤務（0-6 時）會造成人力吃緊，除了編排常態性臨檢勤務取締酒測勤務，有時女警擔任巡邏或備勤須單警處理線上案件，如處理 KTV 酒客打架、街頭鬥毆案件、醉漢妨礙秩序或安寧，女警到場比較沒有優勢，需要靠線上支援警力，使派出所編排勤務產生困擾，女警常擔任值班勤務，長期看來普遍造成勤務編排不公。

（二）應如何更強化警察教育訓練以利畢業後無縫接軌？

因警察人員工作之任務與一般公務人員不同，所以需要一套專門養成教育。一個適格的警察人員，須具備執勤之各項專業技能及法律常識，個人建議警專科學校認為對基層警察人員教育訓練，可加強下列事項：

1、嫻熟行政及刑法相關法律－警察職權行使法、警察勤務條例、社會秩序維護法、道路交通管理處罰條例、刑法、刑事訴訟法。

2、熟悉勤務執行程序－警察機關分駐（派出）所常用勤務執行程序彙編，所謂勤務執行程序（SOP），已成為分駐（派出）所值勤重要參考依據，在警專稱為「警察勤境實務」，並為特考科目。聽聞新進畢業學生提及本科老師皆照本宣科無法提高學生學習興趣，或甚至只有 2 下有開課，希望警專能聘請實務單位資

深小隊長或巡佐,以從警寶貴經驗傳授警專學生,無取締酒駕、
追車、處理街頭暴力鬥毆事件。

3、個人情緒管理－基層派出所警員與民眾接觸最頻繁,時常面對
不理性的報案民眾要求及執法各種挑釁,尤其是現在常見的聚
眾活動陳抗,因此良好的個人情緒亦即所謂 EQ,十分重要。希
望警專隊職官在生活教育上要隨時要求並舉時事案例教育。

4、偵詢筆錄製作能力及技巧－警察調查犯罪時之各式案件偵詢筆
錄(如毒品、詐欺、竊盜、殺人、重傷害、強制性交、重大恐
嚇取財、擄人勒贖、搶奪、強盜、賭博等)任何供詞,尤其是
與犯罪事實密切相關之自白及證詞,均需一一查證,詢問被告
或犯罪嫌疑人時應全程連續錄音,必要時應全程連續錄影,讓
檢察官及法官查證比對案情時能有提供佐證,才不會影響偵查
起訴及審判之結果;案子有共犯情況時,警察亦應講究隔離詢問、
互相比對之技巧。建議警專要特別重視教育「警察偵查犯罪手
冊」及「偵訊筆錄與移送作業」科目,聘請法官、檢察官或刑
事資深小隊長或偵查佐,奠定偵詢筆錄製作能力及技巧,使分
發派出所能在偵辦案件上立即上手。

九、2-I：縣（市）政府警察局所長

（一）警察專科學校近幾年產出的新進人員,在各位的服務崗位上,適格、適任嗎？

警專生社會化不足問題,及特考生對警察工作認知不足(錯誤,更
有多數認為行政警察工作屬於內勤),雖然藉由實習可以讓學生認知真
正警察工作的內涵,然而走馬看花式的實習方式及實習考核不夠嚴格,

不適任者無法淘汰的結果，依然存在著進入職場上的不適應問題存在。先考後訓及先訓後考皆有其優缺，如何在其中取捨考量著未來警政人才，不能單一方面偏頗。警專生在適格度上相較特考生出色，然在適任上由於社會化不足，對於剛接觸複雜警察工作，較易出現適任上之問題。特考生在適任上多數可能表現相較警專生出色，然亦會出現多數不適格及不適任之情形。更多視警察工作為暫時性工作，無法表現投入感及認同感。

（二）應如何更強化警察教育訓練以利畢業後無縫接軌？

鑑於上述論點，管見以為除了在職前教育上，警專生更需加強實務上訓練，強調做中學的重要性的三明治教學，增加警專生實務上經驗，縮短進入職場時間。特考生雖然相較警專生較警專生社會化，但也出現多數不適格、不適任之情形。

未來在如何強化警察教育訓練上，依陳清肇教授建議，應採：

1、全人教育為基礎的教育思想

2、以能力培養為本位的教育理念

3、以學員發展為核心的教育觀念為主軸，發展

（1）能力及人格皆重

（2）實務及學術結合

（3）多元化教材應用

4、創新思考培養及服從性並重

5、優秀警技及體能鍛練等之警察教育訓練，以利學生畢業、結訓後能順利進入職場。

十、2-J：直轄市政府警察局所長

（一）警察專科學校近幾年產出的新進人員，在各位的服務崗位上，適格、適任嗎？

這幾年培育的新進同仁都非常精實，雖無法快速在工作領域上手，但態度上、禮貌上、道德上，都是可以鼓掌讚賞。新進同仁對於派出所上業務及勤務都有很高的求知欲，也比較不會計較繁忙程度。但，或許是因為年輕，面對執法、偵查案件上，會衝了一點，比較不思考後果，一心只想偵破案件，校方應多在宣導三安之重要性，現今警察工作還是細水長流為好，不是以前的大風大浪精神，應讓新進同仁們多愛惜自己的羽毛，讓警察工作可以能長久持續的服務下去。

（二）應如何更強化警察教育訓練以利畢業後無縫接軌？

新進同仁們剛開始最無法適應的就是，學理無法發揮在實務上；或者實務上做法多樣變化，剛畢業，經驗不足，一開始無法大膽執行，值勤時綁手綁腳，發生事情時不知所措。除了希望正期組的同仁開放多一點實務訓練的時間，也希望校方能對於課程上多多案例分享，刑法課程、刑事訴訟課程、警察勤務課程等以學理帶實務，各縣市作法多方比較，讓同仁們畢業後可以快速無縫接軌。

實務訓練期間，新進同仁需要學習的有:如何受理案件、熟記轄區道路、應對地方紳士、面對民眾報案作出最好的處置、交通指揮及控燈、業務處理。

有幾項可以建議校方能多方幫忙：

1、受理案件各縣市都略有差異，但希望能有個大方向讓同仁們知道，附卷該附上那些資料。

2、開放學習用的知識聯網，讓同仁們能知道哪些權限的運用。

3、案件管理輸入軟體（訓練版）在學校時就能多加練習。

4、能熟知各縣市地方檢察署位置，並且教導國道路線及快速道路交接處，對於移送人犯會有很大幫助。

5、控燈箱的使用是一大重點，應熟知。

以上是身為3年所長的一些淺見，能有這些幫忙，對於同仁在實務訓練時，一定能輕鬆駕馭派出所的勤務及業務。

警察的工作一輩子都在學習，但基礎不牢；地動山搖。打穩基本工，慢慢駕馭警察工作。警察其實到最後在學的東西，就是如何做人，人與人的應對；人與人的幫助。所以人際關係禮儀文化也是不可忽略的一大課程。

十一、2-K：縣（市）政府警察局所長

近年警專新進人員，幾乎大部分給學長姐的映像，只有(差)字形容。不知道是否是因為身為學長，在恨鐵不承剛的心情下，所以要求比較嚴格，負面評價居多。大致上以「待人接物」、「積極性」及「責任感」最令人詬病。

（一）待人接物欠缺得體性

首先在待人接物上，不知道是家庭教育的問題還是警專最近管理問題，新畢業生幾乎不懂禮貌。一畢業就自以為是警察，不是學生，該有的禮貌也放在學校裡，現在（見到學長，不叫學長是正常，叫學長才是不正常，只有出事才會叫學長）。想當初在學校進入區隊長室時，都要敲門請示進入，現竟有警專實習生，進入所長室是直接進入，也不管所長有無要事。所謂見面三分情，禮貌都不懂，出事誰會想幫你。

（二）積極度缺乏進取性

積極性也是相當嚴重的方面，上班滑手機，學長遇到案件，該學習時也在滑手機，總知不管什麼時候都在滑手機聊天。並且認為自己跟一般公務員是打卡下班，警察工作有特殊性，下班時可能所內遇到特殊案件可以學習，也是顧著下班去。總是認為下次自己遇到時，學長就是會幫忙。

（三）責任感欠缺明確性

責任感也是問題，自己的業務能拖就拖，能閃就閃。遲交是正常，遲交 1 個禮拜也覺得沒有什麼關係。反正月初就會領薪水，該會的技能就是簽名上班，出事嘴開開看學長，等學長看不過去拉，就會幫忙處理，一點羞恥心也沒有。

（四）建議與展望

常言道：做事是能力，做人是態度。雖然不會做事，但至少也會做人，禮貌當不懂，出事學長也不會想幫忙，建議學校能加強禮節、人生觀教育，並加強學生的挫折容忍力。

十二、2-L：縣（市）政府警察局組長

相較過去，現今警察人員素質大幅升高，法律素養沒太大問題，實務工作上亦因學習能力快速，迅速可獨當一面，觀察警察專科學校近幾年產出新進人員，於服務崗位上，大多能適任現職。

如何更強化警察教育訓練，謹就個人職務之業務需求及平常與基層互動觀察及等，略表淺見如下：

（一）迅速熟悉實務工作之課程

平時新進基層員警常反映，很多實務工作因警專沒教或僅教導理論，畢業分發後對很多案件處理方式陌生，再者，以羅東分局為例，所屬各分駐（派出）所員警平均資歷較淺，難以透過資深人員傳承模式學習，且實習工作短暫欠深入，因此，實務工作必須自學校教育時即有認知，建議收集分局一至二年之 110 報案內容或值勤臺簿冊，敦聘外勤員警逐案教導，必要時播放處理過程全程錄影資料，增加臨場感，以期貼近實務並迅速熟悉實務工作。

（二）強化與民眾溝通能力之相關課程

警察職司取締、查察工作易遭挑剔，員警素質雖提高，惟與民眾溝通能力不足，更易遭誤解態度不佳；其次，近幾年發現協勤民力(義警、民防、守望相助)與派出所員警關係逐漸疏遠，目前派出所內員警平均年齡與協勤民力平均年齡相差近 30 歲，不無隔閡，員警不懂如何應對進退、寒暄互動，甚而漠視民力功能，讓民力普遍誤認現今員警高傲，再者，年輕員警對於地方人士欠熟悉，且鮮少與地方民眾互動，不利警政工作推展。

（三）建議及展望

警政工作字有其複雜性及危險性、疲勞性，加強警專在校生的挫折容忍力、增加安排熟悉實務工作之課程及配養與民眾溝通能力之相關課程，應可給予初任警職的學弟妹更順利銜接實務工作的機會。

十三、2-M：直轄市政府警察局所長

這些年來，對剛投入警察工作的學弟妹們，其實能力程度上已經趨

於平穩，當然不乏部分學弟妹的懷抱從警的熱情，秉持積極努力的態度認真學習，從而擁有突飛猛進的收穫。然整體而言，警專 2 年制畢業生的水平只能稱得上及格。

我用自身於宜蘭縣政府警察局擔任巡官及副所長及返回臺北市政府警察局的帶人經驗想給警察學校二項針對實務課程的建議：

（一）交通執法裁量權的教育

警察的認認重點是治安及交通，交通執法占警政工作極大的比重，舉含交通執法上、交通違規取締、盤查及告發等。然而對於最關鍵的「違反道路交禿管理事件統一裁罰基準及處理細則」中的第 12 條勸導條款是否有裁量權及裁量權的發動及限制卻一知半解，難以想像出任警職的學弟妹們要如何於街頭交通執法。

（二）交通事故處理流程的精進

或許部分學生上課不甚用心，然基本的道路現場圖卻也是不知重點為何，將會影響到肇事責任的判斷失準、嚴重侵害事故當事人的權益，不可不察。

（三）建議及展望

建議學校除了教授法規相關課程外，實應加強各項實務課程，將重心放在讓學生了解「為什麼操作」及「操作重點為何」以取代生硬的法條科目背誦，更能讓理論於實務接軌，順利銜接實務工作。

十四、2-N：縣（市）政府警察局所長

警校教學政策建議：

（一）教學與實務結合及與時俱進

建議邀請警察實務界教官（偵查隊長、鑑識專員、交通隊長、婦幼隊長、少年隊長、所長）返校指導，現實警察實務上的各項專業與警察勤務的配合執行。例如最新偵辦刑案技巧、如何製作筆錄或請票（調取票、鑑定許可書、監聽票、搜索票）、調閱監視器、網路偵查、埋伏跟間、第三方警政......等。

（二）落實各項三安要求，提高危機意識

建議以各項實際案例來製作教案，情境模擬來實施教學。例如國道警察處理車禍遭撞傷亡，檢討如何安全防範。遇到群眾鬥毆或挑釁、歹徒（精神病患）攻（突）擊如何安全防範。人犯戒護與搜身之落實，預防遭攻擊或脫逃。

（三）輔導學生面對真實警察勤務運作的困境

例如輪休不固定、輪班制度不一（一段、二段或三段式勤務）、專案勤務（停休）過多、警用裝備老舊（警用汽、機車）無經費汰換、應勤裝備（祕錄器等）須自購、男女警勤務分配公平性問題、民眾胡亂檢舉、行政協助過於浮濫（權責不明）......等

（四）給予學校真誠的建議

隨著時代快速的精進，科技建警的重要性也日漸增加，然警政技能卻非具急迫性及必要性，個人認為警察教育真正具有真實價值性的，是經驗傳承的可貴及嚴守分際的從警態度、堅定不移的信念，換句話說，縱使科技日進物換星移，根本的社會價值依舊不變，此才是學校的首重任務。

十五、2-O：直轄市政府警察局副所長

劉秀，漢光武帝，漢高祖九世孫，長沙定王的後裔，幼寄養在叔父家裡。

一天，他在長安市上，看到執金吾出巡，前呼後擁，車騎盛，於是發出「仕宦當作執金吾」的感慨，進而開創出一番事業。

警察，始終是小朋友童年憧憬的眾多職業之一，其職業能和醫生、律師、法官、護士、消防員並列並不是這些職業能帶給你多少財富，而是在於這些職業能為人民做出多少服務。醫生、護士用技術和科技救人；法官、律師在法庭激烈辯論聲張正義；太空人的太空計畫則給予人民對未來的夢想及希望；警察和消防員則是在第一線衝鋒陷陣服務人民。警察的重要性我們更應該自重。

現今依法行政的警察，一面需要檢察體系的支持，另一面則需充實自我學識，精進專業技能，嫻熟法令，合併官警兩校成訓練單位，初任警職一律從基層鍛鍊起，逐級考核陞職；料敵從嚴要重視實務情境演練，培養團體觀念，注重品操法紀教育；訓練過程嚴格汰除不適任者。

以上，是我給予警察學校的建議，如此方能培養出民主法治社會下的警察，在自己崗位上默默的發光發熱，服務社會民眾。

第五節　適任性研究（三）：民眾滿意度調查

於「適任性」研究部分，就嚴謹度而言，應該要有「服務對象」－警察組織基層人員執行職務的對象：「民眾」實施訪談或問卷調查；於此部分，本節係彙整摘錄各研究團體已發表之文獻資料來做為旁證。

壹、相關調查分析

民眾對警察的觀感，可反映在「當前的治安狀況」上。2016-2017 年間，出現了許多對「治安滿意度」、「全球城市安全」、「人民公僕好感度」、「各類刑案受理滿意度」的相關調查，在在顯示我國的居住環境相當安全有善，而且都導向因為有警察的支撐。既然外勤第一線（基層）實務工作人員是為警察組織相對的絕大多數（93%），謹摘引部分調查資料列如下：[4]

一、中正大學犯罪研究中心公布 2016 年 8 月公布，2016 年上半年的治安民調，民眾對「警察維護治安工作」的滿意度再創新高，達 73.7%。

二、2016 年 8 月 TVBS 民調顯示，警察形象大幅提升，民眾對警察印象好比例達 72%，較 15 年前 35% 大幅提高。

三、根據美國商會 2017 年 2 月，所發布的治安滿意度調查，臺灣犯罪數持續降低，治安持續改善，「家人感覺臺灣很安全」排名第 1 名，臺灣整體治安滿意度調查第 1 名。

四、全球資料庫網站「Numbeo」2017 年 4 月對全球 378 個城市進行調查，公布 2017 全球城市安全指數，阿拉伯聯合大公國阿布達比第 1 名、德國慕尼黑第 2 名、臺北市排名全球第 3 名。其他亞洲國家城市，新加坡第 8 名、日本東京第 16 名、香港第 23 名、韓國首爾第 41 名、中國北京第 173 名。

五、根據臺灣民意教育基金會 2017 年 4 月對 7 類政府官員好感度大調查，警察排名第 1（74.1%）。

---

[4] 本單元係摘錄自 2017 年 10 月 20 日「執法人員行政管理理論與實踐研討會」之圓桌論壇：「提升民眾對警察信任度之精進措施」，作者於現場對發言者所作的筆記。

六、群我倫理促進會 2017 年 5 月公布的 2017 年臺灣社會信任調查，高達 7 成民眾信任警察。

七、內政部委託全國意向顧問股份有限公司，以及艾普羅民意調查股份有限公司，於 2017 年 2 月 17 日至 3 月 9 日，分別辦理「民眾對治安滿意度調查」，民眾對於 2016 年下半年治安及整體服務的感受度達 86.68%。

八、警察維護治安工作持續的精進，民眾對「警很有感」，也是提升民眾對警察信任度的主因。民眾對於警察整體治安維護表現滿意度，近五年持續上升。

綜上，當時社會上的重大案件，諸如：臺鐵爆炸案、第一銀行盜領案等，各警察機關立即成立專案小組，善用路口監視錄影設備輔助，迅速偵破案件，加上國內外媒體報導宣傳，民眾對「警察執法信心」大幅增加，此也突顯出「科技建警」政策的奏效。

貳、中正大學治安施政滿意度調查

2016 年 8 月間，中正大學發表了有關「105 年上半年度全國民眾犯罪被害暨政府維護治安施政滿意度調查」的研究報告。[5]

這是一個非常具有代表性的研究調查，謹將該研究的調查目的、調查方法、研究發現與結論略如下：

一、調查目的

本計畫目的進行「全國民眾犯罪被害及政府維護治安滿意度電話問

---

[5] 該研究的召集人為中正大學犯罪研究中心主任楊士隆；副召集人為中正大學市場調查中心主任樓文達、犯罪防治系教授兼學務長鄭瑞隆、犯罪防治系教授兼系主任、所長許華孚；研究助理為王嘉煒、顧以謙、陳瑞旻。

卷調查」,確實掌握台灣犯罪被害與政府維護治安之施政狀況,透過調查反應民意,作為政府施政的參考。

二、調查方法

本次調查訪問執行時間為 2016 年 7 月 20~27 日,晚間 6:00 至 9:30。本調查研究之母體為台灣地區 19 縣市(不含澎湖與離島),設有戶籍,年齡在 20 歲以上之成年民眾。本調查執行結果,共撥出電話 15,322 次,扣除「無效電話」(包括無人接聽、忙線、傳真機、答錄機、空號及故障)10,170 通後,共接通 5,152 通電話,其中訪問成功樣本(即受訪者回答全部題目者)為 1,728 通,經資料檢誤後,實際成功樣本為 1,716 通,其餘為中途終止訪問。此外,本調查針對每一樣本以「多變數反覆加權」方式進行加權,加權後的樣本在性別、年齡、及地理區域分佈上與母群無顯著差異。本調查結果在 95%的信心水準下,抽樣誤差最大為正負2.2%。

三、研究發現與結論

這份研究報告的研究發現原本有下列幾個議題:

(一)民眾對治安之觀感

(二)民眾對司法與廉政之觀感

(三)民眾對重大治安議題之看法

    1、毒品犯罪議題

    2、死刑存廢議題

    3、校安議題

    4、恐怖攻擊議題

（四）民眾犯罪被害情形與嚴重性

（五）民眾遭受犯罪侵害後之反應情形

　　與本節的撰寫有關者，係第一個議題：民眾對治安之觀感。謹摘要略述如下：

　　2016 年上半年度民眾對整體治安之觀感較去年同期調查顯著上升（28.1%上升至 30.8%），惟仍有 69.2%民眾認為當前治安不好。

　　在「住家與社區治安狀況的觀感」上，86.3%的民眾感覺住家附近安全，比起去年同期成長 2.6%（83.7%上升至 86.3%）。住家安全感維持上升趨勢，於本次調查達到歷年最高點。

　　民眾「擔心被犯罪侵害的觀感」的程度來到 51.7%，與前次同期調查結果（51.2%）無顯著差異。

　　「政府改善社會治安工作的滿意度」部分，則較前次同期調查顯著上升（34%上升至 38.1%），呈現近四成的滿意度，推測可能是當時警方科技建警政策初步奏效，如警方近期善用路口監視錄影設備快速將一銀 ATM 盜領案破案，民眾安全感相形提升。

　　值得注意的是，民眾對「警察維護治安工作」的滿意度突破新高，攀升至 73.7%之滿意度，再次達到歷年最佳表現。

　　民眾對「警察維護治安工作」的滿意度持續四年來之上升趨勢，值得鼓勵。由於當時警方迅速偵破震驚社會的台鐵爆炸案以及跨國駭客盜領一銀 ATM 鉅款案，致本次調查呈現出民眾相當滿意警察維護治安工作能力之結果，故滿意度趨勢仍持續上升。

　　根據這份報告的研究結果，2016 年，民眾對「警察維護治安工作」的滿意度於突破新高，攀升至 73.7%，達到歷年最佳表現。

　　此一研究，每年均持續進行，依據 2021 年的研究報告，民眾對警察

「警察維護治安工作」的滿意度已提升至 85%。[6]雖不能直接證明我國警察組織的基層人員於完成與基層警察工作有關的培訓之後,確實成為適格、適任的基層警察人員,惟鑑於外勤第一線(基層)實務工作人員佔了警察組織的絕大多數(93%),可將之列為旁證,做一參考!

第六節　本章小結－服務機關滿意度與民眾滿意度之再精進

本章有關警察組織新進基層人力的「適任性研究」,亦為自 2009 年迄今,政策變革研議過程中,一系列研究案中的一環。此一系列的研究案:「核心職能、「課程設計」、「情境模擬教學」、「適任性研究」等四大主題中,極待補強的當屬「適任性研究」。

本部分的研究於 2015-2019 年間進行,先經由文獻探討,研閱我國及幾個較具代表性的國家或地區各項新進警察人員培訓研究的著作、論文、期刊雜誌的報導,或研究報告等資料,參考學習有關「適任性」的相關探討,觸類旁通,俾建構本章研究的分析架構與研究設計;再經由研究調查,了解警察專科學校近幾年產出的新進人員,分發派任到實務單位後,於各服務崗位上,適格嗎?適任嗎?渠等「專業能力」是否足以適任這份工作。

最早於 2015 年間進行的是「『畢(結)業生基層警察工作適任性』問卷調查」;而後是 2018 年 12 月間的「『畢(結)業生基層警察工作適任性』焦點訪談」。迄今(2021 年),一系列的研究仍持續進行,不斷地充實並加強研究項目與研究內容,俾對我國警察組織基層人力的招募、

6　參見:「法官沒人信,遠不如警察」《中國時報》,A9,2021.02.27。

遴選、培訓與任用進行政策倡導，以挹注適格、適任的基層警察人員。

　　除了「服務機關」對這些新進人員的「滿意度」分析外，仍待加強的應該是警察組織基層人員執行職務的對象：「民眾」的觀感；本節的撰寫，共四個單元，除了將研究的結果綜整外，較關注於「服務機關滿意度」與「民眾滿意度」之再精進，作為本章的結論；最後是結語。

壹、「畢（結）業生基層警察工作適任性」問卷調查

　　這份問卷施測的對象是警察專科學校專科警員班第 26、27、28 期的畢業生，以及對應的「公務人員特種考試警察人員考試錄取人員訓練班」結業學員。就本部分研究的時間點（2015 年）而言，分別為從事基層警察工作 6 年、5 年、4 年者。

　　研究結果顯示，112 位經警察專科學校培訓的警察組織新進基層人員，在完成與「基層警察工作」有關之專業培訓後，於各警察機關分別有了 3、4、5 年基層警察工作經驗的受訪者，對於問卷所列舉的 15 個職場所需專業能力項目，除了「3-4-6 外語能力」稍為「不具備」外，其他幾乎都認為已經「具備」了。

　　此一研究結果顯示，在受訪者的心目中，認為在警察專科學校的培訓，對於「核心職能」的養成，應該是有助益的；至少受訪者普遍認為，自己已經具備了職場所需的專業能力；那就表示，經由警察專科學校培訓的新進基層警察人員，在完成與「基層警察工作」有關之專業培訓後，確實能成為適格、適任的基層警察人員。

貳、「畢（結）業生基層警察工作適任性」焦點訪談

　　「警察專科學校畢（結）業生基層警察工作適任性」焦點訪談的對

象,設定為「各警察機關分駐(派出)所副所長以上職務人員」:主管職務人員;且為使研究所獲得的資料更臻縝密,本研究的研究團隊,分為兩個階段,共實施了兩次焦點訪談。

一、第一階段

本階段研究,係於 2015 年上半年,103 學年第 2 學期,於警察專科學校教授「警察勤務」的師資名單中篩選出符合條件,且有時間接受訪談的人員共 6 名,渠等職務,於當時分別為直轄市政府警察局副分局長、、直轄市政府警察局派出所所長、直轄市政府警察局警務正(原任派出所所長)、縣(市)政府警察局訓練課課長、縣(市)政府警察局小隊長、專業警察機關大隊長(曾任縣〈市〉警察局督察長)。

訪談的結果顯示,這 6 位「各警察機關分駐(派出)所副所長以上職務人員」:主管職務人員,至少在當時的最近 5 年內,都具有直接帶領警察專科學校畢(結)業生從事基層警察工作的經驗,他(她)們共同認為:

(一)警察專科學校的培訓,對於基層警察人員核心職能的養成,無庸置疑一位警察專科學校的畢(結)業生絕對具有基層警察人員最基礎的「專業能力」。

(二)學校的養成,熟悉了各種法規的應然面,再於實習、匙務訓練,或實際工作中累積經驗,將學校所學的「理論」與職場上的「實務」無縫接軌。

(三)「專業能力」是可以學習的,「心態」才是能否適任的關鍵!

綜上,經由警察專科學校培訓的新進基層警察人員,在完成與「基層警察工作」有關之專業培訓後,絕對具備了從事基層警察工作的專業

能力，但是要成為適格、適任的基層警察人員，還得加上實務工作中的經驗累積，以及正確的「心態」；這整個過程，才是「核心職能」的發展過程。

二、第二階段

研究團隊認為，在第一階段研究所獲致的結果，應該可以做更深入的探討，遂於 2018 年下半年，再實施了一次焦點訪談。由研究人員於 2018 年 12 月 1 日至 7 日間，分赴桃園市、臺北市、高雄市、臺南市、嘉義縣、嘉義市、宜蘭縣、屏東縣之派出所或警察局訓練科、交通大隊，共 15 位派出所所長、副所長、小隊長、課長，進行焦點訪談。

這次接受訪談的主管職務人員共 15 名，幾位受訪者的意見令人驚異！他們普遍認為，以 2018 年為界，近幾年來自警察專科學校畢（結）業的新進人員，於專業能力上並不理想，態度更是值得檢討：

（一）法律素養普遍不足

許多剛畢業的學生對於法條文字均知悉，但碰到實際案例該怎麼用卻毫無概念。

多數已具有熟稔之刑事法及刑事訴訟法基礎，然而，派出所員警是面對民眾的第一線，許多民眾的問題或也不是犯罪問題，除了需時間累積的歷練與經驗外，加強行政法原理的認識，與警察職權行使用的實際案例運用亦是相當重要的。

（二）欠缺溝通能力

對內之於「警察系統內」，包含對長官及派出所內學長之態度，以及對外之於「執勤時處理民眾各類案件」之嫻熟程度，與面對之態度：

1、幾期畢業生經常在服務之初便對同事態度欠佳，不保持學習精
　　神，不知禮節及進退。

2、新進人員最常遭人檢舉服務態度不佳，而後經督察組調查確實
　　有所其事，更甚在與民眾應對時，常因不熟悉處理流程而遭民
　　眾質疑；且在資深同事提醒或告知時亦不多加熟悉，學習心態
　　可議。

（三）駕駛技術拙劣

　　許多新進人員在服勤之初，所長皆不敢讓新進人員駕車，理由係
因多見新進人員利用巡邏車當教練車，處理案件時常發生不必要的碰
撞，致分局常需賠償對造損失。嚴重的是，常在處理案件前往之際，
變成被處理的對象。

（四）欠缺警察倫理

　　任何工作講求團隊合作、團隊紀律、團隊和諧，只有團隊、沒有
個人。

　　現今的警察單位，同仁的服務年齡差距達到 30 年以上的所在多
有，投入職場的年輕同仁，應多聽、多問、多學、多做，不應有鄙夷
或輕視的態度存在。

（五）缺乏危機意識與應變能力

　　在執行路檢盤查時，似乎未察覺潛在之危機，攔檢車輛後毫無防
備亦無法得知車內人數情形下，由車頭靠近受檢車輛，或是任意將上
半身深入駕駛座車窗。

（六）欠缺專業精神（意指警察工作有其特殊性）

新進人員較有主見、不墨守陳規、重視自身權益、多方發展（不單一專注於警察工作）。

許多新進同仁淪為公務員之窠臼，認為警察能與一般公務員相比擬，在需編排臨時性勤務時，常會向派出所計較勤務編排問題，認為不該剝奪其休假權利。

（七）待人接物欠缺得體性

首先在待人接物上，不知道是家庭教育的問題還是警專最近管理問題，新畢業生幾乎不懂禮貌。一畢業就自以為是警察，不是學生，該有的禮貌也放在學校裡，現在(見到學長，不叫學長是正常，叫學長才是不正常，只有出事才會叫學長)。想當初在學校進入區隊長室時，都要敲門請示進入，現竟有警專實習生，進入所長室是直接進入，也不管所長有無要事。所謂見面三分情，禮貌都不懂，出事誰會想幫你。

（八）積極度缺乏進取性

積極性也是相當嚴重的方面，上班滑手機，學長遇到案件，該學習時也在滑手機，總知不管什麼時候都在滑手機聊天。並且認為自己跟一般公務員是打卡下班，警察工作有特殊性，下班時可能所內遇到特殊案件可以學習，也是顧著下班去。總是認為下次自己遇到時，學長就是會幫忙。

（九）責任感欠缺明確性

責任感也是問題，自己的業務能拖就拖，能閃就閃。遲交是正常，遲交 1 個禮拜也覺得沒有什麼關係。反正月初就會領薪水，該會的技能就是簽名上班，出事嘴開開看學長，等學長看不過去拉，就會幫忙

處理,一點羞恥心也沒有。

　　綜上,以上只是羅列其一、二,問題是,何以幾年之間(2015-2018)差異如此巨大?是當時招訓人數過多?還是招募進來的學生(員)素質降低?或是警察專科學校的課程設計、師資聘任、教學內容……,某個環節出了問題?總之,受訪者語重心長地認為:

(一)警察專科學校課程規劃除兼顧通過特考之考試功利取向外,另應視整體實務環境變遷,編排合宜課程學科,或於原定授課計畫中,結合時事議題,彈性加入適當元素,並向學生充分說明為何編排此課程、強調未來實務需求等背景考量,逐步建立師生間專業信賴關係,讓同學們知悉老師並非在混(傳統警校教育的刻板印象),也適時導正同學們特考功利取向(特考不考的科目並不表示未來警察工作用不到),逐漸培養同學們正確的學習觀,並發揮大專教育的基本精神,老師提綱挈領引領進門,未知或未盡之處,大專生應有自我探尋、網路搜尋、知識檢索的基本技能,並學會思辨、反思,如此教育的效果才得持續並且不斷萌發成長。

(二)受限於現行警察教育體制、養成教育時間、非專業分發、調動升遷等因素,警校所學知識,往往在實務工作上是不夠用的,常是到了實務單位才開始深入接觸並實際運用(少數)過往所學;警校教育乃是奠基而已,基礎教育無法期待畢業生有太多驚艷,是以,培養畢業生正確學習觀,保持專業熱忱不斷學習,並結合實務單位常年訓練(前提是實務單位常年訓練課程安排也不能淪為形式),應當有助於警專新進畢業生及早適應,並快速累積專業,做好本職崗位工作。

(三)警察倫理訓練應加強。近來警專畢(結)業生對於警察倫理不重

視，甚至棄如敝屣、嗤之以鼻，對於己身權益關切卻輕視團體榮譽，新進人員在警察專業仍有學習空間卻輕視學長姐經驗，平常自以為是對於別人經驗勸告忽視，等問題產生又要單位應該收尾，對照警專見諸報端資訊，對於此種狀況產生毫不意外，也因為近來新進人員沒有倫理有序，應對進退也失據，導致單位學長姊抱持看戲心態，不願傳授新進人員該單位因地制宜的專業知識及經驗，更不願在新進人員困難時伸手幫忙，導致新進人員對警察一職失望，偶有離職情況發生，因此警專有必要在學生接受教育訓練時再次落實警察倫理訓練，好的態度才是人生成長發展關鍵之一。

（四）警察人員是廣義的司法警察人員，第一線的執法者，與民眾接觸到的不外乎與法律有關。因此，在學期間各項法律課程應廣為學習，增加法律知識及素養，面對各項案件及糾紛時才能有所依循及處理。現今社會人人講法及識法，民眾亦對警察保持更多期待及要求，擁有基本法律素養，才能在執勤時成足在胸，無所畏懼。

（五）應培養膽識及危機意識，現在的警察新鮮人除特考班外普遍未曾與民眾應對，遇有狀況時便顯荒亂，舉手投足間讓人充滿不確定性，處理糾紛時難以讓人信服；偵辦案件時無法突破犯人心防進而往握破案契機，最後喪失信心及自我否定，對個人及機關造成影響。為避免似情事發生，在學期間除了基本學科外，可加強情境模擬的訓練，犯罪偵查工作不僅限於課本知識，應加強案例教育，針對實際案件發生、偵查、查捕及偵詢每個環節進行探討，或是對交通舉發的告發單填寫、詢答技巧進行訓練。就員警可能發生的常見狀況進行情境模擬，如此在從事外勤工作時便能心有

定見，不致於驚惶失措。同樣的，訓練同仁勇於面對狀況，敢說、敢做、敢於面對人群，才能加深對實務工作的認識，否則，進入職場工作後，一樣是從零開始，從頭再學。

（六）畢業後的無縫接軌

1、建議受訓中學習的課程，多朝向未來派到警察機關執勤實務應用科目，理論與實務結合，如員警追車、警政署已要求所屬不要追車，改以「尾隨待機」方式應變處理，另使用警械，法官判決常引起警界批評，顯示出第一線執勤員警，與法官及檢察官對於警員使用警槍的時機認定有相當大的差距，建議警專要針對使用警械問題，聘請法官及檢察官教育警專學生，從「警械使用條例」法界角度如何支持保障員警使用警械，執勤應以「安全」為先，身為執法人員是不容執法疏忽。

2、近期的新進人員，不管在學識及操守均有不錯表現，不過本人與督察組教官聊天，發現新進畢業學生普遍體能大不如前，建議警專除了在警技（含柔道、射擊、游泳、擒拿、警棍、綜合逮捕術）落實訓練，另跑步體能上，多數畢業學生反映受到去年有某 35 期學生跑步測驗昏倒變成植物人影響，導致學校跑步訓練未落實，然派出所基層警員擔任第一線且 要擔服連續 12 小時服勤，有時現場要隨時應付突發的狀況及必要時追緝現行犯等工作，建議警專要落實加強體能訓練，不能因噎廢食。

3、嫻熟行政及刑法相關法律－警察職權行使法、警察勤務條例、社會秩序維護法、道路交通管理處罰條例、刑法、刑事訴訟法。

4、熟悉勤務執行程序－警察機關分駐（派出）所常用勤務執行程序彙編，所謂勤務執行程序（SOP），已成為分駐（派出）所值

勤重要參考依據,在警專稱為「警察勤境實務」,並為特考科目。聽聞新進畢業學生提及本科老師皆照本宣科無法提高學生學習興趣,或甚至只有 2 下有開課,希望警專能聘請實務單位資深小隊長或巡佐,以從警寶貴經驗傳授警專學生,無取締酒駕、追車、處理街頭暴力鬥毆事件。

5、個人情緒管理－基層派出所警員與民眾接觸最頻繁,時常面對不理性的報案民眾要求及執法各種挑釁,尤其是現在常見的聚眾活動陳抗,因此良好的個人情緒亦即所謂 EQ,十分重要。希望警專隊職官在生活教育上要隨時要求並舉時事案例教育。

6、偵詢筆錄製作能力及技巧－警察調查犯罪時之各式案件偵詢筆錄(如毒品、詐欺、竊盜、殺人、重傷害、強制性交、重大恐嚇取財、擄人勒贖、搶奪、強盜、賭博等)任何供詞,尤其是與犯罪事實密切相關之自白及證詞,均需一一查證,詢問被告或犯罪嫌疑人時應全程連續錄音,必要時應全程連續錄影,讓檢察官及法官查證比對案情時能有提供佐證,才不會影響偵查起訴及審判之結果;案子有共犯情況時,警察亦應講究隔離詢問、互相比對之技巧。建議警專要特別重視教育「警察偵查犯罪手冊」及「偵訊筆錄與移送作業」科目,聘請法官、檢察官或刑事資深小隊長或偵查佐,奠定偵詢筆錄製作能力及技巧,使分發派出所能在偵辦案件上立即上手。

參、民眾滿意度調查

於「適任性」研究部分,就嚴謹度而言,應該要有「服務對象」－警察組織基層人員執行職務的對象:「民眾」實施訪談或問卷調查;於此

部分，本章係彙整摘錄各研究團體已發表之文獻資料來做為旁證。

　　整體而言，依中正大學 2016 年所做的研究顯示：

一、民眾對整體治安之觀感較 2015 年同期調查顯著上升（28.1%上升至30.8%），惟仍有 69.2%民眾認為當前治安不好。

二、在「住家與社區治安狀況的觀感」上，86.3%的民眾感覺住家附近安全，比起 2015 年同期成長 2.6%（83.7%上升至 86.3%）。住家安全感維持上升趨勢，於本次調查達到歷年最高點。

三、民眾「擔心被犯罪侵害的觀感」的程度來到 51.7%，與 2015 年同期調查結果（51.2%）無顯著差異。

四、「政府改善社會治安工作的滿意度」部分，則較 2015 年同期調查顯著上升（34%上升至 38.1%），呈現近四成的滿意度，推測可能是近期「科技建警」的政策初步奏效，例如：善用路口監視錄影設備，快速將一銀 ATM 盜領案破案，民眾安全感相形提升。

五、值得注意的是，民眾對「警察維護治安工作」的滿意度突破新高，攀升至 73.7%之滿意度，再次達到歷年最佳表現。

　　民眾對「警察維護治安工作」的滿意度持續四年來之上升趨勢，值得鼓勵。由於當時各專案小組迅速偵破震驚社會的臺鐵爆炸案以及跨國駭客盜領一銀 ATM 鉅款案，以致該次調查呈現出民眾相當滿意警察維護治安工作能力之結果，故滿意度趨勢持續上升。

　　根據這份報告的研究結果，2016 年，民眾對「警察維護治安工作」的滿意度突破新高，攀升至 73.7%，達到歷年來的最佳表現。

　　此一研究，每年均持續進行，依據 2021 年的研究報告，民眾對警察「警察維護治安工作」的滿意度已提升至 85%。雖不能直接證明我國警察組織的基層人員於完成與基層警察工作有關的培訓之後，確實成為適

格、適任的基層警察人員，惟鑑於外勤第一線（基層）實務工作人員佔了警察組織的絕大多數（93%），或可將之列為旁證，做一參考！

肆、結語

於基層人員問卷調查部分（2015 年），在受訪者的心目中，普遍認為警察專科學校的培訓，對於「核心職能」的養成，應該是有助益的；至少受訪者普遍認為，自己已經具備了職場所需的專業能力；那就表示，經由警察專科學校培訓的新進基層警察人員，在完成與「基層警察工作」有關之專業培訓後，確實能成為適格、適任的基層警察人員。

於主管人員焦點訪談部分，第一階段（2015 年）的受訪者均認為，經由警察專科學校培訓的新進基層警察人員，在完成與「基層警察工作」有關之專業培訓後，絕對具備了從事基層警察工作的專業能力，但是要成為適格、適任的基層警察人員，還得加上實務工作中的經驗累積，以及正確的「心態」；這整個過程，才是「核心職能」的發展過程。

可是到了第二階段（2018 年）的主管人員焦點訪談，接受訪談的主管職務人員共 15 名，受訪者的意見令人驚異！他們普遍認為，以 2018 年為界，近幾年來自警察專科學校畢（結）業的新進人員，於專業能力上並不理想，態度更是值得檢討！

何以區區四年的時間，於服務機關滿意度方面，變化竟如此之大？作者認為，可能有兩大原因：

一、依據警察組織內部檢討，一般咸認為，恐與大量招訓脫不了關係！
2013 年至 2017 間，每一年新入學的警察專科學校專科警員班學生，與新入訓的「公務人員特種考試警察人員考試四等考試錄取人員訓練班」學員，總人數合計，幾達 5,000 人；特別是訓練班這一部分，

因當時警察專科學校容訓量已達飽和,只能由內政部警政署分別委任保安警察第一、第四、第五總隊代訓。該三個總隊職司:「拱衛中樞、支援聚眾活動處理,協助治安維護,執行反恐任務。」[7]對於警察組織新進基層人力的培訓,無論是場地、設施、器材、設備,甚至師資的聘請,都相當匱乏,必定對培訓的成效影響甚鉅!

二、就交通事故處理、刑事案件偵辦方面,因警察專科學校於 2016 年開設「交通管理科」、「刑事警察科」、「科技偵查科」,第一批畢業生於 2018 年以佔制服警察缺的方式支援各交通事故處理小組、刑事警察大隊、科技偵查隊;第二階段的焦點訪談剛好於該時刻進行,或許勤務執行的熟練度上尚待磨合吧!

所幸,前揭錄取人員訓練班於 2019 年正式收回警察專科學校自行辦理;復以本書第二篇各章的研究中,在在顯示,警察專科學校於近兩年來,無論是課程設計、情境模擬教學、警察勤務教學實務化、實習教育規劃等,都有突破性的變革,期能精進、再精進,以因應環境脈動、社會需求。相信未來產出的新進人員,於各服務崗位上,能夠適格、適任,提升服務機關與民眾的滿意度。

＊本章有一部分參考作者 2019 年主持的「內政部所屬機關(臺灣警察專科學校)自行研究案」:臺灣警察專科學校畢(結)業生適任性－服務機關滿意度分析,該研究案於當年 12 月 21 日為研究成果之發表並辦理結案。本章之撰寫,資料已更新、內容已增修調整。

---

7 參見:〈總隊簡介〉,《保安警察第一總隊全球資訊網》(https://1spc.npa.gov.tw/ch/app/artwebsite/view?module=artwebsite&id=705&serno=0c738651-01b4-4fe0-b9db-995d578912c0, Accessed: 2021.01.23.)

第十一章　警察執行勤務遇暴力攻擊之研究
－兼論執勤安全

〈摘　要〉

　　本章的研究，抽取全國各警察機關現職人員進行網路問卷調查，俾了解渠等執行勤務時，遭受暴力攻擊的經驗、施暴者的特性、遭受暴力攻擊時的情境因素；並兼問執勤安全警用裝備的現況，以及常年訓練對執勤安全的助益。是警察組織新進基層人力產出後，於職場中，突發狀況的面對，與專業能力的應用，以及新興議題：執勤安全。

　　根據研究結果，嘗試提出建議、研擬強化警察人員執勤安全之對策，提供做為警察機關辦理現職人員常年訓練的再精進，更回溯警察專科學校新進基層人力的培訓，俾達到「適格」、「適任」的培訓目的，除有效防範類此事件的再發生，亦可促成執行勤務的順遂，提升民眾的滿意度。

關鍵詞：職場暴力、執勤安全、常年訓練

第一節　前言

　　本章在探討警察組織新進基層人力產出後，於職場中面對突發狀況時，渠等專業能力的應用；本章的研究，可以說是本書各章研究的最終章，特別是突發狀況的情境，可能涉及「暴力攻擊」（workplace violence），故本章的撰寫，一併探討一個新興的議題：執勤安全。

　　「職場暴力」，因其獨特之暴戾性，長期成為人們切身相關的議題（許春金，2017；楊士隆，2020）。

　　本節先分享英國、美國的統計數據－這是一個令人憂傷的數據，再敘述我國的問題背景與現況。

壹、英國、美國統計數據參考

依據美國美國司法部（United States Department of Justice）轄下司法統計局（Bureau Of Justice Statistics）的統計，2002-2011 年，執法者（Law enforcement and security-law enforcement officer, prison or jail guard, security guard, and other law enforcement occupations.）遇職場暴力程度最高（表 11-1）。

表 11-1　美國政府及私人公司遇職場暴力行業別一覽表

（2002-2011）	Government			Private-sector		
	Workplace violence			Workplace violence		
Occupation*	Rate per 1,000 age 16 or older	Percent	Percent of all government employees	Rate per 1,000 age 16 or older	Percent	Percent of all private-sector employees
Total	22.3	100%	100%	6.2	100%	100%
Medical	22.6	6.5	6.5	10.5	14.3	8.5
Mental health	87.1	7.8	2.0	35.6	4.6	0.8
Teaching	9.4	14.1	33.5	2.9	1.2	2.5
Law enforcement and security	140.3	56.1	8.9	102.5	11.5	0.7
Retail sales	36.3	0.7	0.4	10.0	17.1	10.7
Transportation	21.8	3.0	3.1	16.2	8.1	3.1
Other	5.8	11.8	45.6	3.7	43.3	73.7

Note: See appendix table 6 for standard errors.
*Definitions of NCVS occupational categories can be found in the *Methodology*.
Source: Bureau of Justice Statistics, National Crime Victimization Survey, 2002–2011.

資料來源：Harrell, E. (2013). Workplace Violence against Government Employees, 1994-2011. Washington, DC: Bureau of Justice Statistics.

另英國安全衛生署（Health and safety executive, HSE）2020 年出刊的 "Violence at Work statistics" 得出結論（表 11-2）：不同職業的工作風險差異很大，其中歸類 "protective service occupations" 行業（例如：警察人員），在工作時遇襲擊與威脅的風險最高（by far the highest risk of assaults and threats），為 11.4%，是職業平均風險 1.4%的 8 倍（at 11.4% -8 times the average risk of 1.4%）[1]。

　　根據美、英二國的統計數據，說明警察執法是高風險行業（policing is a dangerous profession）。

表 11-2　英國各行業遇職場暴力風險行業別一覽表

Percentages (2017-2018)			Adults of working age in employment[2]	
	Assaults	Threats	All violence at work	Unweighted base
	% victims once or more			
Managers, Directors and Senior Officials	**0.6**	**1.4**	**2.0**	**4,064**
Corporate managers and directors	0.6	1.2	1.9	2,667
Other managers and proprietors	0.6	1.8	2.3	1,397
Professional Occupations	**0.6**	**1.1**	**1.5**	**6,872**
Science, research, engineering and technology professionals	0.1	0.4	0.5	1,822
Health professionals	1.4	2.0	3.3	1,583
Teaching and educational professionals	0.5	0.9	1.4	1,824
Business, media and public service professionals	0.5	1.0	1.2	1,643
Associate Professionals and Technical Occupations	**1.0**	**0.7**	**1.6**	**5,258**
Science, engineering and technology associate professionals	0.3	0.1	0.4	582
Health and social care associate professionals	2.8	2.5	5.1	588
Protective service occupations	9.4	3.2	11.4	378
Culture, media and sports occupations	0.1	0.4	0.4	858
Business and public service associate professionals	0.1	0.3	0.4	2,852

資料來源：https://www.hse.gov.uk/statistics/causinj/violence/work-related-violence-report-19.pdf

貳、問題的背景與現況

　　依據內政部警政署統計，2014 年至 2019 年 4 月，因公受傷的警察人員，高達 4,898 人，可見警察危勞程度與日俱增（立法院公報第 107 卷；警政工作年報，2018；警政署網站，2020）。

---

[1] Health and Safety Executive (2020). "Violence at Work Statistics, 2019"（https://www.hse.gov.uk/statistics/causinj/violence/work-related-violence-report-19.pdf, Accessed: 2020.10.02.）

2019 年 7 月，鐵路警察局警員李承翰執行勤務遇暴力攻擊因公殉職；當時李員自警察專科學校畢業從事基層警察工作方一年多，是一位極優秀的有志從警者，本書各章所關注的「核心職能」的培訓應該不是問題，但「狹窄且多乘客的火車車廂中，遇思覺失調者的挑釁與暴力攻擊」是從未被注意的執法情境，喚起了警察組織內部對「執勤安全」這個新興議題的關注。

內政部警政署署長於 NPA 臉書宣示改革決心，主持全國視訊座談會與改革研討會，成立「精進警察常年訓練改革專案小組」，共同研商警察體能訓練與測驗之具體改革，提升警察執勤所需核心體能，確保執勤安全（警政署網站，2020）。

「基層警察工作」確實是一份「挑戰安全」的工作！本章參酌英、美等國執法人員遇暴力攻擊的統計數據，針對我國警察人員執行勤務可能遇到的挑釁，甚至暴力攻擊作一研究。期望透過客觀的統計分析，了解警察人員執行勤務時，遇暴力攻擊的經驗、施暴者的特性、遇暴力攻擊時的情境因素、最易發生的時段等，並同時了解警察人員維護執勤安全的各種警用裝備現況，以及常年訓練對執勤安全的助益。

根據研究結果，嘗試提出建議、研擬強化警察人員執勤安全之對策，提供做為警察機關辦理現職人員常年訓練的再精進，更回溯警察專科學校新進基層人力的培訓，俾達到「適格」、「適任」的培訓目的，除有效防範類此事件的再發生，亦可促成執行勤務的順遂，提升民眾的滿意度。畢竟，若警察人員執行勤務遇暴力攻擊，將直接影響到社會治安的維護，這也是警察組織眾多的存在價值之一。

本章的撰寫，共分為四節：

第一節　前言

第二節　研究設計
第三節　警察執行勤務遇暴力攻擊經驗分析
第四節　本章小結－強化執勤安全之精進作為

第二節　研究設計

　　本節的撰寫，共分為三個單元，分別是：相關名詞釋義、研究構面與相關指標，問卷設計與研究步驟。

壹、相關名詞釋義

　　本研究涉及的重要名詞，包括：「職場暴力」、「職場凶殺」、「暴力及騷擾」、「工作場所」、「身體暴力」、「心理暴力」等。

一、職場暴力（workplace violence）

　　本章研究的重點：警察執行勤務遇暴力攻擊－「職場暴力」（workplace violence），國際勞工組織（International Labor Office, ILO）、國際護理學會（International Council of Nurses, ICN）、世界衛生組織（WHO）、國際公共服務（Public Services International, PSI）等四個機構共同定義：「所謂職場暴力：指在工作場合，實施虐待、威脅或攻擊工作人員的行為，進而影響其人身安全、舒適或健康。」[2]（Wynne, R.; Clarkin, N.; Cox, T.; Griffiths, A., 1997）職場暴力通常分為言語暴力、肢

---

[2] For the purpose of the surveys workplace violence was defined as:「Incidents where staff are abused, threatened or assaulted in circumstances related to their work, including commuting to and from work, involving an explicit or implicit challenge to their safety, well-being or health.」Guidance on the prevention of violence at work. Luxembourg: European Commission, DG-V.

體暴力、心理暴力與性騷擾等四大類。（Injury Prevention Research Center 〈IPRC〉, United States of America, 2001）

美國表達職場暴力概念所使用的名詞是 "workplace violence"，而英國表達職場暴力概念使用的是 "work-related violence"，強調「與工作相關的暴力」，指暴力事件必須與「工作」有關，專指「在工作中來自於他人的肢體傷害與威脅」[3]，排除與私事相關的行為。英國安全衛生署對職場暴力的定義與統計方式，辨識職場暴力類型係根據「加害的形式」來區分，分為肢體暴力、威脅、侮辱等 3 種（許繼峰、陳旺儀，2014）。

二、職場凶殺（workplace homicide）

美國司法部「全國犯罪受害調查及致命職業傷害統計」（National Crime Victimization Survey and Census of Fatal Occupational Injuries），將「職場凶殺」定義為：16 歲以上的就業者，在工作或執勤時遭殺害而死亡。[4]

三、暴力及騷擾

暴力及騷擾會破壞個人與集體的自由及尊嚴（蔡德輝、楊士隆，2019）。我國法律相關條文規定如下：

（一）中華民國刑法

《中華民國刑法》第五章「妨害公務罪」章，第 135 條至第 141 條，包含：

---

[3] The Health and Safety Executive (HSE) defines work-related violence as: Any incident in which a person is abused, threatened or assaulted in circumstances relating to their work.

[4] Homicide of employed victims age 16 or older who were killed while at work or on duty. Excludes death by accident.

1、妨害公務執行及職務強制罪（刑法第 135 條）。

2、聚眾妨害公務罪（刑法第 136 條）。

3、侮辱公務員或公署罪（刑法第 140 條）。

　　本研究的問卷設計，其中一個問題即指依上述妨害公務等三種罪名究辦施暴者。

（二）家庭暴力防治法

　　《家庭暴力防治法》第 2 條規定：「騷擾：指任何打擾、警告、嘲弄或辱罵他人之言語、動作或製造使人心生畏怖情境之行為」。

四、工作場所（workplace）

　　有些國家的相關法規使用「工作場所」（workplace）、或「在工作過程中或與工作相關」（in the course of, or in connection with, work）等術語對保護的範圍進行界定。也有國家正研擬擴大「工作場所」一詞的解釋範圍，以因應暴力及騷擾發生的現況；不僅包含有形的工作地點，更包括工作休息時間，或下班後社交活動等其他場合及上下班通勤等，例如：印度[5]。

五、身體暴力（physical violence）

　　對他人或團體使用武力會導致身體，性或心理傷害。包括毆打，踢，拍打，刺，射擊，推，咬，捏等。因非法武力造成人身傷害的任何行為。依歐盟「歐洲性別平等研究所」（European Institute for Gender Equality, EIGE）2017 年統一定義：身體暴力可以採取以下行為，其中包括嚴重和

---

[5] See the Sexual Harassment of Women at Workplace (Prevention, Prohibition and Redressal) Act 2013, of India.

輕微攻擊，剝奪自由及過失殺人等形式[6]。

六、心理暴力（psychological violence）

　　故意對他人或群體使用權力，包括對他人施加暴力威脅，可能會損害身體，心理，精神，道德或社會發展。心理暴力包括口頭虐待（verbal abuse），霸凌（bullying）、圍攻（mobbing），騷擾（harassment）及威脅（threats）等，對個人造成心理傷害的任何行為。2011 年《歐洲委員會預防和打擊暴力侵害婦女行為及家庭暴力公約》（Council of Europe Convention on Preventing and Combating Violence against Women and Domestic Violence）第 33 條定義：以脅迫、威脅等手段嚴重損害他人心理健康的故意行為[7]。

貳、研究構面與相關指標

　　本章的研究，參考 Chappell and Di Martino 的職場暴力行為態樣（Chappell and Di Martino, 2006:16），據以設計本研究的研究構面與相關指標，如表 11-3 所示。

---

[6] See European Institute for Gender Equality (EIGE) (2017) Glossary of definitions of rape, femicide and intimate partner violence. Luxembourg. Publication Office of the European Union.

[7] Article 33 – Psychological Violence Parties shall take the necessary legislative or other measures to ensure that the intentional conduct of seriously impairing a person's psychological integrity through coercion or threats is criminalized.

表 11-3　本研究設計構面與相關指標

構面	相關指標或關鍵字等	次數
受訪者個人基本資料	性別、年齡、警察最高學歷、服務年資、服務單位、職務	13
執行勤務遇暴力攻擊經驗	被羞辱、罵髒話、三字經、公然侮辱、威脅恐嚇、惡意檢舉、抓、掐、捏、咬、踢、踹、摑掌、扯髮、推、拉、擠、撞、被汽車或機車故意衝撞、遭到槍械、爆裂物、信號彈等攻擊、不當性騷擾等	12
遇暴力攻擊情境因素	勤務項目、執勤時間、執勤地點、服勤的人數、攜帶之裝備	12
施暴者特性	施暴者人數、施暴者性別、施暴原因、施暴工具、施暴者是否喝酒、施暴者是否服用毒品、麻醉藥品或其他相類之物、施暴者精神狀況	12
警察裝備機具	背心式防彈衣、防彈頭盔、防護型噴霧器、密錄器、警棍	7
精進常年訓練	情境教學、敵情觀念及危機意識、射擊、逮捕術、組合警力訓練、駕駛警車操控訓練、言語降低衝突的技巧	8

資料來源：作者彙整資料後自製

參、問卷設計與研究步驟

一、問卷設計

　　本研究的問卷設計（詳參本章附錄），共分為七大部分四大變項：包括：受訪者基本資料、執行勤務遇暴力攻擊經驗、遇暴力攻擊情境因素、施暴者特性、（執勤安全）警用裝備現況，以及精進常年訓練等變項等，最後是半開放式問題，請受訪者提出具體建議及改善意見。

二、正式施測

於 2020 年 8 月 18 日及 8 月 30 日,依網頁形式呈現設計問卷,針對現職警察人員 264 人(其中男 240、女 24)進行問卷施測。

三、資料處理與分析

本研究於 2020 年 9 月 1 日至 9 月 5 日間,將網路回應的問卷,以 Likert 四等量表輸入資料,勾選「非常同意」給 4 分、勾選「同意」給 3 分、勾選「不同意」給 2 分、填寫「非常不同意」給 1 分。所獲數據資料,運用 SPSS Statistics Base 22.0 統計軟體進行分析(敘述性統計分析、信度分析、獨立樣本 t 檢定)。

第三節 警察執行勤務遇暴力攻擊經驗分析

本節的撰寫,分為兩個單元,除了受訪者個人基本資料外,主要是對受訪者「執行勤務遇暴力攻擊」的經驗分析,包括了暴力攻擊發生時的情境,以及各種可能因素與態樣。期望有效防範類此事件的再發生,一則促成執行勤務的順遂,二則提升民眾的滿意度。畢竟,若警察人員執行勤務遇暴力攻擊,將直接影響到社會治安的維護,這也是警察組織眾多的存在價值之一。

壹、受訪者個人基本資料分析

本研究所調查的受訪者個人基本資料,包括:性別、年齡、警察最高學歷、擔任警察工作的服務年資、目前的服務單位,以及職稱等 6 項。所獲致之結果,經彙整歸納後,如表 11-4 所示。

表 11-4 受訪者個人資料分析一覽表

變數	數值標記	數值	次數	有效百分比	累積次數百分比
性別	男生	1	240	90.91	90.91
	女生	2	24	9.09	100
	Total		264	100.00	
年齡	20 歲以下	1	2	0.76	0.76
	21-30 歲	2	83	31.44	32.2
	31-40 歲	3	78	29.55	61.74
	41-50 歲	4	79	29.92	91.67
	51-60 歲	5	22	8.33	100
	Total		264	100.00	
警察最高學歷	中央警察大學大學部四年制	1	1	0.38	0.38
	中央警察大學大學部二年制技術學系	2	12	4.55	4.92
	中央警察大學警佐班	3	15	5.68	10.61
	中央警察大學研究所	4	6	2.27	12.88
	臺灣警察專科學校專科警員班或進修班	5	148	56.06	68.94
	臺灣警察專科學校巡佐班	6	12	4.55	73.48
	警察三等特考班（內軌）	7	6	2.27	75.76
	一般警察三等特考班（外軌）	8	2	0.76	76.52
	警察四等特考班或基特班	9	62	23.48	100
	Total		264	100.00	
擔任警察工作年資	5 年以下	1	76	28.79	28.79
	6-10 年	2	30	11.36	40.15
	11-15 年	3	85	32.20	72.35
	16-20 年	4	5	1.89	74.24
	21-25 年	5	9	3.41	77.65
	26-30 年	6	44	16.67	94.32
	31 年 以上	7	15	5.68	100
	Total		264	100.00	

（下頁續）

（續上頁）

變數	數值標記	數值	次數	有效百分比	累積次數百分比
目前的服務單位	分局暨派出所（含分駐所、交通分隊、警備隊）	1	142	53.79	53.79
	警察局暨保安大隊（含交通大隊、婦幼隊、捷運隊等）	2	20	7.58	61.36
	分局偵查隊	3	27	10.23	71.59
	警察局刑警大隊（含少年隊、科偵隊、特勤中隊）	4	17	6.44	78.03
	保安警察第一至七總隊	5	24	9.09	87.12
	航空警察局	6	7	2.65	89.77
	鐵路警察局	7	3	1.14	90.91
	國道公路警察局	8	4	1.52	92.42
	港務警察總隊	9	8	3.03	95.45
	警大或警專	10	7	2.65	98.11
	其他	11	5	1.89	100
		Total	264	100.00	
職稱	警員	1	173	65.53	65.53
	偵查佐	2	28	10.61	76.14
	巡佐（警務佐）	3	23	8.71	84.85
	小隊長	4	9	3.41	88.26
	術科專、兼任教官或助教	5	3	1.14	89.39
	巡官或分隊長或區隊長	6	9	3.41	92.8
	偵查員或警務員	7	6	2.27	95.08
	所長或副所長	8	10	3.79	98.86
	組長或隊長	9	2	0.76	99.62
	其他	10	1	0.38	100
		Total	264	100.00	

資料來源：作者彙整資料後自製

貳、受訪者執行勤務遇暴力攻擊經驗分析

本研究將受訪者執行勤務遇暴力攻擊的經驗，區分為「暴力態樣」、「情境因素」、「施暴者特性」等三個部分進行分析。

一、暴力態樣分析

　　受訪者執行勤務遇暴力攻擊,「有經驗」者共 200 人(75.76%),「沒有經驗」者為 64 人(24.24%),以有遇過暴力攻擊經驗者占較大多數,高達 75.76%(圖 11-1);再進一步分析發現,其中以在派出所服務的警察人員為最多;即第一線的基層警察人員為最多(圖 11-2)。

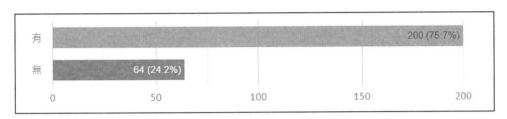

資料來源:作者彙整資料後自行繪製

圖 11-1　執行勤務遇暴力攻擊經驗分析圖

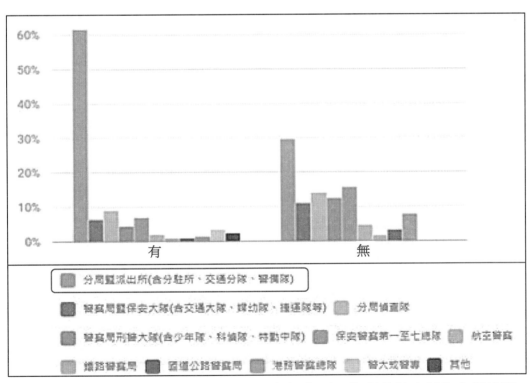

資料來源:作者彙整資料後自行繪製

圖 11-2　執行勤務遭受暴力攻擊服務單位分布圖

　　於「執行勤務遇暴力攻擊暴力態樣」部分，最小值為 1，最大值為 4，均在 1-4 範圍內，表示這些變數沒有建檔錯誤；平均值介於 1.26~3.61 之間，偏態值介於-1.80~2.98 之間，峰度值介於-1.71~9.07 之間，標準差在 0.65~1.29 之間。統計分析的結果，如表 11-5 所示。

　　由於「被羞辱、罵髒話、三字經、公然侮辱等」的平均值最大（3.61），「遭到槍械、爆裂物、信號彈等攻擊」的平均值最小（1.26），顯示受訪者執行勤務時，若遇暴力攻擊，「被羞辱、罵髒話、三字經、公然侮辱等」最常發生，「遭到槍械、爆裂物、信號彈等攻擊」則較不常發生。

表 11-5　執行勤務遇暴力攻擊暴力態樣分析一覽表

變數 Variable	樣本數 N	平均數 Mean	標準差 Std Dev	峰度 Kurtosis	偏態 Skewness	最小值 Minimum	最大值 Maximum
1. 被羞辱、罵髒話、三字經、公然侮辱等	200	3.61	0.76	2.11	-1.80	1	4
2. 被威脅恐嚇找民代質詢或找長官調職或走著瞧等	200	2.97	1.26	-1.40	-0.59	1	4
3. 被威脅恐嚇惡意檢舉或隨意投訴媒體	200	2.92	1.29	-1.48	-0.55	1	4
4. 被抓、掐、捏、咬、踢、踹、摑掌、扯髮等	200	2.48	1.29	-1.71	0.05	1	4
5. 被用肢體推、拉、擠、撞等動作	200	2.99	1.21	-1.36	-0.56	1	4
6. 被汽車或機車故意衝撞	200	1.84	1.12	-0.48	1.01	1	4
7. 被丟雞蛋、丟石頭	200	1.53	1.06	1.36	1.76	1	4
8. 遭民眾不當性騷擾	200	1.35	0.88	4.49	2.44	1	4
9. 遭到槍械、爆裂物、信號彈等攻擊	200	1.26	0.65	9.07	2.98	1	4

資料來源：作者彙整資料後自行繪製

二、受訪者執行勤務遇暴力攻擊情境因素分析

本研究的問卷設計，將受訪者執行勤務遇暴力攻擊時之情境因素，區分為：1. 該事件發生時的勤務項目、2. 該事件當時的勤務狀況、3. 該事件的執勤時間、4. 該事件的執勤地點、5. 當時服勤的人數是（包括自己）、6. 執勤時攜帶之裝備、7. 受攻擊時是否使用警械、8. 是否逮捕施暴者、9. 是否依妨害公務等罪名究辦該施暴者等 9 項。

因係具有遇暴力攻擊經驗者方需填寫，故 N=200。統計分析的結果，如表 11-6 所示。

表 11-6　執行勤務遇暴力攻擊情境因素分析一覽表

變數（情境因素）		數值	次數	有效百分比	累積次數百分比
該事件發生時，您的勤務項目	巡邏	1	119	59.50	59.50
	路檢	2	8	4.00	63.50
	臨檢	3	2	1.00	64.50
	備勤	4	8	4.00	68.50
	守望	5	3	1.50	70.00
	交通稽查	6	11	5.50	75.50
	刑案偵查	7	15	7.50	83.00
	拘提搜索	8	12	6.00	89.00
	集會遊行勤務	9	15	7.50	96.50
	其他勤務	10	7	3.50	100.00
	Total		200	100.00	
在該事件當時的勤務狀況	處理民眾報案	1	62	31.00	31.00
	告發交通違規	2	28	14.00	45.00
	處理打架糾紛	3	30	15.00	60.00
	逮捕犯罪嫌疑人	4	22	11.00	71.00
	取締酒醉駕車	5	10	5.00	76.00
	集會遊行抗爭	6	14	7.00	83.00
	廟會遶境遊行	7	2	1.00	84.00
	執行搜索勤務	8	15	7.50	91.50
	其他臨時狀況	9	17	8.50	100.00
	Total		200	100.00	

（下頁續）

（續上頁）

變數（情境因素）		數值	次數	有效百分比	累積次數百分比
該事件的執勤時間	08:01-12:00	1	14	7.00	7.00
	12:01-16:00	2	30	15.00	22.00
	16:01-20:00	3	33	16.50	38.50
	20:01-24:00	**4**	**67**	**33.50**	72.00
	00:01-04:00	5	45	22.50	94.50
	04:01-08:00	6	11	5.50	100.00
	Total		200	100.00	
該事件的執勤地點	**道路上**	**1**	**109**	**54.50**	54.50
	派出所內	2	6	3.00	57.50
	民宅內	3	21	10.50	68.00
	街道空地、廣場	4	24	12.00	80.00
	營業場所	5	18	9.00	89.00
	臨檢場所	6	6	3.00	92.00
	其他	7	16	8.00	100.00
	Total		200	100.00	
當時服勤的人數是（包括自己）	1 人單警服勤	1	29	10.98	35.23
	2 人共同服勤	**2**	**117**	**44.32**	79.55
	3-4 人共同服勤	3	21	7.95	87.5
	4 人以上共同服勤	4	33	12.50	100
	Total		200	100.00	
執勤時攜帶之裝備	未攜帶裝備	1	8	4.00	4.00
	攜帶警槍	**2**	**162**	**81.00**	85.00
	攜帶電氣警棍（棒）（電擊器）	3	2	1.00	86.00
	攜帶警棍（含破窗尾蓋）	4	12	6.00	92.00
	防護型噴霧器	5	5	2.50	94.50
	其他	6	11	5.50	100.00
	Total		30	100.00	
執勤受攻擊時是否使用警械	以槍反擊	1	7	3.50	3.50
	以警棍壓制	2	18	9.00	12.50
	以徒手壓制	**3**	**88**	**44.00**	56.50
	以槍、警棍嚇阻	4	14	7.00	63.50
	以言語嚇阻或口頭嚴正警告	5	53	26.50	90.00
	未回	6	11	5.50	95.50
	其他	7	9	4.50	100.00
	Total		200	100.00	

（下頁續）

（續上頁）

變數（情境因素）		數值	次數	有效百分比	累積次數百分比
是否逮捕施暴者	沒有	1	53	26.50	26.50
	使用警銬逮捕	**2**	**92**	**46.00**	72.50
	使用警銬以警察職權行使法保護性管束	3	39	19.50	92.00
	其他	4	16	8.00	100.00
	Total		200	100.00	
是否依妨害公務等罪名究辦該施暴者	有	1	80	40.00	40.00
	沒有（口頭嚴正警告）	**2**	**87**	**43.50**	83.50
	其他（依警察職權行使法保護性管束通知家屬）	3	33	16.50	100.00
	Total		200	100.00	

資料來源：作者彙整資料後自行繪製

根據表 11-6，可以做以下進一步的說明：

（一）勤務項目

事件發生時，有關受訪者的「勤務項目」：正在「巡邏」者有 119 人（59.50%），「路檢」者有 8 人（4.00%），「臨檢」者有 2 人（1.00%），「備勤」者有 8 人（4.00%），「守望」者有 3 人（1.50%），「交通稽查」者有 11 人（5.50%），「刑案偵查」者有 15 人（7.50%），「拘提搜索」者有 12 人（6.00%），「集會遊行」者有 15 人（7.50%），「其他」者勤務有 7 人（3.50%）。

由是可以得知，事件發生時，受訪者的勤務項目，以「巡邏」占較大多數。

（二）勤務態樣（狀況）

事件發生時，有關受訪者的「勤務態樣」（狀況）：正在「處理民

眾報案」者有 62 人（31.10%），「交通違規舉發」者有 28 人（14.00%），「處理打架糾紛」者有 30 人（15.00%），「逮捕犯罪嫌疑人」者有 22 人（11.00%），「取締酒醉駕車」者有 10 人（5.00%），「集會遊行抗爭」者有 14 人（7.00%），「廟會遶境遊行」者有 1 人（0.50%），「執行搜索」者有 15 人（7.50%），「其他臨時狀況」者有 17 人（8.50%）。

由是可以得知，事件發生時，受訪者的勤務態樣（狀況），以「處理民眾報案」占較大多數。

（三）勤務時段（時間）

事件發生時，受訪者的「執勤時間」（時段）：08:01-12:00 者有 13 人（6.5%），12:01-16:00 者有 30 人（15.1%），16:01-20:00 者有 33 人（16.60%），20:01-24:00 者有 66 人（33.3%），00:01-04:00 者有 45 人（22.7%），04:01-08:00 者有 11 人（5.5%）。

由是可以得知，事件發生時，受訪者的勤務時間，以 20:01-24:00 時段占較大多數。

（四）執勤地點

事件發生時，受訪者的「執勤地點」：在「道路上」有 109 人（54.70%），「派出所內」有 5 人（2.50%），「民宅內」有 21 人（10.50%），「街道空地、廣場」有 24 人（12.00%），「營業場所」有 18 人（9.00%），「臨檢場所」有 6 人（3.00%），「其他」有 16 人（8.00%）。

由是可以得知，事件發生時，受訪者的執勤地點，以「道路上」占較大多數。

（五）服勤的人數

　　事件發生時，受訪者的「服勤的人數」（包括自己）：「1 人單警服勤」者有 29 人（10.98%），「2 人共同服勤」者有 117 人（44.32%），「3-4 人共同服勤」者有 21 人（7.95%），「4 人以上共同服勤」者有 33 人（12.5%）。由是可以得知，事件發生時，受訪者的執勤地點，以「2 人共同服勤」占較大多數。

（六）執勤時攜帶之裝備

　　事件發生時，受訪者「執勤時攜帶之裝備」：表達「未攜帶裝備」的受訪者有 8 人（4.00%），「攜帶警槍」有 161 人（80.90%），「攜帶電氣警棍（棒）（電擊器）有 2 人（1.00%），「攜帶警棍（含破窗尾蓋）」有 12 人（6.00%），「攜帶防護型噴霧器」有 5 人（2.50%），「其他」有 11 人（5.50%）。

　　由是可以得知，事件發生時，受訪者執勤時攜帶之裝備，以「攜帶警槍」占較大多數。

（七）是否使用警械

　　事件發生時，受訪者「是否使用警械」：表達「以槍反擊」的受訪者有 7 人（3.50%），「以警棍壓制」有 18 人（9.00%），「以徒手壓制」有 88 人（44.00%），「以槍、警棍嚇阻」有 14 人（7.00%），「以言語嚇阻或口頭嚴正警告」有 53 人（26.50%），「未回應」有 11 人（5.50%），「其他」有 9 人（4.50%）。

　　由是可以得知，事件發生時，受訪者於是否使用警械方面，以「徒手壓制」占較大多數。

（八）是否逮捕施暴者

事件發生時，受訪者「是否逮捕施暴者」：表達「沒有」的受訪者有 53 人（26.50%），「使用警銬逮捕」有 92 人（46.00%），「使用警銬或警繩（如束帶）以警察職權行使法保護性管束」有 39 人（19.50%），「其他」有 16 人（8.00%）。

由是可以得知，事件發生時，受訪者於是否逮捕施暴者方面，以「使用警銬逮捕」占較大多數。

（九）是否依妨害公務等罪名究辦該施暴者

事件發生時，受訪者「是否依妨害公務等罪名究辦該施暴者」：表達「有」的受訪者有 80 人（40.00%），「沒有（口頭嚴正警告）」有 87 人（43.50%），「其他（依警察職權行使法保護性管束通知家屬）」有 33 人（16.50%）。

由是可以得知，事件發生時，受訪者於本是否依妨害公務等罪名究辦該施暴者方面，以「沒有（口頭嚴正警告）」占較大多數。

三、施暴者特性分析

本研究的問卷設計，將受訪者執行勤務遇暴力攻擊時，該名（或多名）施暴者的特性，區分為：1. 施暴者的人數、2. 施暴者的性別、3. 施暴原因、4. 施暴者使用之工具、5. 施暴者當時是否喝酒、6. 施暴者當時是否服用毒品、麻醉藥品或其他相類之物、7. 施暴者當時是否因思覺失調症導致攻擊行為的產生等 7 項。

因亦係具有遇暴力攻擊經驗者方需填寫，故 N=200。統計分析的結果，如表 11-7 所示。

表 11-7　施暴者特性分析一覽表

變數（施暴者特性）		數值	次數	有效百分比	累積次數百分比
施暴者的人數	**1 人**	**1**	**148**	**74.00**	74.00
	2 人	2	23	11.50	85.50
	3 人	3	4	2.00	87.50
	4 人以上	4	25	12.50	100.00
	Total		200	100.00	
施暴者的性別	**男性**	**1**	**160**	**80.00**	80.00
	女性	2	11	5.50	85.50
	男女性皆有	3	29	14.50	100.00
	Total		200	100.00	
施暴原因	脫免逮捕	1	27	13.50	13.50
	不服取締	**2**	**63**	**31.50**	45.00
	服用毒品或其他相類之物	3	9	4.50	49.50
	仇恨警察	4	9	4.50	54.00
	遊行抗爭	5	11	5.50	59.50
	思覺失調症	6	9	4.50	64.00
	酒醉	7	54	27.00	91.00
	其他	8	18	9.00	100.00
	Total		200	100.00	
施暴者使用之工具	**言語謾罵、羞辱、威脅**	**1**	**132**	**66.00**	66.00
	物品（雞蛋、瓶子、石頭等）	2	10	5.00	71.00
	刀械	3	6	3.00	74.00
	棍、棒等工具	4	12	6.00	80.00
	槍械	5	7	3.50	83.50
	汽、機車	6	8	4.00	87.50
	其他	7	25	12.50	100.00
	Total		200	100.00	
施暴者當時是否喝酒	有喝酒	1	90	45.00	45.00
	沒有喝酒	**2**	**92**	**46.00**	91.00
	無法判斷	3	18	9.00	100.00
	Total		200	100.00	
施暴者當時是否服用毒品、麻醉藥品或其他相類之物	有使用	1	23	11.50	11.50
	沒有使用	**2**	**100**	**50.00**	61.50
	無法判斷	3	77	38.50	100.00
	Total		200	100.00	

（下頁續）

（續上頁）

變數（施暴者特性）		數值	次數	有效百分比	累積次數百分比
施暴者當時是否因思覺失調症導致攻擊行為的產生	有	1	13	6.50	6.50
	沒有	**2**	**103**	**51.50**	58.00
	無法判斷	3	84	42.00	100.00
	Total		200	100.00	

資料來源：作者彙整資料後自行繪製

根據表 11-7，可以做以下進一步的說明：

（一）施暴者的人數

受訪者執行勤務遇暴力攻擊時，於施暴者的「人數」方面：是「1人」的有 148 位受訪者（74.00%），「2 人」的有 23 位受訪者（11.50%），「3 人」的有 4 受訪者（2.00%），「4 人以上」的有 25 位受訪者（12.50%）。

由是可以得知，受訪者執行勤務遇暴力攻擊時，施暴者的人數，以「1 人」占較大多數。

（二）施暴者的性別

受訪者執行勤務遇暴力攻擊時，於施暴者的「性別」方面：是「男性」的有 160 位受訪者（80.00%），「女性」的有 11 位受訪者（5.50%），「男女性皆有」的有 29 位受訪者（14.50%）。

由是可以得知，受訪者執行勤務遇暴力攻擊時，施暴者的性別，以「男性」占較大多數。

（三）施暴原因

受訪者執行勤務遇暴力攻擊時，於「施暴原因」方面：是「脫免

逮捕」的有 27 位受訪者（13.50%），「不服取締」的有 63 位受訪者
（31.50%），「服用毒品或其他相類之物」的有 9 位受訪者（4.50%），
「仇恨警察」的有 9 位受訪者（4.50%），「遊行抗爭」的有 11 位受
訪者（5.50%），「思覺失調症」的有 9 位受訪者（4.50%），「酒醉」
的有 54 位受訪者（27.00%），「其他」的有 18 位受訪者（9.00%）。

　　由是可以得知，受訪者執行勤務遇暴力攻擊時，施暴原因，以
「不服取締」占較大多數。

（四）施暴者使用之工具

　　受訪者執行勤務遇暴力攻擊時，於施暴者「使用之工具」方面：
被「言語謾罵、羞辱、威脅」的有 132 位受訪者（66.00%），「物品
（雞蛋、瓶子、石頭等）」的有 10 位受訪者（5.00%），「刀械」的有
6 位受訪者（3.00%），「棍、棒等工具」的有 12 位受訪者（6.00%），
「槍械」的有 7 位受訪者（3.50%），「汽、機車」的有 8 位受訪者
（4.00%），「其他」的有 25 位受訪者（12.50%）。

　　由是可以得知，受訪者執行勤務遇暴力攻擊時，施暴者使用之
工具，以「言語謾罵、羞辱、威脅」占較大多數。

（五）施暴者當時是否喝酒

　　受訪者執行勤務遇暴力攻擊時，於施暴者「當時是否喝酒」方面：
施暴者當時「有喝酒」的有 90 位受訪者（45.00%），「沒有喝酒」的
有 92 位受訪者（46.00%），「無法判斷」的有 18 位受訪者（9.00%）。

　　由是可以得知，受訪者執行勤務遇暴力攻擊時，施暴者當時是
否喝酒方面，以「有喝酒」占較大多數。

（六）施暴者當時是否服用毒品、麻醉藥品或其他相類之物

受訪者執行勤務遇暴力攻擊時，於施暴者「當時是否服用毒品、麻醉藥品或其他相類之物」方面：施暴者當時「有使用」的有 23 位受訪者（11.50%），「沒有使用」的有 1003 位受訪者（50.00%），「無法判斷」的有 773 位受訪者（38.50%）。

由是可以得知，受訪者執行勤務遇暴力攻擊時，施暴者當時是否服用毒品、麻醉藥品或其他相類之物方面，以「沒有使用」占較大多數。

（七）施暴者當時是否因思覺失調症導致攻擊行為的產生

受訪者執行勤務遇暴力攻擊時，於施暴者當時「是否因思覺失調症導致攻擊行為的產生」：「有」的有 133 位受訪者（6.50%），「沒有」的有 1033 位受訪者（51.50%），「無法判斷」的有 843 位受訪者（42.00%）。

由是可以得知，受訪者執行勤務遇暴力攻擊時，施暴者當時是否因思覺失調症導致攻擊行為的產生方面，以「沒有」占較大多數。

第四節　本章小結－強化執勤安全之精進作為

本章的研究，抽取全國各警察機關現職人員進行網路問卷調查，期望透過客觀的統計分析，了解警察人員執行勤務時，遭受暴力攻擊的經驗、施暴者的特性、遭受暴力攻擊時的情境因素等，此一部分的研究結果與分析，已於第三節中申論詳盡。

本章在探討警察組織新進基層人力產出後，於職場中面對突發狀況時，渠等專業能力的應用；各種突發狀況中，莫如執行勤務遇暴力攻擊，

所面對的挑戰，與難以估量的衍生影響，故本章的研究，兼論執勤安全的強化，於問卷設計，亦探討警用裝備的現況，以及常年訓練對執勤安全的助益。

　　本節是本章的結論，期望根據研究結果，嘗試提出建議、研擬強化警察人員執勤安全之對策，提供做為警察機關辦理現職人員常年訓練的再精進，更回溯警察專科學校新進基層人力的培訓，俾達到「適格」、「適任」的培訓目的。除有效防範類此事件的再發生，亦可促成執行勤務的順遂，提升民眾的滿意度。

　　本節的撰寫，共分為三個單元，先根據問卷調查所獲得的資料，對「執勤安全警用裝備滿意度」、「精進常年訓練強化執勤安全」作一分析，最後是「結語」：結論中的結論。

壹、執勤安全警用裝備滿意度分析

　　在「警察人員執行勤務有可能遇暴力攻擊」的大前提下，本研究的問卷設計，將「員警執勤安全警用裝備現況」列為研究重點之一。264 份有效問卷經過統計分析，最小值為 1，最大值為 4，均在 1-4 範圍內，表示這些變數沒有建檔錯誤；平均值介於 1.26~3.61 之間，偏態值介於-1.80~2.98 之間，峰度值介於-1.71~9.07 之間，標準差在 0.65~1.29 之間。

　　統計分析的結果，如表 11-8 所示。

表 11-8　警察勤務裝備機具配備標準滿意度一覽表

變數 Variable	樣本數 N	平均數 Mean	標準差 Std Dev	峰度 Kurtosis	偏態 Skewness	最小值 Minimum	最大值 Maximum
1. 依警察勤務裝備機具配備標準，所謂**防護型裝備機具**，目前您所服務單位「**背心式防彈衣**」每人是否配發一件？	264	2.86	0.94	-0.22	-0.73	1	4
2. 依警察勤務裝備機具配備標準，所謂**防護型裝備機具**，目前您所服務單位「**防彈頭盔**」每2人是否配發一頂？	264	2.28	0.90	-0.90	0.04	1	4
3. 「依警察勤務裝備機具配備標準，所謂**防護型裝備機具**，目前您所服務單位「**防護型噴霧器**」每人是否配發一瓶？」	264	3.05	0.95	0.04	-0.93	1	4
4. 依警察勤務裝備機具配備標準，所謂**蒐證型裝備機具**，目前您所服務單位「**微型攝影機**」（密錄器）每人是否配發一臺？	264	2.87	1.01	-0.67	-0.61	1	4
5. 依警察勤務裝備機具配備標準，所謂**警械裝備機具**，目前您所服務單位「**警棍（含破窗尾蓋）**」每人是否配發一枝？	264	2.96	0.95	-0.25	-0.75	1	4
6. 依警察勤務裝備機具配備標準，所謂**警械裝備機具**，目前您所服務單位「**電氣警棍（棒）（電擊器）**」機關是否配發三枝？	264	2.33	1.00	-1.07	0.12	1	4
7. 依警察勤務裝備機具配備標準，所謂**警械裝備機具**，目前您所服務單位「**警銬**」每人是否配發一付？	264	3.06	0.88	0.41	-0.93	1	4

資料來源：作者彙整資料後自行繪製

有關「員警執勤安全警用裝備現況」，內政部依《警察勤務條例》第
23 條第 2 項規定，訂有「警察勤務裝備機具配備標準」，除法律另有規

定外，警察勤務裝備機具之配備，均應依此一標準的規定辦理。

　　所稱「警察勤務裝備機具」，係指《警察勤務條例》第 7 條之勤務執行機構實際從事同條例第 11 條各項警察勤務所需使用之「防護型」、「蒐證型」、「通訊型」及「警械」等裝備機具。

　　本研究的問卷設計，係將執行勤務遇暴力攻擊必須使用到的警察勤務裝備機具：「防護型裝備機具」中之「背心式防彈衣」、「防彈頭盔」、「防護型噴霧器」；「蒐證型裝備機具」中之「微型攝影機」；「警械裝備機具」中之「警棍（含破窗尾蓋）」、「電氣警棍（棒）（電擊器）」、「警銬」等，列入滿意度分析。

　　所獲得的統計資料，於「目前您所服務單位『警銬』每人是否配發一付？」的平均值最大（3.06），顯示受訪者對所謂「警械裝備機具」中，「警銬」的配發，還算滿意！但是，「目前您所服務單位『防彈頭盔』每 2 人是否配發一頂？」的平均值最小（2.28），顯示受訪者對所謂「防護型裝備機具」中，「防彈頭盔」的配發，認為稍嫌欠缺！

貳、精進常年訓練強化執勤安全

　　在「警察人員執行勤務有可能遇暴力攻擊」的大前提下，「精進常年訓練強化執勤安全」亦列為研究重點之一；本研究的問卷設計，列出：1. 您參加常年訓練的態度為何、2. 您認為下列那一種常訓教學方式學習效果較佳、3. 您覺得在下列常訓術科中，對於外勤工作最有幫助等 3 項，請受訪者表達意見。

　　所獲得的統計資料，分為三個小單元作一分析說明，分別是：（常年訓練）「強化執勤安全滿意度」、「實施成效影響因素」，以及「其他」。

一、常年訓練強化執勤安全滿意度分析

264 份有效問卷經過統計分析，最小值為 1，最大值為 4，均在 1-4 範圍內，表示這些變數沒有建檔錯誤；平均值介於 2.56~3.35 之間，偏態值介於-1.14~-0.29 之間，峰度值介於-0.63~1.99 之間，標準差在 0.69~0.88 之間。統計分析的結果，如表 11-9 所示。

表 11-9 常年訓練強化執勤安全滿意度一覽表

變數 Variable	樣本數 N	平均數 Mean	標準差 Std Dev	峰度 Kurtosis	偏態 Skewness	最小值 Minimum	最大值 Maximum
1. 您認為常年訓練所學的觀念及術科技能，很多可以實際應用到工作上，保障執勤安全	264	2.61	0.88	-0.54	-0.40	1	4
2. 您認為常年訓練應加強第一線員警談判技巧及危機處理能力，緩和情勢策略以降低警民衝突	264	3.06	0.77	0.53	-0.71	1	4
3. 您認為單位的常年訓練已著手改良並融入多種實境演練項目，模擬逮捕抗拒犯嫌	264	2.81	0.83	0.15	-0.69	1	4
4. 您認為教官有教授與持刀攻擊者應要保持安全距離「21英呎法則」（約7公尺）以利反應處置	264	2.90	0.83	0.50	-0.83	1	4
5. 您認為常年訓練應增加汽、機車防禦性安全駕駛訓練時數	264	3.35	0.69	1.99	-1.14	1	4
6. 警政署警政知識聯網連結警察常年訓練電化教學：包含「員警執法遇歹徒突襲之實務應變作為」、「盤查車輛安全觀念」、「員警基本執勤觀念」、「109年安全用槍檢測-新型態射擊訓練」等E化教材，您是否有自行上網學習及與同仁討論	264	2.56	0.88	-0.63	-0.29	1	4

資料來源：作者彙整資料後自行繪製

　　「常年訓練」的實施，對「強化執勤安全」究竟有無幫助？於滿意度調查中，「常年訓練應增加汽、機車防禦性安全駕駛訓練時數」的平均值最大（3.06），代表受訪者最認同；「警政署警政知識聯網連結警察常年訓練電化教學：包含『員警執法遇歹徒突襲之實務應變作為』、『盤查車輛安全觀念』、『員警基本執勤觀念』、『109 年安全用槍檢測－新型態射擊訓練』等 E 化教材，您是否有自行上網學習及與同仁討論」的平均值最小（2.28），顯示受訪者最不認同。

二、常年訓練實施成效影響因素分析

　　在「警察人員執行勤務有可能遇暴力攻擊」的大前提下，「影響常年訓練實施成效最重要的因素」亦列為研究重點之一。本研究的問卷設計，列出：1. 缺乏訓練前的需求評估、2. 授課師資問題、3. 時間設計不當、4. 主官（管）支持態度、5. 獎懲制度、6. 本身學習態度等 6 項，請受訪者表示意見。統計分析結果，如表 11-10 所示。

表 11-10　常年訓練實施成效影響因素一覽表

變數	數值標記	N	百分比	觀察百分比
影響常年訓練實施成效最重要的因素為何	缺乏訓練前的需求評估	148	24.7%	56.3%
	授課師資問題	77	12.8%	29.3%
	時間設計不當	121	20.2%	46.0%
	主官（管）支持態度	68	11.3%	25.9%
	獎懲制度	52	8.7%	19.8%
	本身學習態度	134	22.3%	51.0%
總計		600	100.0%	228.1%

資料來源：作者彙整資料後自行繪製

　　本研究共有 264 位受訪者，因為是採複選，所以表 11-10 中的 "N" 代表變數被勾選的次數；N 的總和為 600，代表各變數項目合計被勾選了 600 次，平均每位受訪者至少勾選了 2 個題項。「百分比」代表各題目的權重，「觀察百分比」代表每一個單項佔總樣本的比例。

　　本單元所列的 6 個勾選項目，經由表 11-10 可以得知：

（一）「缺乏訓練前的需求評估」填答的次數為 148 次，百分比為 24.7%，觀察百分比為 56.3%。

（二）「授課師資問題」填答的次數為 77 次，百分比為 12.8%，觀察百分比為 29.3%。

（三）「時間設計不當」填答的次數為 121 次，百分比為 20.2%，觀察百分比為 46.0%。

（四）「主官（管）支持態度」填答的次數為 68 次，百分比為 11.3%，觀察百分比為 25.9%。

（五）「獎懲制度」填答的次數為 52 次，百分比為 8.7%，觀察百分比為 19.8%。

（六）「本身學習態度」填答的次數為 134 次，百分比為 22.3%，觀察百分比為 51.0%。

　　綜上，「缺乏訓練前的需求評估」、「本身學習態度」、「時間設計不當」為影響常年訓練實施成效最重要因素的前三名；而「獎懲制度」、「主官（管）支持態度」填答的次數為倒數兩名，代表常年訓練實施成效較不受這兩個因素的影響。

三、其他具體建議及改善意見

　　在開放性問題部分，部分受訪者提出了自己的看法，經過整理，僅

將具有代表性的建議事項原文抄錄如下：

（一）應與時俱進，詳細分析員警可能面臨的威脅及臨場狀況，進而安排訓練，讓執勤員警能夠身歷其境，才會有臨場模擬心理狀態，進而達到逼真訓練場景。

（二）常年訓練的時間每月只有 8 小時明顯不足，且外勤同仁擔服日夜勤，中間還要常訓精神不濟下難有好的訓練效果，只好流於形式勉強交代。

（三）增加情境模擬演練及教導使用警械，備勤處理糾紛應 2 人以上，不得單警前往處理，不應限制到場時間，法令太多空間造成太多警察無辜傷亡，長官學識與擔當也要成長。

（四）同仁要自我要求，努力加強自身不足之處，自我鍛鍊體能並提高危機意識，培養對人事物的敏感度，才能保護自身執勤時安全!

（五）放寬員警用槍時機，重新制定 SOP 流程，保障執法者公權力，提倡警民一家的原則，才能夠共同保障安寧的社會。

（六）隨時保持敵情觀念以確保三安；另應取消警察的績效評比文化，回歸勤務正常；常年訓練應落實執行，建議改為每季集中實施一次；每次改為三天，每天八小時，這樣訓練才會紮實！

（七）開放員警可利用靜態勤務時間加強個人體能、體力訓練。加強員警組合警力訓練，讓員警熟悉盤查人車之安全位置及作為。增加員警面對突發狀況之反應訓練。單位需購置足夠防護型噴霧器，並要求員警任何勤務皆需隨身攜帶。

（八）修法提高刑法妨害公務罪，讓警察在執勤上更能發揮功效。

（九）員警處理各類案件，遭刁民酸言酸語，大聲咆哮，員警回應也激烈，向督察單位檢舉，就檢討員警處理態度，甚至行政處分，往

往是基層員警的困擾。

（十）現行評鑑考核制度，因教官在有限的教學時數，要符合考核人員機械式的標準，勢必以迎合分數的教學為主，而非指導同仁實際有效的執法方法（綜合逮捕術常見的套招訓練多半要求姿勢的標準美觀，而不是情境的適應性或實用性），使大多數同仁產生「學那種表演用的東西根本沒用」的看法，連帶影響常年訓練的成效，無法達成幫助同仁保護自身安全的美意。

（十一）1. 觀念、2. 現場危機意識判斷、3. 員警自身安全技能、4. 如何利用語言降低危害、5. 勤務編排是否可以選擇降低危險執法。

（十二）建議先檢討勤務制度及績效制度後，再提高訓練時數（體適能、警察情境實務、使用汽機車攔查防衛駕駛技巧、盤查實務技巧及實務運作及射擊訓練）。

參、結語

　　2019 年 7 月，鐵路警察局警員李承翰執行勤務遇暴力攻擊因公殉職；本書各章所關注的「核心職能」的培訓應該不是問題，但「狹窄且多乘客的火車車廂中，遇思覺失調者的挑釁與暴力攻擊」是從未被注意的執法情境，喚起了警察組織內部對「執勤安全」這個新興議題的關注。

　　「基層警察工作」確實是一份「挑戰安全」的工作！期望透過客觀的統計分析，了解警察人員執行勤務時，遇暴力攻擊的經驗、施暴者的特性、遇暴力攻擊時的情境因素、最易發生的時段等，並同時了解警察人員維護執勤安全的各種警用裝備現況，以及常年訓練對執勤安全的助益。

一、結論

（一）本研究調查發現，75.76%警察人員執行勤務遇暴力時有遭受過暴力攻擊經驗，以 21-30 歲（31.4%），警察專科學校專科警員班或進修班畢業（56.0%），服務年資 11-15 年（32.1%），服務於分局暨派出所（含分駐所、交通分隊、警備隊）的基層小隊長、巡佐及警（隊）員受暴比例最高（77.6%），這就是何以本章列為本書最終章的原因。

（二）本研究調查發現，最常遭到的暴力攻擊類型為被羞辱、罵髒話、三字經、公然侮辱等口語之精神暴力（98%），其次為被威脅恐嚇找民代質詢或找長官調職或走著瞧等（93%）在肢體暴行以被用肢體推、拉、擠、撞等動作（83%），與被抓、掐、捏、咬、踢、踹、摑掌、扯髮等（82.5%）攻擊行為。

（三）本研究調查發現，危險的情境是巡邏勤務（59.5%），20 時 01 分-24 時 00 分最易遭到攻擊（33.3%）；施暴人多為男性（80%），施暴者的人數（74%），施暴原因前 3 名：1. 因不服取締最多（31.5%）、2. 酒醉（27.0%）、3. 脫免逮捕（13.5%）。施暴人當時有喝酒（45.0%），施暴者當時因思覺失調症導致攻擊行為的產生（6.5%），其中 42%無法判斷，值得我國警政決策機關注意，以維三安。

（四）本研究調查發現，防護型裝備機具，其中所服務單位「背心式防彈衣」每人是否配發一件 75.6%表示滿意；「防彈頭盔」每 2 人是否配發一頂 69.6%表示滿意；「防護型噴霧器」每人是否配發一瓶 80.5%表示滿意；「微型攝影機」（密錄器）每人是否配發一臺 71.5%表示滿意；「警棍（含破窗尾蓋）」每人是否配發一枝 76.4%表示滿意；「電氣警棍（棒）（電擊器）」機關是否配發三枝 61.3%表示

滿意;「警銬」每人是否配發一付 82.4%表示滿意。代表受訪者對
於「所服務單位『警銬』每人是否配發一 付？」最為認同，對「所
服務單位『防彈頭盔』每 2 人是否配發一頂？」認同度較低。

（五）本研究調查發現，受訪者參加常年訓練的態度，其中 52.8%表示
硬性規定必須參加；32.3%表示非常樂於參加主動學習；14.8%表
示只是應付心態想逃避。52.8%認為實作示範的常訓教學方式學
習效果較佳。73.4%認為常年訓練所學的觀念及術科技能，可以實
際應用到工作上，保障執勤安全。82.5%認為常年訓練應加強第一
線警察人員談判技巧及危機處理能力，緩和情勢策略以降低警民
衝突。73.8%表示常年訓練已著手改良並融入多種實境演練項目，
模擬逮捕抗拒犯嫌。93.4%認為常年訓練應增加汽、機車防禦性安
全駕駛訓練時數。覺得下列常訓術科中，對於外勤工作最有幫助
前 3 名：1. 汽、機車防禦性安全駕駛訓練、2. 組合警力訓練、3.
綜合逮補術與體適能訓練並列第 3 名。

（六）本研究調查影響常年訓練實施成效最重要的因素缺乏訓練前的需
求評估為 6 種，可知「缺乏訓練前的需求評估」、「本身學習態度」、
「時間設計不當」為影響常年訓練實施成效最重要因素的前三名。
而「獎懲制度」、「主官（管）支持態度」填答的次數為倒數兩名，
較不受這兩個因素影響。

二、建議

（一）本研究發現，高達 93.4%受訪者認為汽、機車安全防禦駕駛對警
察勤務最有幫助。2016 年美國司法部研究報告指出，2011 至 2013
年 664 個州和地方執法學院的 135,000 新進同仁接受基礎培訓，

平均一名警察人員要接受 108 小時的警械訓練，但駕駛警車操控訓練（Emergency Vehicle Operation Course, EVOC）訓練僅為 38 個小時，其中有關於駕車追捕時數訓練不足。相較於美國，可知我國警察人員常年訓練有關於駕車時數訓練明顯不足，建議將汽、機車安全防禦駕駛列為培訓的主要訓練科目，包括建立安全防禦駕駛觀念、避免追車、學習尾隨保持安全距離、增加夜間駕駛等。

（二）本研究發現，有 40% 受訪者執行勤務遇暴力時，會依妨害公務罪究辦。相對於法務部統計，2016 年至 2019 年涉妨害公務罪而遭判刑確定者共 6,035 件，其中判處六個月以上有期徒刑必須入監服刑者僅 63 件，比率不到 2%（立法院第 9 屆第 8 會期第 4 次會議議案關係文書，2019），可能導致警察同仁消極執法心態。比較美國各州刑法，設計襲警罪之相關規定非常完整，針對不同犯行態樣加重刑罰；例如：襲警（assault on a police officer），過失殺警（aggravated manslaughter），重罪殺害執法人員（criminal homicide of law enforcement officer）等。甚至某些州，故意殺害執勤警員（the intentional killing of on-duty police officers)）將殺人指控加重為死罪（capital offense）。執法「工欲善其事，必先利其器」，才能提高警察的執法權威與能量，維護法律的尊嚴。

（三）本研究發現，約有 44% 受訪者執行勤務遇暴力時，以徒手壓制占較大多數。謹舉美國紐約州為例，2020 年新增訂執法人員「使用鎖喉（Chokeholds）或類似不當抑制手段」為 C 級重罪，最高可判 15 年，美國華盛頓郵報（The Washington Post）並指出，歐洲多數國家嚴格禁止使用此種危險勒脖動作，只有德國允許警察短暫（temporarily）使用，向頭部（而非頸部）施加壓力以制伏（subdue）

對方。雖然各國執法環境不同，惟我國警察同仁更應精緻執法，常年訓練精進逮捕訓練，以免變成警察暴力。

（四）本研究發現，受訪者執行勤務遇暴力時，曾有 6.5%面對思覺失調症者，另 42%表示無法判斷。美國 2015-2018 年統計，約 1,000 人被警察射擊致死，其中約 25%的人患有精神疾病（PMI）。故田納西州 Memphis 警察局 80 年代為應對暴力犯罪中複雜心理問題，組建專業危機處理團隊（Crisis Intervention Teams，CIT），培訓執法人員計 40 小時專門課程，強調面對暴力犯罪不再採取傳統以暴制暴思維，禁止歧視思覺失調症者，醫院訓練執法者辨識精神疾病特徵（呼應本研究發現有 42%第一線警察人員無法判斷辨識），加強其家人之聯繫等策略，加強其家人之聯繫等策略，與法院、政府機構、智庫、醫院、志工等團隊合作，該成功警務模式稱「孟菲斯模式」（Memphis Model），數據顯示近 30 年成功減少 8 成警察人員傷亡（CIT resulted in an 80% reduction of officer injuries），所以聯邦及他州 2,700 執法部門學習採用。

（五）本研究發現，約 75.76%受訪者執行勤務遭到職暴力攻擊的經驗，其中處理民眾報案所佔 31.10%占較大多數，不服取締佔 31.50%占較大多數，另高達 82.5%同仁認為常年訓練應加強第一線警察人員談判技巧及危機處理能力。所謂「先處理心情再處理案件」，南加州大學犯罪學教授 Geoffrey Alpert 多年提倡言語降低衝突的技巧（verbal de-escalation skills），警察專科學校 109 年第 1 學期第一次開設「警察敘事能力與溝通」課程，聘請警界多年學有專精且經驗豐富的外勤人員上課，教導同學溝通技巧充分化解衝突，如何在不同情境應對民眾，結合工作壓力及情緒控管，真誠搏感

情以降低警民衝突，建議各警察機關常年訓練可納入課程，聘請相關領域專家學者，真誠溝通拉近警民距離並提升治安滿意度。

根據研究結果，嘗試提出建議、研擬強化警察人員執勤安全之對策，提供做為警察機關辦理現職人員常年訓練的再精進，更回溯警察專科學校新進基層人力的培訓，俾達到「適格」、「適任」的培訓目的，除有效防範類此事件的再發生，亦可促成執行勤務的順遂，提升民眾的滿意度。畢竟，若警察人員執行勤務遇暴力攻擊，將直接影響到社會治安的維護，這也是警察組織眾多的存在價值之一。

＊本章主要參考作者 2020 年 10 月 16 日於「109 年執法人員行管理理論與實踐研討會」發表之論文：「警察執行勤務遇暴力攻擊對策之研究－兼論常年訓練之精進作為」。本章之撰寫，部分內容已調整並重新改寫。

附　錄

第一部分：基本個人資料

性　　　別	□（1）男　　　　□（2）女
年　　　齡	□（1）20 歲以下　□（2）21-30 歲　□（3）31-40 歲 □（4）40-50 歲　　□（5）51-60 歲　□（6）61 歲以上
警察最高學歷	□（1）中央警察大學大學部四年制 □（2）中央警察大學大學部二年技術系 □（3）中央警察大學警佐班 □（4）中央警察大學研究所 □（5）中央警察專科學校專科警員班或進修班 □（6）中央警察專科學校巡佐班 □（7）警察三等特考班（內軌） □（8）一般警察三等特考班（外軌） □（9）警察四等特考班或基特班
您擔任警察工作 的服務年資	□（1）5 年以下　□（2）6-10 年　□（3）11-15 年 □（4）16-20 年　□（5）21-25 年　□（6）26-30 年 □（7）31 年以上
您目前的服務單位是	□（1）分局暨派出所（含分駐所、交通分隊、警備隊） □（2）警察局暨保安大隊（含交通大隊、婦幼隊、捷運隊等） □（3）分局偵查隊 □（4）警察局刑警大隊含少年隊、科偵隊、特勤中隊 □（5）保安警察第一至七總隊　□（6）航空警察局 □（7）鐵路警察局　□（8）國道公路警察局 □（9）港務警察總隊　□（10）警大或警專　□（11）其他
您的職稱是	□（1）警員　□（2）偵查佐　□（3）巡佐（警務佐） □（4）小隊長　□（5）術科專、兼任教官或助教 □（6）巡官或分隊長或區隊長　□（7）偵查員或警務員 □（8）所長或副所長　□（9）組長或隊長　□（10）其他

第二部分：值勤時遭受職場暴力被害之經驗

以下問題主要是想了解您從警以來，值勤時遭受職場暴力被害之經驗，請依照您個人實際接觸經驗來作答。 每一題目有四個連續性的選項，代表不同的程度，請在您認為最適當的選項內打「Ｖ」	未曾發生	發生一次	發生二次	發生三次以上
值勤時遭受過職場暴力被害之經驗 1. 被羞辱、罵髒話、三字經、公然污辱等	☐	☐	☐	☐
2. 被威脅恐嚇找民代質詢或找長官調職或走著瞧等	☐	☐	☐	☐
3. 被威脅恐嚇惡意檢舉或隨意投訴媒體	☐	☐	☐	☐
4. 被抓、掐、捏、咬、踢、踹、摑掌、扯髮等	☐	☐	☐	☐
5. 被用肢體推、拉、擠等動作	☐	☐	☐	☐
6. 被汽車或機車故意衝撞	☐	☐	☐	☐
7. 被丟雞蛋、丟骨頭	☐	☐	☐	☐
8. 遭民眾不當性騷擾	☐	☐	☐	☐
9. 遭到槍械、爆裂物、信號彈等攻擊	☐	☐	☐	☐

若您沒有以上被暴力威脅（包含辱罵、罵髒話、三字經、公然侮辱等）或攻擊之經驗，則直接跳到本問卷第五部分／員警執勤安全警用裝備現況繼續填答。

第三部分：您印象最深刻值勤時遭遇暴力攻擊之情境因素

承上，您印象最深刻值勤遭遇暴力攻擊之情境因素相關情形，請依照您個人實際接觸來作答。請在您認為最適當的選項內打「V」

<table>
<tr>
<td rowspan="9">您印象最深刻值勤遭遇暴力攻擊之情境因素</td>
<td>1. 該事件發生時，您的<u>勤務項目</u>是
□（1）巡邏　□（2）路檢　□（3）臨檢　□（4）備勤　□（5）守望
□（6）交通稽查　□（7）刑案偵查　□（8）拘提搜索　□（9）集會遊行勤務
□（10）其他勤務</td>
</tr>
<tr>
<td>2. 該事件當時的<u>勤務狀況</u>是：
□（1）處理民眾報案　　□（2）告發交通違規　　□（3）處理打架糾紛
□（4）逮捕犯罪嫌疑人　□（5）取締酒醉駕車　□（6）集會遊行抗爭
□（7）廟會遶境遊行　　□（8）執行搜索勤務　□（9）其他臨時狀況</td>
</tr>
<tr>
<td>3. 該事件的值勤<u>時間</u>？
□（1）08:01-12:00　□（2）12:01-16:00　□（3）16:01-20:00
□（1）20:01-24:00　□（2）00:01-04:00　□（3）04:01-08:00</td>
</tr>
<tr>
<td>4. 該事件的值勤<u>地點</u>是？
□（1）道路上　　　□（2）派出所內　□（3）民宅內　□（4）街道空地、廣場
□（5）營業廣場　□（6）臨檢場所　□（7）其他</td>
</tr>
<tr>
<td>5. 該當時服勤的<u>人數</u>是（包括自己）？
□（1）1人單警服勤　□（2）2人共同服勤　□（3）3-4人共同服勤
□（4）4人以上共同服勤</td>
</tr>
<tr>
<td>6. 值勤時攜帶之裝備？
□（1）未攜帶裝備　□（2）攜帶警槍　□（3）攜帶電器警棍（棒）（電擊器）
□（4）攜帶警棍（含破窗尾蓋）　□（5）防護型噴霧器　□（6）其他</td>
</tr>
<tr>
<td>7. 值勤受攻擊時是否<u>使用警械</u>？
□（1）以槍反擊　□（2）以警棍壓制　□（3）以徒手壓制　□（4）以槍、警棍嚇阻
□（5）以言語嚇阻或口頭嚴正警告　□（6）未回應　□（7）其他</td>
</tr>
<tr>
<td>8. 是否<u>逮捕</u>施暴者？
□（1）沒有　□（2）使用警銬逮捕
□（3）使用警銬或警繩（如束帶）以警察職權行使法保護性管束　□（4）其他</td>
</tr>
<tr>
<td>9. 是否<u>依妨害公務等罪名</u>究辦該施暴者？
□（1）有　□（2）沒有（口頭嚴正警告）
□（3）其他（依警察職權行使法保護性管束通知家屬</td>
</tr>
</table>

第四部分：施暴者特性分析

承上，對於**施暴者特性**，請依照您個人實際接觸經驗來作答。請在您認為最適當的選項內打「V」

<table>
<tr><td rowspan="8">施暴者特性分析</td><td>1. 施暴者的<u>人數</u>是
□（1）1人　□（2）2人　□（3）3人　□（4）4人以上</td></tr>
<tr><td>2. 施暴者的<u>性別</u>是
□（1）男性　□（2）女性　□（3）男女性皆有</td></tr>
<tr><td>3. 施暴<u>原因</u>？
□（1）脫免逮捕　□（2）不服取締　□（3）服用毒品或其他相類之物
□（4）仇恨警察　□（5）遊行抗爭　□（6）思覺失調症　□（7）酒醉　□（8）其他</td></tr>
<tr><td>4. 施暴者<u>使用之工具</u>？
□（1）道路上　□（2）派出所內　□（3）民宅內　□（4）街道空地、廣場
□（5）營業廣場　□（6）臨檢場所　□（7）其他</td></tr>
<tr><td>5. 施暴者當時是否<u>喝酒</u>？
□（1）有喝酒　□（2）沒有喝酒　□（3）無法判斷</td></tr>
<tr><td>6. 施暴者當時是否<u>服用毒品、麻醉藥品或其他相類之物</u>？
□（1）有使用　□（2）沒有使用　□（3）無法判斷</td></tr>
<tr><td>7. 施暴者當時是否<u>因思覺失調症導致攻擊行為的產生</u>？
□（1）有　□（2）沒有　□（3）無法判斷</td></tr>
</table>

第五部分：員警值勤安全警用裝備現況

		非常不同意	不同意	同意	非常同意
為維護警察人員執勤安全，確保勤務執行順遂，依 108 年「警察勤務裝備機具配備標準」規定，訂定各類裝備機具所應配賦之標準，以下問題主要是調查警察勤務所需使用之裝備機具區分為防護型、蒐證型、通訊型、警械等四種類型，請依您個人實際接觸經驗來作答。每一題目有四個連續性的選項，代表不同的程度，請在您認為最適當的選項內打「V」					
警察勤務裝備機具配備標準現況	1. 依警察勤務裝備機具配備標準，所謂防護型裝備機具，目前您所服務單位「背心式防彈衣」每人是否配發一件？	☐	☐	☐	☐
	2. 依警察勤務裝備機具配備標準，所謂防護型裝備機具，目前您所服務單位「防彈頭盔」每 2 人是否配發一項？	☐	☐	☐	☐
	3. 依警察勤務裝備機具配備標準，所謂防護型裝備機具，目前您所服務單位「防護型噴霧器」每人是否配發一瓶？	☐	☐	☐	☐
	4. 依警察勤務裝備機具配備標準，所謂蒐證型裝備機具，目前您所服務單位「微型攝影機」（密錄器）每人是否配發一臺？	☐	☐	☐	☐
	5. 依警察勤務裝備機具配備標準，所謂警械裝備機具，目前您所服務單位「警棍（含破窗尾蓋）」每人是否配發一枝？	☐	☐	☐	☐
	6. 依警察勤務裝備機具配備標準，所謂警械裝備機具，目前您所服務單位「電氣警棍（棒）（電擊器）」每人是否配發三枝？	☐	☐	☐	☐
	7. 依警察勤務裝備機具配備標準，所謂警械裝備機具，目前您所服務單位「警銬」每人是否配發一付？	☐	☐	☐	☐

第六部分：精進常年訓練保障員警執勤安全

以下問題主要是想瞭解，目前您對於精進常年訓練保障員警執勤安全，請依照您個人實際接觸經驗來作答。每一題目有四個連續性的選項，代表不同的程度，請在您認為最適當的選項內打「V」或填答	非常不同意	不同意	同意	非常同意
精進常年訓練保障員警安全 1. 您參加常年訓練的態度為何？ □硬性規定必須參加 □非常樂於參加主動學習 □只是應付心態想逃避				
2. 您認為下列哪一種常訓教學方式學習效果較佳： □單向講述 □雙向討論 □個案研究 □實作示範				
3. 您認為常年訓練所學的觀念及術科技能，很多可以實際應用到工作上，保障值勤安全	□	□	□	□
4. 您認為常年訓練應加強第一線員警談判技巧及危機處理能力，緩和情勢策略以降低警民衝突	□	□	□	□
5. 您認為單位的常年訓練已著手改良並融入多種實境演練項目，模擬逮捕抗拒犯嫌	□	□	□	□
6. 您認為觀有教授與持刀攻擊者應要保持安全距離「21英呎法則」（約7公尺）以利反應處置	□	□	□	□
7. 您認為常年訓練應增加汽、機車防禦性安全駕駛訓練時數	□	□	□	□
8. 警政署警政知識聯網連結警察長年訓練電化教學：包含「員警執法遭受歹徒突襲之實務應變作為」、「盤查車輛安全觀念」、「員警基本值勤觀念」、「109年安全用槍檢測-新型態射擊訓練」等E化教材，您是否有自行上網學習及與同仁討論	□	□	□	□
9. 依您的看法，影響常年訓練實施成效最重要的因素為何？（可複選） □缺乏訓練前的需求評估 □授課師資問題 □時間設計不當 □主官（管）支持態度 □獎懲制度 □本身學習態度				
10. 您覺得在下列常訓術科中，對於外勤工作最有幫助 （請依個人實際經驗：於 □ 內填寫最重要，單選題） □柔道 □游泳 □綜合逮捕術 □組合警力訓練 □射擊 □警棍術 □體適能訓練 □防護型應勤裝備（防護型噴霧器）操作 □電擊槍操作 □汽機車防禦性安全駕駛訓練				

第七部分：

其他具體建議及改善意見（請您寫下如何改善員警執勤安全讓執法更有保障！）

最後再次感謝您撥空填寫這份問卷，
您的寶貴建議及意見促使警察同仁執勤環境更完善

第十二章　結論

　　本書各章的各項研究為一「政策分析研究」（policy analysis study）
－欲針對我國警察組織基層人力的「招募遴選」、「培訓」與「適任」等
一系列相互關連的政策問題，進行「政策問題的診斷」（policy problem
diagnosis）；並期望藉由所獲得的資訊，進行「政策倡導」（policy advocacy）
的工作－利用學養與專長，為某種政策的理念從事推薦和辯護的工作，
使得政策的實施得以緊扣社會潮流。

　　警察人員在我國公部門的人力中佔了相當大的比例，於警察專科學
校培訓的外勤第一線（基層）實務工作人員，又佔了整個警察組織約 93%
的人力，渠等於完成培訓並取得任用資格後，第一時間即至基層派出所
報到，立刻投入第一線勤務工作行列，成為代表國家、與民眾直接接觸、
合法配戴器械、執行公權力；必要時，亦得動用強制力，以管制人民或
為民服務的國家基層公務人員。

　　一位青年，無論是經由新生入學考試，成為授予學位的警察專科學
校二年制專科班學生；或是經由各種類別之警察人員特種考試錄取，進
入警察專科學校接受「公務人員錄取人員訓練」的學員，可以百分之百
地確定，渠等將來必定成為「基層警察人員」。

　　2011 年，我國警察人員的進用，於考選與培訓制度部分發生重大變
革。為因應此一可預見的變革，警察專科學校自 2009 年起即組成專案小
組，就相關議題進行一系列的研究。這一系列的研究案，概分為「招募
遴選」、「核心職能」、「課程設計」、「情境模擬教學」、「適任性分析」等
各大主題，迄今（2021 年）仍持續進行，不斷地充實並加強研究項目與
研究內容，俾對我國警察組織基層人力的招募、遴選、培訓與適任進行

政策倡導，以挹注適格、適任的基層警察人員。本書的各篇、各章，實係政策變革研議過程中，一系列研究案的研究設計與結論的彙整。

培訓出一位適格、適任的警察人員，其完整的流程，可包括：招募遴選、培訓，特別是核心職能的養成與發展等各階段。

本書係以相關學理為基礎，從實務面切入，就關注的議題進行探討。本書的撰寫，於理論的引用並不太多，惟於研究設計上，仍經由「文獻探討法」釐清各相關概念；再按撰寫的主題，區分為：「招募遴選之探討」、「培訓之探討」、「適任之探討」，再按不同的議題，於各篇中細分各章，經由「研究調查法」，尋求警察組織基層人力招募遴選的最適選項，以及經過專業培訓的新進人員，究竟能不能成為適格、適任的「基層警察人員」？渠等「專業能力」是否足以適任這份工作，以使最終的研究結果與建議更具參考價值，並能進一步轉換為政府政策，為我國警察組織基層人力的進用帶來一定程度的貢獻。

本章為「結論」，將依探討的主題，分為三個部分，將本書各章的重要研究結論與建議於此作一綜整：

第一節　有關招募遴選議題
第二節　有關培訓議題
第三節　有關適任議題

第一節　有關招募遴選議題

本書第一篇「招募遴選之探討」，包含三個相關議題：「我國警察人員進用模式」、「公務人員特種考試一般警察人員考試錄取人員職業選擇」、「我國警察人員進用不經公務人員考試方案規劃暨可行性」；謹將各章研究的結論與建議，綜整摘要於下列各單元。

壹、我國警察人員進用方案建議

本書第二章為「我國警察人員進用模式研析」，本單元謹提出對我國警察人員進用方案的建議。

「警察人員」被類歸為我國政府的公務人員，「公務人員」依法必須經由國家考試及格後任用。我國警察人員的進用，目前主要有兩大模式：「教、考、用」與「考、訓、用」。無論是模式的本身，還是專業核心職能的養成，或是養成後畢、結業人員的適任性，這兩大模式，各有其競爭優勢與劣勢。

如何整合現行公務人員必須考試後任用，以及警察核心職能養成等相關法規與制度，建立一套有效模式，俾招募優質人力加入執法行列，以因應社會之期待，實為刻不容緩之議題。

有關我國警察人員進用方案建議，於憲法條文規定的大前提之下，謹提出幾個應予深思的問題：

（一）「警察人員」究竟應不應該是「公務人員」？

（二）「公開競爭之考試制度」僅限於考試院舉辦之考試？

（三）警察人員可否列為「專門職業技術人員」？

（四）警察人員的進用「不經公務人員考試」的可能影響（法律上的權利、義務、責任）？

一、警察人員為「帶槍的公務人員」

我國警察人員雖被類歸為「文官」，依法應經國家考試及格後任用；然，警察勤務制度的設計，以及警察工作的實質內涵，使警察人員們常自稱自己為「帶槍的公務人員」，此一特殊名詞，各社會賢達或學者專家

們也多認為確實形容的頗為貼切！更何況，我國警察人事制度各相關項目的設計，多以特別法規範，獨立於一般公務人員法制之外。

二、「公開競爭之考試制度」應不僅限於考試院舉辦之考試

警察專科學校的招募，係經由獨立的招生考試，其公信力應無庸置疑；尤以警察專科學校的入學考試，多項公正、公平、公開的試務措施，甚至成為考選部辦理國家考試的學習對象，應該完全符合「公開競爭考試制度」的標準與要求。

據此，多年前即有以入學考試為任公職之「第一試」（「未受過警察教育訓練」者的「基礎測驗」）、畢業考試為「第二試」（「受過警察教育訓練」者的「專業成就測驗」）之倡議與研議，應慎重再行深入研究。

三、警察人員可考慮採「專門職業技術人員」的證照制

我國警察機關的設置遍布於全國各地，是國家最常見的公權力執人員，而工作所司，多涉及案件查緝、交通舉發等屬干涉行政範疇，與人民生活息息相關，故應有一套更嚴謹的考選進用標準；並為符合工作任務需求，其養成及訓練更應獨樹一格。作者認為，改採「專門職業技術人員」的證照制，不啻為另一個解決問題的政策規劃思考方向。

四、警察人員的進用「不經公務人員考試」的可能影響（法律上的權利、義務、責任）

《中華民國刑法》第 10 條第 2 項規定，凡「由法令賦與職權者」皆為刑法上的公務員，那是於我國公部門服務的人員擔負有刑事責任的依據；那麼，若警察人員的進用「不經公務人員考試」，可能的影響是原規定於各公務人員法制之中，「公務人員」應享之權利、應盡之義務、應負

之責任方面，究竟有何差異。本部分於本書的第四章中有深入解析。

　　我國警察人員的進用，事涉警察教育、人事制度之統整規劃暨相關法制變革。如何整合現行公務人員考試任用、警察核心職能養成之相關法規與制度，建立一套有效模式，招募優質人力加入執法行列，以因應社會之期待，為刻不容緩之議題。鑑於我國警察人員的進用制度正在通盤檢討中，期能藉由本章的研究所獲得的資訊，進行「政策倡導」，提供作為未來制度變革政策辯論的重要參考依據。

　　現行「教、考、用」、「考、訓、用」雙軌並行模式，是歷經數十年的經驗發展變革而成的；有其汰蕪存菁的特色！若僅於此範圍內再行檢討變革，實無意義！若要追本溯源，則要認真探究，警察人員是否列為「專門職業技術人員」？或根本不經公務人員考試進用？本書的第四章，有更深入的探討與分析。

貳、公務人員特種考試一般警察人員考試錄取人員職業選擇綜論

　　本書第三章為「公務人員特種考試一般警察人員考試錄取人員職業選擇研究」，本單元為渠等職業選擇的綜合論述。

　　自 2011 年起，我國警員人員的進用劃分為二軌，於基層人員部分，凡未受過警察教育訓練者，可參加考選部舉辦之「公務人員特種考試一般警察人員考試四等考試」。是類人員與日俱增，甚至 2013 年至 2019 年之間，有七個年度的「特考班」，結業人數可達警察專科學校應屆畢業學生人數的 1.2 倍。

　　根據研究所獲得的資料，分為「個人基本資料」、「職業選擇影響因素」、「對基層警察工作的認知」等三部分，重點摘要略述如下。

一、個人基本資料

　　雖然是個人基本資料，卻可以從中驗證，各種統計資料的呈現，與受訪者職業選擇具有相當關聯性。

（一）男性受訪者與女性受訪者呈現 2（男）：1（女）的比例，於各類警察勤務執行時，究竟有無影響？

（二）年齡介於 26 歲到 31 歲之間的受訪者達七成八；年齡較長較具社會經驗，則渠等的學習能力、可塑性等，都是警察組織基層人力培訓的重要參考指標。

（三）於一般警察特考的準備方式上，具有「在補習班補習經驗」的受訪者占了近六成六。只是於補習班的衝刺過程中，究竟對「基層警察工作」的認知清楚嗎？

（四）受訪者最高學歷的主修科系五花八門、無所不包，絕大部分均非屬基層警察工作的相關科系，這也是警察組織基層人力培訓的重要參考指標。此外，尚隱含一個必須深思的問題：以如此高學歷，尋求一份以高中畢業生為招募對象的工作，無論是職業選擇的影響因素，還是對基層警察工作的認知，都是值得探討的。

（五）「參加過其他公務人員考試但未錄取」與「未參加過」兩者相加，幾乎已達 100%；因為如此，受訪者方決定選擇參加「一般警察特考」嗎？

（六）「有工作經驗」者佔了 81.47%；且有工作經驗者在「對以前工作的待遇福利的滿意度」方面，認為「滿意」與「非常滿意」者，僅有 12.04%。此一結果，代表決定選擇「基層警察工作」的意志非常堅定嗎？

二、職業選擇影響因素

　　針對問卷所列舉的 14 項可能的影響因素，受訪者認為最重要的前三項影響因素，都被類歸為「經濟需求」層面：

（一）當警察的待遇還不錯（第一順位）

（二）當警察在工作上比較有保障（第二順位）

（三）我的家庭需要一份穩定的收入（第三順位）

　　至於受訪者認為影響性不是那麼大的因素，則凸顯出三個應予深思的研究結果與發現：

（一）「看到廣告來試試看」，被受訪者列為倒數第一的影響因素。此一現象，或許代表警察組織基層人力的招募，即使不打廣告，依舊可以吸引大量符合資格者的參與。

（二）「補習班的宣導」，雖然被列為倒數第二的影響因素，卻有 65.77% 的受訪者參加過補習；是因為要參加「一般警察特考」，所以才去補習嗎？

（三）至於「同學朋友對我的建議」、「親友長輩對我的建議」、「親友中有人從事警察工作」等，被分列「較不同意」的第三到第五名，顯示受訪者周邊親友、同儕等，似乎對「基層警察工作」這一份職業選擇的影響性不是那麼的大。

三、對基層警察工作的認知

　　針對問卷所列舉的 7 項對基層警察工作的認知狀況，以及受訪者心目中認為基層警察工作最需要改進的項目，再參酌受訪者個人基本資料，綜合歸納整理，提列七項應予深入探討的議題，並提出作者的看法與意見。

（一）將來不考慮轉業

受訪者普遍表達了將來較不考慮轉業的心態。此一結果，與坊間其他的研究，認為經由各種「公務人員特種考試警察人員考試」進用的警察組織基層人力離職率較高，有些相矛盾；或許，渠等真正進入職場後，會有不同的想法。

（二）不甚看好基層警察未來的升遷機會

受訪者對「基層警察未來的升遷機會」似乎都不甚看好，這應該與我國經由法制規範建構特殊的警察人事制度設計有關。

惟，內政部警政署 2020 年年底函頒「有關中央警察大學各班期畢（結）業候缺人員派補第九序列巡官等同序列職務原則」，溯自 2019 年 1 月 1 日起，唯有各類「警察特考」三等考試榜示錄取者，方予分發任用。雖然這是為因應第九序列巡官等同序列職務缺額不足的暫時性措施，然或許是個轉機。

（三）認為培訓中修習的科目與內容較不合乎基層警察養成的需求

受訪者對「培訓中修習的科目與內容合乎基層警察養成的需求」表達了較不同意的看法，可能是本章研究進行時，「特考班」於保安警察第一、四、五總隊代訓，該三基地的師資、場地、設施、器材、設備，都有落差所致。

（四）不認為當警察是理想的職業

針對此一問題，受訪者同意的程度並不算高，而且有高達 48.26% 的受訪者竟然表示「無感覺」；若「無感覺」，當初怎麼會選擇從事基

層警察工作？或許，受訪者選擇基層警察工作，並不是因為「當警察是理想的職業」，而是「待遇還不錯」、「工作比較有保障」、「需要一份穩定的收入」。

（五）對各類警察工作的性質不甚了解

受訪者對「各類警察工作性質」的了解程度，超過一半是「沒感覺」，傾向於「了解」的不到一半，還有 3.86％認為「不了解」。

本章研究進行時，受訪者即將結業分發，卻仍不了解各類警察工作的性質，未來面對經緯萬端的基層警察工作，實令人堪憂！

（六）對各種警察工作的勤務狀況不甚了解

受訪者對「各類警察工作勤務狀況」，表示「無感覺」的佔了四成四，傾向於「了解」的只有一半多一點點，還有 4.24％「不了解」。受訪者即將結業分發，卻仍不了解各種警察工作的勤務狀況，未來面對瞬息萬變的基層警察勤務執行，實令人堪憂！

（七）了解基層警察的工作量

受訪者對「基層警察的工作量」傾向於「了解」者，已達九成七；顯見「特考班」的學員，還真的知道基層警察工作的負荷量極大；渠等還是選擇這份吃力不討好的工作，或許「經濟需求」的影響性真的非常大。

有關前揭（三）、（五）、（六）的研究結果，作者認為，當時受委託代訓的保安警察第一、四、五總隊，對於警察組織新進基層人力的培訓，無論是場地、設施、器材、設備，甚至師資的聘請，都相當匱乏，肯定對影響培訓的成效。

　　鑑於我國警察人員的進用制度正在通盤檢討中，期能藉由本書第三章研究所獲得的資訊，進行「政策倡導」，提供作為未來制度變革政策辯論的重要參考依據。

參、我國警察人員進用政策倡導

　　本書第四章為「我國警察人員進用不經公務人員考試方案規劃暨可行性分析」，本單元謹對我國警察人員進用進行政策倡導。

　　各種公務人員特種考試警察人員考試機制的建構，原本係植基於警察教育需求而設置，使完成警察專業核心職能養成的警察專科學校、警察大學畢業生，能藉由參加與警察職務有關的國家考試取得任用資格，俾能進入各警察實務機關為民服務。

一、政策問題

　　我國的警察人員被界定為政府部門的公務人員，所以警察人員的進用，一直是經由《公務人員考試法》及其相關法規，以及《警察人員人事條例》、《警察人員教育條例》等特別法及其相關法規之規定辦理。

　　我國警察人員雖被類歸為「文官」，依法應經國家考試及格後任用；然，警察勤務制度的設計，以及警察工作的實質內涵，使警察人員們常被稱為「帶槍的公務人員」。此一特殊名詞，各社會賢達或學者專家們也多認為確實形容的頗為貼切！更何況，我國警察人事制度各相關項目的設計，多以特別法規範，獨立於一般公務人員法制之外。

二、方案規劃

　　因環境的變遷，不斷地引發各類的公共議題，造成我國警察人力進

用相關制度一再變革。「公務人員」此一名詞，到底包括哪些身分的人員？以及「警察人員」身分的取得，一定要經由公務人員考試嗎？面對不斷孳生的公共議題，或許應有不同的政策方案解決途徑－例如，本書第四章研究所關注的焦點：「我國警察人員進用不經公務人員考試」，以畢其功於一役，而不只是穿著衣服改衣服。

三、可行性分析

若警察人員的進用「不經公務人員考試」，可能的影響是原規定於各公務人員法制之中，「公務人員」應享之權利、應盡之義務、應負之責任方面，究竟有何差異。

（一）權利

我國警察人員的進用若「不經公務人員考試」，於應享權利部分，是一個較複雜的問題；必須另訂專法予以規範。

（二）義務

公務人員法律上的義務，所依據者主要是《公務員服務法》。事實上，目前於公立學院校服務之未兼行政的教師，都被列入《公務員服務法》的規範對象，其範圍幾已擴至刑法第 10 條第 2 項的範疇；故亦無重大影響。

（三）責任

於應負責任部分，除了《公務人員考績法》可能不適用之外，幾乎沒有任何影響，以下三大法律責任均一體適用。

1、行政責任：《公務員懲戒法》、《警察人員人事條例》。

2、刑事責任：《中華民國刑法》及其關係法規。

3、民事責任：《國家賠償法》。

我國警察人員－特別是基層警察人員，是全國唯一穿著制服、合法配戴器械、站在第一線上，與人民直接接觸，代表國家執行公權力，必要時尚得使用武力，強制執行國家意識，以維持社會秩序的一群人。所以，警察人員兼具文官、武官性質，部分論者稱之為「帶槍的文官」。作者認為，將警察人員列在文官體系是錯誤的，無論警察人員要如何進用，於包括權利、福利在內的人事制度，均應全面另訂專法加以規範，而非適用一般的公務人員法制。於此，國防體系可以做到，警政體系為何不能；更何況，警察人員占了公務體系的較大多數！

第二節　有關培訓議題

本書第二篇「培訓之探討」，包含五個相關議題：「警察組織基層人力核心職能」、「培訓課程設計機制建構」、「精進實習教育」、「精進警察勤務課程情境教學」、「結合警察應用技能實作演練建構實務化『警察勤務』教學」；謹將各章研究的結論與建議，綜整摘要於下列各單元。

壹、警察組織基層人力核心職能之養成

本書第五章為「警察組織基層人力核心職能研究」，本單元謹提出對警察組織基層人力核心職能養成的看法。

警察專科學校畢業的學生或培訓結業的學員，一律分發外勤勤務機構；且一經分發，第一時間即至基層分駐（派出）所報到，立刻投入第一線外勤實務工作的行列。

基層（分駐）派出所重在實作。就整體人力資源發展的觀點觀之，

要培訓警察組織新進的基層人員，必須先確認，從事「基層警察工作」這項職業，應具備之核心職能究竟為何？才能進一步規劃培訓的相關課程設計；以確保在完成與「基層警察工作」有關之專業培訓後，能成為適格、適任的警察組織基層人員；此為本書第五章關注的焦點。

一、基層警察人員的核心工作

要探討警察組織的基層人員應具備之核心職能，首要釐清首要釐清「基層警察人員的核心工作」究竟是什麼？

警察專科學校的招生簡章，以及三種與警察工作有關國家考試的應考須知（公務人員特種考試警察人員考試、公務人員特種考試基層警察人員考試、公務人員特種考試一般警察人員考試），都統一律定：

警察專科學校畢業的學生或培訓結業的學員，一經分發，第一時間即至基層分駐（派出）所報到，立刻投入第一線外勤實務工作的行列；即若有部分學生、學員分發至專業警察機關，亦毫無例外，被派往第一線，成為代表國家、與民眾直接接觸、合法配戴器械、執行公權力；必要時，亦得動用強制力，以管制人民或為民服務的基層警察人員。

我國的基層警察工作有兩項獨特的特性：

一、基層警察工作是一種實作性的工作，必須從實務面切入，就事論事，不宜從學理上探討。

二、基層警察工作是海闊天空、包羅萬象的，所以在「從事基層警察工作應具備的核心能力」問卷調查的結果中，多位受訪者，將核心能力界定為「沒有核心能力」，因為凡民眾需求、社會期望、長官指示等，都得立即完成。

二、基層分駐（派出）所勤務工作應具備之核心職能

　　培訓適格、適任的警察組織基層人員，使其具有從事基層警察工作應具備之核心職能；依相關規定，應該是必須要具有擔任第一線、24 小時輪值之基層警察工作的能力。

　　舉凡警察專科學校畢業的學生或培訓結業的學員，一律分發外勤勤務機構；且一經分發，第一時間即至基層分駐（派出）所報到，立刻投入第一線外勤實務工作的行列；即若有部分學生、學員分發至專業警察機關，亦毫無例外，被派往第一線服務。

　　基層（分駐）派出所重在實作。培訓適格、適任的警察組織基層人員，即在使其具有從事基層警察工作應具備之核心能力：具有執行「警察機關分駐（派出）所核心工作」的能力。

　　我國警察機關（分駐）派出所重在實作，內政部警政署依據《警察勤務條例》第 11 條規定之警察勤務方式：「勤區查察、巡邏、臨檢、守望、值班、備勤」，訂定之「警察機關分駐（派出）所常用勤務執行程序」，確實將警察機關分駐（派出）所的勤務工作應具備之核心職能分項、分點羅列於其中。

　　迄至 2020 年 8 月，警察機關分駐（派出）所的勤務工作共區分為：行政類、保安類、防治類、國際類、交通類、後勤類、勤指類、刑事類、資訊類等，共九大類；每一大類再依勤務態樣細分，共計 150 項核心工作。在各項常用勤務執行程序中，先將勤務執行的法規依據一一條列，而後繪製整個勤務執行程序的每一步驟，並於每一步驟中，再一一條列應進行的動作與應注意事項，整個內容，就是該項勤務執行應具備的核心職能，整個加總，便彙集成我國警察組織基層人員執行職務應具備之核心職能。

貳、警察組織基層人力培訓計畫

　　本書第六章為「培訓課程設計機制建構」，本單元謹提出警察組織基層人力培訓計畫。

　　警察專科學校職司基層警察人員教育訓練，也是我國唯一的警察組織基層人力培訓機構。經由警察專科學校培訓的警察組織新進基層人員，究竟在完成與「基層警察工作」有關之各項專業教育訓練後，能不能成為適格、適任的基層警察人員？

　　舉凡警察專科學校畢業的學生或培訓結業的學員，一律分發外勤勤務機構；且一經分發，第一時間即至基層分駐（派出）所報到，立刻投入第一線外勤實務工作的行列；即若有部分學生、學員分發至專業警察機關，亦毫無例外，被派往第一線服務。

　　基層（分駐）派出所重在實作，本篇第五章「警察組織基層人力核心職能研究」的研究結果顯示，培訓適格、適任的警察組織基層人員，必須使其具有從事「基層警察工作」應具備之核心職能；依相關規定，應該是：

一、必須要具有擔任第一線、24 小時輪值之基層警察工作的能力。

二、具有執行「警察機關分駐（派出）所常用勤務」各項勤務工作的能力。

　　本書第六章實施的「畢業校友課程設計回饋調查研究」結案後，雖然未再進行類此較具規模的課程設計研究，惟依警察專科學校「課程委員會」的運作機制，委員會得視需要邀請相關人員及專家學者參與提供意見，故每學期為審議課程科目學分表增（修）訂召開課程委員會時，

均會遴選畢（結）校友返校提供意見，俾確保課程設計不致與實務機關實務需求脫節。

章末所草擬的「專科警員班第40期正期學生組課程科目學分表」與研究案實施時的「專科警員班第 33 期正期學生組課程科目學分表」相較，差異甚大！此即因應環境變革、社會需求、人民期許，不斷滾動調整修訂。唯有警察組織新進基層人員之教學與實務接軌，方能使警察專科學校畢、結業學生（員）具備基層分駐（派出）所勤務執行之核心職能，於分發各警察機關分駐（派出）所服務時，立即有效執行各項基層警察工作。

參、實習課程設計規劃

本書第七章為「精進實習教育芻議」，本單元謹提出實習課程設計規劃。

實習教育，旨在使學生、學員於警察專科學校進行警察組織基層人力核心職能培訓期間，利用實習機會接觸外勤第一線實務工作，充實正確執法態度與觀念、熟稔警察勤務的運作，學習警察機關基層分駐（派出）所勤務執行的能力。

警察專科學校各班、各期的實習課程經過多年來不斷地發覺問題，解決問題，確實已具有一定的規模與成效；惟仍有更精進的改善空間。

經由對實習教育實施的觀察，提出看法及建議，使實習課程的設計規劃，能達到學生、學員嫻熟未來執行勤務之核心職能，畢（結）業後迅速勝任職場工作，發揮學、用合一之最終培訓目的。

實習課程的設計規劃，旨在使學生、學員於警察專科學校進行警察組織基層人力核心職能培訓期間，利用實習機會接觸外勤第一線實務工

作，充實正確執法態度與觀念、熟稔警察勤務運作，學習警察機關基層分駐（派出）所勤務執行的實作能力。

　　警察專科學校專科班學生的暑假、寒假實習、特考班學員的期中實習，除了當期的教育計畫或訓練計畫、課程科目學分表或課程科目配當表以外，另訂有「實習計畫」，分別就實習教育的依據、目的、實習對象、實習期間、實習機關、實習內容、實習前準備作業、實習中相關規定、實習結束相關規定、獎懲、（行政規則）效力等 11 項，配合相關法規的規定為詳盡規劃。

　　「特考班」是受公務人員保障暨培訓委員會委託辦理的國家考試錄取人員訓練班期，故除法規依據不盡相同，以及渠等業經國家考試錄取，具「準公務人員」身分外，於實習教育的實施，與「專科班」無分軒輊。

　　本書第七章，參考了 2021 年 1 月甫完成實習教育的警察專科學校「專科班」38 期的「實習計畫」，摘錄部分內容並予以調整，就：實習依據、實習目的、實習對象、實習期間、實習機關、實習內容、實習前準備作業：實習機關支援配合事項、實習中相關規定等八個單元，草擬預定 2021 年 6 月下旬實施的「專科班」39 期、109 年「特考班」實習課程設計規劃（較庶務性、技術性部分從略）。

肆、情境教學設計規劃建構

　　本書第八章為「精進警察勤務課程情境教學之研究」，本單元謹提出情境教學設計規劃建構。

　　「從事基層警察工作應具備之核心職能」，是法制面、規範面的能力，若要成為適格、適任的基層警察人員，尚須「學習」。尚未取得警察任用資格的警察專科學校學生、學員，渠等實作能力、操作能力，就必須在

情境模擬的教學過程中，不斷地操作、練習，熟悉相關法制、嫻熟相關技巧，整合運用，方得以養成。

　　「情境教學」至少可採取兩種方式實施：其一，實務機關實習、其二，建構情境模擬教學設施。就臺灣警察專科學校而言，第一種「實務機關實習」，近年來已相當落實，並求精進再精進；至於第二種「建構情境模擬教學設施」，也在萬般克難的條件下，逐年添設、並與警察勤務課程的教學相結合。

一、建構情境模擬教學設施

　　行政院、考試院於 2011 年共同推動「警訓警考、雙軌分流」國家考試新制，警察實務之情境測驗列為專業考科；警察專科學校藉由此一契機，規劃建構警察勤務教學之實務情境設施。

　　從毫無頭緒，到發展出雛型，警察專科學校情境教學中心之建構，有其艱辛之發展歷程。本於他山之石可供攻錯的理念，當時警察專科學校曾先後參訪了我國內政部消防署訓練中心，以及數個國家或地區的警察培訓學院或訓練中心。

　　「警察情境實務教學設施」之建構，係以極有限的經費預算新台幣800 萬元，於不破壞山坡地及現有建物結構的前提下，於校園最上方「致遠樓」週邊進行整建，架設街景或設施，模擬情境，提供實務課程操作演練。之後，每年年底以數十萬不等之剩餘預算，添購或改進，發展至今日。

　　藉由情境實務模擬教學，強化學生對於基層分駐（派出）所勤務執行實際狀況之模擬，俾教授出符合用人機關期望的新進基層警察人員，使教學、工作的核心職能、取得任用資格三者得兼，畢其功於一役。

二、情境實務協同教學

　　為達到與實務接軌，情境教學的實施，均聘有嫻熟基層警察勤務運作的人員擔任助教協同教學。

（一）於「警察勤務（二）」情境教學中協同教學的助教，是由警察專科學校畢（結）業的校友，於外勤服務多年，極富基層實務經驗，經由徵募程序，調入警察專科學校服務的區隊長來擔任。

（二）至於「警察勤務（三）」情境教學中協同教學的助教，因係 6 次共 12 小時的情境模擬實務演練，則是商請臺北市各分駐（派出）所的一線基層人員來擔任。

　　由於「警察勤務（二）」的情境教學，自 2011 年起，已實施了數個學期，所以本書第八章進行成效評估研究。至於「警察勤務（三）」的情境教學，是自 108 學年度第一學期（即 2019 年下半年），才以帶有強制性的要求予以落實，故未來在實施一段時間後，亦可以進行成效評估。

三、情境實務模擬成果展演

　　2021 年 1 月 7 日，「108 年公務人員特種考試警察人員考試錄取人員訓練班」於結業離校前的最後一週，試辦了對全校進行警察勤務執行情境模擬展演。學員以教授班分組，分別就「執行巡邏勤務中盤查盤檢人車」、「執行路檢攔檢身分查證」、「取締酒後駕車」、「網路社群糾眾鬥毆案件之處置」，結合街頭執法真實發生過的案例，自行編製腳本，進行每案 15 分鐘的展演。

　　受訓學員分別依案例扮演警察（制服、便衣）、警察執法的對象、挑釁警察的民眾、圍觀的路人、經社群平台呼叫前來助陣的不明人士等。各種器械，除了槍枝是使用仿真 PPQ 空氣鎗外，從警用汽車、機車、警

棍、電擊器、辣椒噴霧器、防彈背心、無線電、M-police、酒精檢知儀、酒精測試器等，甚至扮演不法民眾所持的各類棍、棒、刀、汽油彈等，均為真實的器械。當日展演開放媒體拍攝採訪，並邀請內政部警政署副署長暨相關業務主管、警察專科學校週邊各校校長或教育業務主管、臺北市政府警察局各分局長等現場指導。雖然是第一次辦理，但精采極致、圓滿順利成功，深獲好評。

伍、學科、術科整合運用之警察勤務教學設計

本書第九章為「結合警察應用技能實作演練建構實務化『警察勤務』教學之研究」，本單元謹提出學科、術科整合運用之警察勤務教學設計。

警察專科學校是我國警察組織新進基層人力的培訓學校，畢（結）業學生（員）所從事者皆為基層警察工作；基層警察工作重在第一線的執法，當案件發生時，必須具備立即、直接、快速反應的能力；這也是培訓適格、適任的基層警察人員的第一要務。

「執法」，包括法律條文的執行、標準作業程序的遵循，以及必要時，各種警技能的綜合運用。

2020 年「執法人員行政管理理論與實踐研討會」的圓桌論壇，在「學術科結合運用之警察勤務執行」的主題中，學界與實務界學者專家共同論述，認為，警察人員執行勤務，偶會遭到民眾惡意攻擊，例如：遇酒駕失神者、思覺失調者、過度激動的陳抗者等，因此：在真實的勤務執行中，學科、術科是整合運用的。

基層警察工作重在第一線的執法，而且當案件發生時，必須具備立即、直接、快速反應的能力；這也是培訓適格、適任的基層警察人員的第一要務。

　　再一次重申，當一個案（事）件發生時，現場處理的同仁必須在最短的時間內先研判：

一、適用那些法條？應該依循的標準作業程序（SOP）為何？－通常這個區塊被類歸為學科教學的範疇；

二、若是有狀況發生，無論是現場警戒、肢體衝突、進行圍捕或逮捕，各種應勤裝備、警械的應用與操作，則被類歸為術科的教學範疇。

　　過去有多個研究案聚焦於情境實務的模擬教學，事實上，各種模擬教學的實施，以致實務上真實情境的發生，莫不是學科：法規與標準作業程序（SOP）、術科：各種警察應用技能的結合應用。學科與術科之教學，應該要相互結合、相輔相成，方能培訓適格、適任的基層警察人員。「警察勤務」教學，除了相關法規以及標準作業程序（SOP）之教授外，應該要配合案例解說，實作演練，才能更臻實務化、更能切合實務需求、更能於案件發生時，快速上手、解決問題、完成任務。

　　學科與術科，無論從教學上，還是勤務執行上，均應該是相互結合，交互運用、相輔相成的。因此，「警察勤務」的教學，本即應該結合警察應用技能的實作演練，建構實務化的教學模式，則自警察專科學校畢業的學生或結業的學員，於真實的勤務執行中，才能保障周邊民眾的安全、保障執勤警察人員的安全，也兼顧被執法者的人權

第三節　有關適任議題

　　本書第三篇「適任之探討」，包含兩個相關議題：「警察組織新進基層人力適任性」、「警察執行勤務遇暴力攻擊」；謹將兩章研究的結論與建議，綜整摘要於下列各單元。

壹、服務機關滿意度與民眾滿意度之再精進

本書第十章為「警察組織新進基層人力適任性研究」,本單元謹期望服務機關滿意度與民眾滿意度的再精進。

警察人員在臺灣地區公部門的人力中佔了相當大比例,外勤第一線(基層)實務工作人員又為相對的絕大多數,經由警察專科學校培訓的警察組織新進基層人員,在完成與「基層警察工作」有關之專業培訓後,究竟能不能成為適格、適任的基層警察人員?

本書第十章有關警察組織新進基層人力的「適任性研究」,亦為自2009年迄今,政策變革研議過程中,一系列研究案中的一環。本部分的研究於2015-2019年間進行,最早於2015年間進行的是「『畢(結)業生基層警察工作適任性』問卷調查」;而後是2018年12月間的「『畢(結)業生基層警察工作適任性』焦點訪談」。迄至2021年,一系列的研究仍持續進行,不斷地充實並加強研究項目與研究內容,俾對我國警察組織基層人力的招募、遴選、培訓與任用進行政策倡導,以挹注適格、適任的基層警察人員。

一、「畢(結)業生基層警察工作適任性」問卷調查

就本部分研究的時間點(2015年)而言,分別為從事基層警察工作6年、5年、4年者。研究結果顯示,在受訪者的心目中,認為在警察專科學校的培訓,對於「核心職能」的養成,應該是有助益的;至少受訪者普遍認為,自己已經具備了職場所需的專業能力;那就表示,經由警察專科學校培訓的新進基層警察人員,在完成與「基層警察工作」有關之專業培訓後,確實能成為適格、適任的基層警察人員。

二、「畢（結）業生基層警察工作適任性」焦點訪談

　　「警察專科學校畢（結）業生基層警察工作適任性」焦點訪談的對象，設定為「各警察機關分駐（派出）所副所長以上職務人員」：主管職務人員，共實施了兩次。

　　第一階段於 2015 年上半年進行，受訪的 6 位主管職務人員，共同認為：經由警察專科學校培訓的新進基層警察人員，在完成與「基層警察工作」有關之專業培訓後，絕對具備了從事基層警察工作的專業能力，但是要成為適格、適任的基層警察人員，還得加上實務工作中的經驗累積，以及正確的「心態」；這整個過程，才是「核心職能」的發展過程。

　　第二階段於 2018 年 12 月 1 日至 7 日間進行，受訪的 15 位主管職務人員的意見令人驚異！他們普遍認為，近幾年來（按：以 2018 年為界）自警察專科學校畢（結）業的新進人員，於專業能力上並不理想，態度更是值得檢討。

　　何以區區四年的時間，於服務機關滿意度方面，變化竟如此之大？作者認為，可能有兩大原因：

一、依據警察組織內部檢討，一般咸認為，恐與大量招訓脫不了關係！

　　2013 年至 2017 間，每一年新入學的警察專科學校專科警員班學生，與新入訓的「公務人員特種考試警察人員考試四等考試錄取人員訓練班」學員，總人數合計，幾達 5,000 人；特別是錄取人員訓練班這一部分，因當時警察專科學校容訓量已達飽和，只能由內政部警政署分別委任保安警察第一、第四、第五總隊代訓。該三個總隊職司：「拱衛中樞、支援聚眾活動處理，協助治安維護，執行反恐任務。」對於警察組織新進基層人力的培訓，無論是場地、設施、器材、設備，甚至師資的聘請，都相當匱乏，必定對培訓的成效影響甚鉅！

二、就交通事故處理、刑事案件偵辦方面，因警察專科學校於 2016 年開設「交通管理科」、「刑事警察科」、「科技偵查科」，第一批畢業生於 2018 年以佔制服警察缺的方式支援各交通事故處理小組、刑事警察大隊、科技偵查隊；第二階段的焦點訪談剛好於該時刻進行，或許勤務執行的熟練度上尚待磨合吧！

所幸，前揭錄取人員訓練班於 2019 年正式收回警察專科學校自行辦理；復以本書第二篇各章的研究中，在在顯示，警察專科學校於近兩年來，無論是課程設計、情境模擬教學、警察勤務教學實務化、實習教育規劃等，都有突破性的變革，期能精進、再精進，以因應環境脈動、社會需求。相信未來產出的新進人員，於各服務崗位上，能夠適格、適任，提升服務機關與民眾的滿意度。

三、民眾滿意度調查

「適任性」應包括「服務對象」—警察組織基層人員執行職務的對象：「民眾」的滿意度。

依中正大學 2016 年所做的研究顯示：

一、「政府改善社會治安工作的滿意度」部分，較 2015 年同期調查顯著上升（34%上升至 38.1%），呈現近四成的滿意度，推測可能是當時「科技建警」的政策初步奏效，例如：善用路口監視錄影設備，快速將一銀 ATM 盜領案破案，民眾安全感相形提升。

二、民眾對「警察維護治安工作」的滿意度突破新高，攀升至 73.7%之滿意度，再次達到歷年最佳表現。

民眾對「警察維護治安工作」的滿意度持續四年來之上升趨勢，值得鼓勵。由於當時各專案小組迅速偵破震驚社會的臺鐵爆炸案以及跨國

駭客盜領一銀 ATM 鉅款案,以致該次調查呈現出民眾相當滿意警察維護治安工作能力之結果,故滿意度趨勢持續上升。

根據這份報告的研究結果,2016 年,民眾對「警察維護治安工作」的滿意度突破新高,攀升至 73.7%,達到歷年來的最佳表現。

此一研究,每年均持續進行,依據 2021 年的研究報告,民眾對警察「警察維護治安工作」的滿意度已提升至 85%。雖不能直接證明我國警察組織的基層人員於完成與基層警察工作有關的培訓之後,確實成為適格、適任的基層警察人員,惟鑑於外勤第一線(基層)實務工作人員佔了警察組織的絕大多數(93%),或可將之列為旁證,做一參考!

貳、強化執勤安全之精進作為

本書第十一章為「警察執行勤務遇暴力攻擊之研究-兼論執勤安全」,本單元謹提出強化執勤安全之精進作為。

2019 年 7 月,鐵路警察局警員李承翰執行勤務遇暴力攻擊因公殉職;本書各章所關注的「核心職能」的培訓應該不是問題,但「狹窄且多乘客的火車車廂中,遇思覺失調者的挑釁與暴力攻擊」是從未被注意的執法情境,喚起了警察組織內部對「執勤安全」這個新興議題的關注。

「基層警察工作」確實是一份「挑戰安全」的工作!透過客觀的統計分析,了解警察人員執行勤務時,遇暴力攻擊的經驗、施暴者的特性、遇暴力攻擊時的情境因素、最易發生的時段等,並同時了解警察人員維護執勤安全的各種警用裝備現況,以及常年訓練對執勤安全的助益。

本書第十一章的研究,抽取全國各警察機關現職人員進行網路問卷調查,俾了解渠等執行勤務時,遭受暴力攻擊的經驗、施暴者的特性、遭受暴力攻擊時的情境因素;並兼問執勤安全警用裝備的現況,以及常

年訓練對執勤安全的助益。是警察組織新進基層人力產出後,於職場中,突發狀況的面對,與專業能力的應用,以及新興議題:執勤安全。

　　根據研究結果,嘗試提出建議、研擬強化警察人員執勤安全之對策,提供做為警察機關辦理現職人員常年訓練的再精進,更回溯警察專科學校新進基層人力的培訓,俾達到「適格」、「適任」的培訓目的,除有效防範類此事件的再發生,亦可促成執行勤務的順遂,提升民眾的滿意度。畢竟,若警察人員執行勤務遇暴力攻擊,將直接影響到社會治安的維護,這也是警察組織眾多的存在價值之一。

參考文獻

壹、中文

內政部警政署,「『提昇警政執行能力』專案小組總結報告」,2003.12.22。

內政部警政署,「『警察人力招募』專案小組總結報告」,2007.05.07。

加藤　環,2020。「日本警察簡介」ppt.。臺北:臺灣警察專科學校日新樓 101 教室。

朱志宏、丘昌泰,1995。《政策規劃》。臺北:國立空中大學。

李淑華,2009。「我國基層警察人員教育訓練課程設計之研究」。臺北:世新大學行政管理學系碩士論文。

李春紅,1990。《行政法》。臺北:臺灣警察專科學校。

李聲吼,1997。《人力資源發展》。臺北:五南圖書出版股份有限公司。

考選部,「考試院第 12 屆第 103 次會議考選部重要業務報告」,2016.09.22。

考選部,「警察人員初任考試制度檢討報告(初稿)」,2019.05。

吳復新、許道然、蔡秀娟,2015。《人力資源發展》。臺北:國立空中大學。

吳定、張潤書、陳德禹、賴惟堯、許立一,2016。《行政學(下)》。臺北:國立空中大學。

孫本初,2002。「公務人員核心能力建構之探討」,《公訓報導》,100 期。臺北:臺北市政府公務人員訓練處。

胡珍珍,2007。「我國委任公務人員晉升薦任官等訓練之研究─核心能力的觀點」。臺北:世新大學行政管理研究所碩士論文。

洪榮昭,2002。《人力資源發展》。臺北:師大書苑。

馬心韻，2015。「基層警察人員培訓－精進實習教育芻議」，104 年執法
　　人員行管理理論與實踐研討會。桃園：中央警察大學。

馬心韻，2016。我國警察人力核心職能培訓之研究。臺北：中國文化大
　　學政治研究所博士論文。

馬心韻，2017 (a)。「本校畢業校友課程設計回饋調查之研究」，106 年
　　精進校務發展研究。臺北：臺灣警察專科學校。

馬心韻，2017 (b)。「『我國警察人員進用不經公務人員考試』方案規劃
　　暨可行性分析」，106 年內政部所屬機關自行研究案。臺北：臺灣警
　　察專科學校。

馬心韻，2019 (a)。「一般警察特考錄取人員訓練班學員職業選擇態度之
　　研究」，《警察行政管理學報》，第 15 期。桃園：中央警察大學。

馬心韻，2019 (b)。「我國警察人員進用模式研析，108 年精進校務發展
　　研究。臺北：臺灣警察專科學校。

馬心韻，2019 (c)。「臺灣警察專科學校畢（結）業生適任性－服務機關
　　滿意度分析」，108 年內政部所屬機關自行研究案。臺北：臺灣警察
　　專科學校。

馬心韻、余瑞坤，2020 (a)。「臺灣警察專科學校警察勤務情境教學成效
　　之探討」，《警察行政管理學報》，第 16 期。桃園：中央警察大學。

馬心韻，2020 (b)。《行政法》，二十版。臺北：臺灣警察專科學校。

馬心韻、吳冠杰，2020 (c)。「警察執行勤務遇暴力攻擊對策之研究－兼
　　論常年訓練之精進作為」，109 年執法人員行管理理論與實踐研討會。
　　臺北：臺灣警察專科校。

馬心韻，2021。「結合警察應用技能實作演練建構實務化『警察勤務』教學初探」。《109 年精進校務發展研究計畫發表論文集》。臺北：臺灣警察專科校。

執行職務遭受不法侵害預防指引，2017。二版。新北市：勞動部職業安全衛生署。

許繼峰、陳旺儀，2014。「職場暴力高風險行業危害調查與預防策略之研究」。新北市：勞動部勞動及職業安全衛生研究所。

張義霞，2006。「臺灣國軍醫院護理長核心職能之探討」。臺中：朝陽科技大學企業管理研究所碩士論文。

張甲賢，2004。「直營連鎖服務業店經理核心職能模式發展之研究—以某上市直營連鎖 KTV 為例」。臺北：國立政治大學商學院經營管理碩士學程企管組商學碩士論文。

陳宜安，2011。「臺灣基層警察教育發展沿革（1945 年～2011 年）—以臺灣警察專科學校為範圍」，《警專學報》，5 卷 2 期。臺北：臺灣警察專科學校，頁 1-42。

陳春希、高瑞新，2010。「警專學生的工作價值觀與服務導向組織公民行為—組織信任的中介效果」，《當代教育研究季刊》，18 卷 4 期。臺北：國立台灣師範大學教育研究與評鑑中心，頁 211-255。

許春金，2017。犯罪學，八版。臺北：三民書局。

許淑玉，2005。「中央與地方機關人事人員對核心職能認知差異之研究」。桃園：銘傳大學公共事務學系研究所碩士論文。

《雲五社會科學大辭典》，第 7 冊，《行政學》，1987。臺北：臺灣商務印書館。

黃富源，2011。「警察特考雙軌進用考選分流制的意義與再精進」，《警察特考制度變革專刊》。臺北：臺灣警察專科學校。

曾慧敏，2006。《英、美、加、澳、日、中警察考試制度之研究》。臺北：考選部編印。

彭台臨，1989。《人力資源發展理論與實施》。臺北：三民書局。

楊士隆，2020。暴力犯罪原因類型與對策，四版。臺北：五南圖書出版股份有限公司。

楊士隆，2020。暴力犯罪原因類型與對策，四版。臺北：五南圖書出版股份有限公司。

鄭秀姿，2001。「企業建立職能體系與推動 360 度回饋評量之個案研究：以中租迪和公司為例」。臺北：國立臺灣大學商學研究所研碩士論文。

蔡德輝、楊士隆，2019。犯罪學，八版。臺北：五南圖書出版股份有限公司。

趙永茂、蔡田木、朱金池、陳俊宏、李衍儒，「警察人員職能與工作表現之研究－以警察特考分流制度為例」，內政部警政署委託研究報告，2015.02.16。

趙璟瑄，2007。「中高階公務人員管理發展核心能力之初探」，《訓練佳文選粹》。臺北：公務人力發展中心。

趙其文，1995。《人力資源管理》。臺北：華視文化事業公司。

衛悌琨、馬心韻、王靜穎，2019。「美國雪蘭多大學、紐海芬大學姐妹校暨美國地區警政參訪出國報告」，《公務出國報告書》。臺北：行政院國家發展委員會。

賴維堯、林鍾沂、施能傑、許立一，2007。《行政學入門》。臺北：國立空中大學。

蘇志強、吳斯茜，2011。「警察人員考試雙軌分流新制之探討－從警察教育觀點論之」，《國家菁英》，7 卷 3 期。臺北：考選部。

《警察機關分駐（派出）所常用勤務執行程序彙編》，2020。臺北：臺灣警察專科學校。

貳、英文

Bill Goodman, Chris Hinton, Wendy Stanyon & Jay Tashiro, 2014. *Using Simulation to Engage Police in Learning about Mental Illness: The Impact of Realism on the Learning Process*. Quebec Canada: Canadian Council Library.

Brett Shipton, 2009. "Problem Based Learning: Does It Provide Appropriate Levels of Guidance and Flexibility for Use in Police Recruit Education?", *Journal of Learning Design*, 3(1), pp. 57-67.

Charles e. Linblom & Edward j. Woodhouse, 1993. *Policy-Making Process*, 3rd ed. Englewood Cliffs, New Jersey: Prentice-Hall Inc.

Chappell, D. & Di Martino, 2006. *Violence at work*. Geneva. International Labor Organization.

David A. Klinger, Jeff Rojek, 2008. *A Multi-Method Study of Special Weapons and Tactics Teams*. Washington, DC: U.S. Department of Justice.

David L. Weimer, & Aidan R. Vining, 1998. *Policy Analysis: Concepts and Practice*, 3rd ed. Englewood Cliffs, New Jersey: Prentice-Hall Inc.

Gregory B. Morrison, 2010. *Police Firearms Training Survey: Final Report*. North Quadrangle: Ball State University.

G. Dessler, 1991, *Personnel/ Human Resource Management.*, 5th ed. N. J.: Prentice-Hall Inc.

Harrell, E. 2013. *Workplace Violence against Government Employees, 1994-2011*. Washington, DC: Bureau of Justice Statistics.

Joel Franklin Shults, 2007. *The Future of Community Policing in the Context of Basic Police Academy Training*. Columbia, Missouri: University of Missouri.

John Lawrie, 1990. "Differentiate Between Training, Education and Development", *Personnel Journal*.

M. Bulmer, 1982. *The Use of Social Research: Social Investigation in Policy-Making*. London: George Allen and Unwin, p.39, p.43.

Prahalad C. K & Hamel G., 1990. "The Core Competencies of The Corporation." *Harvard Business Review*, 68(3), pp. 79-91.

S. B. Parry, 1998. "Just what is a competency (And why should we care?)", *Training*, pp. 58-64.

Stone, Christopher & Carter, Zachary, 2010. "Reducing Inherent Danger: New York State Task Force on Police-on-Police Shootings", *Program in Criminal Justice Policy & Mgmt*. Cambridge, MA: Kennedy School of Government, Harvard Univ., pp.44-52.

Spencer, L. M., & Spencer, S. M., 1993. *Competence at work：Model for superior performance*. New York：John Wily & Sons Inc.

The Mind Tools Editorial Team, 2010. *Scenario Analysis*. United Kingdom: Mind Tools Ltd.

Wendell L. French & Cecil H. Bell Jr., 1978. *Organization Development, Behavioral Science Interventions for Organization Improvements*. Englewood Cliffs, N.J.: Prentice-Hall.

William N. Dunn, 1994. *Public Policy Analysis: An Introduction*, 2nd., ed. Englewood Cliffs, N. J.: Prentice-Hall, Inc.

Wynne, R., Clarkin, N., Cox, T., & Griffiths, A., 1997. *Guidance on the prevention of violence at work*. Brussels, European Commission, DG-V, Ref. CE/VI-4/97.

參、網路

中央警察大學（https://www.cpu.edu.tw/）

公務人力發展中心（http://www.hrd.gov.tw/）

內政部消防署訓練中心全球資訊網（http://tc.nfa.gov.tw/）

內政部警政署全球資訊網（https://www.npa.gov.tw/）

行政院人事行政總處（https://www.dgpa.gov.tw/）

行政院國家發展委員會（https://report.nat.gov.tw/ReportFront/）

司法院全球資訊網（https://www.judicial.gov.tw/）

百度百科（http://baike.baidu.com/）

考試院全球資訊網（https://www.exam.gov.tw/）

考選部全球資訊網（http://wwwc.moex.gov.tw/）

銓敘部全球資訊網（https://www.mocs.gov.tw/Default.aspx）

美國司法統計局（https://www.bjs.gov/）

美國國家執法人員紀念基金會（https://nleomf.org/）

美國聯邦調查局（https://www.fbi.gov/）

英國安全衛生署（https://www.hse.gov.uk）

英國英格蘭與威爾斯犯調查
（https://www.ons.gov.uk/peoplepopulationandcommunity/crimeandjustice）

勞動部勞動及職業安全衛生研究所（https://www.ilosh.gov.tw/）

勞動部職業安全衛生署（https://www.osha.gov.tw/）

臺灣警察專科學校（https://www.tpa.edu.tw/）

華盛頓郵報（https://www.washingtonpost.com/）

維基百科：自由的百科全書（https://zh.wikipedia.org/wiki/）

聯合國（https://www.un.org/）

MBA 智庫百科（https://wiki.mbalib.com/zh-tw/MBA）

國家圖書館出版品預行編目資料

警察組織基層人力招募遴選培訓與適任研究／
馬心韻著. -- 初版. -- 臺北市：五南圖書出
版股份有限公司, 2021.03
　　面；　公分
　　ISBN 978-986-522-470-7(平裝)

1.警察 2.人力資源 3.教育訓練

575.84　　　　　　　　　110001935

4U27

警察組織基層人力招募遴選培訓與適任研究

作　　者 ― 馬心韻（186.4）

發 行 人 ― 楊榮川

總 經 理 ― 楊士清

總 編 輯 ― 楊秀麗

副總編輯 ― 劉靜芬

封面設計 ― 姚孝慈、黃鵬瑞

出 版 者 ― 五南圖書出版股份有限公司

地　　址：106台北市大安區和平東路二段339號4樓

電　　話：(02)2705-5066　　傳　　真：(02)2706-6100

網　　址：https://www.wunan.com.tw

電子郵件：wunan@wunan.com.tw

劃撥帳號：01068953

戶　　名：五南圖書出版股份有限公司

法律顧問　林勝安律師事務所　林勝安律師

出版日期　2021年3月初版一刷

定　　價　新臺幣600元